财税一本通系列丛书
丛书主编／周开君 彭骥鸣

2020 年版

个人所得税一本通

李 欣 彭浪川 区华芳 ◎ 编著

中国税务出版社

图书在版编目（CIP）数据

个人所得税一本通/李欣，彭浪川，区华芳编著.
--北京：中国税务出版社，2020.4
ISBN 978-7-5678-0948-2

Ⅰ.①个… Ⅱ.①李… ②彭… ③区… Ⅲ.①个人所得税-税法-基本知识-中国 Ⅳ.①D922.222

中国版本图书馆CIP数据核字（2020）第026688号

版权所有·侵权必究

书　　名：个人所得税一本通

作　　者：李　欣　彭浪川　区华芳　编著
责任编辑：庞　博　张　敏
责任校对：姚浩晴
技术设计：刘冬珂
出版发行：中国税务出版社
　　　　　北京市丰台区广安路9号国投财富广场1号楼11层
　　　　　邮政编码：100055
　　　　　http://www.taxation.cn
　　　　　E-mail：swcb@taxation.cn
　　　　　发行中心电话：（010）83362083/86/89
　　　　　传真：（010）83362046/47/48/49
经　　销：各地新华书店
印　　刷：北京天宇星印刷厂
规　　格：787毫米×1092毫米　1/16
印　　张：33
字　　数：555000
版　　次：2020年4月第1版　2020年4月第1次印刷
书　　号：ISBN 978-7-5678-0948-2
定　　价：89.00元

《财税一本通系列丛书》编委会

主　编：周开君　彭骥鸣

委　员：(以姓氏笔画为序)

王维顺　王惠丽　王　典　王明世
闫　晟　孙丽英　陈　旭　李　欣
刘丁喜　何成实　宋　雪　吴　倩
张　亮　张保勇　严　颖　邹　胜
罗秋生　周开君　姜　敏　饶明亮
崔　轩　郭明磊　徐平利　曹福来
梁晶晶　彭骥鸣　彭浪川　谭火林
薛　娟

丛书序言

税收是国家公共财政最主要的收入来源。马克思指出，"国家存在的经济体现就是捐税。" 19 世纪美国最高法院大法官霍尔姆斯认为，"税收是我们为文明社会付出的代价"。这说明税收不仅仅是经济问题，而且是事关国家治理的政治问题。税收政策的制定、执行、管理事关全体民众的切身利益，既要考虑社会正义与公平，也要考虑如何通过税收体制、税收法治和财政转移支付来完成社会正义的可能性。

党的十九届四中全会为坚持和完善中国特色社会主义制度、推进国家治理体系和治理能力现代化指明了前进方向，税务部门应认真贯彻落实党的十九届四中全会精神，深入贯彻新发展理念，胸怀"两个大局"，增强战略思维，把握科学方法，提升各项工作的前瞻性、系统性、创造性，进一步丰富完善形成坚强有力的党的领导制度体系、成熟完备的税收法治体系、优质便捷的税费服务体系、严密规范的税费征管体系、合作共赢的国际税收体系、高效清廉的队伍组织体系，着力提升政治引领能力、谋划创新能力、科技驱动能力、制度执行能力、协同共治能力和风险防范能力，不断推进新时代税收现代化建设，更好服务国家治理体系和治理能力现代化。

随着税收法定原则的进一步落实和新一轮税制改革持续深化，

税收工作者面临的任务将更为艰巨复杂，如何完善落实减税降费政策，优化税收营商环境，实现税收公平正义，都成为新时代的重大课题。鉴于此，为推动新时代税收现代化建设，为持续提升税收工作者的业务水平和工作技能，以及纳税人和缴费人的办税缴费能力，我们组织编写了《财税一本通系列丛书》。

本丛书主要以现行税种、办税事项或会计核算等不同角度为切入点，以基本原理分析为立足点，以实战应用为着力点，结合最新政策解读，对典型涉税案例进行分析，切实提升读者的实务操作能力。本丛书有三个鲜明特点：

一是内容全面。丛书除全面解析各税种的现行有效政策及实务操作外，还详细介绍了税种的出台背景、历史沿革、税制要素、计税原理等，使读者知其然，也知其所以然，一书在手，就能够全面了解各税种来龙去脉，轻松弄懂弄通各项税收政策及实务运用。

二是形式新颖。丛书根据税种各自特点，灵活确定最适合读者阅读和学习的编写形式。例如，《增值税一本通》通用性强，语言生动，通俗易懂，让该书有了"温度"。而《财产行为税一本通》涉及税种比较多，以法律法规条文为纲，以相关文件规定为目，提炼出关键要点作为知识索引，组织架构清晰，阐述合理规范，使人耳目一新。

三是贴近实际。丛书编写人员全部是来自税收工作一线的行家里手，他们不仅有扎实的理论功底，还有丰富的实践经验。其中，《个人所得税一本通》和《企业所得税一本通》均列举分析了100

余个典型实务操作案例，具有较强的实践性和可操作性。

根据编写计划，本丛书将陆续推出《增值税一本通》《财产行为税一本通》《个人所得税一本通》《企业所得税一本通》等一系列形式新、政策全、内容实、讲解透、实操强的实务类图书，同时将根据税收立法的最新进展和税收政策的重大调整，适时推出新选题，以便不断丰富丛书，力求将本丛书打造成税收实务类图书的精品工程。期盼本丛书能成为广大税务工作者的学习平台，也期盼广大读者能对本丛书的不足之处给予批评指正，以便我们做得更好。

周开君　彭骥鸣

2020 年 4 月

前　言

在我国，个人所得税是仅次于增值税和企业所得税的第三大税种，也是我国纳税人数量最多、范围最广的税种。2019年1月1日，第七次修订的《中华人民共和国个人所得税法》（以下简称新《个人所得税法》）正式施行，将工资薪金、劳务报酬、稿酬和特许权使用费等四项劳动性所得实行综合征税，将个人所得税起征点由每月3500元提高至每月5000元，并调整优化了税率结构：拉长了3%、10%、20%三档税率的级距，缩小了25%税率的级距。此外，新《个人所得税法》首次增加子女教育支出、继续教育支出、大病医疗支出、住房贷款利息、住房租金和赡养老人等专项附加扣除。这是我国个人所得税法立法以来，改革力度最大、惠及面最广的一次修订。

此次个人所得税改革中，起征点的提高和低税率税收级距的拓宽无疑对中低收入群体有着明显的减税效果，费用扣除项的增加和综合征收制度的实行使得纳税人更加关注自身收入和费用水平，增强了个人的纳税意识。不仅如此，改革后个人所得税综合和分类相结合的征收制度相较于单纯的分类计征制度更加公平、合理。新增的六项专项附加扣除集中在基本养老、教育、医疗、住房等与生活费用密切相关的支出上，这考虑到了即使是收入水平相等的纳税人，在承担税收的能力上也会产生差异的情况。在同一收入水平下，对于那些大部分收入都花费在赡养老人、抚育子女、支付医疗住房费用的人来说，无疑大大降低了税负，有利于税收纵向公平。

新《个人所得税法》的施行，综合和分类相结合的个人所得税制度的建立，必然推动税收征管模式、征管方式的转变，也在更广泛的基础上，推动了税收的社会共治。为了让更多读者全面了解新

《个人所得税法》，更加全面、系统、便捷地学习和掌握各项税法规定，更好地理解和运用税法，我们兼顾纳税人、扣缴义务人、税务干部、中介机构工作者等多方需求，编写了《个人所得税一本通》。本书有以下四个突出特点：

一是体例新颖。本书一改传统的教科书写法，尝试将个人所得税放置于整个税收体系中，沿着新《个人所得税法》的修订脉络抽丝剥茧，用大量案例解读税法，在一个个的实务对比变化中释法解疑。

二是全面翔实。本书是作者多年税收实践和财税教学的积淀，既有对我国个人所得税法历史沿革、税制要素的梳理和阐述，对国外典型个人所得税制度的择要评述等；也有多角度下的政策理解和实务操作讲解，这对于读者全面了解和学习个人所得税大有裨益。

三是通俗易懂。本书语言通俗而不失专业精准，环环相扣、化繁为简。如同与读者对话，循循而进，娓娓而谈。

四是适用广泛。本书既有基础理论，又有难点分析；不仅适用于纳税人、扣缴义务人，也适用于其他税务工作者和相关单位；读者既可以是"税法小白"，也可以是"税界大咖"。

税收从来不是一件孤立的事项，是与经济社会、个人家庭生活密切相关的，各税种间也是相互联系的。我们力求呈现给读者一本宽视角、接地气、有温度的税收书籍。

本书自2019年4月首次出版以来，得到了广大读者朋友的支持和厚爱，同时也收到了许多宝贵的意见和建议。鉴于境外所得抵免、捐赠的计税扣除、以及综合所得汇算清缴安排等事项已明确，我们在首次个人所得税综合所得汇算清缴即将开始之际，对本书予以修订再版，以飨读者。

本书由李欣、彭浪川、区华芳编写，袁朝晖、韦怡、马静负责审稿。书中疏漏之处恳请专家和读者批评指正，以便再版修正。

编　者

目　录

1 个人所得税概述 / 1
　1.1　个人所得税的概念 / 2
　1.2　个人所得税的立法原则 / 3
　1.3　我国个人所得税法的修订历程 / 4

2 纳税人 / 9
　2.1　居民个人和非居民个人的判定 / 10
　2.2　境内无住所个人税收优惠政策的延续 / 14
　2.3　境内所得和境外所得 / 19

3 综合所得、经营所得和其他项目所得 / 29
　3.1　综合所得 / 31
　3.2　经营所得 / 37
　3.3　其他项目所得 / 41
　3.4　应税所得项目的识别 / 42

4 税率的设定和税款的计算 / 45
　4.1　税率的形式 / 46
　4.2　税率的设定 / 47
　4.3　综合所得应纳税所得额的确定 / 51
　4.4　经营所得应纳税所得额的确定 / 68
　4.5　财产租赁所得应纳税所得额的确定 / 77
　4.6　财产转让所得应纳税所得额的确定 / 83
　4.7　利息、股息、红利所得应纳税所得额的确定 / 98

4.8 偶然所得应纳税所得额的确定 / 105
4.9 外币的换算 / 108

5 专项附加扣除 / 111
5.1 子女教育 / 112
5.2 继续教育 / 116
5.3 大病医疗 / 119
5.4 住房贷款利息 / 122
5.5 住房租金 / 127
5.6 赡养老人 / 130
5.7 专项附加扣除征管规定 / 133

6 依法确定的其他扣除和捐赠扣除 / 141
6.1 企业年金和职业年金扣除 / 142
6.2 商业健康保险扣除 / 147
6.3 税收递延型商业养老保险扣除 / 151
6.4 公益慈善事业捐赠的扣除 / 156

7 预扣预缴和代扣代缴 / 171
7.1 扣缴义务人的确定 / 172
7.2 代扣代缴的范围 / 173
7.3 向居民个人支付工资薪金所得预扣预缴 / 174
7.4 向居民个人支付其他三项综合所得预扣预缴 / 181
7.5 向非居民个人支付工资薪金所得、劳务报酬所得、稿酬所得和特许权使用费所得代扣代缴 / 185
7.6 向纳税人支付利息、股息、红利所得，财产租赁所得，财产转让所得或者偶然所得 / 192
7.7 扣缴义务人的义务 / 193
7.8 特定扣缴义务人规定 / 195
7.9 保险营销员、证券经纪人佣金所得个人所得税预扣预缴 / 200

8 税收优惠 / 205

8.1 税法中的免征项目 / 206
8.2 税法中的减征项目 / 211
8.3 有关优惠政策的衔接 / 211
8.4 减税降费的个人所得税优惠 / 245
8.5 2019 年后继续有效的个人所得税优惠政策 / 250

9 境外税收抵免 / 259

9.1 待抵免税额和抵免限额 / 260
9.2 境外税收抵免制度的变化 / 262
9.3 境外抵免的计算 / 263
9.4 境外税收抵免的征收管理 / 275

10 反避税和纳税调整 / 279

10.1 关联方交易避税调整 / 280
10.2 避税地避税调整 / 285
10.3 不具有合理商业目的安排的避税调整 / 285
10.4 反避税纳税调整相关规定 / 286

11 汇算清缴 / 289

11.1 居民个人取得综合所得汇算清缴 / 290
11.2 纳税人取得经营所得汇算清缴 / 305
11.3 两类汇算清缴的差异 / 314

12 征收管理 / 317

12.1 纳税人识别号制度 / 318
12.2 综合治税与税收前置 / 319
12.3 纳税申报制度 / 322
12.4 个人所得税纳税申报制度简表 / 331

12.5 纳税申报表 / 334

13 自然人股权转让政策解析 / 403
13.1 股权转让的相关方 / 404
13.2 股权转让收入的确认 / 408
13.3 股权原值的确认与计价 / 412
13.4 个人股权转让纳税申报 / 414
13.5 几类特殊转让的个人所得税案例 / 419

14 股权激励政策解析 / 429
14.1 股权激励个人所得税政策的源起与历程 / 430
14.2 股权激励的形式和种类 / 433
14.3 非上市公司股权激励递延纳税政策 / 434
14.4 上市公司股权激励个人所得税 / 449

15 技术入股政策解析 / 457
15.1 技术入股税收优惠政策的源起与历程 / 458
15.2 现行政策与递延纳税的计税 / 460

16 创业投资政策解析 / 471
16.1 创业投资税收政策的沿革 / 472
16.2 创业投资抵扣优惠政策内容 / 475

17 外国个人所得税制度与征管经验简介 / 489
17.1 英国个人所得税制度 / 490
17.2 美国个人所得税制度 / 495
17.3 日本个人所得税制度 / 502
17.4 瑞典个人所得税制度 / 508

1

个人所得税概述

1.1 个人所得税的概念

个人所得税是以个人（自然人）取得的各项应税所得为征税对象所征收的一种税。

作为征税对象的个人所得，有狭义和广义之分。狭义的个人所得，仅限于每年经常、反复发生的所得。广义的个人所得，是指个人在一定期间内，通过各种方式所获得的一切利益，而不论这种利益是偶然的，还是临时的，是货币、有价证券，还是实物。目前，包括我国在内的世界各国所实行的个人所得税，大多以广义解释的个人所得概念为基础。基于这种理解，可以根据不同的标准，将个人的各种所得分为毛所得和净所得、劳动所得和非劳动所得、经常所得和偶然所得、自由支配所得和非自由支配所得、积极所得和消极所得等。

在改革开放前相当长的时期里，我国对个人所得不征税。党的十一届三中全会以后，我国实行对外开放政策，随着对外经济交往的不断扩大，来华工作、取得收入的外籍人员日益增多。为了维护国家的税收权益，第五届全国人民代表大会根据国际惯例，于1980年9月通过了《中华人民共和国个人所得税法》，开征个人所得税，统一适用于中国公民和在我国取得收入的外籍人员。1986年，国务院发布了《中华人民共和国城乡个体工商业户所得税暂行条例》和《中华人民共和国个人收入调节税暂行条例》。这样，我国对个人所得的征税制度就形成了个人所得税、城乡个体工商业户所得税和个人收入调节税三税并存的格局。

我国社会主义市场经济体制改革的目标确定后，为了统一、规范和完善对个人所得的课税制度，第八届全国人民代表大会常务委员会在对三部针对个人所得课税的法律、法规进行修改、合并的基础上，于1993年10月31日公布了修改后的《中华人民共和国个人所得税法》（以下简称《个人所得税法》），自1994年1月1日起施行。国务院于1994年1月28日发布了《中华人民共和国个人所得税法实施条例》（以下简称《个人所得税法实施条例》）。之后，根据我国国民经济和社会发展的情况，全国人大常委会于1999年8月30日、2005年10月27日、2007年6月29日、2007年12月29

日、2011 年 6 月 30 日对《个人所得税法》进行了五次修订，国务院相应地对《个人所得税法实施条例》进行了三次修订；2018 年 8 月 31 日，第十三届全国人民代表大会常务委员会第五次会议通过《全国人民代表大会常务委员会关于修改〈中华人民共和国个人所得税法〉的决定》，对个人所得税法再次进行了修订，国务院相应地对《个人所得税法实施条例》进行了修订，并自 2019 年 1 月 1 日起施行。

1.2　个人所得税的立法原则

个人所得税是现行税制中的主要税种之一。1994 年，我国适应发展社会主义市场经济的需要，实施统一后的《个人所得税法》，有着重要的经济、财政和社会意义。个人所得税的立法原则主要有以下几个方面：

1.2.1　调节收入分配，体现社会公平

在谋求经济增长和实行市场经济体制的发展中国家，社会收入分配差距在一定时期的扩大是不可避免的。改革开放以来，随着经济的发展，我国人民的生活水平不断提高，一部分人已达到较高的收入水平。因此，有必要对个人收入进行适当的税收调节。在保证人们基本生活不受影响的前提下，本着高收入者多纳税、中等收入者少纳税、低收入者不纳税的原则，通过征收个人所得税来缓解社会收入分配不公的矛盾，有利于在不损害效率的前提下，体现社会公平，保持社会稳定。

1.2.2　增强纳税意识，树立义务观念

由于历史的原因和计划经济体制的影响，我国公民的纳税意识一直较为淡薄，义务观念比较缺乏。通过宣传个人所得税法，建立个人所得税的纳税申报、源泉扣缴制度，通过强化个人所得税的征收管理和对违反税法行为的处罚等措施，可以逐步培养、普及全民依法履行纳税义务的观念，有利于提高全体人民的公民意识和法制意识，为社会主义市场经济的发展创造良好的

社会环境。

1.2.3 扩大聚财渠道，增加财政收入

个人所得税是市场经济发展的产物，个人所得税收入是随着一国经济的市场化、工业化、城市化程度和人均 GDP 水平提高而不断增长的。目前，一些主要的西方发达国家都实行以所得税为主体的税制，个人所得税的规模和比重均比较大。就我国目前情况看，由于个人总体收入水平不高，个人所得税收入还十分有限。但是，个人所得税仍然不失为一个收入弹性和增长潜力较大的税种，是国家财政收入的一个重要来源。随着社会主义市场经济体制的完善和我国经济的进一步发展，我国居民的收入水平将逐步提高，个人所得税税源将不断扩大，个人所得税收入占国家税收总额的比重也将逐年增加。

1.3 我国个人所得税法的修订历程

1.3.1 第一次修订

1993 年 10 月 31 日，时任中华人民共和国主席江泽民签发中华人民共和国主席令第十二号，中华人民共和国第八届全国人民代表大会常务委员会第四次会议通过《全国人民代表大会常务委员会关于修改〈中华人民共和国个人所得税法〉的决定》，自 1994 年 1 月 1 日起施行。

此次修订中，围绕深化税制改革，简化税制，公平税负，对《个人所得税法》进行了 17 项修订：

一是修订了纳税人规定。将第一条修改为"在中国境内有住所，或者无住所而在境内居住满一年的个人，从中国境内和境外取得的所得，依照本法规定缴纳个人所得税。在中国境内无住所又不居住或者无住所而在境内居住不满一年的个人，从中国境内取得的所得，依照本法规定缴纳个人所得税。"该条款一直沿用到 2018 年 12 月 31 日。

二是完善了应税所得项目，由原先的 6 项，修订为 11 项，增加了"个体

工商户生产、经营所得""对企事业单位承包、承租经营所得""稿酬所得""财产转让所得"和"偶然所得"五个项目。

三是完善了税率的规定。个体工商户的生产、经营所得和对企事业单位的承包经营、承租经营所得，适用5%至35%的超额累进税率；稿酬所得，适用比例税率，税率为20%，并按应纳税额减征30%；偶然所得，适用比例税率，税率为20%；对劳务报酬所得一次收入畸高的，可以实行加成征收，具体办法由国务院规定。

四是完善了免纳个人所得税的范围。自1994年1月1日起，省级人民政府、国务院部委和中国人民解放军军以上单位，以及外国组织、国际组织颁发的科学、教育、技术、文化、卫生、体育、环境保护等方面的奖金；储蓄存款利息，国债和国家发行的金融债券利息；按照国家统一规定发给的补贴、津贴；福利费、抚恤金、救济金；保险赔款；军人的转业费、复员费；按照国家统一规定发给干部、职工的安家费、退职费、退休工资、离休工资、离休生活补助费；依照我国有关法律规定应予免税的各国驻华使馆、领事馆的外交代表、领事官员和其他人员的所得；中国政府参加的国际公约、签订的协议中规定免税的所得；经国务院财政部门批准免税的所得等十项，免纳个人所得税。

五是增加了经批准减征个人所得税的情形。残疾、孤老人员和烈属的所得；因严重自然灾害造成重大损失的；其他经国务院财政部门批准减税的，可以依法申请减税。

六是建立了境外税收抵免制度。纳税义务人从中国境外取得的所得，准予其在应纳税额中扣除已在境外缴纳的个人所得税税额。但扣除额不得超过该纳税义务人境外所得依照本法规定计算的应纳税额。

七是完善了扣缴义务人制度。明确在两处以上取得工资、薪金所得和没有扣缴义务人的，纳税义务人应当自行申报纳税。

八是建立了分项按月、按次、按年申报纳税制度。工资、薪金所得应纳的税款，按月计征，由扣缴义务人或者纳税义务人规定期限内缴入国库，并向税务机关报送纳税申报表。特定行业经国务院规定，其工资、薪金所得应纳的税款，可以实行按年计算、分月预缴的方式计征。个体工商户的生产、经营所得应纳的税款，对企事业单位的承包经营、承租经营所得应纳的税款，按年计算，分月预缴，由纳税义务人在次月7日内预缴，年度终了后3个月内汇算清缴，多退少补。从中国境外取得所得的纳税义务人，应当在年度终了后 30 日内，将应纳的税款缴入国库，并向税务机关报送纳税申报表。

1.3.2　第二次修订

1999 年 8 月 30 日，时任中华人民共和国主席江泽民签发中华人民共和国主席令第二十二号，中华人民共和国第九届全国人民代表大会常务委员会第十一次会议通过《全国人民代表大会常务委员会关于修改〈中华人民共和国个人所得税法〉的决定》，自公布之日起生效。

本次修订，将《个人所得税法》"储蓄存款利息"从免征个人所得税项目删去，对储蓄存款利息所得征收个人所得税的开征时间和征收办法由国务院规定。1999 年 9 月 30 日，国务院发布《对储蓄存款利息所得征收个人所得税的实施办法》（国务院令第 272 号），自 1999 年 11 月 1 日起，个人从中国境内的储蓄机构取得人民币、外币储蓄存款利息所得，应当依法缴纳个人所得税。

1.3.3　第三次修订

2005 年 10 月 27 日，时任中华人民共和国主席胡锦涛签发中华人民共和国主席令第四十四号，中华人民共和国第十届全国人民代表大会常务委员会第十八次会议通过了《全国人民代表大会常务委员会关于修改〈中华人民共和国个人所得税法〉的决定》，自 2006 年 1 月 1 日起施行。

此次修订中，一是将工资、薪金所得每月减除费用由 800 元上调到 1600 元，以每月收入额减除费用 1600 元后的余额，为应纳税所得额。二是建立了全员全额扣缴申报制度。个人所得税，以所得人为纳税义务人，以支付所得的单位或者个人为扣缴义务人。个人所得超过国务院规定数额的，在两处以上取得工资、薪金所得或者没有扣缴义务人的，以及具有国务院规定的其他情形的，纳税义务人应当按照国家规定办理纳税申报。扣缴义务人应当按照国家规定办理全员全额扣缴申报。

1.3.4　第四次修订

2007 年 6 月 29 日，时任中华人民共和国主席胡锦涛签发中华人民共和国主席令第六十六号，中华人民共和国第十届全国人民代表大会常务委员会第二十八次会议通过《全国人民代表大会常务委员会关于修改〈中华人民共和国个人所得税法〉的决定》，自公布之日起施行。

此次修订将"对储蓄存款利息所得征收个人所得税的开征时间和征收办法由国务院规定"，修订为"对储蓄存款利息所得开征、减征、停征个人所得税及其具体办法，由国务院规定。"2008年10月9日，财政部、国家税务总局印发《关于储蓄存款利息所得有关个人所得税政策的通知》（财税〔2008〕132号），经国务院批准，自2008年10月9日起，对储蓄存款利息所得暂免征收个人所得税。

1.3.5　第五次修订

2007年12月29日，时任中华人民共和国主席胡锦涛签发中华人民共和国主席令第八十五号，中华人民共和国第十届全国人民代表大会常务委员会第三十一次会议通过《全国人民代表大会常务委员会关于修改〈中华人民共和国个人所得税法〉的决定》，自2008年3月1日起施行。

此次修订将工资、薪金所得减除费用从每月1600元上调到2000元，以每月收入额减除费用2000元后的余额，为应纳税所得额。

1.3.6　第六次修订

2011年6月30日，时任中华人民共和国主席胡锦涛签发中华人民共和国主席令第四十八号，中华人民共和国第十一届全国人民代表大会常务委员会第二十一次会议通过《全国人民代表大会常务委员会关于修改〈中华人民共和国个人所得税法〉的决定》，自2011年9月1日起施行。

本次修订主要包括三个方面的内容：一是个人取得工资、薪金所得适用税率，由原先的5%~45%的九级超额累进税率，调整为3%~45%的七级超额累进税率，并适当调整了级距。二是将工资薪金所得每月减除费用由2000元，上调到3500元。三是调整了个人所得税纳税（扣缴）申报期限——从原先"七日内"修改为"十五日内"，扣缴义务人每月所扣的税款，自行申报纳税人每月应纳的税款，都应当在次月十五日内缴入国库。

1.3.7　第七次修订

2018年8月31日，前六次的修订，基本完善了我国个人所得税法制度体系。2018年8月31日，中华人民共和国第十三届全国人民代表大会常务委员会第五次会议通过《全国人民代表大会常务委员会关于修改〈中华人民共和国个人所得税法〉的决定》。这是《个人所得税法》立法以来，最大规模的一次修订。

新《个人所得税法》主要有八个方面重大改动，简单地说：一是完善了有关纳税人的规定；二是对居民个人工资薪金、劳务报酬、稿酬和特许权使用费所得实行按年综合征税；三是优化了调整税率结构和级距；四是提高了综合所得基本减除费用标准；五是设立了专项扣除和专项附加扣除；六是增加了反避税条款；七是规范了社会综合治税；八是优化了税收征管制度。

2019年1月1日，新《个人所得税法》正式施行，翻开了我国个人所得税制度的新篇章。

2

纳税人

个人所得税纳税人分为居民个人和非居民个人两类，税法针对两类纳税人采取不同征税方式，这不仅遵循国际税收管理的通行做法，也能更好地行使税收管辖权，维护国家税收权益。

2.1 居民个人和非居民个人的判定

2019年1月1日起实施的《个人所得税法》（以下简称新《个人所得税法》）第一条，就将个人所得税的纳税人划分为居民个人和非居民个人。居民个人对其取得的中国境内、境外的全部所得，承担纳税义务；非居民个人仅对从中国境内取得的所得，承担纳税义务。改变了2011年《个人所得税法》中，通过居住是否满一年的纳税义务的判定标准。

> 第一条 在中国境内有住所，或者无住所而一个纳税年度内在中国境内居住累计满一百八十三天的个人，为居民个人。居民个人从中国境内和境外取得的所得，依照本法规定缴纳个人所得税。
>
> 在中国境内无住所又不居住，或者无住所而一个纳税年度内在中国境内居住累计不满一百八十三天的个人，为非居民个人。非居民个人从中国境内取得的所得，依照本法规定缴纳个人所得税。
>
> 纳税年度，自公历一月一日起至十二月三十一日止。
>
> ——新《个人所得税法》

2.1.1 判定的一般标准

新《个人所得税法》将在境内无住所而在境内居住满183天的个人也纳入居民管辖权，延伸扩张居民管辖权而限制地域管辖权，也是国际上的通行做法。将外籍无住所个人判定中国个人所得税居民个人纳税人的时间确定为183天，保持了与国际通行做法的一致。

【案例2-1-1】境内无住所个人A先生，2018年、2019年，均在深圳工作居住满183天，另外境外工作居住了182天。

【问题】 A先生在中国境外工作期间取得的工资、薪金收入中国是否有征税权？

【解析】 案例中的A先生，虽然2018年和2019年工作居住时间一致，但是其在个人所得税上，却是两种不同的结果。对他在中国境外工作期间的工资、薪金收入，2018年中国无征税权，2019年有征税权。

(1) 2018年。

按照2011年《个人所得税法》、2011年《个人所得税法实施条例》规定，A先生在中国境内无住所，2018年度在深圳居住未满一年，2018年只就其在中国境内取得的所得纳税。

2011年《个人所得税法》规定，在中国境内无住所又不居住或者无住所而在境内居住不满一年的个人，从中国境内取得的所得，依法缴纳个人所得税。

2011年《个人所得税法实施条例》中，对其中的几个概念进行解释：

"在中国境内有住所的个人"，是指因户籍、家庭、经济利益关系而在中国境内习惯性居住的个人。

"在境内居住满一年"，是指在一个纳税年度中在中国境内居住365日。临时离境的，不扣减日数。

"临时离境"，是指在一个纳税年度中一次不超过30天或者多次累计不超过90天的离境。

"纳税年度"，自公历1月1日起至12月31日止。纳税年度是一个自然年度的概念，即每年的1月1日到12月31日，而不是连续365天的概念。

(2) 2019年。

A先生同样是在中国境内居住了183天，但是依据新《个人所得税法》规定，虽然在中国境内无住所，但是在一个纳税年度内在中国境内居住满183天，构成了中国个人所得税的居民个人。应当就其从中国境内和中国境外取得的工资、薪金所得，都需要依照新《个人所得税法》规定申报并缴纳个人所得税。

2.1.2 判定的次序

在新《个人所得税法》中，判定一个纳税人是居民个人还是非居民个人，有两个条件，依序判定：

一是该纳税人在中国境内有没有住所。如果有住所，那就是居民个人，如果没有住所，那就需要进行下一个条件的判定。

二是该无住所的纳税人在一个纳税年度内在中国境内居住是否满183天。如果居住满183天，那就是居民个人，如果不满183天，那就是非居民个人。

在这样的判定中，对于纳税人的国籍身份并没有作出特别的限定，不仅对外籍个人适用，同样也适用中国公民。

这里还需要再了解两个重要概念："有住所"和"居住"。

（1）"有住所"：就是在中国境内习惯性居住。新《个人所得税法实施条例》第二条规定，新《个人所得税法》所称在中国境内有住所，是指因户籍、家庭、经济利益关系而在中国境内习惯性居住。其中纳税人的户籍、家庭、经济利益等相关情况，只是判定是否在中国境内"习惯性居住"的参考要素，并不是判定居民个人条件。判定条件是且只能是"习惯性居住"。

（2）"居住"：是指在中国境内停留。《财政部 税务总局关于在中国境内无住所的个人居住时间判定标准的公告》（财政部 税务总局公告2019年第34号）规定，无住所个人一个纳税年度内在中国境内累计居住天数，按照个人在中国境内累计停留的天数计算。在中国境内停留的当天满24小时的，计入中国境内居住天数，在中国境内停留的当天不足24小时的，不计入中国境内居住天数。

【案例2-1-2】 我国香港居民在香港居住，在深圳工作，2019年有240多个工作日都往返于深圳工作场所和香港住所之间，每个工作日在深圳停留的时间都不足24小时。

【问题】 该香港居民2019年是不是中国个人所得税居民个人纳税人？

【解析】 《中华人民共和国香港特别行政区基本法》第一百零八条规定，香港特别行政区参照原在香港实行的低税政策，自行立法规定税种、税率、税收宽免和其他税务事项。按照《内地和香港特别行政区关于对所得避免双重征税和防止偷漏税的安排》，香港居民需要按照在中国内地停留时间，判定是不是中国个人所得税居民个人纳税人。

案例中的香港居民，尽管在中国境内停留天数在一个纳税年度内超过183天，但是按照《财政部 税务总局关于在中国境内无住所的个人居住时间判定标准的公告》（财政部 税务总局公告2019年第34号）规定，其在境内停留的每天均不满 24 小时，不计入中国境内的居住天数。

因此，该香港居民不是中国个人所得税居民个人纳税人。

【案例 2-1-3】 某中国公民，在中国境内无住所又不居住，或者无住所而一个纳税年度内在中国境内居住累计不满 183 天。

【问题】 该中国公民是居民个人还是非居民个人？如何判定？

【解析】 中国公民身份不是中国居民个人纳税人身份判定的首位条件。

案例中的中国公民，是否构成中国个人所得税居民个人，不仅涉及国内税法，需要按照上述两个条件进行判定，还涉及国际税法，需要按照国际税收协定的规定，进行判定。以中国和新加坡的税收协定为例：

> 一、在本协定中，"缔约国一方居民"一语是指按照该缔约国法律，由于住所、居所、管理机构所在地、总机构所在地、注册地或任何其他类似标准，在该缔约国负有纳税义务的人，也包括该缔约国、地方当局或法定机构。
>
> 二、由于第一款的规定，同时为缔约国双方居民的个人，其身份应按以下规则确定：
>
> （一）应认为仅是其永久性住所所在缔约国的居民；如果在缔约国双方同时有永久性住所，应认为是与其个人和经济关系更密切（重要利益中心）所在缔约国的居民；
>
> （二）如果其重要利益中心所在国无法确定，或者在缔约国任何一方都没有永久性住所，应认为是其有习惯性居处所在国的居民；
>
> （三）如果其在缔约国双方都有，或者都没有习惯性居处，应认为仅是其国民所属缔约国的居民；
>
> （四）在其他任何情况下，缔约国双方主管当局应通过协商解决。
>
> ——《中华人民共和国政府和新加坡共和国政府关于对所得避免双重征税和防止偷漏税的协定》（国税函〔2007〕790 号）

在个人所得税居民个人纳税人判定上，上述中新税收协定中的判定次序为：

第一，看有没有永久性住所。如果只有一个国家内有永久性住所，那么就是这个住所所在国家的居民个人。

第二，看利益中心国判定。对于个人在两个国家内都有永久性住所时，个人与哪个国家的经济关系更密切，就判定为该国的居民个人。

第三，看习惯性居处所在国。如果个人在两个国家都没有永久性住所，同时也无法判定与哪个国家的经济关系更加密切时，以个人习惯在哪个国家居处来判定是哪个国家的居民个人。

第四，看国籍所属国判定。如果个人在两个国家都有、或者都没有习惯性居处，无法判定时，就判定为个人的公民身份所属国家的居民个人。

第五，如果上述均无法判定时，由缔约国双方主管当局协商解决。

由上可以看出，一个人是不是中国公民，不是判定其是不是中国个人所得税居民个人纳税人的第一条件，需要对照国际税收协定的约定判定。在中国和其他国家签订的税收协定中，国民所属只是第四序列的判定条件。

【案例2-1-4】 境内某公司因业务需要，2019年将公司副总王某派驻到境外子公司任职，全年在境外居住330天，其家属都在国内工作。

【问题】 王某是否是中国个人所得税居民个人纳税人？

【解析】 王某在中国境内有住所（因户籍、家庭、经济利益关系而在中国境内习惯性居住），无论其2019年是否在中国境内居住满183天，也是中国个人所得税居民个人纳税人。

【案例2-1-5】 李某是中国公民，境内无房产，父母去世后因国内无亲戚投靠国外的姑姑，自小在国外长大，2019年其就职的境外某公司拓展中国业务，将其派回中国境内工作，当年他在中国境内居住5个月。

【问题】 2019年李某是否是中国个人所得税居民个人纳税人？

【解析】 李某虽然是中国公民，但其在中国境内没有"因户籍、家庭、经济利益关系而在中国境内习惯性居住"，即在中国"无住所"，不满足居民个人判定的第一条件，其在2019年中，在中国境内居住5个月，也不满183天，也不满足居民个人判定的第二条件，因此，李某2019年是中国个人所得税非居民个人纳税人。

2.2　境内无住所个人税收优惠政策的延续

个人所得税的应税所得，按照所得的来源地不同，可以分为境内所得和境外所得；按照所得的支付地不同，又可以分为境内支付和境外支付，如图2-1所示。

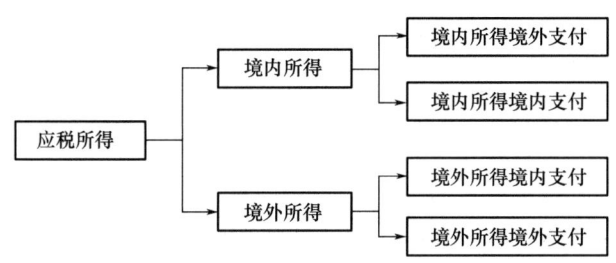

图2-1 个人所得税应税所得的划分

新《个人所得税法实施条例》延续了对2011年《个人所得税法》中给予"在中国境内无住所，但是居住一年以上五年以下的个人"境外所得有限纳税义务的优惠，以及给予"在中国境内无住所，但是在一个纳税年度中在中国境内连续或者累计居住不超过90天的个人"境内所得有限纳税义务的优惠。

> 第四条 在中国境内无住所的个人，在中国境内居住累计满183天的年度连续不满六年的，经向主管税务机关备案，其来源于中国境外且由境外单位或者个人支付的所得，免予缴纳个人所得税；在中国境内居住累计满183天的任一年度中有一次离境超过30天的，其在中国境内居住累计满183天的年度的连续年限重新起算。
>
> 第五条 在中国境内无住所的个人，在一个纳税年度内在中国境内居住累计不超过90天的，其来源于中国境内的所得，由境外雇主支付并且不由该雇主在中国境内的机构、场所负担的部分，免予缴纳个人所得税。
>
> ——新《个人所得税法实施条例》

从上述条款中，可以看出，新《个人所得税法实施条例》在原优惠政策的基础上，有三个方面的变化：

一是将连续优惠期间延长到6年。对境内无住所的居民个人，其在中国境内居住累计满183天的年度连续不满6年的，其境外所得境外支付的部分免征个人所得税。

二是优惠办理方式发生变化。由"批准"改为"备案"。2011年《个人所得税法实施条例》规定"经主管税务机关批准",新《个人所得税法实施条例》规定"向主管税务机关备案"。

三是"连续六年"必须同时满足两个条件。一是从纳税人第一个满足居民个人年度起,连续6年都是居民个人。二是在连续6年期满前,其中任一年度纳税人有一次"单次离境超过30日",其在中国境内居住累计满183天的年度的连续年限重新起算。

同时,《财政部 税务总局关于在中国境内无住所的个人居住时间判定标准的公告》(财政部 税务总局公告2019年第34号)中,对上述条款进一步明确了三项规定:

一是无住所个人一个纳税年度在中国境内累计居住满183天的,如果此前6年在中国境内每年累计居住天数都满183天而且没有任何一年单次离境超过30天,该纳税年度来源于中国境内、境外所得应当缴纳个人所得税。

二是无住所个人一个纳税年度在中国境内累计居住满183天的,如果此前6年的任一年在中国境内累计居住天数不满183天或者单次离境超过30天,该纳税年度来源于中国境外且由境外单位或者个人支付的所得(即"境外所得境外支付"的所得),免予缴纳个人所得税。

三是在中国境内无住所个人在中国境内居住累计满183天的年度连续满6年的,连续6年自2019年(含)以后年度开始计算。对于纳税人以前年度在中国境内居住时间,不再计算。

【案例2-2-1】 外籍个人A、B、C三人在中国境内均无住所,2019年首次到中国境内工作,2019—2024年居住天数及每一纳税年度内出境天数如表2-1所示:

表2-1 A、B、C居住天数

	年度	2019	2020	2021	2022	2023	2024
A	境内居住天数(天)	230	250	330	310	298	280
	出境天数(天)	135	116	35	55	67	86
	有无单次离境30天	无	无	1	无	1	无
B	境内居住天数(天)	230	250	330	180	298	280
	出境天数(天)	135	116	35	185	67	86
	有无单次离境30天	无	无	无	无	无	无

续表

	年度	2019	2020	2021	2022	2023	2024
C	境内居住天数（天）	230	250	330	310	298	280
	出境天数（天）	135	116	35	55	67	86
	有无单次离境30天	无	无	无	无	无	无

【问题】 这些外籍人员的个人所得税的纳税义务如何确定？

【解析】 （1）外籍人员A：2019—2024年，每年都在中国境内居住满183天，6年都是中国个人所得税居民个人纳税人，但是在2021年、2023年各有一次单次离境超过30天，因此，A在2019—2024年间，不满足在"中国境内居住累计满183天的年度连续不满六年的"条件，其纳税义务为：全部境内所得+中国境内支付或负担的境外所得。因其在2023年有一次单次离境超过30天，其在中国境内居住累计满183天的年度的连续年限在2024年重新起算，到2024年末，其连续居民个人年度为1年。

（2）外籍个人B：2019—2024年，2022年当年在中国境内居住不满183天，为中国个人所得税非居民个人纳税人。尽管其他年度均在中国境内居住满183天，是中国个人所得税居民个人纳税人，且在期间没有单次离境超过30天，但是因其没有连续6年都是居民个人，因此其纳税义务有两种情形：

对于满足中国个人所得税居民个人纳税人的年度（2019年、2020年、2021年、2023年、2024年），纳税义务为：全部境内所得+中国境内支付或负担的境外所得。

对于构成中国个人所得税非居民个人纳税人的年度（2022年），应对其来源于中国境内的所得依法纳税。

因其在2022年在中国境内居住累计未满183天，其"在中国境内居住累计满183天的年度"连续年限自下一个满足条件的年度，即2023年起算，到2024年末，连续年限为2年。

（3）外籍个人C：2019—2024年，每年都在中国境内居住满183天，6年都是中国个人所得税居民个人纳税人，且在期间未发生单次离境超过30天的情形。其自2019—2024年间纳税义务为：全部境内所得+中国境内支付或负担的境外所得。如果2025年，C个人再次在中国境内居住满183天，因其"此前六年在中国境内都满183天而且没有任何一年单次离境超过30

天"，应就来源于中国境内、境外全部所得缴纳个人所得税。如果C个人在2025年发生了单次离境超过30天的事实，当年也应就来源于中国境内、境外所得应当缴纳个人所得税，自2026年起，重新计算在中国居住满183天的年度。

需要注意的是，"任一年度中有一次离境超过30天"，其中的任一年度，指的是一个纳税年度内，即自当年的1月1日到12月31日。如果案例中的A，自2019年12月20日离境，到2020年1月29日入境，虽然单次离境时间超过30天，但需要分属两个年度计算，即在2019年单次离境11天，在2020年单次离境29天，不满足"任一年度中有一次离境超过30天"情形。

【案例2-2-2】 某境外个人D在中国境内无住所，2019年以前，已连续3年在中国境内居住满一年，2019年起，又连续成为中国境内居民个人3年，且无单次离境30天以上的情形。

【问题】 其2019年个人所得税纳税义务如何确定？

【解析】 对案例中的个人D，需要解决前后两个《个人所得税法实施条例》的衔接中存在的两个问题。一是按连续5年计算，还是连续6年计算；二是以前连续期间是否在2019年有效而延续计算。

对于此种情形，在纳税义务判定上，新《个人所得税法》的连续6年居民个人和2011年《个人所得税法》的连续5年居住满一年的纳税义务，不尽相同。《财政部 税务总局关于在中国境内无住所的个人居住时间判定标准的公告》（财政部 税务总局公告2019年第34号）规定，无住所个人一个纳税年度在中国境内累计居住满183天的，如果此前6年在中国境内每年累计居住天数都满183天而且没有任何一年单次离境超过30天，该纳税年度来源于中国境内、境外所得应当缴纳个人所得税。此前6年，是指该纳税年度的前一年至前6年的连续6个年度，此前6年的起始年度自2019年（含）以后年度开始计算。

因此，对于D个人，应当从2019年起依法重新判定其"在中国境内居住累计满183天的年度"，而无须延续。

对于一个在中国境内无住所的境外个人，从首次入境取得所得的那一天起，其在中国个人所得税纳税人身份也将随着居住时间的变化，沿着"非居民个人"——"居民个人"——在中国境内有住所的"居民个人"的轨迹变化，其纳税义务也因此随之变化。详见表 2-2。

表 2-2　　　　　无住所个人境内不同居住时间纳税义务一览表

纳税人类型	居住时间	征税所得
非居民个人	90 天以下	境内所得境内支付
	90~183 天（不含 183 天）	境内所得
居民个人	连续 6 年内居住时间超过 183 天（2019 年起，任一年度中有一次离境超过 30 天的，其在中国境内居住累计满 183 天的年度的连续年限重新起算） 注：含 6 年，且未发生单次离境超过 30 天	境内所得+境外所得境内支付
	此前 6 年每年居住时间都满 183 天而且没有任何一年单独离境超过 30 天	境内所得+境外所得

2.3　境内所得和境外所得

除新《个人所得税法实施条例》《财政部　税务总局关于非居民个人和无住所居民个人有关个人所得税政策的公告》（财政部　税务总局公告 2019 年第 35 号，以下简称 2019 年第 35 号公告）外，《财政部　税务总局关于境外所得有关个人所得税政策的公告》（财政部　税务总局公告 2020 年第 3 号，以下简称 2020 年第 3 号公告）中，再次明确境外所得的范围。对于不同项目的所得，其所得来源地的判定各不相同。

2.3.1　综合所得

工资薪金所得、劳务报酬所得、稿酬所得、特许权使用费所得，同属于劳动性所得，又被称为"综合所得"。居民个人取得这四项所得实行按年综合征税，非居民个人实行按月或按次分项计税，存在较大差异。

（1）工资薪金所得和劳务报酬所得

居民个人或非居民个人取得工资薪金所得和劳务报酬所得的来源地判定，与所得的支付人、支付地无关。对任职或受雇情形下工资薪金所得、履约情形下的劳务报酬所得，按照实际工作地或劳务所在地作为所得来源地判定标准。新《个人所得税法实施条例》规定，"因任职、受雇、履约等在中国境内提供劳务取得的所得"是境内所得。与之相对，2020年第3号公告规定，"因任职、受雇、履约等在中国境外提供劳务取得的所得"是境外所得。

2019年第35号公告中，又特别强调了非居民个人和无住所的居民个人的工资薪金所得的来源地，按照境内工作期间计算判定。个人取得归属于中国境内工作期间的工资薪金所得为来源于境内的工资薪金所得。境内工作期间按照个人在境内工作天数计算，包括其在境内的实际工作日以及境内工作期间在境内、境外享受的公休假、个人休假、接受培训的天数。对于担任境内居民企业的董事、监事及高层管理职务的个人（以下统称高管人员），无论是否在境内履行职务，取得由境内居民企业支付或者负担的董事费、监事费、工资薪金或者其他类似报酬（以下统称高管人员报酬，包含数月奖金和股权激励），属于来源于境内的所得。

【案例2-3-1】 中国境内某公司聘用一无住所的外籍人员，通过互联网络从事设计工作，从未入境，按月发放工资薪金折合人民币20000元。

【问题】 此外籍人员的此项所得是否应在境内缴纳个人所得税，如何缴纳？

【解析】 新《个人所得税法》规定，在中国境内无住所又不居住，或者无住所而一个纳税年度内在中国境内居住累计不满183天的个人，为非居民个人。非居民个人从中国境内取得的所得，依法缴纳个人所得税。

该外籍人员2019年从未入境，符合"在中国境内无住所又不居住"的情形，是中国个人所得税的非居民个人，只对其从中国境内取得的所得，需要依法缴纳个人所得税。

新《个人所得税法实施条例》规定，因任职、受雇、履约等在中国境内提供劳务取得的所得，不论支付地点是否在中国境内，均为来源于中国境内的所得。2019年第35号公告规定，个人取得归属于中国境内工作期间的工资薪金所得为来源于境内的工资薪金所得。境内工作期间按照个人在境内工作天数计算，包括其在境内的实际工作日以及境内工作期间在境内、境外享受的公休假、个人休假、接受培训的天数。

该人从中国境内公司取得的所得，虽然是因其在公司任职和受雇佣取得的工资薪金，但由于其工作地点在境外，而不属于"在中国境内提供劳务"，因此该项所得是境内支付的境外所得，不需要缴纳中国个人所得税。

【案例2-3-2】 2019年5月，中国境内居民个人王某在网上应聘境外某国家A公司工作人员，通过互联网远程参与企业工作，王某2019年从未出境，全年取得A公司支付工资薪金折合人民币200000元。

【问题】 王某从A公司取得的所得是境内所得还是境外所得？

【解析】 王某从A公司取得的所得是境内所得，尽管王某的任职、受雇单位是境外某国A公司，但是其实际的工作地在中国，A公司支付的工资薪金所得依据中国税法规定，为来源于中国境内的所得。

【案例2-3-3】 在中国境内无住所的某外籍个人是中国境内某公司的副（总）经理，长年在境外开展业务工作。2019年全年因工作需要从未入境，需要时通过网络会议办公，公司按月发放工资薪金折合人民币200000元。

【问题】 此外籍人员是否应在境内缴纳个人所得税，如何缴纳？

【解析】 2019年第35号公告规定，对于担任境内居民企业的董事、监事及高层管理职务（企业正、副（总）经理、各职能总师、总监及其他类似公司管理层的职务）的个人，无论是否在境内履行职务，取得由境内居民企业支付或者负担的董事费、监事费、工资薪金或者其他类似报酬（包含数月奖金和股权激励），属于来源于境内的所得。且该外籍个人2019年全年未入境，符合新《个人所得税法实施条例》规定的"在中国境内无住所的个人，在一个纳税年度内在中国境内居住累计不超过90天的"情形，仅就其来源于中国境内的所得，由境内支付的部分，缴纳个人所得税。公司应按非居民个人取得工资薪金所得按月代扣代缴。

应纳税额=（200000－5000）×45%－15160=72590（元）

（2）稿酬所得

稿酬所得是综合所得中的一个所得项目。新《个人所得税法实施条例》规定，稿酬所得是指个人因其作品以图书、报刊等形式出版、发表而取得的所得。鉴于稿酬所得的特殊性，其所得来源地的判定按照支付且负担人所在地确定，既不考虑纳税人是居民个人还是非居民个人，也不考虑纳税人实际工作地（作品撰稿地、创作地）。与2019年第35号公告规定"由境内企业、事业单位、其他组织支付或者负担的稿酬所得,为来源于境内的所得"相对应,2020年第3号公告规定,"中国境外企业以及其他组织支付且负担的稿酬所得"。如果支付且负担的企业、其他组织机构所在地在中国境内,即为来源于境外的所得;在中国境外,即为来源于境外的所得。

其中,要注意稿酬所得的"境内企业"与董事、监事和高层管理职务个人的工资薪金所得、劳务报酬所得中的"境内居民企业"的内涵不同。"境内居民企业"是企业所得税概念,即是依法在中国境内成立,或者依照外国(地区)法律成立但实际管理机构在中国境内的企业,简单地说,就是中国企业所得税完全纳税义务人。而"境内企业""境外企业"是一个简单的地域概念,即是企业或其他组织的机构所在地在境内或者是境外。

【案例2-3-4】 某外籍专家在中国境内无住所,且在2019年全年未入境,其撰写的两篇科研论文,一篇在境外某专业杂志刊出取得收入折合人民币4万元;一篇在中国境内某专业期刊上刊出取得收入人民币5万元。

【问题】 该外籍专家的两笔稿酬所得是境内所得还是境外所得?如何纳税?

【解析】 该外籍专家在中国境内无住所,且在2019年度内未入境,是中国个人所得税非居民个人纳税人,因其在中国境内居住累计不超过90天,所以仅就其来源于中国境内的所得,且由境内支付的部分缴纳个人所得税。

2019年第35号公告规定,由境内企业、事业单位、其他组织支付或者负担的稿酬所得,为来源于境内的所得。其在中国境外专业期刊发表的论文,取得由该期刊支付的稿酬,是来源于中国境外的所得,不需要在中国境内纳税。其在中国专业期刊发表的论文,取得由该期刊支付的稿酬,是境内支付的境内所得,应当依法纳税。公司应按非居民个人取得稿酬所得代扣代缴。

应纳税所得额 = 50000×(1-20%)×70% = 28000(元)

应纳税额 = 28000×25% - 2660 = 4340(元)

【案例2-3-5】 中国境内居民个人张教授,2019年在境外某专业学术刊物上刊发一篇论文,获得刊物编辑部稿酬1万元。

【问题】 张教授取得的该项稿酬所得是境内所得还是境外所得?

【解析】 张教授的该项稿酬所得,按照支付且负担的企业或其他组织的所在地判定来源地,该笔稿酬的支付负担人是境外杂志社,因此是来源于中国境外的所得。

（3）特许权使用费所得

2020 年第 3 号公告规定，"许可各种特许权在中国境外使用而取得的所得"为来源于境外的所得。特许权使用费所得来源地按照许可特许权的使用地判定，与特许权的登记地、许可人纳税人类别、所得的支付或负担人无关。许可特许权在中国境内使用取得的所得，为来源于中国境内的所得，许可特许权在中国境外使用而取得的所得，为来源于中国境外的所得。

2.3.2 经营所得

经营所得以生产、经营活动地点判定所得来源地。境内个体工商户、个人独资企业、合伙企业、个人承包承租经营的企事业单位在中国境外的生产、经营活动，以及居民个人在中国境外从事的、按照新《个人所得税法》归属于经营所得的，确定为境外经营所得。居民个人取得境外经营所得，应作为一个独立的核算主体，以每一纳税年度的收入总额减除成本、费用以及损失后的余额，为应纳税所得额。在经营所得、综合所得和分类所得中，综合所得和分类所得一定会取得所得，而经营所得却不同，居民个人在境外从事生产经营活动，可能会取得所得，也可能会没有所得。居民个人来源于境外的生产经营活动的收入，可能不足以减除成本费用及损失，即按照个人所得税法及其实施条例的有关规定计算为经营亏损。2020 年第 3 号公告规定，居民个人来源于境外的经营所得，按照个人所得税法及其实施条例的有关规定计算的亏损，不得抵减其境内或他国（地区）的应纳税所得额，但可以用来源于同一国家（地区）以后年度的经营所得按中国税法规定弥补。

2.3.3 分类所得

除综合所得和经营所得外其他四项所得，包括：股息利息红利所得、财产租赁、财产转让和偶然所得等，又称为"分类所得"。各个分类所得在来源地判定标准上各不相同。

（1）利息、股息、红利所得

利息、股息、红利所得的来源地，按照支付负担人判定。新《个人所得税法实施条例》规定"从中国境内企业、事业单位、其他组织以及居民个人取得的利息、股息、红利所得"，为来源于中国境内的所得。2020 年第 3 号公告规定"从中国境外企业、其他组织以及非居民个人取得的利息、股息、红利所得"为来源于中国境外的所得。利息、股息、红利所得的支付人是企业或其他组织的,以支付或负担单位所在地判定所得来源地,中国境内企业、事业单位和其他组织支付的,为来源于境内的所得,中国境外企业、其他组织。利息、股息、红利所得的支付人是个人的,以支付个人的纳税人身份类别来判定,支付人是居民个人的,为来源于境内的所得。支付人为非居民个人的,为来源于境外的所得。

【案例2-3-6】 2019年6月,外籍无住所个人麦克向中国境内居民个人李某借款折合人民币10万元。2019年12月连本带息归还该笔借款10.5万元(其中本金10万元,利息0.5万元)。经计算确定,2019年麦克在中国境内居住时间120天。

【问题】 李某取得的该笔利息是境内所得还是境外所得?

【解析】 2019年,无住所个人麦克在中国境内居住时间不满183天,为非居民个人。对于居民个人李某从麦克处取得的借款利息所得,属于从非居民个人取得的利息、股息、红利所得,按照税法规定,应确认为来源于境外的所得。

(2)财产租赁所得

新《个人所得税法实施条例》规定"将财产出租给承租人在中国境内使用而取得的所得",为来源于中国境内的所得。2020年第3号公告规定"将财产出租给承租人在中国境外使用而取得的所得",为来源于中国境外的所得。

财产租赁包括动产租赁和不动产租赁。对于个人出租财产取得的所得,所得来源地按照财产的使用地判定,而财产所有人的纳税人分类、所在地、财产所在地不作为判定条件。对于出租不动产取得的租赁所得,不动产在中国境内的,为来源于境内的所得;不动产在中国境外的,为来源于境外的所得。对于出租动产取得的租赁所得,由使用人在中国境内使用的,为来源于境内的所得;由使用人在中国境外使用的,为来源于中国境外的所得。

(3)财产转让所得

纳税人转让财产所得,因财产类型的不同,其来源地的判定也各不相同。

新《个人所得税法实施条例》规定"转让中国境内的不动产等财产或者在中国境内转让其他财产取得的所得",为来源于中国境内的所得。2020年第

3号公告规定"转让中国境外的不动产、转让对中国境外企业以及其他组织投资形成的股票、股权以及其他权益性资产（以下称权益性资产）或者在中国境外转让其他财产取得的所得"，为来源于中国境外的所得，但"转让对中国境外企业以及其他组织投资形成的权益性资产，该权益性资产被转让前三年（连续36个公历月份）内的任一时间，被投资企业或其他组织的资产公允价值50%以上直接或间接来自位于中国境内的不动产的，取得的所得为来源于中国境内的所得"。

纳税人转让动产的，按照转让地判定所得来源地，简单地说就是无论动产的所有人是谁，只要是在中国境内发生的转让行为，即为来源于中国境内的所得；在中国境外发生的转让行为，即为来源于中国境外的所得。纳税人转让不动产的，按照不动产所在地判定所得来源地。不动产的所有人，无论是中国境内的企业、事业单位、其他组织或者居民个人，还是中国境外企业、其他组织或者非居民个人，只要不动产在中国境内，即为转让中国境内的不动产，所得来源地为中国境内；不动产在中国境外，即为转让中国境外的不动产，所得来源地为中国境外。

但是，对于转让权益性资产，包括企业以及其他组织投资形成的股票、股权以及其他权益性资产，要按照属人和属地双重标准判定所得来源地：一是按照被投资企业、事业或其他组织的所在地判定。被投资企业、事业或其他组织所在地在中国境内的，即为来源于境内的所得。二是被投资企业或其他组织在中国境外的，则需要根据被投资企业或其他组织转让前三年（连续36个公历月份）内任一时点的所有人结构进一步判定。该权益性资产被转让前三年内的任一时间，被投资企业或其他组织的资产公允价值50%以上直接或间接来自位于中国境内的不动产的，取得的所得为来源于中国境内的所得。

（4）偶然所得

新《个人所得税法实施条例》规定"偶然所得，是指个人得奖、中奖、中彩以及其他偶然性质的所得"。按照偶然所得的偶发特性，其所得来源地的判定仅按照支付且负担人来判定，既不考虑纳税人是居民个人还是非居民个人，也不考虑纳税人取得所得时是在境内还是境外。纳税人取得偶然所得的，如果支付且负担的企业、其他组织机构所在地在中国境外的，或是由非居民个人支付且负担的，即为来源于境外的所得。

2020年第3号公告规定"中国境外企业、其他组织以及非居民个人支付且负担的偶然所得"为来源于中国境外的所得。

第三条 除国务院财政、税务主管部门另有规定外，下列所得，不论支付地点是否在中国境内，均为来源于中国境内的所得：

（一）因任职、受雇、履约等在中国境内提供劳务取得的所得；

（二）将财产出租给承租人在中国境内使用而取得的所得；

（三）许可各种特许权在中国境内使用而取得的所得；

（四）转让中国境内的不动产等财产或者在中国境内转让其他财产取得的所得；

（五）从中国境内企业、事业单位、其他组织以及居民个人取得的利息、股息、红利所得。

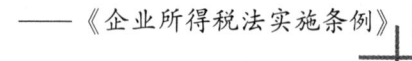
——《企业所得税法实施条例》

一、下列所得，为来源于中国境外的所得：

（一）因任职、受雇、履约等在中国境外提供劳务取得的所得；

（二）中国境外企业以及其他组织支付且负担的稿酬所得；

（三）许可各种特许权在中国境外使用而取得的所得；

（四）在中国境外从事生产、经营活动而取得的与生产、经营活动相关的所得；

（五）从中国境外企业、其他组织以及非居民个人取得的利息、股息、红利所得；

（六）将财产出租给承租人在中国境外使用而取得的所得；

（七）转让中国境外的不动产、转让对中国境外企业以及其他组织投资形成的股票、股权以及其他权益性资产（以下称权益性资产）或者在中国境外转让其他财产取得的所得。但转让对中国境外企业以及其他组织投资形成的权益性资产，该权益性资产被转让前三年（连续36个公历月份）内的任一时间，被投资企业或其他组织的资产公允价值50%以上直接或间接来自位于中国境内的不动产的，取得的所得为来源于中国境内的所得；

（八）中国境外企业、其他组织以及非居民个人支付且负担的偶然所得；

（九）财政部、税务总局另有规定的，按照相关规定执行。

——《财政部 税务总局关于境外所得有关个人所得税政策的公告》（财政部 税务总局公告2020年第3号）

一、关于所得来源地

（一）关于工资薪金所得来源地的规定。

个人取得归属于中国境内（以下称境内）工作期间的工资薪金所得为来源于境内的工资薪金所得。境内工作期间按照个人在境内工作天数计算，包括其在境内的实际工作日以及境内工作期间在境内、境外享受的公休假、个人休假、接受培训的天数。在境内、境外单位同时担任职务或者仅在境外单位任职的个人，在境内停留的当天不足24小时的，按照半天计算境内工作天数。

无住所个人在境内、境外单位同时担任职务或者仅在境外单位任职，且当期同时在境内、境外工作的，按照工资薪金所属境内、境外工作天数占当期公历天数的比例计算确定来源于境内、境外工资薪金所得的收入额。境外工作天数按照当期公历天数减去当期境内工作天数计算。

……

（三）关于董事、监事及高层管理人员取得报酬所得来源地的规定。

对于担任境内居民企业的董事、监事及高层管理职务的个人（以下统称高管人员），无论是否在境内履行职务，取得由境内居民企业支付或者负担的董事费、监事费、工资薪金或者其他类似报酬（以下统称高管人员报酬，包含数月奖金和股权激励），属于来源于境内的所得。

本公告所称高层管理职务包括企业正、副（总）经理、各职能总师、总监及其他类似公司管理层的职务。

（四）关于稿酬所得来源地的规定。

由境内企业、事业单位、其他组织支付或者负担的稿酬所得，为来源于境内的所得。

——《财政部 税务总局关于非居民个人和无住所居民个人有关个人所得税政策的公告》（财政部 税务总局公告2019年第35号）

3 综合所得、经营所得和其他项目所得

新《个人所得税法》对个人所得税纳税项目进行了优化调整，同时对居民个人取得综合所得实行按年综合纳税，直接推动我国个人所得税从分类税制向综合和分类相结合税制的改革。

> 第二条　下列各项个人所得，应当缴纳个人所得税：
> （一）工资、薪金所得；
> （二）劳务报酬所得；
> （三）稿酬所得；
> （四）特许权使用费所得；
> （五）经营所得；
> （六）利息、股息、红利所得；
> （七）财产租赁所得；
> （八）财产转让所得；
> （九）偶然所得。
> 居民个人取得前款第一项至第四项所得（以下称综合所得），按纳税年度合并计算个人所得税；非居民个人取得前款第一项至第四项所得，按月或者按次分项计算个人所得税。纳税人取得前款第五项至第九项所得，依照本法规定分别计算个人所得税。
> ——新《个人所得税法》

新《个人所得税法》设定的所得项目，相较于2011年《个人所得税法》设定的项目，做了三个方面的修改：

一是将"个体工商户的生产、经营所得"和"对企事业单位的承包经营、承租经营所得"合并，作为"经营所得"；

二是删除了2011年《个人所得税法》第二条中第十一项"经国务院财政部门确定征税的其他所得"；

三是在第九项所得后，新增加一款，作为第二款也就是"居民个人取得的工资薪金所得、劳务报酬所得、稿酬所得、特许权使用费所得综合起来，称为'综合所得'，按纳税年度合并计算个人所得税；非居民个人取得工资薪金所得、劳务报酬所得、稿酬所得、特许权使用费所得（也就是第一款的前四项所得），按月或者按次分项计算个人所得税。纳税人取得前款第五项至第九项所得，依照本法规定分别计算个人所得税。"

3.1 综合所得

新《个人所得税法》引入了"综合所得"概念，对居民个人实行按年综合征税，这是《个人所得税法》修订最大的改动之一。直接将现行个人所得税的分类税制，推动到综合与分类相结合的个人所得税制。

3.1.1 综合所得的内涵

"综合所得"不是个人所得税应税项目。只是因为税法设定了对居民个人取得工资薪金、劳务报酬、稿酬、特许权使用费等四项所得，需要合并计算所得并纳税，而在新《个人所得税法》中将这四项所得统称为"综合所得"。

理解对居民个人取得综合所得"按纳税年度合并计算个人所得税"，需要注意三个要素：

一是只面向居民个人。对非居民个人，取得工资、薪金所得，劳务报酬所得，稿酬所得和特许权使用费所得，仍然是"按月或者按次分项计算个人所得税。纳税人取得前款第五项至第九项所得，依照本法规定分别计算个人所得税"。

二是由按月（次）计税转向按年计税。改变了居民个人四项所得的计税期间，由按月、按次计税转为按年计税。

三是由分项计税转向合并计税。居民个人的四项所得，不是一项一项独立地按年计税，而是居民个人一个纳税年度内取得的四个所得，需要全部合并起来，集中按年计税。

【案例 3-1-1】 某居民个人纳税人 2019 年共取得以下收入：

（1）取得工资薪金所得 7 万元，其中：1—8 月在 A 公司任职取得工资 5 万元；11—12 月在 B 公司任职取得工资 2 万元；9—10 月辞职待业；

（2）利用业余时间在外讲学，取得劳务报酬所得 2 万元；

（3）在国家级报刊上发表文章 10 余篇，取得稿酬所得 1 万元。

【问题】 该人在 2020 年 4 月汇算清缴时应申报综合所得年收入额多少元？

【解析】 该纳税人为居民个人，其取得的工资薪金所得、劳务报酬、稿酬等所得，应当合并按年计税。

综合所得年收入额=5+2+2×（1-20%）+1×(1-20%)×70%=9.16（万元）

3.1.2 工资、薪金所得

新《个人所得税法实施条例》规定，工资、薪金所得，是指个人因任职或者受雇取得的工资、薪金、奖金、年终加薪、劳动分红、津贴、补贴以及与任职或者受雇有关的其他所得。

一般来说，工资、薪金所得属于非独立个人劳动所得。所谓非独立个人劳动，是指个人所从事的是由他人指定、安排并接受管理的劳动，工作或服务于公司、工厂、行政事业单位的人员（私营企业主除外）均为非独立劳动者。

除工资、薪金以外，奖金、年终加薪、劳动分红、津贴、补贴也被确定为工资、薪金范畴。其中，年终加薪、劳动分红不分种类和取得情况，一律按工资、薪金所得课税。

奖金是指所有具有工资性质的奖金，免税奖金的范围在税法中另有规定。

公司职工取得的用于购买国有股权的劳动分红，按工资、薪金项目计征个人所得税。

出租汽车经营单位对出租车驾驶员采取单车承包或承租方式运营，出租车驾驶员从事客货营运取得的收入，按工资、薪金所得征税。

根据我国目前个人收入的构成情况，下列项目免征个人所得税：

（1）独生子女补贴；

（2）执行公务员工资制度未纳入基本工资总额的补贴、津贴差额和家属成员的副食品补贴；

（3）托儿补助费；

（4）差旅费津贴、误餐补助。其中，误餐补助是指按照财政部规定，个人因公在城区、郊区工作，不能在工作单位或返回就餐的，根据实际误餐顿数，按规定的标准领取的误餐费。单位以误餐补助名义发给职工的补助、津贴不能包括在内。

3.1.3 劳务报酬所得

新《个人所得税法实施条例》规定，劳务报酬所得，是指个人从事劳务取得的所得，包括从事设计、装潢、安装、制图、化验、测试、医疗、法律、会计、咨询、讲学、翻译、审稿、书画、雕刻、影视、录音、录像、演出、表演、广告、展览、技术服务、介绍服务、经纪服务、代办服务以及其他劳务取得的所得。

劳务报酬所得是个人对外提供的劳务和服务性活动而取得的所得。这种劳务和服务是个人因其自身能力而对外提供的知识性、技术性、艺术性、体力性、中介性活劳动的业务活动，一般不涉及商品、货物的销售和流转。

在个人提供的劳务、服务中，同一项业务活动也常常会因为提供人和服务对象的关系不同，而界定为不同的所得项目。如个人担任董事职务所取得的董事费收入和个人取得营销业绩奖励。

个人担任公司董事、监事，且不在公司任职、受雇的情形，属于劳务报酬性质，按劳务报酬所得项目征税。个人在公司（包括关联公司）任职、受雇，同时兼任董事、监事的，应将董事会费、监事费与个人工资收入合并，统一按工资、薪金所得项目缴纳个人所得税。

自2004年1月20日起，对商品营销活动中，企业（单位）对营销业绩突出的非雇员以培训班、研讨会、工作考察等名义组织旅游活动，通过免收差旅费、旅游费对个人实行的营销业绩奖励（包括实物、有价证券等），应根据所发生费用的全额作为当期的劳务收入，按照劳务报酬所得项目征收个人所得税，并由提供上述费用的企业（单位）代扣代缴。

3.1.4 稿酬所得

新《个人所得税法实施条例》规定，稿酬所得，是指个人因其作品以图书、报刊等形式出版、发表而取得的所得。

稿酬，是使用者使用受法律保护的作品，支付给作者和其他版权所有者经济报酬的一种方式，是作者对其作品享有非人身财产权的重要内容，也称稿费。

按照我国《著作权法》的规定，作品，包括以下列形式创作的文学、艺术和自然科学、社会科学、工程技术等作品：

（1）文字作品；

（2）口述作品；

（3）音乐、戏剧、曲艺、舞蹈、杂技艺术作品；

（4）美术、建筑作品；

（5）摄影作品；

（6）电影作品和以类似摄制电影的方法创作的作品；

（7）工程设计图、产品设计图、地图、示意图等图形作品和模型作品；

（8）计算机软件；

（9）法律、行政法规规定的其他作品。

对于个人将其作品与图书出版者签订出版合同，对外复制、发行作品而取得图书出版者支付的报酬；以及个人将其作品向报社、期刊社投稿，以报刊等形式刊登对外发表、转载、摘编，并取得报社、期刊社支付的报酬，应按稿酬所得依法纳税。

需要注意的是，随着信息技术的发展，个人的作品在网站、电子报、电子期刊、微刊以及其他各种新媒体平台上出版、发表越来越多。这些新媒体平台因使用个人的作品而支付作者的报酬形式也多种多样，包括传统以字数、篇幅的计酬支付方式，也包括按作品点击率计酬支付等。个人取得的这种来自于新媒体出版、发表作品的报酬，也属于稿酬的范畴，依法缴纳个人所得税。

个人作品在报刊、期刊发表作品取得的所得，同样还需要甄别作者是不是报纸、杂志等单位专业从事撰稿、采编人员。对于任职、受雇于报纸、杂志等单位的记者、编辑等专业人员，因在本单位的报刊、杂志上发表作品取得的所得，属于因任职、受雇而取得的所得，应与其当月工资收入合并，按"工资、薪金所得"项目征收个人所得税。除上述专业人员以外，其他人员在本单位的报纸、杂志上发表作品取得的所得，应按"稿酬所得"项目征收个人所得税。

但是，对于出版社的专业作者撰写、编写或翻译的作品，由本社以图书形式出版而取得的稿费收入，仍然按稿酬所得项目计算缴纳个人所得税。

3.1.5 特许权使用费所得

新《个人所得税法实施条例》规定，特许权使用费所得，是指个人提供专利权、商标权、著作权、非专利技术以及其他特许权的使用权取得的所得；提供著作权的使用权取得的所得，不包括稿酬所得。

特许权是一种权利。个人所有的特许权利包括个人经发明、创作而依法取得的专利权、商标权、著作权等所有权，个人拥有的可以许可使用的人身权利，如姓名权、肖像权，以及个人拥有的其他的权利等。个人作为权利所有人，许可其他单位和个人使用这些权利而取得的所得，应当按照特许权使用费所得项目纳税。在我国与其他国家的税收协定中，一般都规定有"特许权使用费"的定义。

"特许权使用费"一语是指为使用或有权使用任何文学、艺术或科学著作（包括电影影片、无线电或电视广播使用的胶片、磁带）的版权，任何专利、商标、设计或模型、图纸、秘密配方或程序，或者为有关工业、商业、科学经验的信息所支付的作为报酬的各种款项。

（1）特许权使用费和劳务报酬。

在实务中，要注意区别特许权使用费和劳务报酬。《国家税务总局关于执行税收协定特许权使用费条款有关问题的通知》（国税函〔2009〕507号）规定，下列款项或报酬不应是特许权使用费，应为劳务活动所得：

①单纯货物贸易项下作为售后服务的报酬；

②产品保证期内卖方为买方提供服务所取得的报酬；

③专门从事工程、管理、咨询等专业服务的机构或个人提供的相关服务所取得的款项；

④国家税务总局规定的其他类似报酬。

（2）特许权使用费和稿酬所得。

新《个人所得税法实施条例》明确规定"提供著作权的使用权取得的所得，不包括稿酬所得"。在现行的个人所得税制度中，对于作者将自己的文字作品手稿原件或复印件公开拍卖（竞价）取得的所得，属于提供著作权的使用所得，应按特许权使用费所得项目征收个人所得税。

从2002年5月1日起，编剧从电视剧的制作单位取得的剧本使用费，不再区分剧本的使用方是否为其任职单位，统一按特许权使用费所得项目计征个人所得税。

个人取得特许权的经济赔偿收入，应按特许权使用费所得项目缴纳个人所得税，税款由支付赔款的单位或个人代扣代缴。

3.1.6 兼职所得

在综合所得的四个所得项目中，常常会遇到如何区分工资薪金所得和劳务报酬所得的问题。尤其是个人在其他单位有兼职、在校学生参与勤工俭学而取得的所得，究竟该按工资、薪金所得项目征税？还是按劳务报酬所得项目征税？

《征收个人所得税若干问题的规定》（国税发〔1994〕89号印发）规定：工资、薪金所得是属于非独立个人劳务活动，即在机关、团体、学校、部队、企事业单位及其他组织中任职、受雇而得到的报酬；劳务报酬所得则是个人独立从事各种技艺、提供各项劳务取得的报酬。两者的主要区别在于，前者存在雇佣与被雇佣关系，后者则不存在这种关系。

《国家税务总局关于个人兼职和退休人员再任职取得收入如何计算征收个人所得税问题的批复》（国税函〔2005〕382号，以下简称国税函〔2005〕382号文件）规定：个人兼职取得的收入应按照"劳务报酬所得"应税项目缴纳个人所得税。

一直以来，税务机关在对兼职所得究竟该按哪个项目计税存在争议，但是在2011年《个人所得税法》和新《个人所得税法》中，都认为个人存在"两处以上取得工资、薪金所得"的情形，而不能按照国税函〔2005〕382号文件规定，简单地按照"劳务报酬所得"项目计税。

> 第八条　个人所得税，以所得人为纳税义务人，以支付所得的单位或者个人为扣缴义务人。个人所得超过国务院规定数额的，在两处以上取得工资、薪金所得或者没有扣缴义务人的，以及具有国务院规定的其他情形的，纳税义务人应当按照国家规定办理纳税申报。
>
> ——2011年《个人所得税法》

> 第二十八条　居民个人取得工资、薪金所得时，可以向扣缴义务人提供专项附加扣除有关信息，由扣缴义务人扣缴税款时减除专项附加扣除。纳税人同时从两处以上取得工资、薪金所得，并由扣缴义务人减除专项附加扣除的，对同一专项附加扣除项目，在一个纳税年度内只能选择从一处取得的所得中减除。
>
> ——新《个人所得税法实施条例》

因此，对于个人兼职取得的收入，应当按照《征收个人所得税若干问题的规定》（国税发〔1994〕89号印发）规定的原则，按照纳税人是否与兼职所在单位存在雇佣与被雇佣关系。存在雇佣关系的，即为"工资、薪金所得"；不存在雇佣关系的，即为"劳务报酬所得"。

同理，对于在校学生因参与勤工俭学活动（包括参与学校组织的勤工俭学活动）而取得属于个人所得税法规定的应税所得项目的所得，也应当通过是否与勤工俭学单位存在雇佣关系而判定。

3.2 经营所得

新《个人所得税法实施条例》规定，经营所得包括四项内容：

（1）个体工商户从事生产、经营活动取得的所得，个人独资企业投资人、合伙企业的个人合伙人来源于境内注册的个人独资企业、合伙企业生产、经营的所得；

（2）个人依法从事办学、医疗、咨询以及其他有偿服务活动取得的所得；

（3）个人对企业、事业单位承包经营、承租经营以及转包、转租取得的所得；

（4）个人从事其他生产、经营活动取得的所得。

3.2.1 新旧税法的变化

新《个人所得税法》关于经营所得的规定，相较2011年《个人所得税法》要注意以下四个方面的变化：

（1）注册经营主体从个体工商户扩大到境内注册的个人独资企业投资人，以及境内注册的合伙企业个人合伙人。

《企业所得税法》规定，个人独资企业和合伙企业不适用企业所得税法。同时在《个人所得税法》中，也仅规定"个人所得税以所得人为纳税人"，所得人只能是个人，而不能是个人独资企业或是合伙企业。

因此，个人独资企业和合伙企业既不是企业所得税的纳税人，也不是个人所得税的纳税人。

对于个人独资企业，以其投资人为所得人，依法缴纳个人所得税。

对于合伙企业，《财政部　国家税务总局关于合伙企业合伙人所得税问题的通知》（财税〔2008〕159号）第二条规定，合伙企业以每一个合伙人为纳税义务人。合伙企业合伙人是自然人的，缴纳个人所得税；合伙人是法人和其他组织的，缴纳企业所得税。

对于依照外国（地区）法律成立的合伙企业，其实际管理机构不在中国境内，但在中国境内设立机构、场所的，或者在中国境内未设立机构、场所，但有来源于中国境内所得的，是中国企业所得税的非居民企业纳税人。《国家税务总局关于税收协定执行若干问题的公告》（国家税务总局公告2018年第11号）同时规定，除税收协定另有规定的以外，只有当该依照外国（地区）法律注册的合伙企业是缔约对方居民的情况下，其在中国负有纳税义务的所得才能享受协定待遇。

（2）注意个人独资企业投资人、合伙企业个人合伙人所得类型的识别。

《国家税务总局关于〈关于个人独资企业和合伙企业投资者征收个人所得税的规定〉执行口径的通知》（国税函〔2001〕84号）规定，个人独资企业和合伙企业对外投资分回的利息或者股息、红利，不并入企业的收入，而应单独作为投资者个人取得的利息、股利、红利所得，按利息、股利、红利所得应税项目计算缴纳个人所得税。以合伙企业名义对外投资分回利息或者股利、红利的，应按《财政部　国家税务总局关于印发〈关于个人独资企业和合伙企业投资者征收个人所得税的规定〉的通知》（财税〔2000〕91号）所附规定的第五条规定确定各个投资者的利息、股利、红利所得，分别按"利息、股息、红利所得"应税项目计算缴纳个人所得税。个人独资企业和合伙企业除"对外投资分回的利息或者股息、红利"外，取得的其他所得均属于个人独资企业、合伙企业的生产经营所得，按照先分后税的原则予以征税。

【案例3-2-1】　A合伙企业由有限合伙人某商贸公司及个人合伙人老王、老李合伙组成。2019年该合伙企业共取得经营利润25万元，当年另有对外投资取得分回利润30万元，约定分配比例为4∶3∶3，12月底企业决定分红20万元。

【问题】　该合伙企业个人合伙人如何纳税？

【解析】　该合伙企业取得的"对外投资取得分回利润"30万元，在全部合伙人中分配，某商贸公司分得12万元，老王、老李各分得9万元。老王、老李分得金额应当按照利息、股息、红利所得应税项目征税。

对于合伙企业取得经营利润，按照"先分后税"的原则，先在合伙人中进行分配，分配金额包括当年的全部经营所得，即25万元，其中某商贸公司分得10万元，老王、老李各分得7.5万元。老王、老李分得金额应按照经营所得应税项目征税。

【案例3-2-2】 A合伙企业2018年以企业资金20万元为小王（合伙人老王的儿子）买了一辆汽车，登记在小王的名下。同时企业借给老李20万元，为小李（合伙人老李的儿子）买了一辆汽车。

【问题】 两笔业务应如何缴纳个人所得税？

【解析】 A企业的两笔业务，在个人所得税上的处理完全不同。

A企业以企业资金为小王买车的支出，应视为A企业对合伙人老王的利润分配，并入老王的生产经营所得计算并缴纳个人所得税。

A企业将企业资金借给老李的行为，在企业核算上不影响企业的当期利润，不视为A企业对合伙人老李的利润分配，不需要并入老李的生产经营所得计算并缴纳个人所得税。

> 个人独资企业、合伙企业的个人投资者以企业资金为本人、家庭成员及其相关人员支付与企业生产经营无关的消费性支出及购买汽车、住房等财产性支出，视为企业对个人投资者的利润分配，并入投资者个人的生产经营所得，依照"经营所得"项目计征个人所得税。
>
> 纳税年度内个人投资者从其投资企业（个人独资企业、合伙企业除外）借款，在该纳税年度终了后既不归还，又未用于企业生产经营的，其未归还的借款可视为企业对个人投资者的红利分配，依照"利息、股息、红利所得"项目计征个人所得税。
>
> ——《财政部 国家税务总局关于规范个人投资者个人所得税征收管理的通知》（财税〔2003〕158号）

之所以会出现两种不同的结果，主要是因为在对合伙企业投资人的所得税计税中，其应纳税所得额的确认不是以企业分配给合伙人（包括有限合伙人和普通合伙人）的金额确认，而是以企业在一个纳税年度内的全部经营所得为应纳税所得额，这个纳税年度内的全部经营所得包括分配给投资者或合伙人的所得和企业当年留存的利润。

对于合伙企业以企业资金为个人投资人本人、家属及相关人员支付购买与企业经营无关的消费性支出及汽车、住房等财产性支出，是否并入投资人的生产经营所得计算并缴纳个人所得税，要看企业资金的账务处理中，是否会影响到企业的年度利润总额。一般来说，企业对外借款，只影响企业的资金流，并不会减少企业的年度会计利润。

> 第五条 个人独资企业的投资者以全部生产经营所得为应纳税所得额；合伙企业的投资者按照合伙企业的全部生产经营所得和合伙协议约定的分配比例确定应纳税所得额，合伙协议没有约定分配比例的，以全部生产经营所得和合伙人数量平均计算每个投资者的应纳税所得额。
>
> 前款所称生产经营所得，包括企业分配给投资者个人的所得和企业当年留存的所得（利润）。
>
> 《财政部 国家税务总局关于个人独资企业和合伙企业投资者征收个人所得税的规定》（财税〔2000〕91号）

（3）要注意区分企事业单位的承包经营、承租经营所得两种类型。

个人承包经营、承租经营以及转包、转租取得的所得，包括个人按月或者按次取得的工资、薪金性质的所得。

依据新《个人所得税法》、《国家税务总局关于个人对企事业单位实行承包经营、承租经营取得所得征税问题的通知》（国税发〔1994〕179号）规定，具体分为以下两类征税：

①企业实行个人承包、承租经营后，如果工商登记仍为企业的，不管其分配方式如何，均应先按照企业所得税的有关规定缴纳企业所得税。承包经营、承租经营者按照承包、承租经营合同（协议）规定取得的所得，依照个人所得税法的有关规定缴纳个人所得税。

承包、承租人对企业经营成果不拥有所有权，仅是按合同（协议）规定取得一定所得的，其所得按工资、薪金所得项目征税。

承包、承租人按合同（协议）的规定只向发包、出租方缴纳一定费用后，企业经营成果归其所有的，承包、承租人取得的所得，按经营所得项目征税。

②企业实行个人承包、承租经营后，如工商登记改变为个体工商户的，按经营所得项目计征个人所得税，不再征收企业所得税。

（4）要注意其他应当作为个人生产经营所得征税的情形。

《国家税务总局关于个人所得税若干政策问题的批复》（国税函〔2002〕629号）规定，对于个人因从事彩票代销业务而取得的所得，应按照经营所得项目计征个人所得税。

《机动出租车驾驶员个人所得税征收管理暂行办法》（国税发〔1995〕50号，2018年修正）规定，从事个体出租车运营的出租车驾驶员取得的收入，按"经营所得"项目缴纳个人所得税。出租车属个人所有，但挂靠出租汽车经营单位或企事业单位，驾驶员向挂靠单位缴纳管理费的，或出租汽车经营单位将出租车所有权转移给驾驶员的，出租车驾驶员从事客货营运取得的收入，按"经营所得"征税。

3.3 其他项目所得

其他项目所得包括：利息、股息、红利所得，财产租赁所得，财产转让所得和偶然所得。

新《个人所得税法实施条例》规定，利息、股息、红利所得，是指个人拥有债权、股权等而取得的利息、股息、红利所得。财产租赁所得，是指个人出租不动产、机器设备、车船以及其他财产取得的所得。财产转让所得，是指个人转让有价证券、股权、合伙企业中的财产份额、不动产、机器设备、车船以及其他财产取得的所得。偶然所得，是指个人得奖、中奖、中彩以及其他偶然性质的所得。

同时规定，个人取得的所得，难以界定应纳税所得项目的，由国务院税务主管部门确定。

在"财产转让所得"项目中，新《个人所得税法实施条例》将个人转让合伙企业中的财产份额，也应按财产转让所得予以纳税。但是由于对合伙企业个人合伙人经营所得征税时，是按照合伙企业纳税年度经营利润为基础"先分后税"的，在确认个人转让合伙企业中的财产份额时，其合伙企业的净资产中，包含着已经按经营所得征过税的企业留存的所得（利润）。因此，个人转让这部分财产的所得，在计税时，其财产原值中应包括企业已纳税的留存收益。

3.4 应税所得项目的识别

在个人所得税全部9个税目中，除"工资、薪金所得""股息、利息、红利所得"两项外，一项所得属于"经营所得"还是其他6个所得项目，须根据纳税人主体身份等要素识别。

3.4.1 经营所得的识别

【案例3-4-1】 2019年5月，个体工商户小王在某公司承接了一项劳务，自行开具增值税发票来结算劳务费。

【问题】 小王在结算劳务费时，公司需要预扣预缴劳务报酬所得个人所得税吗？如果小王以个人名义从税务局代开增值税发票，公司需要预扣预缴劳务报酬所得个人所得税吗？

【解析】 在个人所得税全部应税项目中，经营所得和其他几项所得，在所得性质上会有交叉，常常会出现难以界定应纳税所得项目的问题。如同对于案例中的小王来说，他提供的劳务活动，究竟什么时候按"经营所得"缴纳个人所得税，什么时候按劳务报酬所得缴纳个人所得税，这不仅涉及纳税人应纳税额的计税方式的不同，同样也影响着扣缴义务人依法履行代扣代缴义务。

在案例中，小王不管是作为个体工商户，还是独立个人，其结算劳务服务款项都需要开具发票。小王是个体工商户，其向某公司提供劳务服务并开票结算的行为，是个体工商户的一项经营行为，其应税所得应当按照"经营所得"项目，适用5%~35%五级超额累进税率。而小王如果是个人承接的此项劳务，和个体工商户无关时，其提供的劳务服务，应按照"劳务报酬所得"项目，在支付所得时公司应依法履行扣缴义务，预扣预缴个人所得税。

那么该如何界定一项所得，是"经营所得"还是其他项目所得（如劳务报酬所得、特许权使用费所得、财产租赁所得、财产转让所得等)?

关键在于对纳税人主体身份的识别,以及所得与主体身份的关系。

《税收征管法》规定,依法负有纳税义务的单位和个人是纳税人。对于个人,各税种均规定,包括个体工商户和其他个人。新《个人所得税法》所得项目的设定,将所得人按照所得项目划分为两类,一类是经营个人,一类是独立个人。经营个人包括个体工商户、个人独资企业投资人,合伙企业个人合伙人,对企事业单位承包承租经营人,依法从事办学、医疗、咨询以及其他有偿服务活动的个人,其他从事生产、经营的个人等。对于经营个人提供的应税项目,不论是劳务报酬、还是财产租赁,还是其他项目,只要是以经营个人为主体提供,且由经营个人主体出具结算收款凭据的,在个人所得税应税所得项目界定上,不再从所得本身的业务性质来界定,直接界定为经营所得,并按经营所得征税。对于经营个人的经营所得,支付所得的单位和个人无须履行扣缴义务,由纳税人按月或按季自行申报。

对于经营个人,纳税人同时具备经营个人和独立个人两种纳税人身份。但是对于独立个人,却不一定会有经营个人身份。对于经营个人以独立个人身份提供的劳务服务,需要按照所得本身的业务性质来界定除经营所得以外的所得项目。

对于依法从事办学、医疗、咨询以及其他有偿服务活动的个人,其与劳务报酬中的个人从事医疗、咨询、教学等活动,如何界定经营所得还是劳务报酬所得呢?

(1) 办学。

《国家税务总局关于个人举办各类学习班取得的收入征收个人所得税问题的批复》(国税函〔1996〕658号)规定,个人经政府有关部门批准并取得执照举办学习班、培训班的,其取得的办班收入属于"个体工商户的生产、经营所得"应税项目,应按《个人所得税法》规定计征个人所得税。个人无须经政府有关部门批准并取得执照举办学习班、培训班的,其取得的办班收入属于"劳务报酬所得"应税项目,应按税法规定计征个人所得税。其中,办班者每次收入按以下方法确定:一次收取学费的,以一期取得的收入为一次;分次收取学费的,以每月取得的收入为一次。1998年12月,《国家税务总局关于社会力量办学征收个人所得税问题的批复》(国税函〔1998〕738号)进一步明确,《社会力量办学条例》(国务院令226号)规定"社会力量举办教育机构不得以营利为目的,教育机构的积累只能用于增加教育投入和改善办学条件，不得用于分配和校外投资"，对于个人办学者取得的办学所得用于个人消费的部分，应依法计征个人所得税。

(2) 医疗。

《国家税务总局关于个人从事医疗服务活动征收个人所得税问题的通知》(国税发〔1997〕178号) 规定，个人经政府有关部门批准，取得执照，以门诊部、诊所、卫生所（室）、卫生院、医院等医疗机构形式从事疾病诊断、治疗及售药等服务活动，应当以该医疗机构取得的所得，作为个人的应纳税所得，按照"个体工商户的生产、经营所得"应税项目缴纳个人所得税。个人未经政府有关部门批准，自行连续从事医疗服务活动，不管是否有经营场所，其取得与医疗服务活动相关的所得，按照"个体工商户的生产、经营所得"应税项目缴纳个人所得税。

对于由集体、合伙或个人出资的乡村卫生室（站），由医生承包经营，经营成果归医生个人所有，承包人取得的所得，比照"对企事业单位的承包经营、承租经营所得"应税项目缴纳个人所得税。乡村卫生室（站）的医务人员取得的所得，按照"工资、薪金所得"应税项目缴纳个人所得税。

受医疗机构临时聘请坐堂门诊及售药，由该医疗机构支付报酬，或收入与该医疗机构按比例分成的人员，其取得的所得，按照"劳务报酬所得"应税项目缴纳个人所得税，以一个月内取得的所得为一次，税款由该医疗机构代扣代缴。

对非营利的医疗机构按照国家规定的价格取得的医疗服务收入免征各项税收，《财政部 国家税务总局关于医疗机构有关个人所得税政策问题的通知》(财税〔2003〕109号) 规定，按照《个人所得税法》的规定，个人取得应税所得，应依法缴纳个人所得税。其中：个人因在医疗机构（包括营利性医疗机构和非营利性医疗机构）任职而取得的所得，依据《个人所得税法》的规定，应按照"工资、薪金所得"应税项目计征个人所得税。

医生或其他个人承包、承租经营医疗机构，经营成果归承包人所有的，依据个人所得税法规定，承包人取得的所得，应按照"对企事业单位的承包经营、承租经营所得"应税项目计征个人所得税。

个人投资或个人合伙投资开设医院（诊所）而取得的收入，应依据个人所得税法规定，按照"个体工商户的生产、经营所得"应税项目计征个人所得税。

对残疾人、转业军人、随军家属和下岗职工等投资开设医院（诊所）而取得的收入，仍按现行相关政策执行。

4

税率的设定和税款的计算

新《个人所得税法》优化调整了税率结构和级距。自 2019 年 1 月 1 日起，纳税人取得综合所得，适用 3%~45% 的七级超额累进税率；取得经营所得，适用 5%~35% 的五级超额累进税率；取得利息、股息、红利所得，财产租赁所得，财产转让所得和偶然所得，适用 20% 的比例税率。

纳税人取得各项所得，应纳个人所得税额的基本计算公式为：

$$应纳税额 = 应纳税所得额 \times 税率$$

对于不同的个人所得税应税项目，其税率和应纳税所得额的确定，也各不相同。

4.1 税率的形式

对应不同项目的个人所得税，新《个人所得税法》设定了不同的税率形式，主要有两种，一是比例税率，二是超额累进税率。

4.1.1 比例税率

比例税率，是指对同一征税项目，无论数额大小只规定一个比例，都按这一个比例征税，税额和课税对象呈正比例关系。其基本计算公式为：

$$应纳税额 = 计税依据 \times 比例税率$$

在个人所得中，应用比例税率的所得项目包括：利息、股息、红利所得，财产租赁所得，财产转让所得，偶然所得等四种。其他项目都实行超额累进税率。

4.1.2 超额累进税率

超额累进税率，是指对同一课税对象，随着数额的增大，其征收比例也会随之增高的税率。为了实现个人所得税的调节作用，税法对纳税人部分项目的所得课税时，设定了随应纳税所得额增大而提高的税率。将个人所得税的应税项目的应纳税所得额划分若干个人所得税率区间级别，对每个区间级别的应纳税所得额的部分确定对应的税率，分段分别计算税额，纳税人应纳的个人所得税额为各个区间应纳税额之和。在个人所得税中，这种金额区间的划分在金额上具有连续性，其区间级别税率的设定也逐步提高。纳税人的应纳税所得额超过某一个区间的时候，就超过的部分，按高一级的税率计算征税，这就是超额累进税率。自2019年1月1日起，在个人所得税应税项目中，工资薪金所得、劳务报酬所得、稿酬所得、特许权使用费所得以及经营所得，均适用超额累进税率。

使用超额累进税率计算税额，其基本的方法是将应纳税所得额按金额的大小，按照对应的分段税率区间分别计算后合计。在区间级别较多的情况下，分段计算、然后相加的方法比较烦琐。

为了简化计算，通常都会采用速算法。速算法的原理是，基于全额累进计算的方法比较简单，可将超额累进计算的方法转化为全额累进计算的方法。对于同样的课税对象数量，按全额累进方法计算出的税额比按超额累进方法计算出的税额多，即有重复计算的部分，这个多征的常数叫速算扣除数。用公式表示为：

速算扣除数=按全额累进方法计算的税额−按超额累进方法计算的税额

公式移项得：

按超额累进方法计算的应纳税额=按全额累进方法计算的税额−速算扣除数

4.2 税率的设定

新《个人所得税法》实行综合与分类相结合的税制，在制度设计上，居民个人取得综合所得，按年计算个人所得税。居民个人取得综合所得有扣缴义务人的，扣缴义务人在支付所得的同时应当按月或者按次预扣预缴税款。

非居民个人取得工资薪金所得、劳务报酬所得、稿酬所得、特许权使用费所得实行按月或按次分项征税。

纳税人取得经营所得，按年计算个人所得税，由纳税人在月度或者季度终了后15日内向税务机关报送纳税申报表，并预缴税款；在取得所得的次年3月31日前办理汇算清缴。

纳税人取得利息、股息、红利所得，财产租赁所得，财产转让所得和偶然所得，按月或者按次计算个人所得税，有扣缴义务人的，由扣缴义务人按月或者按次代扣代缴税款。

新《个人所得税法》规定：

综合所得，适用3%～45%的超额累进税率；

经营所得，适用5%～35%的超额累进税率；

利息、股息、红利所得，财产租赁所得，财产转让所得和偶然所得，适用比例税率，税率为20%。

4.2.1 居民个人综合所得

居民个人取得综合所得，适用综合所得个人所得税税率表，具体如表4-1所示。

表4-1　　　　居民个人综合所得个人所得税税率表

级数	应纳税所得额	税率（%）	速算扣除数
1	不超过36000元的部分	3	0
2	超过36000元至144000元的部分	10	2520
3	超过144000元至300000元的部分	20	16920
4	超过300000元至420000元的部分	25	31920
5	超过420000元至660000元的部分	30	52920
6	超过660000元至960000元的部分	35	85920
7	超过960000元的部分	45	181920

和2011年《个人所得税法》相比，虽然沿用了3%～45%七级超额累进税率的结构和税率，但是在级距的设置上，更加照顾中低收入人群，3%、10%、20%三档的级距明显扩大，让中低收入人群能够不缴税或是少缴税；而对于30%、35%、45%三档税率的级距却保持不变，对高收入人群征税，调节收入差距。

【案例4-2-1】　小张是中国境内A公司员工，2019年全年取得工资薪金收入120000元（已扣除代扣的个人负担的基本养老保险、基本医疗保险和失业保险），同时在B公司兼职全年取得工资薪金所得50000元。假定小张可扣除专项附加12000元，且无其他项目的综合所得和依法确定的其他扣除，全年已预扣预缴个人所得税 2000 元。

【问题】 请计算小张 2019 年度应纳综合所得个人所得税。

【解析】 小张是中国个人所得税居民个人纳税人,对其综合所得应按年综合纳税。

应纳税额=(年度综合所得合计-60000-专项扣除-专项附加扣除-其他扣除)
　　　　×税率-速算扣除数-已预扣预缴税款
　　　=[(120000+50000)-60000-12000]×10%-2520-2000
　　　=5280(元)

4.2.2 非居民个人综合所得

非居民个人取得工资薪金所得、劳务报酬所得、稿酬所得、特许权使用费所得,适用按月换算后的综合所得个人所得税税率表,具体如表 4-2 所示。

表 4-2　　非居民个人综合所得个人所得税税率表

级数	应纳税所得额	税率(%)	速算扣除数
1	不超过 3000 元的	3	0
2	超过 3000 元至 12000 元的部分	10	210
3	超过 12000 元至 25000 元的部分	20	1410
4	超过 25000 元至 35000 元的部分	25	2660
5	超过 35000 元至 55000 元的部分	30	4410
6	超过 55000 元至 80000 元的部分	35	7160
7	超过 80000 元的部分	45	15160

新《个人所得税法》中,非居民个人取得工资薪金所得、劳务报酬所得、稿酬所得和特许权使用费所得等综合所得,不实行综合按年征税,仍然实行按月或按次分项纳税,为此就不能简单地应用按年设置的综合所得个人所得税税率表。新《个人所得税法》规定,对于非居民个人取得综合所得,按照按月换算后的综合所得个人所得税税率表征税。

【案例 4-2-2】 2019 年 4 月,中国境内某公司因业务需要,聘请一外籍专家加盟公司研发部门工作,月薪30000元人民币。每年需要在中国境内工作时间不超过4个月,该外籍人员系首次来到中国境内工作。

【问题】2019年4月,假定无其他扣除项目,请计算公司应代扣代缴该外籍员工的个人所得税。

【解析】该员工在中国境内无住所,2019年4月入境到扣缴个人所得税时,在一个纳税年度内在中国境内居住不满183天,是中国个人所得税非居民个人纳税人,其取得的工资薪金所得应按月计算并代扣代缴个人所得税。

应纳税额=(30000-5000)×20%-1410=3590(元)

4.2.3 经营所得

纳税人取得经营所得,适用经营所得个人所得税税率表,具体如表4-3所示。

表4-3　　　　　　　　经营所得个人所得税税率表

级数	全年应纳税所得额	税率(%)	速算扣除数
1	不超过30000元的	5	0
2	超过30000元至90000元的部分	10	1500
3	超过90000元至300000元的部分	20	10500
4	超过300000元至500000元的部分	30	40500
5	超过500000元的部分	35	65500

新《个人所得税法》保留了原个体工商户的生产、经营所得和对企事业单位的承包经营、承租经营所得的税率结构,仍然施行5%~35%的五级超额累进税率不变。但是对各档税率的级距,都做了相应的调整,其中最高档税率级距下限从10万元提高至50万元,将明显降低经营所得的税负。之所以没有像企业所得税小型微利企业那样对年所得100万元实行按20%税率减半计入应纳税所得额计税,是因为在所得税中,企业所得税相对于个人所得税,也是一种间接税。经营最后分配到个人时,还将征收一道个人所得税。如果将个体工商户的经营所得级距调整到企业所得税的标准,会直接带来税负上

的不公平。

【案例 4-2-3】 某个体工商户个人所得税按季申报,2019 年 10 月申报缴纳前三季度的个人所得税,其经营所得应纳税所得额 20 万元,7 月累计申报缴纳个人所得税 5000 元。

【问题】 请计算其当月应纳税额。

【解析】 当期应纳税额=当期累计应纳税额−前期已缴纳税额

当期累计应纳税额=累计经营所得应纳税所得额×税率−速算扣除数=200000×20%−10500=29500(元)

当期应纳税额=29500−5000=24500(元)

4.2.4 其他项目所得

纳税人取得利息股息红利所得、财产租赁所得、财产转让所得和偶然所得,适用 20%的比例税率。

【案例 4-2-4】 2019 年 5 月,张某因累积消费达到一定额度,而获得某公司给予额外抽奖机会,抽奖获得一台笔记本电脑,市值 6000 元。

【问题】 请计算张某该项所得应纳税额。

【解析】 依据《财政部 国家税务总局关于企业促销展业赠送礼品有关个人所得税问题的通知》(财税〔2011〕50 号)规定,企业对累积消费达到一定额度的顾客,给予额外抽奖机会,个人的获奖所得,按照"偶然所得"项目,全额适用 20%的税率缴纳个人所得税。

张某应纳税额=6000×20%=1200(元)

4.3 综合所得应纳税所得额的确定

个人所得税应纳税所得额是指按照税法规定确定的计算纳税人应纳个人所得税额的计税依据。应纳税所得额的确定,按照纳税人分类的不同(居民个人或非居民个人)和应税项目的不同而执行不同的计算方式。

> 第六条 应纳税所得额的计算：
>
> （一）居民个人的综合所得，以每一纳税年度的收入额减除费用六万元以及专项扣除、专项附加扣除和依法确定的其他扣除后的余额，为应纳税所得额。
>
> （二）非居民个人的工资、薪金所得，以每月收入额减除费用五千元后的余额为应纳税所得额；劳务报酬所得、稿酬所得、特许权使用费所得，以每次收入额为应纳税所得额。
>
> （三）经营所得，以每一纳税年度的收入总额减除成本、费用以及损失后的余额，为应纳税所得额。
>
> （四）财产租赁所得，每次收入不超过四千元的，减除费用八百元；四千元以上的，减除百分之二十的费用，其余额为应纳税所得额。
>
> （五）财产转让所得，以转让财产的收入额减除财产原值和合理费用后的余额，为应纳税所得额。
>
> （六）利息、股息、红利所得和偶然所得，以每次收入额为应纳税所得额。
>
> 劳务报酬所得、稿酬所得、特许权使用费所得以收入减除百分之二十的费用后的余额为收入额。稿酬所得的收入额减按百分之七十计算。
>
> 个人将其所得对教育、扶贫、济困等公益慈善事业进行捐赠，捐赠额未超过纳税人申报的应纳税所得额百分之三十的部分，可以从其应纳税所得额中扣除；国务院规定对公益慈善事业捐赠实行全额税前扣除的，从其规定。
>
> 本条第一款第一项规定的专项扣除，包括居民个人按照国家规定的范围和标准缴纳的基本养老保险、基本医疗保险、失业保险等社会保险费和住房公积金等；专项附加扣除，包括子女教育、继续教育、大病医疗、住房贷款利息或者住房租金、赡养老人等支出，具体范围、标准和实施步骤由国务院确定，并报全国人民代表大会常务委员会备案。
>
> ——新《个人所得税法》

根据上述规定，各项所得的应纳税所得额、税率如表4-4所示。

表 4-4　　　　　　　　　各项所得应纳税所得额的计算

税目		应纳税所得额	捐赠扣除	税率
综合所得	居民个人 按年计征	应纳税所得额=纳税年度收入额-60000元-专项扣除-专项附加扣除-依法确定的其他扣除 1. 专项扣除包括居民个人按照国家规定的范围和标准缴纳的基本养老保险、基本医疗保险、失业保险等社会保险费和住房公积金等； 2. 专项附加扣除包括子女教育、继续教育、大病医疗、赡养老人、住房贷款利息和住房租金等支出； 3. 依法确定的其他扣除包括个人缴付符合国家规定的企业年金、职业年金，个人购买符合国家规定的商业健康保险、税收递延型商业养老保险的支出，以及国务院规定可以扣除的其他项目； 4. 劳务报酬所得、稿酬所得、特许权使用费所得以收入减除20%的费用后的余额为收入额。稿酬所得的收入额按照所取得收入的70%计算	个人将其所得对教育、扶贫、济困等公益慈善事业进行捐赠，捐赠额未超过纳税人申报的应纳税所得额30%的部分，可以从其应纳税所得额中扣除	七级超额累进税率
	非居民个人	工资薪金所得（按月计征） 应纳税所得额=每月收入额-5000元		按月折算后的七级超额累进税率
		稿酬所得（按次计征） 应纳税所得额=稿酬所得的收入×(1-20%)×70%		
		劳务报酬所得特许权使用费所得（按次计征） 应纳税所得额=每次收入金额×(1-20%)		

续表

税目		应纳税所得额		捐赠扣除	税率
经营所得	按年计征	应纳税所得额=每年收入-成本-费用-损失		个人将其所得对教育、扶贫、济困等公益慈善事业进行捐赠，捐赠额未超过纳税人申报的应纳税所得额30%的部分，可以从其应纳税所得额中扣除	五级超额累进税率
财产租赁所得	按次计征	每次收入≤4000元	应纳税所得额=每次收入-800元		20%
		每次收入≥4000元	应纳税所得额=每次收入×(1-20%)		
财产转让所得		应纳税所得额=转让财产的收入额-财产原值和合理费用			
利息、股息、红利所得		应纳税所得额=每次收入金额			
偶然所得					

4.3.1 居民个人综合所得应纳税所得额

居民个人的综合所得，以每一纳税年度的收入额减除费用6万元以及专项扣除、专项附加扣除和依法确定的其他扣除后的余额，为应纳税所得额。

其基本计算公式为：

综合所得应纳税所得额=收入额-免税收入-基本减除费用6万元-专项扣除-专项附加扣除-其他扣除

4.3.1.1 收入计算

居民个人综合所得应纳税所得额，在金额上应为一个纳税年度内居民个人取得的工资薪金所得、劳务报酬所得、稿酬所得和特许权使用费所得等四项所得之和。但是在代扣代缴和纳税申报中，仍然是以四个项目分别进行扣缴和申报。

其中：

（1）居民个人取得工资、薪金所得，全额计入应纳税所得额。

居民个人取得工资薪金所得，需要区分有三种情形：

一是有住所的居民个人，其从境内、境外取得的全部工资薪金所得均应计算缴纳个人所得税。

【案例 4-3-1】 老王在 A 公司 2019 年度取得工资、薪金 120000 元。

【问题】 其按年综合计税时工资薪金收入额是多少？

【解析】 其按年综合计税时，其年度工资薪金收入金额为 120000 元。

二是无住所居民个人在境内居住累计满 183 天的年度连续不满 6 年，符合无住所居民个人税收优惠政策，其取得的全部工资薪金所得，除归属于境外工作期间且由境外单位或者个人支付的工资薪金所得部分外，计算缴纳个人所得税。

工资薪金所得收入额的计算公式如下：

$$\text{当月工资薪金收入额} = \text{当月境内外工资薪金总额} \times \left[1 - \frac{\text{当月境外支付工资薪金数额}}{\text{当月境内外工资薪金总额}} \times \frac{\text{当月工资薪金所属工作期间境外工作天数}}{\text{当月工资薪金所属工作期间公历天数}} \right]$$

【案例 4-3-2】 麦克在中国境内无住所，自 2017 年起受聘为中国境内某公司工作，每年都要在中国境内工作近 200 天，境外工作近 100 日左右。2019 年其取得的工资薪金情况如表 4-5 所示。

表 4-5　　麦克 2019 年各月工资薪金收入情况表

月份	一	二	三	四	五	六	七	八	九	十	十一	十二
境内工作时间（天）	20	15	21	20	20	20	23	24	10	15	15	20
当月公历天数（天）	31	28	31	30	31	30	31	31	30	31	30	31
境内支付工资（万元）	2	2	2	2	2	2	2	2	2	2	2	3
境外支付工资（万元）	1	2	1	1	1	1	1	1	3	2	2	2
工资总额（万元）	3	4	3	3	3	3	3	3	5	4	4	5

【问题】 其按年综合征税时工资薪金所得收入额是多少？

【解析】 麦克 2019 年在境内工作 223 天，其 2019 年在中国境内累计居住时间超过183天，是中国个人所得税居民个人纳税人。依据《财政部 税务总局关于在中国境内无住所的个人居住时间判定标准的公告》（财政部 税务总局公告2019年第34号）规定，麦克在境内居住累计满183天的年度连续是否满六年的起始年度自2019年开始计算。因此，麦克2019年取得的全部工资薪金所得，除归属于境外工作期间且由境外单位或者个人支付的工资薪金所得部分外，计算缴纳个人所得税。

其工资薪金所得需要按照工作期间分月按照《财政部 税务总局关于非居民个人和无住所居民个人有关个人所得税政策的公告》（财政部 税务总局公告2019年第35号）的规定，计算归属于境外支付的工资薪金部分。

1月：

$$当月工资薪金收入额 = 当月境内外工资薪金总额 \times \left[1 - \frac{当月境外支付的工资薪金}{当月境内外工资薪金总额} \times \frac{当月工资薪金所属工作期间境外工作天数}{当月工资薪金所属工作期间公历天数} \right]$$

$$= 30000 \times [1 - (10000 \div 30000) \times (11 \div 31)] = 26451.61（元）$$

2月：

$$当月工资薪金收入额 = 当月境内外工资薪金总额 \times \left[1 - \frac{当月境外支付的工资薪金}{当月境内外工资薪金总额} \times \frac{当月工资薪金所属工作期间境外工作天数}{当月工资薪金所属工作期间公历天数} \right]$$

$$= 40000 \times [1 - (20000 \div 40000) \times (13 \div 28)] = 30714.29（元）$$

同理，计算可得3月到12月工资薪金收入额分别为：

26774.19元、26666.67元、26451.61元、26666.67元、27419.35元、27741.94元、30000.00元、29677.42元、30000.00元、42903.23元。

其按年综合计税时，其年度工资薪金收入额为351466.97元。

三是无住所个人一个纳税年度在中国境内累计居住满183天的，如果此前六年在中国境内每年累计居住天数都满183天而且没有任何一年单次离境超过30天，该纳税年度来源于中国境内、境外所得应当缴纳个人所得税。此前六年，是指该纳税年度的前一年至前六年的连续六个年度，此前六年的起始年度自2019年（含）以后年度开始计算。

（2）居民个人取得劳务报酬所得、特许权使用费所得，以取得的劳务报酬或特许权使用费的总收入减除20%的费用后的余额为收入额，计入应纳税所得额。

【案例 4-3-3】 某明星 2019 年特许某网站使用其肖像用于宣传，取得特许权使用费所得 30 万元。

【问题】 其按年综合计税时特许权使用费所得收入额是多少？

【解析】 在按年综合计税时，其特许权使用费所得收入额为 300000×(1-20%) = 240000（元）。

（3）居民个人取得稿酬所得，以其取得的全部稿酬收入减除 20% 的费用后的余额为收入额，并在收入额的基础上，减按 70% 计入综合所得应纳税所得额。

【案例 4-3-4】 小李 2019 年因多次向某报刊投稿，共获得稿酬 2 万元。

【问题】 其按年综合计税时稿酬所得收入额是多少？

【解析】 在按年综合计税时，其稿酬所得收入额为 20000×(1-20%)×70% = 11200（元）。

4.3.1.2 免税收入

居民个人取得综合所得时，其在综合所得中包括的法律规定的一些免征个人所得税的所得，应当在计算应纳税所得额时减除。

第四条 下列各项个人所得，免征个人所得税：

（一）省级人民政府、国务院部委和中国人民解放军军以上单位，以及外国组织、国际组织颁发的科学、教育、技术、文化、卫生、体育、环境保护等方面的奖金；

（二）国债和国家发行的金融债券利息；

（三）按照国家统一规定发给的补贴、津贴；

（四）福利费、抚恤金、救济金；

（五）保险赔款；

（六）军人的转业费、复员费、退役金；

（七）按照国家统一规定发给干部、职工的安家费、退职费、基本养老金或者退休费、离休费、离休生活补助费；

（八）依照有关法律规定应予免税的各国驻华使馆、领事馆的外交代表、领事官员和其他人员的所得；

（九）中国政府参加的国际公约、签订的协议中规定免税的所得；

（十）国务院规定的其他免税所得。

前款第十项免税规定，由国务院报全国人民代表大会常务委员会备案。

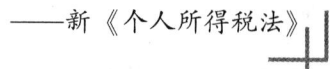
——新《个人所得税法》

上述十项免税所得，如果是单独取得的，不予计入居民个人的综合所得收入中。如果是非单独取得的，而是和居民个人的综合所得密不可分的，应当在计算应纳税所得额时，先予减除免征个人所得税的项目所得。

【案例4-3-5】 老李2019年取得工资薪金收入10万元，其中包括公司按照国家规定统一规定发放的独生子女补贴2400元。

【问题】 老李在计算应纳税所得额时如何扣除？

【解析】 老李在计算应纳税所得额时，应在工资薪金收入中减除2400元。

4.3.1.3 专项扣除

专项扣除，包括居民个人按照国家规定的范围和标准缴纳的基本养老保险、基本医疗保险、失业保险等社会保险费和住房公积金等。

一般来说，纳税人参加社会保险，有两种形式。

一是作为用人单位职工参加社会保险。职工参加社会保险，企业作为用人单位，应当依法缴纳基本养老保险、基本医疗保险、失业保险、工伤保险和生育保险，以及住房公积金。职工应当依法缴纳基本养老保险、基本医疗保险、失业保险和住房公积金，并由用人单位代扣代缴。其中，工伤保险和生育保险，虽然也是职工参保，但是却只有用人单位缴纳，职工不需要缴纳。在职工的工资薪金中，也就无从扣缴这两个保险。因此，在个人所得税专项扣除中，只有基本养老保险、基本医疗保险、失业保险和住房公积金，通常称为"三险一金"。

二是作为灵活就业人员自行参加社会保险。纳税人自行参加社会保险的，按照现行《社会保险法》的规定，仅需要依法缴纳基本养老保险和基本医疗保险，而不需要缴纳失业保险和住房公积金。因此这部分纳税人的专项扣除仅包括基本养老保险和基本医疗保险两种。

在养老保险和医疗保险中，还有新型农村养老保险和城镇居民养老保险，以及城镇居民医疗保险和新型农村合作医疗保险（有些地区已与城镇居民医疗保险合并），纳税人参加这几类社会保险，也属于基本养老保险或基本医疗保险的范畴，应予专项扣除。

需要注意的是，在实务中企业在预扣预缴职工工资、薪金所得个人所得税时，一般都按照实际发放的工资薪金金额计算并代扣。职工到手的实发工资薪金中，一般均已减除了代扣代缴个人负担的"三险一金"，也就是说，职工实际到手的实发工资中，已经扣除了专项扣除，在计算申报个人所得税时，要注意不能重复扣除职工个人负担的"三险一金"。但对于灵活就业人员自行参保的"两险"，并不在企业实际支付的工资薪金中，纳税人应当向企业（扣缴义务人）提供相关信息在预扣预缴时扣除，或者在次年汇算清缴时一次性汇总扣除。

4.3.1.4 专项附加扣除

专项附加扣除，包括子女教育、继续教育、大病医疗、住房贷款利息或者住房租金、赡养老人等支出，具体范围、标准和实施步骤由国务院确定，并报全国人民代表大会常务委员会备案。国务院《个人所得税专项附加扣除暂行办法》（国发〔2018〕41号印发）中，就六项专项附加扣除进行了明确的规定。

对于专项附加扣除，需要注意四个方面：

一是专项附加扣除一般在居民个人取得综合所得，计算个人所得税应纳税所得额前扣除。对于取得经营所得的个人，没有综合所得的，计算其每一纳税年度的应纳税所得额时，应当减除费用6万元、专项扣除、专项附加扣除以及依法确定的其他扣除。

二是六项专项附加扣除中，纳税人最多只能享受5项。在专项附加扣除项目中，居民个人纳税人既有符合扣除条件的首套房住房贷款利息支出，又因在主要工作城市内无房而租赁房产的，其住房贷款利息扣除和住房租金扣除，两项只能扣除一项。

三是居民个人在预扣预缴工资薪金所得个人所得税时，可以按月扣除的专项附加扣除项目最多只能有四项，即：子女教育、继续教育、赡养老人、住房贷款利息或者住房租金，对于大病医疗的扣除，只能在居民个人次年3~6月进行的综合所得汇算清缴中予以扣除。

四是纳税人取得经营所得，满足条件可以扣除专项附加扣除的，在办理汇算清缴时减除，按月或按季申报预缴税款时不予扣除。

4.3.1.5 其他扣除

新《个人所得税法实施条例》规定，其他扣除包括四项：一是个人缴付符合国家规定的企业年金、职业年金；二是个人购买符合国家规定的商业健康保险；三是个人购买的符合国家规定的税收递延型商业养老保险；四是国务院规定可以扣除的其他项目。

居民个人取得综合所得计算应纳税所得额时，以其依法计算的收入额为限，减除基本费用6万元、专项扣除、专项附加扣除和依法确定的其他扣除，减除后为负数的，其当年综合所得应纳税所得额即为0，无须缴纳个人所得税。对以居民个人一个纳税年度扣除不完的四项费用，不得结转以后年度扣除。

4.3.2 非居民个人四项所得应纳税所得额

非居民个人取得工资薪金所得，以每月收入额减除费用5000元后的余额为应纳税所得额；劳务报酬所得、稿酬所得、特许权使用费所得，以每次收入额为应纳税所得额。

4.3.2.1 工资薪金所得

非居民个人取得工资薪金所得，按月计算并缴纳个人所得税，其应纳税所得额以每月收入额减除费用5000元后的余额为应纳税所得额，计算公式为：

$$应纳税所得额 = 当月工资薪金收入 - 5000$$

在实务中，经常会出现非居民个人在境内、境外单位同时担任职务或者仅在境外单位任职，且当期同时在境内、境外工作的，取得工资薪金的情形。对于这种情形，需要按照工资薪金所属境内、境外工作天数占当期公历天数的比例计算确定来源于境内、境外工资薪金所得的收入额。境外工作天数按照当期公历天数减去当期境内工作天数计算。

一般可分为三种情形：

一是取得中国境内工资薪金所得，同期并未在境外取得工资薪金所得的；

二是在中国境内居住时间全年累计不超过90天的，且同时取得来源于境内、境外，且由境内、境外单位分别支付工资薪金的；

三是在中国境内居住时间全年累计超过90天不超过183天的,且同时取得来源于境内、境外,且由境内、境外单位分别支付工资薪金的。

对于这些情形,需要按照境内支付金额和境内工作时间两个参数计算并确定当期工资薪金所得。可以简单地用表4-6表示。

表4-6　　　　　　　　　　计算参数示意

	境内支付	境外支付	工作时间
境内所得	A	B	T
境外所得	C	D	当期公历天数-T

(1) 仅取得来源于境内的工资薪金所得。

【案例4-3-6】 无住所的某外籍个人2019年在中国境内工作了几个月(全年累计不超过183天),聘用的公司每月支付该外籍个人工资薪金30000元人民币,其在中国境内工作的几个月里未取得境外所得,公司每月计算代扣代缴该外籍个人的个人所得税。

【问题】 计算其每月应纳税所得额。

【解析】 该外籍个人是中国个人所得税非居民个人纳税人,其取得的所得全部是来源于中国境内且由中国境内支付的所得,且在中国境内工作期间无境外所得,其应纳税所得额=30000-5000=25000(元)。

即其聘用公司应按25000元应纳税所得额适用月度税率表计算并代扣税款。

(2) 无住所个人在中国境内累计居住不超过90天取得来源于境内外的工资薪金所得。

《财政部　税务总局关于非居民个人和无住所居民个人有关个人所得税政策的公告》(财政部　税务总局公告2019年第35号)规定,在一个纳税年度内,在境内累计居住不超过90天的非居民个人,仅就归属于境内工作期间并由境内雇主支付或者负担的工资薪金所得计算缴纳个人所得税。当月工资薪金收入额的计算公式如下:

$$当月工资薪金收入额 = 当月境内外工资薪金总额 \times \frac{当月境内支付工资薪金数额}{当月境内外工资薪金总额} \times \frac{当月工资薪金所属工作期间境内工作天数}{当月工资薪金所属工作期间公历天数}$$

其中,境内雇主包括雇佣员工的境内单位和个人以及境外单位或者个人在境内的机构、场所。凡境内雇主采取核定征收所得税或者无营业收入未征收所得税的,无住所个人为其工作取得工资薪金所得,不论是否在该境内雇主会计账簿中记载,均视为由该境内雇主支付或者负担。

工资薪金所属工作期间的公历天数,是指无住所个人取得工资薪金所属工作期间按公历计算的天数。

结合表4-6所示,上述公式可简化为:

当月工资薪金收入额=当月境内支付工资薪金数额×(当月工资薪金所属工作期间境内工作天数÷当月工资薪金所属工作期间公历天数)= A

【案例4-3-7】 无住所某外籍个人2019年6月在中国境内工作了20天(全年累计居住不超过90天),聘用的公司7月支付该外籍个人6月工资、薪金30000元人民币,其在中国境内工作的同时取得境外工资薪金折合人民币12000元,公司计算代扣代缴该外籍个人的个人所得税。

【问题】 计算其每月应纳税所得额。

【解析】 在一个纳税年度内,在境内累计居住不超过90天的非居民个人,仅就归属于境内工作期间并由境内雇主支付或者负担的工资薪金所得计算缴纳个人所得税。

该外籍个人取得的工资所属月份为2019年6月,当月境内工作天数20日,全月公历天数30天。

当月工资薪金收入额=当月境内支付工资薪金数额×(当月工资薪金所属工作期间境内工作天数÷当月工资薪金所属工作期间公历天数=30000×(20÷30)=20000(元)

该外籍个人应纳税所得额=20000-5000=15000(元),中国境内其聘用公司应适用月度税率表计算并代扣税款。

如果在一个纳税年度内,在境内累计居住不超过90天的是中国境内企业的高管人员(即担任境内居民企业的董事、监事及高层管理职务的个人),其取得由境内雇主支付或者负担的工资薪金所得应当计算缴纳个人所得税;不是由境内雇主支付或者负担的工资薪金所得,不缴纳个人所得税。当月工资薪金收入额为当月境内支付或者负担的工资薪金收入额。

(3)无住所个人在中国境内累计居住超过90天不满183天,取得来源于境内外的工资薪金所得。

《财政部 税务总局关于非居民个人和无住所居民个人有关个人所得税政策的公告》(财政部 税务总局公告2019年第35号)规定,在一个纳税年度内,在境内累计居住超过90天但不满183天的非居民个人,取得归属于境内工作期间的工资薪金所得,均应当计算缴纳个人所得税;其取得归属于境外工作期间的工资薪金所得,不征收个人所得税。当月工资薪金收入额的计算公式如下:

$$当月工资薪金收入额 = 当月境内外工资薪金总额 \times \frac{当月工资薪金所属工作期间境内工作天数}{当月工资薪金所属工作期间公历天数}$$

结合表4-6所示,上述公式可简化为:

$$当月工资薪金收入额 = 当月境内外工资薪金数额 \times \frac{当月工资薪金所属工作期间境内工作天数}{当月工资薪金所属工作期间公历天数} = A+B$$

【案例4-3-8】 无住所某外籍个人2019年6月在中国境内工作了20天(全年累计居住超过90天不超过183天),聘用该个人的中国境内公司7月支付该外籍个人6月工资薪金30000元人民币,其在中国境内工作的同时取得境外工资薪金折合人民币12000元,公司计算代扣代缴该外籍个人的个人所得税。

【问题】 计算其每月应纳税所得额。

【解析】 在一个纳税年度内,在境内累计居住超过90天但不满183天的非居民个人,取得归属于境内工作期间的工资薪金所得,均应当计算缴纳个人所得税;其取得归属于境外工作期间的工资薪金所得,不征收个人所得税。

该外籍个人取得的工资所属月份为2019年6月,当月境内工作天数20天,全月公历天数30天。

$$当月工资薪金收入额 = 当月境内外支付工资薪金数额 \times \frac{当月工资薪金所属工作期间境内工作天数}{当月工资薪金所属工作期间公历天数}$$

$$= (30000+12000) \times (20 \div 30) = 28000 (元)$$

其应纳税所得额=28000-5000=23000（元），公司应适用月度税率表计算并代扣税款。

如果在一个纳税年度内，在境内居住累计超过90天但不满183天的是境内居民企业的高管人员（即担任境内居民企业的董事、监事及高层管理职务的个人），其取得的工资薪金所得，除归属于境外工作期间且不是由境内雇主支付或者负担的部分外，应当计算缴纳个人所得税。当月工资薪金收入额计算适用公式为：

$$当月工资薪金收入额 = 当月境内外工资薪金总额 \times \left[1 - \frac{当月境外支付工资薪金数额}{当月境内外工资薪金总额} \times \frac{当月工资薪金所属工作期间境外工作天数}{当月工资薪金所属工作期间公历天数} \right]$$

该公式的有关计算，详见本书【案例4-3-2】。

4.3.2.2 劳务报酬所得、稿酬所得和特许权使用费所得

（1）非居民个人取得劳务报酬所得、特许权使用费所得，实行按次纳税。以取得的劳务报酬或特许权使用费的总收入减除20%的费用后的余额为收入额，计入应纳税所得额。

（2）非居民个人取得稿酬所得，以其取得的全部稿酬收入减除20%的费用后的余额为收入额，并在收入额的基础上，减按70%计入综合所得应纳税所得额。

劳务报酬所得、稿酬所得、特许权使用费所得，属于一次性收入的，以取得该项收入为一次；属于同一项目连续性收入的以一个月内取得的收入为一次。

【案例4-3-9】 某非居民个人在中国境内有一项劳务报酬总收入56000元，但是这个服务项目时间有3个半月，企业每半个月支付一次报酬8000元（每月5日、20日支付）。

【问题】 计算该非居民劳务报酬所得应纳税所得额。

【解析】 该非居民个人的劳务报酬所得，不能简单地按照每次的收入额8000元来确定劳务报酬所得。案例中，非居民个人要在3个半月内7次收款56000元，也不能简单地将全部7次合计计成一次计算个人所得税。

按照新《个人所得税法实施条例》规定，劳务报酬所得，属于一次性收入的，以取得该项收入为一次；属于同一项目连续性收入的，以一个月内取得的收入为一次。案例中，该非居民个人只需将每月的同一项目收入累计作

为一次计税即可,即每月按 16000 元作为一次劳务报酬所得,并按规定将收入减除 20% 的费用后的余额为收入额,作为一次劳务报酬应纳税所得额,即:

每月应纳税所得额 = 16000×(1-20%) = 12800(元)

对于非居民个人取得稿酬所得,新《个人所得税法》关于其应纳税所得额的确定,和 2011 年《个人所得税法》有较大的差异。

【案例 4-3-10】 某非居民个人因图书作品在中国境内取得一项稿酬总收入 30000 元,稿酬由出版社根据书刊的发行数量,分期支付。在 2019 年 5~7 月,出版社向该个人每半个月支付一次稿酬 5000 元(每月 5 日、20 日支付)。

【问题】 计算该非居民个人稿酬所得应纳税所得额。

【解析】 新《个人所得税法实施条例》规定,稿酬所得,同样属于一次性收入的,以取得该项收入为一次;属于同一项目连续性收入的,以一个月内取得的收入为一次。该非居民按月取得个人稿酬所得应纳税所得额 = 5000×2×(1-20%)×70% = 5600(元)。

而不能依据《征收个人所得税若干问题的规定》(国税发〔1994〕89 号印发)规定,对同一次以图书、报刊方式出版、发表同一作品取得的各种方式分期、分次支付的稿酬合计计为一次所得征税。

四、关于稿酬所得的征税问题

(一)个人每次以图书、报刊方式出版、发表同一作品(文字作品、书画作品、摄影作品以及其他作品),不论出版单位是预付还是分笔支付稿酬,或者加印该作品后再付稿酬,均应合并其稿酬所得按一次计征个人所得税。在两处或两处以上出版、发表或再版同一作品而取得稿酬所得,则可分别各处取得的所得或再版所得按分次所得计征个人所得税。

(二)个人的同一作品在报刊上连载,应合并其因连载而取得的所有稿酬所得为一次,按税法规定计征个人所得税。在其连载之后又出书取得稿酬所得,或先出书后连载取得稿酬所得,应视同再版稿酬分次计征个人所得税。

(三)作者去世后,对取得其遗作稿酬的个人,按稿酬所得征收个人所得税。

——《征收个人所得税若干问题的规定》(国税发〔1994〕89 号)

4.3.3 无住所个人税收协定的适用

按照我国政府签订的避免双重征税协定、内地与香港、澳门签订的避免双重征税安排（以下称税收协定）居民条款规定为缔约对方税收居民的个人（以下称对方税收居民个人），可以按照税收协定及财政部、税务总局有关规定享受税收协定待遇，也可以选择不享受税收协定待遇计算纳税。除税收协定及财政部、税务总局另有规定外，无住所个人适用税收协定的，按照以下规定执行。

4.3.3.1 无住所个人适用受雇所得条款规定

（1）无住所个人享受境外受雇所得协定待遇。

境外受雇所得协定待遇，是指按照税收协定受雇所得条款规定，对方税收居民个人在境外从事受雇活动取得的受雇所得，可不缴纳个人所得税。

无住所个人为对方税收居民个人，其取得的工资薪金所得可享受境外受雇所得协定待遇的，可不缴纳个人所得税。工资薪金收入额计算适用以下公式：

$$当月工资薪金收入额 = 当月境内外工资薪金总额 \times \frac{当月工资薪金所属工作期间境内工作天数}{当月工资薪金所属工作期间公历天数}$$

无住所居民个人为对方税收居民个人的，可在预扣预缴和汇算清缴时按前款规定享受协定待遇；非居民个人为对方税收居民个人的，可在取得所得时按前款规定享受协定待遇。

（2）无住所个人享受境内受雇所得协定待遇。

境内受雇所得协定待遇，是指按照税收协定受雇所得条款规定，在税收协定规定的期间内境内停留天数不超过183天的对方税收居民个人，在境内从事受雇活动取得受雇所得，不是由境内居民雇主支付或者代其支付的，也不是由雇主在境内常设机构负担的，可不缴纳个人所得税。

无住所个人为对方税收居民个人，其取得的工资薪金所得可享受境内受雇所得协定待遇的，可不缴纳个人所得税。工资薪金收入额计算适用以下公式：

$$\text{当月工资薪金收入额} = \text{当月境内外工资薪金总额} \times \frac{\text{当月境内支付工资薪金数额}}{\text{当月境内外工资薪金总额}} \times \frac{\text{当月工资薪金所属工作期间境内工作天数}}{\text{当月工资薪金所属工作期间公历天数}}$$

无住所居民个人为对方税收居民个人的,可在预扣预缴和汇算清缴时按前款规定享受协定待遇;非居民个人为对方税收居民个人的,可在取得所得时按前款规定享受协定待遇。

4.3.3.2 无住所个人适用独立个人劳务或者营业利润条款规定

独立个人劳务或者营业利润协定待遇,是指按照税收协定独立个人劳务或者营业利润条款规定,对方税收居民个人取得的独立个人劳务所得或者营业利润符合税收协定规定条件的,可不缴纳个人所得税。

无住所居民个人为对方税收居民个人,其取得的劳务报酬所得、稿酬所得可享受独立个人劳务或者营业利润协定待遇的,在预扣预缴和汇算清缴时,可不缴纳个人所得税。

非居民个人为对方税收居民个人,其取得的劳务报酬所得、稿酬所得可享受独立个人劳务或者营业利润协定待遇的,在取得所得时可不缴纳个人所得税。

4.3.3.3 无住所个人适用董事费条款规定

对方税收居民个人为高管人员,该个人适用的税收协定未纳入董事费条款,或者虽然纳入董事费条款但该个人不适用董事费条款,且该个人取得的高管人员报酬可享受税收协定受雇所得、独立个人劳务或者营业利润条款规定待遇的,该个人取得的高管人员报酬可不适用《财政部 税务总局关于非居民个人和无住所居民个人有关个人所得税政策的公告》(财政部 税务总局公告 2019 年第 35 号)中,无住所个人为高管人员的情形的纳税规定(详见"4.3.2 非居民个人四项所得应纳税所得额"),分别按照该公告中"关于无住所个人适用受雇所得条款的规定""关于无住所个人适用独立个人劳务或者营业利润条款的规定"执行。

对方税收居民个人为高管人员,该个人取得的高管人员报酬按照税收协定董事费条款规定可以在境内征收个人所得税的,应按照有关工资薪金所得或者劳务报酬所得规定缴纳个人所得税。

4.3.3.4 无住所个人适用特许权使用费或者技术服务费条款规定

特许权使用费或者技术服务费协定待遇，是指按照税收协定特许权使用费或者技术服务费条款规定，对方税收居民个人取得符合规定的特许权使用费或者技术服务费，可按照税收协定规定的计税所得额和征税比例计算纳税。

无住所居民个人为对方税收居民个人，其取得的特许权使用费所得、稿酬所得或者劳务报酬所得可享受特许权使用费或者技术服务费协定待遇的，可不纳入综合所得，在取得当月按照税收协定规定的计税所得额和征税比例计算应纳税额，并预扣预缴税款。年度汇算清缴时，该个人取得的已享受特许权使用费或者技术服务费协定待遇的所得不纳入年度综合所得，单独按照税收协定规定的计税所得额和征税比例计算年度应纳税额及补退税额。

非居民个人为对方税收居民个人，其取得的特许权使用费所得、稿酬所得或者劳务报酬所得可享受特许权使用费或者技术服务费协定待遇的，可按照税收协定规定的计税所得额和征税比例计算应纳税额。

4.4 经营所得应纳税所得额的确定

4.4.1 经营所得的计算公式

经营所得，以每一纳税年度的收入总额减除成本、费用以及损失后的余额，为应纳税所得额。其基本公式为：

经营所得应纳税所得额＝经营收入（不得扣除业主费用）－不征税收入－免税收入－经营成本－经营费用－允许弥补的经营损失

新《个人所得税法实施条例》规定，经营所得成本、费用，是指生产、经营活动中发生的各项直接支出和分配计入成本的间接费用以及销售费用、管理费用、财务费用；所称损失，是指生产、经营活动中发生的固定资产和存货的盘亏、毁损、报废损失，转让财产损失，坏账损失，自然灾害等不可抗力因素造成的损失以及其他损失。

取得经营所得的个人，没有综合所得的，计算其每一纳税年度的应纳税所得额时，应当减除费用6万元、专项扣除、专项附加扣除以及依法确定的其他扣除。专项附加扣除在办理汇算清缴时减除。其应纳税所得额基本计算公式为：

经营所得应纳税所得额=经营收入（不得扣除业主费用）－不征税收入－免税收入－经营成本－经营费用－允许弥补的经营损失－基本减除费用－专项扣除－专项附加扣除－依法确定的其他扣除－捐赠扣除

纳税人取得经营所得，无论是个体工商户从事生产、经营活动取得的所得，个人独资企业投资人、合伙企业的个人合伙人来源于境内注册的个人独资企业、合伙企业生产、经营的所得；还是个人依法从事办学、医疗、咨询以及其他有偿服务活动取得的所得；还是个人对企业、事业单位承包经营、承租经营以及转包、转租取得的所得；还是个人从事其他生产、经营活动取得的所得，其应纳税所得额都需要依法确认。

在现行个人所得税法制度中，个体工商户实行查账征收的，均需要按照《个体工商户个人所得税计税办法》（国家税务总局令第35号发布，2018年国家税务总局令第44号修订）计算经营所得。《财政部 国家税务总局关于个人独资企业和合伙企业投资者征收个人所得税的规定》（财税〔2000〕91号）规定，个人独资企业的投资者以全部生产经营所得为应纳税所得额；合伙企业的投资者按照合伙企业的全部生产经营所得和合伙协议约定的分配比例确定应纳税所得额，合伙协议没有约定分配比例的，以全部生产经营所得和合伙人数量平均计算每个投资者的应纳税所得额。个人独资企业、合伙企业实行查账征税办法的，个人独资企业投资人、合伙企业个人合伙人的生产经营所得，比照《个体工商户个人所得税计税办法（试行）》（2014年国家税务总局令第35号发布，2018年国家税务总局令第44号修订）的规定确定。

《财政部 国家税务总局关于个人所得税若干政策问题的通知》（财税字〔1994〕020号）明确规定，个体工商户和从事生产、经营的个人，取得与生产、经营活动无关的各项应税所得，应按规定分别计算征收个人所得税。

纳税人经营所得应纳税所得额的计算，除财政部、国家税务总局另有规定的外，以权责发生制为原则，属于当期的收入和费用，不论款项是否收付，均作为当期的收入和费用；不属于当期的收入和费用，即使款项已经在当期收付，均不作为当期收入和费用。

《税收征管法》规定，纳税人、扣缴义务人的财务、会计制度或者财务、会计处理办法与国务院或者国务院财政、税务主管部门有关税收的规定抵触的，依照国务院或者国务院财政、税务主管部门有关税收的规定计算应纳税款、代扣代缴和代收代缴税款。

纳税人生产、经营所得，以每一纳税年度的收入总额，减除成本、费用、税金、损失、其他支出以及允许弥补的以前年度亏损后的余额，为应纳税所得额。

4.4.2 收入

纳税人从事生产经营以及与生产经营有关的活动取得的货币形式和非货币形式的各项收入，为收入总额。包括：销售货物收入、提供劳务收入、转让财产收入、利息收入、租金收入、接受捐赠收入、其他收入。

其他收入包括个体工商户资产溢余收入、逾期一年以上的未退包装物押金收入、确实无法偿付的应付款项、已作坏账损失处理后又收回的应收款项、债务重组收入、补贴收入、违约金收入、汇兑收益等。

4.4.3 免税收入

计算经营所得个人所得税应纳税所得额，按照新《个人所得税法》规定，下列各项个人所得，免征个人所得税：

（1）省级人民政府、国务院部委和中国人民解放军军以上单位，以及外国组织、国际组织颁发的科学、教育、技术、文化、卫生、体育、环境保护等方面的奖金。

（2）国债和国家发行的金融债券利息。新《个人所得税法实施条例》规定，国债利息，是指个人持有中华人民共和国财政部发行的债券而取得的利息；所称国家发行的金融债券利息，是指个人持有经国务院批准发行的金融债券而取得的利息。

（3）保险赔款。个体工商户发生的损失，减除责任人赔偿和保险赔款后的余额，参照财政部、国家税务总局有关企业资产损失税前扣除的规定扣除。

（4）中国政府参加的国际公约、签订的协议中规定免税的所得。

（5）《财政部　国家税务总局关于个人所得税若干政策问题的通知》（财税字〔1994〕020号）规定，个体工商户或个人专营种植业、养殖业、饲养业、捕捞业（以下称"四业"），其经营项目属于农业税（包括农业特产税，下同）、牧业税征税范围并已征收了农业税、牧业税的，不再征收个人所得税；不属于农业税、牧业税征税范围的，应对其所得征收个人所得税。兼营上述"四业"且"四业"的所得单独核算的，比照上述原则办理，对于属于征收个人所得税的，应与其他行业的生产、经营所得合并计征个人所得税；对于"四业"的所得不能单独核算的，应就其全部所得计征个人所得税《财政部　国家税务总局关于个人独资企业和合伙企业投资者取得种植业、养殖业饲养业、捕捞业所得有关个人所得税问题的批复》（财税〔2010〕96号）规定，对个人独资企业和合伙企业从事"四业"，其投资者取得的"四业"所得暂不征收个人所得税。

4.4.4　支出

支出包括纳税人实际发生的与取得收入直接相关的成本、费用、税金、损失和其他支出。

纳税人发生的支出应当区分收益性支出和资本性支出。收益性支出在发生当期直接扣除；资本性支出应当分期扣除或者计入有关资产成本，不得在发生当期直接扣除。除税收法律法规另有规定外，纳税人实际发生的成本、费用、税金、损失和其他支出，不得重复扣除。

（1）成本。

成本是指纳税人在生产经营活动中发生的销售成本、销货成本、业务支出以及其他耗费。

个体工商户、个人独资企业和合伙企业使用或者销售存货，按照规定计算的存货成本，准予在计算应纳税所得额时扣除。

个体工商户、个人独资企业和合伙企业转让资产，该项资产的净值，准予在计算应纳税所得额时扣除。

（2）费用。

费用是指纳税人在生产经营活动中发生的销售费用、管理费用和财务费用，已经计入成本的有关费用除外。

（3）税金。

税金是指纳税人在生产经营活动中发生的除个人所得税和允许抵扣的增值税以外的各项税金及其附加。

(4) 损失。

损失是指纳税人在生产经营活动中发生的固定资产和存货的盘亏、毁损、报废损失，转让财产损失，坏账损失，自然灾害等不可抗力因素造成的损失以及其他损失。纳税人发生的损失，减除责任人赔偿和保险赔款后的余额，参照财政部、国家税务总局有关企业资产损失税前扣除的规定扣除。纳税人已经作为损失处理的资产，在以后纳税年度又全部收回或者部分收回时，应当计入收回当期的收入。

(5) 其他支出。

其他支出是指除成本、费用、税金、损失外，纳税人在生产经营活动中发生的与生产经营活动有关的、合理的支出。

4.4.5　不得在税前扣除的支出

纳税人生产经营过程中，取得的下列支出不得在计算经营所得应纳税所得额时扣除：

(1) 个人所得税税款；

(2) 税收滞纳金；

(3) 罚金、罚款和被没收财物的损失；

(4) 不符合扣除规定的捐赠支出；

(5) 赞助支出（指个体工商户发生的与生产经营活动无关的各种非广告性质支出）；

(6) 用于个人和家庭的支出；

(7) 与取得生产经营收入无关的其他支出；

(8) 个体工商户业主、个人独资企业投资人、合伙企业个人合伙人以及其他经营所得个人所得税纳税人工资薪金支出；

(9) 代其从业人员或者他人负担的税款；

(10) 个人独资企业、合伙企业计提的各种准备金；

(11) 国家税务总局规定不准扣除的支出。

4.4.6　费用扣除标准

经营所得的各项支出，其个人所得税的扣除标准和企业所得税基本一致，但也有一些差异。具体如下：

（1）工资及三项费用。

纳税人实际支付给从业人员的、合理的工资薪金支出，准予扣除。《财政部 国家税务总局关于调整个体工商户、个人独资企业和合伙企业个人所得税税前扣除标准有关问题的通知》（财税〔2008〕65号）规定，个体工商户、个人独资企业和合伙企业向其从业人员实际支付的合理的工资、薪金支出，允许在税前据实扣除。

个体工商户业主、个人独资企业投资人、合伙企业个人合伙人以及其他经营人本人工资外，纳税人向当地工会组织拨缴的工会经费、实际发生的职工福利费支出、职工教育经费支出分别在工资薪金总额的2%、14%、2.5%的标准内据实扣除。《财政部 国家税务总局关于调整个体工商户、个人独资企业和合伙企业个人所得税税前扣除标准有关问题的通知》（财税〔2008〕65号）规定，个体工商户、个人独资企业和合伙企业拨缴的工会经费、发生的职工福利费、职工教育经费支出分别在工资薪金总额2%、14%、2.5%的标准内据实扣除。

工资薪金总额是指允许在当期税前扣除的工资薪金支出数额。

职工教育经费的实际发生数额超出规定比例当期不能扣除的数额，准予在以后纳税年度结转扣除。参照《财政部 税务总局关于企业职工教育经费税前扣除政策的通知》（财税〔2018〕51号）的规定，企业发生的职工教育经费支出，不超过工资薪金总额8%的部分，准予在计算企业所得税应纳税所得额时扣除；超过部分，准予在以后纳税年度结转扣除。自2018年1月1日起，按照税收公平原则，纳税人经营所得个人所得税应纳税所得额计算中，职工教育经费的扣除，其不超过工资薪金8%的部分，也应准予在计算个人所得税应纳税所得额时扣除；超过部分，准予在以后纳税年度结转扣除。

个体工商户业主、个人独资企业投资人、合伙企业个人合伙人本人向当地工会组织缴纳的工会经费、实际发生的职工福利费支出、职工教育经费支出，以当地（地级市）上年度社会平均工资的3倍为计算基数，在上述规定比例内据实扣除。

（2）"五险一金"。

纳税人按照国务院有关主管部门或者省级人民政府规定的范围和标准为其业主和从业人员缴纳的基本养老保险费、基本医疗保险费、失业保险费、生育保险费、工伤保险费和住房公积金，准予扣除。

纳税人为从业人员缴纳的补充养老保险费、补充医疗保险费，分别在不超过从业人员工资总额5%标准内的部分据实扣除；超过部分，不得扣除。

个体工商户业主、个人独资企业投资人、合伙企业个人合伙人以及其他经营所得个人所得税纳税人，其本人缴纳的补充养老保险费、补充医疗保险费，以当地（地级市）上年度社会平均工资的3倍为计算基数，分别在不超过该计算基数5%标准内的部分据实扣除；超过部分，不得扣除。

个体工商户、个人独资企业、合伙企业依照国家有关规定为特殊工种从业人员支付的人身安全保险费和财政部、国家税务总局规定可以扣除的其他商业保险费，准予扣除。《国家税务总局关于责任保险费企业所得税税前扣除有关问题的公告》（国家税务总局公告2018年第52号）规定，个体工商户、个人独资企业、合伙企业参加雇主责任险、公众责任险等责任保险，按照规定缴纳的保险费，准予在税前扣除。

（3）财产保险。

个体工商户、个人独资企业、合伙企业参加财产保险，按规定缴纳的保险费，准予扣除。

（4）借款费用和利息费用。

个体工商户、个人独资企业、合伙企业在生产经营活动中发生的合理的不需要资本化的借款费用，准予扣除。

个体工商户、个人独资企业、合伙企业为购置、建造固定资产、无形资产和经过12个月以上的建造才能达到预定可销售状态的存货发生借款的，在有关资产购置、建造期间发生的合理的借款费用，应当作为资本性支出计入有关资产的成本，并依规扣除。

个体工商户、个人独资企业、合伙企业在生产经营活动中发生的下列利息支出，准予扣除：

一是向金融企业借款的利息支出；

二是向非金融企业和个人借款的利息支出，不超过按照金融企业同期同类贷款利率计算的数额的部分。

纳税人向非金融企业和个人借款利息支出时，应按照《国家税务总局关于企业所得税若干问题的公告》（国家税务总局公告2011年第34号）的规定，提供"金融企业的同期同类贷款利率情况说明"。"金融企业的同期同类贷款利率情况说明"中，应包括在签订该借款合同当时，本省任何一家金融企业提供同期同类贷款利率情况。该金融企业应为经政府有关部门批准成立的可以从事贷款业务的企业，包括银行、财务公司、信托公司等金融机构。"同期同类贷款利率"是指在贷款期限、贷款金额、贷款担保以及企业信誉等条件基本相同下，金融企业提供贷款的利率。既可以是金融企业公布的同期同类平均利率，也可以是金融企业对某些企业提供的实际贷款利率。

（5）汇兑损失。

个体工商户、个人独资企业、合伙企业在货币交易中，以及纳税年度终了时将人民币以外的货币性资产、负债按照期末即期人民币汇率中间价折算为人民币时产生的汇兑损失，除已经计入有关资产成本部分外，准予扣除。

（6）业务招待费。

个体工商户、个人独资企业、合伙企业每一纳税年度发生的与生产经营活动有关的业务招待费，和企业所得税业务招待费的扣除标准一致，按照实际发生额的 60% 扣除，但最高不得超过当年销售（营业）收入的 5‰。

对个体工商户业主、个人独资企业投资人、合伙企业个人合伙人自申请营业执照之日起至开始生产经营之日止所发生的业务招待费，按照实际发生额的 60% 计入纳税人的开办费。

（7）广告费和业务宣传费。

个体工商户、个人独资企业和合伙企业每一纳税年度发生的广告费和业务宣传费用不超过当年销售（营业）收入 15% 的部分，可据实扣除；超过部分，准予在以后纳税年度结转扣除。

（8）开办费。

个体工商户、个人独资企业和合伙企业自申请营业执照之日起至开始生产经营之日止所发生符合规定的费用，除为取得固定资产、无形资产的支出，以及应计入资产价值的汇兑损益、利息支出外，作为开办费，可以选择在开始生产经营的当年一次性扣除，也可自生产经营月份起在不短于 3 年期限内摊销扣除，但一经选定，不得改变。

开始生产经营之日为个体工商户、个人独资企业和合伙企业取得第一笔销售（营业）收入的日期。

（9）财产租赁费。

个体工商户、个人独资企业和合伙企业根据生产经营活动的需要租入固定资产支付的租赁费，以经营租赁方式租入固定资产发生的租赁费支出，按照租赁期限均匀扣除；以融资租赁方式租入固定资产发生的租赁费支出，按照规定构成融资租入固定资产价值的部分应当提取折旧费用，分期扣除。

（10）劳动保护费。

个体工商户、个人独资企业和合伙企业发生的合理的劳动保护支出，准予扣除。

（11）研发支出。

个体工商户、个人独资企业和合伙企业研究开发新产品、新技术、新工艺所发生的开发费用，以及研究开发新产品、新技术而购置单台价值在10万元以下的测试仪器和试验性装置的购置费准予直接扣除；单台价值在10万元以上（含10万元）的测试仪器和试验性装置，按固定资产管理，不得在当期直接扣除。

（12）规费。

个体工商户、个人独资企业、合伙企业按照规定缴纳的摊位费、行政性收费、协会会费等，按实际发生数额扣除。

（13）资产的处理。

个体工商户资产的税务处理，参照企业所得税相关法律、法规和政策规定执行。

（14）难以分清的家庭费用。

个体工商户、个人独资企业、合伙企业等纳税人在生产经营活动中，会经常出现生产经营费用和个人、家庭费用混用且难以分清的情形。对此：

《个体工商户个人所得税计税办法》（国家税务总局令第35号印发）规定，个体工商户生产经营活动中，应当分别核算生产经营费用和个人、家庭费用。对于生产经营与个人、家庭生活混用难以分清的费用，其40%视为与生产经营有关费用，准予扣除。

《财政部 国家税务总局关于个人独资企业和合伙企业投资者征收个人所得税的规定》（财税〔2000〕91号）规定，个人独资企业投资人、合伙企业个人合伙人及其家庭发生的生活费用不允许在税前扣除，投资者及其家庭发生的生活费用与企业生产经营费用混合在一起，并且难以划分的，全部视为投资者个人及其家庭发生的生活费用，不允许在税前扣除。

4.4.7 亏损弥补

个体工商户、个人独资企业和合伙企业一个纳税年度发生的亏损，准予向以后年度结转，用以后年度的生产经营所得弥补，但结转年限最长不得超过 5 年。

个体工商户、个人独资企业和合伙企业以及其他从事生产经营的个人，都需要依法按照《企业会计准则》《小企业会计准则》予以核算。在一个纳税年度内，纳税人取得的全部收入不足减除成本、费用、税金和损失的部分，就是亏损。但是，对于税法规定个体工商户、个人独资企业、合伙企业可以结转以后年度弥补的亏损，却不是企业的会计核算的亏损。而是依法计算的应纳税所得额小于零的数额，其中对于收入、成本、费用、税金、损失等，均需按照税法的规定予以确定或调整。

对于投资者举办两个或两个以上个人独资企业、合伙企业的，年度终了时，应汇总从所有企业取得的应纳税所得额，据此确定适用税率并计算缴纳应纳税款。企业的年度经营亏损不能跨企业弥补。

4.5 财产租赁所得应纳税所得额的确定

4.5.1 财产租赁所得个人所得税应纳税所得额

财产租赁所得，是指个人出租不动产、机器设备、车船以及其他财产取得的所得。《国家税务总局关于个人转租房屋取得收入征收个人所得税问题的通知》（国税函〔2009〕639 号）规定，个人将承租房屋转租取得的租金收入，属于个人所得税应税所得，应按财产租赁所得项目计算缴纳个人所得税。

财产租赁所得，每次收入不超过 4000 元的，减除费用 800 元；4000 元以上的，减除 20% 的费用，其余额为应纳税所得额。其基本公式如下：

收入≤4000 元，应纳税所得额 = 4000−800

收入>4000 元，应纳税所得额 = 4000×(1−20%)

在具体实务中，为保证财产的可使用性，纳税人在财产租赁过程中，还可能会发生修缮费用和税费。对于这部分费用能否在计算应纳税所得额中扣除：

> 六、关于财产租赁所得的征税问题
>
> （一）纳税义务人在出租财产过程中缴纳的税金和国家能源交通重点建设基金、国家预算调节基金、教育费附加，可持完税（缴款）凭证，从其财产租赁收入中扣除。
>
> （二）纳税义务人出租财产取得财产租赁收入，在计算征税时，除可依法减除规定费用和有关税、费外，还准予扣除能够提供有效、准确凭证，证明由纳税义务人负担的该出租财产实际开支的修缮费用。允许扣除的修缮费用，以每次800元为限，一次扣除不完的，准予在下一次继续扣除，直至扣完为止。
>
> （三）确认财产租赁所得的纳税义务人，应以产权凭证为依据。无产权凭证的，由主管税务机关根据实际情况确定纳税义务人。
>
> （四）产权所有人死亡，在未办理产权继承手续期间，该财产出租而有租金收入的，以领取租金的个人为纳税义务人。
>
> ——《征收个人所得税若干问题的规定》（国税发〔1994〕89号）

其中，包括以下五个方面的内涵：

一是所得不含税和费。纳税人在出租财产取得收入的过程中，会依法计算并缴纳增值税、城市维护建设税、教育费附加、地方教育附加等相关税、费，这些税费应在计算应纳税所得额时扣除。2016年5月1日营改增后，《财政部 国家税务总局关于营改增后契税、房产税、土地增值税、个人所得税计税依据问题的通知》（财税〔2016〕43号）规定，个人出租房屋的个人所得税应税收入不含增值税，计算房屋出租所得可扣除的税费不包括本次出租缴纳的增值税。个人转租房屋的，其向房屋出租方支付的租金及增值税额，在计算转租所得时予以扣除。免征增值税的，确定计税依据时，成交价格、租金收入、转让房地产取得的收入不扣减增值税额。

二是转租可以减租金。取得转租收入的个人向房屋出租方支付的租金，凭房屋租赁合同和合法支付凭证允许在计算个人所得税时，从该项转租收入中扣除。

三是修缮费用限额扣除。在计算财产租赁所得时，除可依法减除规定费用和有关税、费外，纳税人负担的该出租财产实际开支的修缮费用，能够提供有效、准确凭证、证明的，可以扣除。以每次扣除 800 元为限，一次扣除不完的，准予在下一次继续扣除，直至扣完为止。

四是费用扣除有次序。上述费用扣除，按照先减除相关税费、次减除支付租金、再减除修缮费用、后减除规定费用顺序进行。

> 三、《国家税务总局关于个人所得税若干业务问题的批复》（国税函〔2002〕146 号）有关财产租赁所得个人所得税前扣除税费的扣除次序调整为：
> （一）财产租赁过程中缴纳的税费；
> （二）向出租方支付的租金；
> （三）由纳税人负担的租赁财产实际开支的修缮费用；
> （四）税法规定的费用扣除标准。
> ——《国家税务总局关于个人转租房屋取得收入征收个人所得税问题的通知》（国税函〔2009〕639 号）

五是纳税主体要识别。《征收个人所得税若干问题的规定》（国税发〔1994〕89 号）进一步明确财产租赁所得的纳税人确认规则。财产租赁所得的纳税人，一般是财产的所有人，按照财产的产权凭证或相关证据确认。对于无产权凭证的，或是不能确认产权所有人的，税务机关可确定纳税义务人。一般情况下，为领取租金的个人。产权所有人死亡，在未办理产权继承手续期间，该财产出租而有租金收入的，以领取租金的个人为纳税义务人。

因此，财产租赁所得个人所得税计算公式如下：

减除税费后收入≤4000 元，应纳税所得额＝收入－税费－租金－修缮费－800

减除税费后收入＞4000 元，应纳税所得额＝（收入－税费－租金－修缮费）×（1－20%）

其中，修缮费用按次限额扣除 800 元，未扣除完的结转下次扣除，直至扣完。

纳税人财产租赁收入，一般会有三种形式：一是按月收取租金；二是一次性收取未来几个月的租金；三是连续几个月的租金一次性收取。同时，也可能存在同一个纳税人有多项财产对外出租取得租赁收入的情形。

这些情形下，财产租赁所得个人所得税的应纳税所得额虽然是按次纳税的，但是新、旧《个人所得税法实施条例》均规定，财产租赁所得，以一个月内取得的收入为一次。

纳税人出租不动产的，还需要注意租赁行为增值税的相关事项。

《营业税改征增值税试点实施办法》（财税〔2016〕36号文件附件1）规定，纳税人发生应税行为并收讫销售款项或者取得索取销售款项凭据的当天；先开具发票的，为开具发票的当天。尽管增值税的纳税义务确认为在收取款项开具发票的当月，《国家税务总局关于小规模纳税人免征增值税政策有关征管问题的公告》（国家税务总局公告2019年第4号）规定，其他个人采取一次性收取租金形式出租不动产取得的租金收入，可在对应的租赁期内平均分摊，分摊后的月租金收入未超过10万元的，免征增值税。

【案例4-5-1】 小王有三套房产对外出租，2019年5月收到A公司、B单位和C个人分别支付的三套房产的房租收入，A公司当月一次性支付了6个月办公用房房租120000元，B单位支付当月办公用房房租15000元，C个人一次性支付了2019年4—6月住房房租4500元。

【问题】 小王5月财产租赁所得个人所得税应纳税租赁收入为多少？

【解析】 财产租赁所得以一个月内取得的收入为一次。

小王5月个人所得税应纳税租赁收入 = 120000 + 15000 + 4500 = 139500（元）

4.5.2 个人出租房产的其他税收

（1）增值税。

《营业税改征增值税试点有关事项的规定》（财税〔2016〕36号文件附件2）规定，其他个人出租其取得的不动产（不含住房），应按照5%的征收率计算应纳税额。个人出租住房，应按照5%的征收率减按1.5%计算应纳税额。

即：

个人出租住房应纳增值税 = 含税租金收入 ÷ (1+5%) ×1.5%

个人出租住房外的不动产应纳增值税 = 含税租金收入 ÷ (1+5%) ×5%

其他个人，采取一次性收取租金形式出租不动产取得的租金收入，可在对应的租赁期内平均分摊,分摊后的月租金收入未超过10万元的,免征增值税。

简单来说,就是个人无论出租住房,还是其他不动产,月租金收入未超过10万元的,免征增值税。对于一年一收或者合法的任何一段时间一次性收取的,均可以折算成每个月的租金收入,然后看是否超过10万元。从案例【4-5-1】看,小王折算成月租金后,每个月的租金收入各不相同,2019年5月三项租金都有,当月含税租金收入为(120000÷6+15000+4500÷3)=36500元,不足10万元,不需要开具增值税专用发票的话,即免征增值税。

对于承租人索取增值税专用发票的,虽然没有超过月租金收入10万元,在向税务机关申请代开专用发票时也需要缴纳增值税。

(2)房产税。

《财政部 国家税务总局关于廉租住房、经济适用住房和住房租赁有关税收政策的通知》(财税〔2008〕24号,以下简称财税〔2008〕24号文件)规定对个人出租住房,不区分用途,按租金收入的4%税率征收房产税。

个人出租不属于住房的房屋,以房产租金收入为房产税的计税依据,税率为12%。

(3)印花税。

财税〔2008〕24号文件规定,对个人出租、承租住房签订的租赁合同,免征印花税。

个人租赁住房之外房产的租赁合同需要缴税。

(4)个人所得税。

个人出租房屋取得的租金收入应按财产租赁所得项目计算缴纳个人所得税,税率为20%。财税〔2008〕24号文件规定,自2008年3月1日起,对个人出租住房取得的所得减按10%的税率征收个人所得税。

(5)附征税费。

城市维护建设税、教育费附加、地方教育附加随同增值税征收。其中,城市维护建设税按照实际缴纳的增值税附征。教育费附加和地方教育附加,按照《财政部 国家税务总局关于扩大有关政府性基金免征范围的通知》(财税〔2016〕12号)规定,教育费附加、地方教育附加、水利基金的缴纳义务人,按月纳税的销售额不超过10万元(按季度纳税的季度销售额不超过30万元)的,免征教育费附加、地方教育附加。

《财政部 税务总局关于实施小微企业普惠性税收减免政策的通知》(财税〔2019〕13号)进一步规定,由省、自治区、直辖市人民政府根据本地区实际情况，以及宏观调控需要确定，对增值税小规模纳税人可以在50%的税额幅度内减征资源税、城市维护建设税、房产税、城镇土地使用税、印花税（不含证券交易印花税）、耕地占用税和教育费附加、地方教育附加。

【案例4-5-2】 小王有三套房产对外出租，2019年5月收到A公司、B单位和C个人分别支付的三套房产的房租收入，A公司当月一次性支付了6个月办公用房房租120000元，B单位支付当月办公用房房租15000元，C个人一次性支付了2019年4—6月住房房租4500元。假定A公司需要开具增值税专用发票，B单位需要开具增值税普通发票，C个人不需要发票；5月小王支付B单位租用房产修缮费用600元；除租赁收入外小王没有其他应税所得；该省地方费税实行减半征收。

【问题】 小王5月财产租赁所得个人所得税应纳税额为多少？

【解析】 （1）增值税。

小王2019年5月取得租金收入三笔，其中两笔为一次性收取多月租金，按租期折算月租金。

A公司月租金＝（120000÷6）÷（1+5%）＝19047.62（元）

C个人月租金＝（4500÷3）÷（1+5%）＝1428.57（元）

小王月租金收入合计＝19047.62+15000÷（1+5%）+1428.57＝34761.90（元）

小王收取A公司租金需开具增值税专用发票，应征增值税：

120000÷（1+5%）×5%＝5714.29（元）

小王月租金收入合计不超过10万元，除收取A公司租金开具增值税专用发票需征收增值税外，其他租金收入可以免征增值税。

（2）附加税费。

城市维护建设税＝5714.29×7%×50%＝200.00（元）

因小王月租金收入不足10万元，依据《财政部 国家税务总局关于扩大有关政府性基金免征范围的通知》（财税〔2016〕12号）规定，免征教育费附加和地方教育附加。

（3）房产税。

小王出租给A公司办公用房，已征增值税5714.29元，其房产税计税依据为：120000-5714.29=114285.71（元）；

小王出租给B单位办公用房免征增值税，其房产税计税依据为15000元；

小王出租给C个人住房免征增值税，其房产税计税依据为4500元。

综上所述，小王应纳房产税：

（114285.71×12%+15000×12%+4500×4%）×50%＝7847.14（元）

依据《房产税暂行条例》（2011年修订）规定，房产税按年征收、分期缴纳。纳税期限由省、自治区、直辖市人民政府规定。上述房产税应按照小王出租房产所在省的规定，需要分期纳税的，应按分期计税依据计算并按期纳税。

（4）印花税。

小王与A公司、B单位签订的出租办公用房的合同需依法缴纳印花税，根据应纳税凭证的性质，按规定据实计算申报应纳税额。合同中所载金额和增值税分开注明的，按不含增值税的合同金额确定计税依据；未分开注明的，以合同所载金额为计税依据。

应纳印花税＝（120000+15000）×0.1%×50%＝67.50（元）

（5）个人所得税。

小王2019年5月取得财产租赁收入＝120000+15000+4500-5714.29＝133785.71（元）

支付税费＝200.00+7847.14+67.50＝8114.64（元）

租金支出：非转租房产，无转租租金。

修缮费用扣除：实际发生额600元＜扣除限额800元，扣除600元。

减除相关费用后收入额＝133785.71-8144.64-600＝125071.07（元），大于4000元。

出租住房应减征个人所得税额＝4500×（1-20%）×（20%-10%）＝360（元）

应纳个人所得税额＝125071.07×（1-20%）×20%-360＝19651.37（元）

4.6 财产转让所得应纳税所得额的确定

财产转让所得，是指个人转让有价证券、股权、合伙企业中的财产份额、不动产、机器设备、车船以及其他财产取得的所得。财产转让所得，以转让财产的收入额减除财产原值和合理费用后的余额，为应纳税所得额。其基本公式为：

应纳税所得额＝财产转让收入额-财产原值-合理费用

纳税人取得财产转让收入包括现金、实物、有价证券等其他形式的经济利益。

财产原值，按照下列方法确定：

(1) 有价证券，为买入价以及买入时按照规定缴纳的有关费用；

(2) 建筑物，为建造费或者购进价格以及其他有关费用；

(3) 土地使用权，为取得土地使用权所支付的金额、开发土地的费用以及其他有关费用；

(4) 机器设备、车船，为购进价格、运输费、安装费以及其他有关费用。

(5) 其他财产，按照上述方法确定财产原值。

纳税人未提供完整、准确的财产原值凭证，不能按照规定方法确定财产原值的，由主管税务机关核定财产原值。

纳税人转让财产的合理费用，是指卖出财产时按照规定支付的有关税费。

新《个人所得税法》第十五条第二款规定：个人转让不动产的，税务机关应当根据不动产登记等相关信息核验应缴的个人所得税，登记机构办理转移登记时，应当查验与该不动产转让相关的个人所得税的完税凭证。个人转让股权办理变更登记的，市场主体登记机关应当查验与该股权交易相关的个人所得税的完税凭证。

4.6.1 个人转让不动产（非住房）

2016年5月1日全面营改增后，个人转让非住房应当缴纳增值税，不再缴纳营业税。除了增值税，个人转让非住房还需要依法缴纳印花税、城市维护建设税、教育费附加、地方教育附加、土地增值税、个人所得税等。《财政部 国家税务总局关于调整房地产交易环节税收政策的通知》（财税〔2008〕137号）明确规定：从2008年11月1日起，对个人销售或购买住房暂免征收印花税和土地增值税。因此，个人转让不动产（非住房）需要依法缴纳印花税和土地增值税。

个人转让财产涉及的多个税种，应当按照先增值税及附加税费，次印花税，再土地增值税，最后个人所得税的顺序计算。次序错误，税款计算也必然出错。

【案例4-6-1】 2019年6月，小张将三年前买的市中心一套商铺转让。该商铺购于2016年6月，面积30平方米，合同价格30万元，2019年6月卖出价格为50万元。

【问题】 小张转让商铺，要缴哪些税，如何计算？（假定该省契税税率为

4%,"六税二费"减半征收)

【解析】 (1) 增值税及附加。

按照《纳税人转让不动产增值税征收管理暂行办法》(国家税务总局公告2016年第14号发布)规定,以取得的全部价款和价外费用扣除不动产购置原价或者取得不动产时的作价后的余额为销售额,按照5%的征收率计算应纳税额。

应纳增值税=(500000-300000)÷(1+5%)×5%=9523.81(元)

应纳城市维护建设税=9523.81×7%×50%=333.33(元)

应纳教育费附加=9523.81×3%×50%=142.86(元)

应纳地方教育附加=9523.81×2%×50%=95.24(元)

应纳印花税=500000×0.05%×50%=125(元)

(2) 土地增值税。

旧房转让土地增值税的计算,关键就是计算增值额,其中最重要的是扣除项目的确认。《土地增值税暂行条例》规定:转让旧房计算增值额的扣除项目,包括旧房及建筑物的评估价格,以及与转让房地产有关的税金。

① 旧房及建筑物的评估价格的相关规定如下:

《土地增值税暂行条例实施细则》中,具体规定为:"旧房及建筑物的评估价格",是指在转让已使用的房屋及建筑物时,由政府批准设立的房地产评估机构评定的重置成本价乘以成新度折扣率后的价格。评估价格须经当地税务机关确认。

《财政部 国家税务总局关于土地增值税若干问题的通知》(财税〔2006〕21号)进一步规定:纳税人转让旧房及建筑物,凡不能取得评估价格,但能提供购房发票的,经当地税务部门确认,可按发票所载金额并从购买年度起至转让年度止每年加计5%计算。

《国家税务总局关于土地增值税清算有关问题的通知》(国税函〔2010〕220号)规定:计算扣除项目时"每年"按购房发票所载日期起至售房发票开具之日止,每满12个月计一年;超过一年,未满12个月但超过6个月的,可以视同为一年。

综上,小张转让的商铺,其"旧房及建筑物评估价格"应当按照购房发票所载的金额并从购买年度起至转让年度止每年加计5%计算,2016年6月到2019年6月,共计3个完整年度,每年加计5%共加计15%。旧房及建筑物评估价格=300000×(1+15%)=345000(元)。

② 与转让房地产有关的税金相关规定如下：

《土地增值税暂行条例实施细则》规定："与转让房地产有关的税金"，是指在转让房地产时缴纳的营业税、城市维护建设税、印花税。因转让房地产缴纳的教育费附加，也可视同税金予以扣除。

《财政部 国家税务总局关于土地增值税若干问题的通知》（财税〔2006〕21号）规定：对纳税人购房时缴纳的契税，凡能提供契税完税凭证的，准予作为"与转让房地产有关的税金"予以扣除，但不作为加计5%的基数。

小张购买该房产时，缴纳契税金额=300000×4%=12000（元）。

《国家税务总局关于营改增后土地增值税若干征管规定的公告》（国家税务总局公告2016年第70号）规定：营改增后，计算土地增值税增值额的扣除项目中"与转让房地产有关的税金"不包括增值税。纳税人实际缴纳的城市维护建设税、教育费附加，凡能够按清算项目准确计算的，允许据实扣除。

与转让房地产有关的税金=333.33+142.86+125+12000=12601.19（元）

在旧房转让土地增值税扣除项目中，《土地增值税暂行条例实施细则》明确规定，能扣除的印花税只有"转让房地产时缴纳的"印花税，取得房产时缴纳的印花税是不能扣除的。对于地方教育附加扣除，尽管在《教育法》中明确规定"省、自治区、直辖市人民政府根据国务院的有关规定，可以决定开征用于教育的地方附加费，专款专用"，但是目前在旧房转让中没有明确的规定，暂时也还是不能扣除。

综上所述，小张应纳土地增值税：

增值额=（500000-9523.81）-345000-12601.19=132875（元）

增值率=132875÷（345000+12601.19）=36.93%

土地增值税额=132875×30%=39862.5（元）

(3) 个人所得税计算。

新《个人所得税法》规定，财产转让所得，以转让财产的收入额减除财产原值和合理费用后的余额，为应纳税所得额，按20%的税率计算。《财政部 国家税务总局关于营改增后契税、房产税、土地增值税、个人所得税计税依据问题的通知》（财税〔2016〕43号）规定：个人转让房屋的个人所得税应税收入不含增值税。

财产转让所得=（500000-9523.81）=490476.19（元）

合理费用=（300000+333.33+142.86+125+95.24+12000+300000×0.05%

+39862.5）= 352708.93（元）

应纳个人所得税 =（490476.19-353171）×20% = 27461.04（元）

4.6.2 个人转让不动产（住房）

4.6.2.1 个人转让住房免征印花税和土地增值税

除了增值税外，个人转让住房，还需要依法缴纳城市维护建设税、教育费附加、地方教育附加、个人所得税等。《财政部 国家税务总局关于调整房地产交易环节税收政策的通知》（财税〔2008〕137号）明确规定，从2008年11月1日起，对个人销售或购买住房暂免征收印花税和土地增值税。

个人转让的房产是什么性质的，需要根据"房屋产权所有证"中，"规划用途"或是"用途"一栏的内容来确定，只有内容是"住宅"的，才能够享受免税优惠。

4.6.2.2 转让住房的购买年限决定增值税额

《财政部 国家税务局 住房城乡建设部关于调整房地产交易环节契税、营业税优惠政策的通知》（财税〔2016〕23号）规定，自2016年2月22日起，个人将购买不足2年的住房对外销售的，全额征收营业税；个人将购买2年以上（含2年）的住房对外销售的，免征营业税。

2016年5月1日全面营业税改征增值税后，上条规定被平移到《财政部 国家税务总局关于全面推开营业税改征增值税试点的通知》（财税〔2016〕36号）中，该文件附件3规定：个人在北京市、上海市、广州市、深圳市以外的地区将购买不足2年的住房对外销售的，按照5%的征收率全额缴纳增值税；个人将购买2年以上（含2年）的住房对外销售的，免征增值税。需要注意的是，"北京市、上海市、广州市、深圳市以外的地区"指的是房产坐落地，而不是个人户籍所在地。

北、上、广、深以外地区计算公式如下：

销售不足2年的住房增值税 = 住房售价÷（1+5%）×5%

销售2年以上（含2年）的住房增值税 = 0

个人将购买不足2年的坐落于"北、上、广、深"的住房对外销售的，按照5%的征收率全额缴纳增值税；个人将购买2年以上（含2年）的非普通住房对外销售的，以销售收入减去购买住房价款后的差额按照5%的征收率缴纳增值税；个人将购买2年以上（含2年）的普通住房对外销售的，免征增值税。

北、上、广、深地区计算公式如下：

销售不足2年的住房增值税=住房售价÷（1+5%）×5%

销售2年以上（含2年）非普通住房增值税=（住房售价－购买住房价款）÷（1+5%）×5%

销售2年以上（含2年）普通住房增值税=0

对于普通住房，《国家税务总局关于房地产税收政策执行中几个具体问题的通知》（国税发〔2005〕172号）规定：享受税收优惠政策普通住房的面积标准是指地方政府按《国务院办公厅转发建设部等部门关于做好稳定住房价格工作意见的通知》（国办发〔2005〕26号）规定确定并公布的普通住房建筑面积标准。对于以套内面积进行计量的，应换算成建筑面积，判断该房屋是否符合普通住房标准。

享受优惠政策的住房原则上应同时满足以下条件：住宅小区建筑容积率在1.0以上、单套建筑面积在120平方米以下、实际成交价格低于同级别土地上住房平均交易价格1.2倍以下。各省、自治区、直辖市要根据实际情况，制定本地区享受优惠政策普通住房的具体标准，并报建设部、财政部、税务总局备案后，在2005年5月31日前公布。

4.6.2.3 购入房产契税的缴纳

1997年颁布实施的《契税暂行条例》（国务院令第224号）规定，契税应纳税额，依照规定的税率和计税依据计算征收。契税税率为3%~5%。契税的适用税率，由省、自治区、直辖市人民政府在规定的幅度内按照本地区的实际情况确定，并报财政部和国家税务总局备案。

《财政部　国家税务总局关于调整房地产市场若干税收政策的通知》（财税字〔1999〕210号）规定，个人购买自用普通住宅，暂减半征收契税。

《财政部　国家税务总局　住房和城乡建设部关于调整房地产交易环节契税个人所得税优惠政策的通知》（财税〔2010〕94号）规定，对个人购买普通住房，且该住房属于家庭（成员范围包括购房人、配偶以及未成年子女，下同）唯一住房的，减半征收契税。对个人购买90平方米及以下普通住房，且该住房属于家庭唯一住房的，减按1%税率征收契税。

2016年2月，《财政部 国家税务总局关于调整房地产交易环节契税 营业税优惠政策的通知》（财税〔2016〕23号）规定，自2016年2月22日起，对个人购买家庭唯一住房（家庭成员范围包括购房人、配偶以及未成年子女，下同），面积为90平方米及以下的，减按1%的税率征收契税；面积为90平方米以上的，减按1.5%的税率征收契税。对个人购买家庭第二套改善性住房，面积为90平方米及以下的，减按1%的税率征收契税；面积为90平方米以上的，减按2%的税率征收契税。家庭第二套改善性住房是指已拥有一套住房的家庭，购买的家庭第二套住房。

需要注意的是，《财政部 国家税务总局关于营改增后契税 房产税 土地增值税 个人所得税计税依据问题的通知》（财税〔2016〕43号）规定，计征契税的成交价格不含增值税。免征增值税的，确定计税依据时，成交价格、租金收入、转让房地产取得的收入不扣减增值税额。

4.6.2.4 购买房屋时间确定

个人销售住房，很多政策都是与房产的购买时间有着密切关系，计算"购买不足2年"，究竟是依据发票开具时间、登记办证时间，还是契税缴纳时间呢？

其实，这个问题早有明确。《国家税务总局 财政部 建设部关于加强房地产税收管理的通知》（国税发〔2005〕89号）规定，个人购买住房以取得的房屋产权证或契税完税证明上注明的时间作为其购买房屋的时间。《国家税务总局关于房地产税收政策执行中几个具体问题的通知》（国税发〔2005〕172号）进一步明确："契税完税证明上注明的时间"是指契税完税证明上注明的填发日期。

对于一些个人因产权纠纷等原因未能及时获取房屋所有权证书的情形，《国家税务总局关于个人转让住房享受税收优惠政策判定购房时间问题的公告》（国家税务总局公告2017年第8号）规定，个人转让住房，因产权纠纷等原因未能及时取得房屋所有权证书（包括不动产权证书，下同），对于人民法院、仲裁委员会出具的法律文书确认个人购买住房的，法律文书的生效日期视同房屋所有权证书的注明时间，据以确定纳税人是否享受税收优惠政策。

4.6.2.5 个人所得税计算

新《个人所得税法》规定，财产转让所得，以转让财产的收入额减除财产原值和合理费用后的余额，为应纳税所得额，按20%的税率计算。《国家税务总局关于个人住房转让所得征收个人所得税有关问题的通知》（国税发〔2006〕108号）中，对个人住房转让个人所得税计算中的"房产原值""税金"和"合理税费"问题作了明确。

对转让住房收入计算个人所得税应纳税所得额时，纳税人可凭原购房合同、发票等有效凭证，经税务机关审核后，允许从其转让收入中减除房屋原值、转让住房过程中缴纳的税金及有关合理费用。

（1）房屋原值。

转让商品房的，房屋原值是"购置该房屋时实际支付的房价款及缴纳的相关税费"。转让自建住房的，房屋原值"实际发生的建造费用及建造和取得产权时实际缴纳的相关税费"。转让经济适用房（含集资合作建房、安居工程住房）的，房屋原值是"原购房人实际支付的房价款及相关税费，以及按规定缴纳的土地出让金"。转让已购公有住房的，房屋原值是"原购公有住房标准面积按当地经济适用房价格计算的房价款，加上原购公有住房超标准面积实际支付的房价款以及按规定向财政部门（或原产权单位）缴纳的所得收益及相关税费"。转让城镇拆迁安置住房的，视不同情况确定房屋原值，分别是：房屋拆迁取得货币补偿后购置房屋的，为购置该房屋实际支付的房价款及缴纳的相关税费；房屋拆迁采取产权调换方式的，所调换房屋原值为《房屋拆迁补偿安置协议》注明的价款及缴纳的相关税费；房屋拆迁采取产权调换方式，被拆迁人除取得所调换房屋，又取得部分货币补偿的，所调换房屋原值为《房屋拆迁补偿安置协议》注明的价款和缴纳的相关税费，减去货币补偿后的余额；房屋拆迁采取产权调换方式，被拆迁人取得所调换房屋，又支付部分货币的，所调换房屋原值为《房屋拆迁补偿安置协议》注明的价款，加上所支付的货币及缴纳的相关税费。

（2）转让住房过程中缴纳的税金。

《财政部　国家税务总局关于营改增后契税　房产税　土地增值税　个人所得税计税依据问题的通知》（财税〔2016〕43号）规定：个人转让房屋的个人所得税应税收入不含增值税。因此，2016年5月1日全面营改增后，是指：纳税人在转让住房时实际缴纳的城市维护建设税、教育费附加、土地增值税、印花税等税金。

（3）合理费用。

一般是指纳税人按照规定实际支付的住房装修费用、住房贷款利息、手续费、公证费等费用。不同的费用扣除标准也不同。

（4）支付的住房装修费用。

纳税人能提供实际支付装修费用的发票，并且发票上所列付款人姓名与转让房屋产权人一致的，经税务机关审核，其转让的住房在转让前实际发生的装修费用，可在下列规定的比例内扣除：

已购公有住房、经济适用房：最高扣除限额为房屋原值的15%。

商品房及其他住房：最高扣除限额为房屋原值的10%。纳税人原购房为装修房，即合同注明房价款中含有装修费（铺装了地板，装配了洁具、厨具等）的，不得再重复扣除装修费用。

（5）支付的住房贷款利息。

纳税人出售以按揭贷款方式购置的住房的，其向贷款银行实际支付的住房贷款利息，凭贷款银行出具的有效证明据实扣除。

（6）纳税人按照有关规定实际支付的手续费、公证费等，凭有关部门出具的有效证明据实扣除。

不过，最重要的是无论支出什么费用，首先要取得并保管好合同、发票或其他合法票据，否则，即使发生了可扣除的费用，也会因没有票据而无法予以扣除。

4.6.3 个人转让股票（股权）

自然人股东将投资于在中国境内成立的企业或组织（不包括个人独资企业和合伙企业）的股权或股份转让给其他个人或法人，应当依法计算并缴纳个人所得税。个人股权转让包括七种情形：

一是出售股权；

二是公司回购股权；

三是发行人首次公开发行新股时，被投资企业股东将其持有的股份以公开发行方式一并向投资者发售；

四是股权被司法或行政机关强制过户；

五是以股权对外投资或进行其他非货币性交易；

六是以股权抵偿债务；

七是其他股权转移行为。

个人转让股权，以股权转让收入减除股权原值和合理费用后的余额为应纳税所得额，按"财产转让所得"缴纳个人所得税。

合理费用是指股权转让时按照规定支付的有关税费。

4.6.3.1 个人转让境内上市（挂牌）公司股票

《财政部 国家税务总局 证监会关于个人转让上市公司限售股所得征收个人所得税有关问题的通知》（财税〔2009〕167号）规定，对个人在上海证券交易所、深圳证券交易所转让从上市公司公开发行和转让市场取得的上市公司股票所得，继续免征个人所得税。

《财政部 国家税务总局 中国证券监督管理委员会关于个人转让全国中小企业股份转让系统挂牌公司股票有关个人所得税政策的通知》（财税〔2018〕137号）规定，自2018年11月1日（含）起，对个人转让新三板挂牌公司非原始股取得的所得，暂免征收个人所得税。非原始股是指个人在新三板挂牌公司挂牌后取得的股票，以及由上述股票孳生的送、转股。2018年11月1日之前，个人转让新三板挂牌公司非原始股，尚未进行税收处理的，可比照该通知第一条规定执行，已经进行相关税收处理的，不再进行税收调整。

4.6.3.2 个人转让境外上市公司股票

个人转让境外上市公司股票所得，应按财产转让所得项目，适用20%的税率征收个人所得税。

《财政部 国家税务总局 中国证券监督管理委员会关于沪港股票市场交易互联互通机制试点有关税收政策的通知》（财税〔2014〕81号）、《财政部 国家税务总局 中国证券监督管理委员会关于继续执行沪港股票市场交易互联互通机制有关个人所得税政策的通知》（财税〔2017〕78号）规定，对内地个人投资者通过沪港通投资香港联交所上市股票取得的转让差价所得，自2017年11月17日起至2019年12月4日止，暂免征收个人所得税。对内地企业投资者通过沪港通投资香港联交所上市股票取得的转让差价所得，计入其收入总额，依法征收企业所得税。

《财政部 国家税务总局 证监会关于深港股票市场交易互联互通机制试

点有关税收政策的通知》（财税〔2016〕127号）规定，对内地个人投资者通过深港通投资香港联交所上市股票取得的转让差价所得，自2016年12月5日起至2019年12月4日止，暂免征收个人所得税。对内地企业投资者通过深港通投资香港联交所上市股票取得的转让差价所得，计入其收入总额，依法征收企业所得税。

4.6.3.3 个人转让上市公司限售股

《财政部 国家税务总局 证监会关于个人转让上市公司限售股所得征收个人所得税有关问题的通知》（财税〔2009〕167号）规定，自2010年1月1日起，对个人转让限售股取得的所得，按照"财产转让所得"，适用20%的比例税率征收个人所得税。

限售股包括：上市公司股权分置改革完成后股票复牌日之前股东所持原非流通股股份，以及股票复牌日至解禁日期间由上述股份孳生的送、转股（以下统称股改限售股）；2006年股权分置改革新老划断后，首次公开发行股票并上市的公司形成的限售股，以及上市首日至解禁日期间由上述股份孳生的送、转股（以下统称新股限售股）；财政部、税务总局、法制办和证监会共同确定的其他限售股。

个人转让限售股，以每次限售股转让收入，减除股票原值和合理税费后的余额，为应纳税所得额。即：

$$应纳税所得额 = 限售股转让收入 - （限售股原值 + 合理税费）$$

$$应纳税额 = 应纳税所得额 \times 20\%$$

限售股转让收入，是指转让限售股股票实际取得的收入。限售股原值，是指限售股买入时的买入价及按照规定缴纳的有关费用。合理税费，是指转让限售股过程中发生的印花税、佣金、过户费等与交易相关的税费。

如果纳税人未能提供完整、真实的限售股原值凭证的，不能准确计算限售股原值的，主管税务机关一律按限售股转让收入的15%核定限售股原值及合理税费。

限售股转让所得个人所得税，以限售股持有者为纳税义务人，以个人股东开户的证券机构为扣缴义务人。限售股个人所得税由证券机构所在地主管税务机关负责征收管理。

限售股转让所得个人所得税，采取证券机构预扣预缴、纳税人自行申报清算和证券机构直接扣缴相结合的方式征收。证券机构预扣预缴的税款，于次月15日内以纳税保证金形式向主管税务机关缴纳。主管税务机关在收取纳税保证金时，应向证券机构开具《中华人民共和国纳税保证金收据》，并纳入专户存储。

根据证券机构技术和制度准备完成情况，对不同阶段形成的限售股，采取不同的征收管理办法。

（1）证券机构技术和制度准备完成前形成的限售股，证券机构按照股改限售股股改复牌日收盘价，或新股限售股上市首日收盘价计算转让收入，按照计算出的转让收入的15%确定限售股原值和合理税费，以转让收入减去原值和合理税费后的余额，适用20%税率，计算预扣预缴个人所得税额。

纳税人按照实际转让收入与实际成本计算出的应纳税额，与证券机构预扣预缴税额有差异的，纳税人应自证券机构代扣并解缴税款的次月1日起3个月内，持加盖证券机构印章的交易记录和相关完整、真实凭证，向主管税务机关提出清算申报并办理清算事宜。主管税务机关审核确认后，按照重新计算的应纳税额，办理退（补）税手续。纳税人在规定期限内未到主管税务机关办理清算事宜的，税务机关不再办理清算事宜，已预扣预缴的税款从纳税保证金账户全额缴入国库。

（2）证券机构技术和制度准备完成后新上市公司的限售股，按照证券机构事先植入结算系统的限售股成本原值和发生的合理税费，以实际转让收入减去原值和合理税费后的余额，适用20%税率，计算直接扣缴个人所得税额。

纳税人同时持有限售股及该股流通股的，其股票转让所得，按照限售股优先原则，即：转让股票视同为先转让限售股，按规定计算缴纳个人所得税。

《财政部 国家税务总局 证监会关于实施上市公司股息红利差别化个人所得税政策有关问题的通知》（财税〔2012〕85号）规定，个人从公开发行和转让市场取得的上市公司股票包括：

①通过证券交易所集中交易系统或大宗交易系统取得的股票；

②通过协议转让取得的股票；

③因司法扣划取得的股票；

④因依法继承或家庭财产分割取得的股票；

⑤通过收购取得的股票；

⑥权证行权取得的股票；

⑦使用可转换公司债券转换的股票；

⑧取得发行的股票、配股、股份股利及公积金转增股本；

⑨持有从代办股份转让系统转到主板市场（或中小板、创业板市场）的股票；
⑩上市公司合并，个人持有的被合并公司股票转换的合并后公司股票；
⑪上市公司分立，个人持有的被分立公司股票转换的分立后公司股票；
⑫其他从公开发行和转让市场取得的股票。

转让股票包括下列情形：
①通过证券交易所集中交易系统或大宗交易系统转让股票；
②协议转让股票；
③持有的股票被司法扣划；
④因依法继承、捐赠或家庭财产分割让渡股票所有权；
⑤用股票接受要约收购；
⑥行使现金选择权将股票转让给提供现金选择权的第三方；
⑦用股票认购或申购交易型开放式指数基金（ETF）份额；
⑧其他具有转让实质的情形。

4.6.3.4　个人转让新三板挂牌公司原始股

《财政部　国家税务总局　中国证券监督管理委员会关于个人转让全国中小企业股份转让系统挂牌公司股票有关个人所得税政策的通知》（财税〔2018〕137号）规定，对个人转让新三板挂牌公司原始股取得的所得，按照"财产转让所得"，适用20%的比例税率征收个人所得税。

原始股包括个人在新三板挂牌公司挂牌前取得的股票，以及在该公司挂牌前和挂牌后由上述股票孳生的送、转股。

2019年9月1日之前，个人转让新三板挂牌公司原始股的个人所得税，征收管理办法按照现行股权转让所得有关规定执行，以股票受让方为扣缴义务人，由被投资企业所在地税务机关负责征收管理。

自2019年9月1日（含）起，个人转让新三板挂牌公司原始股的个人所得税，以股票托管的证券机构为扣缴义务人，由股票托管的证券机构所在地主管税务机关负责征收管理。具体征收管理办法参照《财政部　国家税务总局　证监会关于个人转让上市公司限售股所得征收个人所得税有关问题的通知》（财税〔2009〕167号）和《财政部　国家税务总局　证监会关于个人转让上市公司限售股所得征收个人所得税有关问题的补充通知》（财税〔2010〕70号）有关规定执行。

中国证券登记结算公司应当在登记结算系统内明确区分新三板原始股和非原始股。中国证券登记结算公司、证券公司及其分支机构应当积极配合财政、税务部门做好相关工作。

4.6.3.5　转让改组改制取得的量化资产

《国家税务总局关于企业改组改制过程中个人取得的量化资产征收个人所得税问题的通知》（国税发〔2000〕60号）规定，对职工个人以股份形式取得的仅作为分红依据，不拥有所有权的企业量化资产，不征收个人所得税。对职工个人以股份形式取得的拥有所有权的企业量化资产，暂缓征收个人所得税；待个人将股份转让时，就其转让收入额，减除个人取得该股份时实际支付的费用支出和合理转让费用后的余额，按"财产转让所得"项目计征个人所得税。对职工个人以股份形式取得的企业量化资产参与企业分配而获得的股息、红利，应按"利息、股息、红利"项目征收个人所得税。

4.6.3.6　个人转让非上市公司股权

个人转让非上市公司股权涉税事项，具体参见本书"13 自然人股权转让政策解析"部分。

4.6.4　个人以非货币性资产投资

个人以现金、银行存款等货币性资产以外的资产，包括股权、不动产、技术发明成果以及其他形式的非货币性资产投资，包括以非货币性资产出资设立新的企业，以及以非货币性资产出资参与企业增资扩股、定向增发股票、股权置换、重组改制等投资行为，属于个人转让非货币性资产和投资同时发生。对个人转让非货币性资产的所得，应按照"财产转让所得"项目，依法计算缴纳个人所得税。

《财政部　国家税务总局关于个人非货币性资产投资有关个人所得税政策的通知》（财税〔2015〕41号）、《国家税务总局关于个人非货币性资产投资有关个人所得税征管问题的公告》（国家税务总局公告2015年第20号）规定：个人以非货币性资产投资，应按评估后的公允价值确认非货币性资产转让收入。非货币性资产转让收入减除该资产原值及合理税费后的余额为应纳税所得额。个人以非货币性资产投资，应于非货币性资产转让、取得被投资企业股权时，确认非货币性资产转让收入的实现。

非货币性资产原值为纳税人取得该项资产时实际发生的支出。纳税人无法提供完整、准确的非货币性资产原值凭证，不能正确计算非货币性资产原值的，主管税务机关可依法核定其非货币性资产原值。

合理税费是指纳税人在非货币性资产投资过程中发生的与资产转移相关的税金及合理费用。纳税人以股权投资的，该股权原值确认等相关问题依照《股权转让所得个人所得税管理办法（试行）》（国家税务总局公告 2014 年第 67 号发布，国家税务总局公告 2018 年第 31 号修订）有关规定执行。

自 2015 年 4 月 1 日起，个人以非货币性资产投资涉及的个人所得税款，应在发生上述应税行为的次月 15 日内向主管税务机关申报纳税。纳税人一次性缴税有困难的，可合理确定分期缴纳计划并报主管税务机关备案后，自发生上述应税行为之日起不超过 5 个公历年度内（含）分期缴纳个人所得税。

纳税人非货币性资产投资需要分期缴纳个人所得税的，应于取得被投资企业股权之日的次月 15 日内，自行制定缴税计划并向主管税务机关报送《非货币性资产投资分期缴纳个人所得税备案表》、纳税人身份证明、投资协议、非货币性资产评估价格证明材料、能够证明非货币性资产原值及合理税费的相关资料。

纳税人按分期缴税计划向主管税务机关办理纳税申报时，应提供已在主管税务机关备案的《非货币性资产投资分期缴纳个人所得税备案表》和本期之前各期已缴纳个人所得税的完税凭证。

个人以非货币性资产投资交易过程中取得现金补价的，现金部分应优先用于缴税；现金不足以缴纳的部分，可分期缴纳。个人在分期缴税期间转让其持有的上述全部或部分股权，并取得现金收入的，该现金收入应优先用于缴纳尚未缴清的税款。

4.6.5 个人以技术成果入股

个人将技术成果所有权让渡给被投资企业，取得该公司股票（权）的行为。技术成果投资入股，其实质，就是转让技术成果和以转让所得再进行投资两项业务同时发生，个人应当按照"财产转让所得"项目计算并纳税。

关于技术成本的范围，《财政部　国家税务总局关于完善股权激励和技术入股有关所得税政策的通知》（财税〔2016〕101 号）规定，技术成果包括专利技术

（含国防专利）、计算机软件著作权、集成电路布图设计专有权、植物新品种权、生物医药新品种，以及科技部、财政部、国家税务总局确定的其他技术成本。

自 2016 年 9 月 1 日起，个人以技术成果入股到境内居民企业，被投资企业对价全部为股票或股权的，可选择继续按有关税收政策执行，也可选择递延纳税优惠政策。

选择技术成果投资入股递延纳税的，经向主管税务机关备案，投资入股当期可暂不纳税，允许递延至转让股权时，按股权转让收入减去技术成果原值和合理费用后的差额计算缴纳所得税。其公式为：

应纳税所得额＝股权转让收入－技术成果原值－合理费用

选择技术成果投资入股按现行政策执行的，按照个人以非货币性资产投资处理。

个人因技术成果投资入股取得股权后，非上市公司在境内上市的，处置递延纳税的股权时，按照个人处置上市公司限售股处理。股票的转让价格，按照限售股有关规定确定。扣缴义务人转为限售股转让所得的扣缴义务人（即：证券机构），实施股权激励的公司、获得技术成果出资的企业只需及时将有关信息告知税务机关，无须继续扣缴处置递延纳税股票的个人所得税。股票原值仍然为技术成果的原值，证券机构扣缴的个人所得税与纳税人的实际情况有出入的，个人需按照《财政部　国家税务总局证监会关于个人转让上市公司限售股所得征收个人所得税有关问题的通知》（财税〔2009〕167号）规定，申请清算。

4.7　利息、股息、红利所得应纳税所得额的确定

利息是个人拥有债权而取得的所得，包括存款利息、贷款利息以及各种债券或其他形式取得的利息；股息、红利是指个人拥有公司、企业股份而分配的股利、红利。

利息、股息、红利所得，以每次收入额为应纳税所得额。需要注意几种特别情况的应纳税所得额的确定。

4.7.1 未用于经营的投资者借款

《财政部 国家税务总局关于规范个人投资者个人所得税征收管理的通知》（财税〔2003〕158号）第二条第二款规定，纳税年度内个人投资者从其投资企业（个人独资企业、合伙企业除外）借款，在该纳税年度终了后既不归还，又未用于企业生产经营的，其未归还的借款可视为企业对个人投资者的红利分配，依照"利息、股息、红利所得"项目计征个人所得税。

4.7.2 个体工商户对外投资分回利润

《财政部 国家税务总局关于个人所得税若干政策问题的通知》（财税字〔1994〕20号）规定，个体工商户与企业联营而分得的利润，按利息、股息、红利所得项目征收个人所得税。

4.7.3 个人独资企业、合伙企业对外投资分回利息、股息、红利

《国家税务总局关于〈关于个人独资企业和合伙企业投资者征收个人所得税的规定〉执行口径的通知》（国税函〔2001〕84号）规定，个人独资企业和合伙企业对外投资分回的利息或者股息、红利，不并入企业的收入，而应单独作为投资者个人取得的利息、股利、红利所得，按"利息、股息、红利所得"应税项目计算缴纳个人所得税。以合伙企业名义对外投资分回利息或者股利、红利的，按照《个人独资企业和合伙企业投资者征收个人所得税的规定》（财税〔2000〕91号印发）规定精神，确定各个投资者的利息、股利、红利所得，分别按"利息、股息、红利所得"应税项目计算缴纳个人所得税。

《个人独资企业和合伙企业投资者征收个人所得税的规定》（财税〔2000〕91号印发）规定，个人独资企业的投资者以全部生产经营所得为应纳税所得额；合伙企业的投资者按照合伙企业的全部生产经营所得和合伙协议约定的分配比例确定应纳税所得额，合伙协议没有约定分配比例的，以全部生产经营所得和合伙人数量平均计算每个投资者的应纳税所得额。

4.7.4 企业为股东购车、购房或其他财产

《国家税务总局关于企业为股东个人购买汽车征收个人所得税的批复》（国税函〔2005〕364号）规定，企业购买车辆并将车辆所有权办到股东个人名下，其实质为企业对股东进行了红利性质的实物分配，应按照"利息、股息、红利所得"项目征收个人所得税。考虑到该股东个人名下的车辆同时也为企业经营使用的实际情况，允许合理减除部分所得；减除的具体数额由主管税务机关根据车辆的实际使用情况合理确定。

《财政部 国家税务总局关于规范个人投资者个人所得税征收管理的通知》（财税〔2003〕158号）规定，除个人独资企业、合伙企业以外的其他企业的个人投资者，以企业资金为本人、家庭成员及其相关人员支付与企业生产经营无关的消费性支出及购买汽车、住房等财产性支出，视为企业对个人投资者的红利分配，依照"利息、股息、红利所得"项目计征个人所得税。企业的上述支出不允许在所得税前扣除。

《财政部 国家税务总局关于企业为个人购买房屋或其他财产征收个人所得税问题的批复》（财税〔2008〕83号）进一步规定，企业出资购买房屋及其他财产，将所有权登记为投资者个人、投资者家庭成员或企业其他人员的；企业投资者个人、投资者家庭成员或企业其他人员向企业借款用于购买房屋及其他财产，将所有权登记为投资者、投资者家庭成员或企业其他人员，且借款年度终了后未归还借款的，不论所有权人是否将财产无偿或有偿交付企业使用，其实质均为企业对个人进行了实物性质的分配，应依法计征个人所得税。对个人独资企业、合伙企业的个人投资者或其家庭成员取得的上述所得，视为企业对个人投资者的利润分配，按照"个体工商户的生产、经营所得"项目计征个人所得税；对除个人独资企业、合伙企业以外其他企业的个人投资者或其家庭成员取得的上述所得，视为企业对个人投资者的红利分配，按照"利息、股息、红利所得"项目计征个人所得税；对企业其他人员取得的上述所得，按照"工资、薪金所得"项目计征个人所得税。

4.7.5 派发红股和转增股本

《征收个人所得税若干问题的规定》（国税发〔1994〕89号印发）规定，

股份制企业在分配股息、红利时，以股票形式向股东个人支付应得的股息、红利（即派发红股），应以派发红股的股票票面金额为收入额，按利息、股息、红利项目计征个人所得税。

《国家税务总局关于股份制企业转增股本和派发红股征免个人所得税的通知》（国税发〔1997〕198号）规定，股份制企业用资本公积金转增股本不属于股息、红利性质的分配，对个人取得的转增股本数额，不作为个人所得，不征收个人所得税。股份制企业用盈余公积金派发红股属于股息、红利性质的分配，对个人取得的红股数额，应作为个人所得征税。其中，对于"资本公积金"的界定，《国家税务总局关于原城市信用社在转制为城市合作银行过程中个人股增值所得应纳个人所得税的批复》（国税函〔1998〕289号）进一步明确，是指股份制企业股票溢价发行收入所形成的资本公积金。将此转增股本由个人取得的数额不作为应税所得征收个人所得税。而与此不相符合的其他资本公积金分配个人所得部分，应当依法征收个人所得税。

《国家税务总局关于盈余公积金转增注册资本征收个人所得税问题的批复》（国税函〔1998〕333号）规定，对属于个人股东分得并再投入公司（转增注册资本）的部分应按照"利息、股息、红利所得"项目征收个人所得税，税款由股份有限公司在有关部门批准增资、公司股东会议通过后代扣代缴。

《国家税务总局关于进一步加强高收入者个人所得税征收管理的通知》（国税发〔2010〕54号）要求进一步加强利息、股息、红利所得征收管理。重点加强股份有限公司分配股息、红利时的扣缴税款管理，对在境外上市公司分配股息红利，要严格执行现行有关征免个人所得税的规定。加强企业转增注册资本和股本管理，对以未分配利润、盈余公积和除股票溢价发行外的其他资本公积转增注册资本和股本的，要按照"利息、股息、红利所得"项目，依据现行政策规定计征个人所得税。

《财政部 国家税务总局关于将国家自主创新示范区有关税收试点政策推广到全国范围实施的通知》（财税〔2015〕116号）规定，自2016年1月1日起，全国范围内的中小高新技术企业以未分配利润、盈余公积、资本公积向个人股东转增股本时，个人股东一次缴纳个人所得税确有困难的，可根据实际情况自行制定分期缴税计划，在不超过5个公历年度内（含）分期缴纳，并将有关资料报主管税务机关备案。个人股东获得转增的股本，应按照"利息、股息、红利所得"项目，适用20%税率征收个人所得税。股东转让股权并取得现金收入的，该现金收入应优先用于缴纳尚未缴清的税款。在股东转让该部分股权之前,企业依法宣告破产,股东进行相关权益处置后没有取得收益或收益小于初始投资额的,主管税务机关对其尚未缴纳的个人所得税可不予追征。上市中小高新技术企业或在全国中小企业股份转让系统挂牌的中小高新技术企业向个人股东转增股本,股东应纳的个人所得税,继续按照现行有关股息红利差别化个人所得税政策执行,不适用此纳税政策。

4.7.6 股息红利差别化政策

个人取得上市公司、新三板挂牌公司股息红利所得,按照持股期限实行差别化政策。

(1) 上市公司

《财政部 国家税务总局 证监会关于上市公司股息红利差别化个人所得税政策有关问题的通知》(财税〔2015〕101号)规定,个人从公开发行和转让市场取得的上市公司股票,持股期限超过1年的,股息红利所得暂免征收个人所得税。个人从公开发行和转让市场取得的上市公司股票,持股期限在1个月以内(含1个月)的,其股息红利所得全额计入应纳税所得额;持股期限在1个月以上至1年(含1年)的,暂减按50%计入应纳税所得额;上述所得统一适用20%的税率计征个人所得税。

个人转让股票时,按照先进先出的原则计算持股期限,即证券账户中先取得的股票视为先转让。应纳税所得额以个人投资者证券账户为单位计算,持股数量以每日日终结算后个人投资者证券账户的持有记录为准,证券账户取得或转让的股份数为每日日终结算后的净增(减)股份数。

证券投资基金从上市公司取得的股息红利所得,按照上述规定计征个人所得税。

上市公司派发股息红利时,对个人持股1年以内(含1年)的,上市公司暂不扣缴个人所得税;待个人转让股票时,证券登记结算公司根据其持股期限计算应纳税额,由证券公司等股份托管机构从个人资金账户中扣收并划付证券登记结算公司,证券登记结算公司应于次月5个工作日内划付上市公司,上市公司在收到税款当月的法定申报期内向主管税务机关申报缴纳。

【案例4-7-1】 中国公民王某于2018年9月起以6万元的资金持有上海证券交易所的某境内上市公司的股票10000股。2019年2月,该上市公司宣布实施每股0.8元的分红决定,王某在3月将上述股票以7万元的价格转让。

【问题】 王某上述行为应缴纳多少个人所得税?

【解析】 王某转让境内上市公司股票,其转让股票所得暂不征收个人所得税。

王某转让股票时已取得该股票分红。分红时,王某持有该股票期间超过一个月不足一年,其股息红利所得应减按50%征收个人所得税。

应纳个人所得税额 = 10000×0.8×20%×50% = 800（元）

【案例 4-7-2】 中国公民李某于2018年9月起以6万元的资金持有上海证券交易所的某境内上市公司的股票10000股。2019年10月,该上市公司宣布实施每股0.8元的分红决定,李某在2019年3月将上述股票以7万元的价格转让。

【问题】 李某上述行为应缴纳多少个人所得税?

【解析】 李某转让境内上市公司股票,其转让股票所得暂不征收个人所得税。

李某转让股票时,虽然股票持有期限超过一个月不足一年,但是公司在转让前并没有实施分红。分红在转让后的2019年10月。因此,该项业务李某不需缴纳个人所得税。

（2）新三板挂牌公司

2019年7月,财政部、税务总局、证监会印发《关于继续实施全国中小企业股份转让系统挂牌公司股息红利差别化个人所得税政策的公告》（财政部 税务总局 证监会公告2019年第78号）,自2019年7月1日起至2024年6月30日,个人持有挂牌公司的股票,持股期限超过1年的,对股息红利所得暂免征收个人所得税。个人持有挂牌公司的股票,持股期限在1个月以内（含1个月）的,其股息红利所得全额计入应纳税所得额;持股期限在1个月以上至1年（含1年）的,其股息红利所得暂减按50%计入应纳税所得额;上述所得统一适用20%的税率计征个人所得税。

对证券投资基金从挂牌公司取得的股息红利所得,按照上述规定差别化计征个人所得税。

对个人和证券投资基金从全国中小企业股份转让系统挂牌的原STAQ、NET系统挂牌公司（以下简称两网公司）以及全国中小企业股份转让系统挂牌的退市公司取得的股息红利所得,照上述规定差别化计征个人所得税,但退市公司的限售股按照《财政部 国家税务总局 证监会关于实施上市公司股息红利差别化个人所得税政策有关问题的通知》（财税〔2012〕85号）规定，对个人持有的上市公司限售股，解禁后取得的股息红利，按照上述规定差别化计算纳税，持股时间自解禁日起计算；解禁前取得的股息红利继续暂减按50%计入应纳税所得额，适用20%的税率计征个人所得税。

《关于继续实施全国中小企业股份转让系统挂牌公司股息红利差别化个人所得税政策的公告》（财政部 税务总局 证监会公告2019年第78号）同时进一步明确：

①持股期限是指个人取得挂牌公司股票之日至转让交割该股票之日前一日的持有时间。

②年（月）是指自然年（月），即持股一年是指从上一年某月某日至本年同月同日的前一日连续持股，持股一个月是指从上月某日至本月同日的前一日连续持股。

③个人转让股票时，按照先进先出的原则计算持股期限，即证券账户中先取得的股票视为先转让。

④应纳税所得额以个人投资者证券账户为单位计算，持股数量以每日日终结算后个人投资者证券账户的持有记录为准，证券账户取得或转让的股票数为每日日终结算后的净增（减）股票数。

⑤个人持有挂牌公司的股票包括：

A. 在全国中小企业股份转让系统挂牌前取得的股票；

B. 通过全国中小企业股份转让系统转让取得的股票；

C. 因司法扣划取得的股票；

D. 因依法继承或家庭财产分割取得的股票；

E. 通过收购取得的股票；

F. 权证行权取得的股票；

G. 使用附认股权、可转换成股份条款的公司债券认购或者转换的股票；

H. 取得发行的股票、配股、股票股利及公积金转增股本；

I. 挂牌公司合并，个人持有的被合并公司股票转换的合并后公司股票；

J. 挂牌公司分立，个人持有的被分立公司股票转换的分立后公司股票；

K. 其他从全国中小企业股份转让系统取得的股票。

⑥转让股票包括下列情形：

A. 通过全国中小企业股份转让系统转让股票；

B. 持有的股票被司法扣划；

C. 因依法继承、捐赠或家庭财产分割让渡股票所有权；
D. 用股票接受要约收购；
E. 行使现金选择权将股票转让给提供现金选择权的第三方；
F. 用股票认购或申购交易型开放式指数基金（ETF）份额；
G. 其他具有转让实质的情形。

4.8 偶然所得应纳税所得额的确定

新《个人所得税法实施条例》规定，偶然所得是指个人得奖、中奖、中彩以及其他偶然性质的所得。偶然所得，以每次取得该项收入为一次。

偶然所得和利息、股息、红利所得一样，以收入额为应纳税所得额，没有扣除项目。

"偶然所得"应同时具备两个特征：一是偶发性。取得所得是偶然发生的，不是经常的、必然的结果。二是收入性。所得的形式，包括现金、实物、有价证券和其他形式的经济利益。

其应税所得的确认，按照《个人所得税法实施条例》的规定，所得为实物的，应当按照取得的凭证上所注明的价格计算应纳税所得额，无凭证的实物或者凭证上所注明的价格明显偏低的，参照市场价格核定应纳税所得额；所得为有价证券的，根据票面价格和市场价格核定应纳税所得额；所得为其他形式的经济利益的，参照市场价格核定应纳税所得额。

现行适用"偶然所得"征税的应税所得共有十项。

4.8.1 累积消费抽奖所得

《财政部 国家税务总局关于企业促销展业赠送礼品有关个人所得税问题的通知》（财税〔2011〕50号）规定，企业对累积消费达到一定额度的顾客，给予额外抽奖机会，个人的获奖所得，按照"偶然所得"项目，全额适用20%的税率缴纳个人所得税。取得该项所得的个人应依法缴纳个人所得税，税款由赠送礼品的企业代扣代缴。

4.8.2 不竞争款项所得

《财政部 国家税务总局关于企业向个人支付不竞争款项征收个人所得税问题的批复》（财税〔2007〕102号）规定，对于资产购买方企业与资产出售方企业自然人股东之间在资产购买交易中，通过签订保密和不竞争协议等方式，约定资产出售方企业自然人股东在交易完成后一定期限内，承诺不从事有市场竞争的相关业务，并负有相关技术资料的保密义务，资产购买方企业则在约定期限内，按一定方式向资产出售方企业自然人股东所支付的不竞争款项，属于个人因偶然因素取得的一次性所得，按照"偶然所得"项目计算缴纳个人所得税。税款由资产购买方企业在向资产出售方企业自然人股东支付不竞争款项时代扣代缴。

4.8.3 有奖发票奖金所得

《财政部 国家税务总局关于个人取得有奖发票奖金征免个人所得税问题的通知》（财税〔2007〕34号），个人取得单张有奖发票奖金所得不超过800元（含800元）的，暂免征收个人所得税；个人取得单张有奖发票奖金所得超过800元的，应全额按照个人所得税法规定的"偶然所得"项目征收个人所得税。由税务机关或其指定的有奖发票兑奖机构依法代扣代缴。

4.8.4 使用权奖项所得

《国家税务总局关于用使用权作奖项征收个人所得税问题的批复》（国税函〔1999〕549号）规定，消费者在购物有奖活动中，取得的住房、汽车等实物的使用权，实质上是实物形态所得的表现形式，应按照"偶然所得"应税项目缴纳个人所得税，税款由提供住房、汽车的企业代扣代缴。对于使用权奖项的应纳税所得额，主管税务机关可根据个人所得税法实施条例规定的原则，结合当地实际情况和所获奖品合理确定。

4.8.5　体育彩票中奖所得

《国家税务总局关于体育彩票发行收入税收问题的通知》（财税字〔1996〕77号）规定，个人购买体育彩票的中奖收入属于偶然所得，应全额依20%的税率征收个人所得税。《财政部　国家税务总局关于个人取得体育彩票中奖所得征免个人所得税问题的通知》（财税字〔1998〕12号）对个人购买体育彩票中奖收入的所得税政策作如下调整：凡一次中奖收入不超过1万元的，暂免征收个人所得税；超过1万元的，应按税法规定全额征收个人所得税。

4.8.6　境外博彩所得

《国家税务总局关于个人在境外取得博彩所得征收个人所得税问题的批复》（国税函发〔1995〕663号）规定，居民个人在境外取得中彩所得属于"偶然所得"应税项目，适用比例税率20%。

4.8.7　提供担保获得收入

《财政部　税务总局关于个人取得有关收入适用个人所得税应税所得项目的公告》（财政部　税务总局公告2019年第74号）规定，自2019年1月1日起，个人为单位或他人提供担保获得收入，按照"偶然所得"项目计算缴纳个人所得税。

4.8.8　无偿受赠房产（不符合免征情形）

《财政部　税务总局关于个人取得有关收入适用个人所得税应税所得项目的公告》（财政部　税务总局公告2019年第74号）规定，自2019年1月1日起，房屋产权所有人将房屋产权无偿赠送他人的，受赠人因无偿受赠取得的受赠收入，按照"偶然所得"项目计算缴纳个人所得税。符合《财政部　国家税务总局关于个人无偿受赠房屋有关个人所得税问题的通知》（财税〔2009〕78号）规定的赠与直系亲属、直接抚养或者赡养义务人、依法继承或遗赠的，对当事双方均不征收个人所得税。受赠人无偿受赠房屋应纳税所得额为房地产赠与合同上标明的赠与房屋价值减除赠与过程中受赠人支付的相关税费后的余额。赠与合同标明的房屋价值明显低于市场价格或房地产赠与合同未标明赠与房屋价值的，税务机关可依据受赠房屋的市场评估价格或采取其他合理方式确定受赠人的应纳税所得额。

4.8.9　其他单位赠送礼品所得

《财政部　税务总局关于个人取得有关收入适用个人所得税应税所得项目的公告》（财政部　税务总局公告2019年第74号）规定，自2019年1月1日起，企业在业务宣传、广告等活动中，随机向本单位以外的个人赠送礼品（包括网络红包，下同），以及企业在年会、座谈会、庆典以及其他活动中向本单位以外的个人赠送礼品，个人取得的礼品收入，按照"偶然所得"项目计算缴纳个人所得税，企业赠送的礼品是自产产品（服务）的，按该产品（服务）的市场销售价格确定个人的应税所得；是外购商品（服务）的，按该商品（服务）的实际购置价格确定个人的应税所得。企业赠送的具有价格折扣或折让性质的消费券、代金券、抵用券、优惠券等礼品除外。

4.8.10　个人取得省级以下一次性奖励所得

《国家税务局关于个人取得的奖金收入征收个人所得税问题的批复》（国税函〔1998〕293号）规定，个人因在各行各业做出突出贡献而从省级以下人民政府及其所属部门取得的一次性奖励收入，不论其奖金来源于何处，均不属于税法所规定的免税奖金范畴，应按"偶然所得"项目征收个人所得税。

4.9　外币的换算

纳税人取得综合所得、经营所得或是其他项目所得的，既可能是人民币，也可能是人民币以外货币。

新《个人所得税法实施条例》第三十二条规定，所得为人民币以外货币的，按照办理纳税申报或者扣缴申报的上一月最后一日人民币汇率中间价，折合成人民币计算应纳税所得额。年度终了后办理汇算清缴的，对已经按月、按季或者按次预缴税款的人民币以外货币所得，不再重新折算；对应当补缴税款的所得部分，按照上一纳税年度最后一日人民币汇率中间价，折合成人民币计算应纳税所得额。

5 专项附加扣除

2019年1月1日正式施行的新《个人所得税法》中，首次增加了子女教育、继续教育、大病医疗、住房贷款利息、住房租金、赡养老人等专项附加扣除。2018年12月22日，国务院印发《个人所得税专项附加扣除暂行办法》明确六项专项附加扣除的执行口径和管理规定，自2019年1月1日起施行。

为切实将专项附加扣除政策精准落地，让纳税人能够清楚自己如何享受专项附加扣除，具体享受专项附加扣除的起始时间、标准和办理途径，国家税务总局同步印发了《个人所得税专项附加扣除操作办法（试行）》（国家税务总局公告2018年第60号印发），纳税人享受子女教育、继续教育、大病医疗、住房贷款利息或者住房租金，赡养老人等专项附加扣除的，依照该办法规定办理。

5.1 子女教育

子女教育是大多数家庭最重要的一项支出，国际上一些国家对子女教育也有相关的扣除政策，如：美国对符合条件的学费和相关教育支出允许扣除；法国对纳税人每个子女7岁以下可享受50%日托费抵免最高不超过1150欧元，子女接受中学或大学教育可以享受61~183欧元以下的抵免额；巴西对纳税人及其受抚养人发生的符合条件的教育费用可在税前扣除不超过3561.5雷亚尔；德国对第一职业技术教育或第一学业每年最高可扣除6000欧元等。

《个人所得税专项附加扣除暂行办法》规定，纳税人的子女接受全日制学历教育的相关支出，按照每个子女每月1000元的标准定额扣除。学历教育包括义务教育（小学、初中教育）、高中阶段教育（普通高中、中等职业、技工教育）、高等教育（大学专科、大学本科、硕士研究生、博士研究生教育）。年满3岁至小学入学前处于学前教育阶段的子女，按前款规定执行。

5.1.1 扣除时限

子女教育是分段扣除的项目，其总的扣除时限从子女年满3周岁的当月起，直到子女全日制博士研究生毕业的当月。但是其中的时限并不是完全相连的，每个教育时段的间隔期间需要特别判定。

《个人所得税专项附加扣除操作办法（试行）》规定，学前教育阶段，为子女年满3周岁当月至小学入学前一个月。学历教育，为子女接受全日制学历教育入学的当月至全日制学历教育结束的当月。学历教育期间，包含因病或其他非主观原因休学但学籍继续保留的休学期间，以及施教机构按规定组织实施的寒暑假等假期。

其中，除学前教育阶段外，子女教育专项附加扣除还有一个重要的判定条件——全日制教育。

子女的学习阶段可以划分为：

学前教育阶段：3岁到小学入学前；

义务教育阶段：小学入学到初中毕业当月；

高中教育阶段：普通高中、中等职业、技工教育从入学到毕业当月；

高等教育阶段：大学专科、大学本科、硕士研究生、博士研究生入学到毕业当月。

其中，子女从学前到大学专科（或本科）入学阶段跨阶段的间隔月份准予扣除子女教育。但对于高等教育的不同阶段，其扣除期间仅为入学当月到毕业当月，跨阶段间隔月份不得扣除子女教育。

【案例5-1-1】 老王的孩子小王2020年6月高考，小王2020年9月到大学报到上学。

【问题】 其高考结束后到大学开学日之间的两个月2020年7月、8月，老王能否扣除子女教育？

【解析】 可以。对于连续性的学历（学位）教育，升学衔接期间属于子女教育期间，可以申报扣除子女教育专项附加扣除。

【案例5-1-2】 老王的孩子小王2020年6月大学本科毕业，小王决定参加年底的研究生考试。

【问题】 其大学毕业到研究生入学期间，老王能否扣除子女教育？

【解析】 不可以，该生已经本科毕业，未实际参与全日制学历教育，尚未取得研究生学籍，不符合《个人所得税专项附加扣除暂行办法》相关规定。研究生考试通过入学后，可以享受高等教育阶段子女教育。

【案例5-1-3】 老王的孩子小王2022年6月大学本科毕业，小王2020

年3月参军服兵役，学校依法保留学籍。

问题：小王服兵役期间，老王能否扣除子女教育？

【解析】 服兵役是公民的义务，大学期间参军是积极响应国家的号召，休学保留学籍期间，属于高等教育阶段，可以申报扣除子女教育专项附加扣除。

5.1.2 扣除人

子女教育专项附加扣除的扣除人是父母。子女教育专项扣除按照子女人数确定。

【案例5-1-4】 老王离婚后和王嫂组建了新家庭。老王和前任妻子育有一个孩子小王，离婚时法院判决孩子由老王抚养，2019年在读初中。

【问题】 老王和王嫂结婚后，王嫂对义务教育期间的非婚生子女的教育支出，能否享受子女教育扣除？

【解析】 可以。父母负有抚养和教育未成年子女的义务，可依法享受子女教育扣除。《个人所得税专项附加扣除暂行办法》规定，所称子女，是指婚生子女、非婚生子女、继子女、养子女。小王作为王嫂的继子女，王嫂对其负有抚养和教育的义务，可以依法申报享受子女教育扣除。

但《婚姻法》规定，父母与子女间的关系，不因父母离婚而消除。离婚后，子女无论由父或母直接抚养，仍是父母双方的子女。离婚后，父母对于子女仍有抚养和教育的权利和义务。因此，即使父母离婚，仅解除夫妻法律关系，双方依然都是未成年子女的法定监护人。而继父（继母）也有承担孩子的抚养和教育的义务，同时也担任未成年人的监护人。双方都符合《个人所得税专项附加扣除暂行办法》的有关要求。但目前专项附加扣除在子女教育的扣除人不能超过2个。案例中，老王与前妻、王嫂三位监护人可以协商决定小王的子女教育专项附加扣除，由其中一人或两人申请扣除，总额不能超过1000元/月。具体扣除方式在一个纳税年度内不能变更。

5.1.3 扣除标准

每个受教育子女或其他在接受教育期间的未成年的监护人。符合扣除条件的期间里，按照每人每月 1000 元的标准，定额扣除。

《个人所得税专项附加扣除暂行办法》规定，纳税人的子女接受全日制学历教育的相关支出，按照每个子女每月 1000 元的标准定额扣除。

5.1.4 扣除规定

《个人所得税专项附加扣除暂行办法》规定，父母可以选择由其中一方按扣除标准的 100% 扣除，也可以选择由双方分别按扣除标准的 50% 扣除，具体扣除方式在一个纳税年度内不能变更。

从该条款可以看出，子女扣除，一般只有两种情况：一是父母双方，由一方 100% 扣除。一是父母两人，各扣 50%。

父母双方选定扣除方式后，在一个纳税年度（即公历 1 月 1 日至 12 月 31 日）内，不得变更。

【案例 5-1-5】 老王有三个孩子，分别是王一、王二和王三，都在义务教育期间。老王和王嫂 2019 年 1 月选择子女教育扣除如下：王一的子女教育扣除由老王 100% 扣除，王嫂不扣除；王二的子女教育扣除由王嫂 100% 扣除，老王不扣除；王三的子女教育扣除由老王和王嫂各按 50% 扣除。

【问题】 这样扣除可以吗？

【解析】 可以。有多子女的父母，可以对不同的子女选择不同的扣除方式。老王的三个子女各选不同的方式，是完全符合规定的。

5.1.5 上报与留存资料

《个人所得税专项附加扣除操作办法（试行）》规定，纳税人享受子女教育专项附加扣除，应当填报配偶及子女的姓名、身份证件类型及号码、子女当前受教育阶段及起止时间、子女就读学校以及本人与配偶之间扣除分配比例等信息。

纳税人子女在中国境内接受全日制教育的，无须留存相关教育证明资料。纳税人子女在中国境外接受教育的，纳税人应当留存境外学校录取通知书、留学签证等相关教育的证明资料备查。

5.2 继续教育

继续教育是国家终身教育体系的重要组成部分。从国际上看，美国、日本、德国等国家的税法对继续教育税前扣除都有相关规定。美国对纳税人继续教育支出给予每年4000美元的税前扣除限额；德国规定，对纳税人第一次参加职业技能培训的费用，允许税前扣除的最高限额为6000欧元；日本规定，为获得律师、注册会计师、税理士等资格或资质而发生的培训费，可在125万日元限额内据实扣除。

继续教育专项附加扣除，是指纳税人接受学历继续教育、技能人员职业资格继续教育、专业技术人员职业资格继续教育。

《个人所得税专项附加扣除暂行办法》规定：纳税人在中国境内接受学历（学位）继续教育的支出，在学历（学位）教育期间按照每月400元定额扣除。同一学历（学位）继续教育的扣除期限不能超过48个月。纳税人接受技能人员职业资格继续教育、专业技术人员职业资格继续教育的支出，在取得相关证书的当年，按照3600元定额扣除。

个人接受本科及以下学历（学位）继续教育，符合规定扣除条件的，可以选择由其父母扣除，也可以选择由本人扣除。

纳税人接受技能人员职业资格继续教育、专业技术人员职业资格继续教育的，应当留存相关证书等资料备查。

5.2.1 扣除时限

继续教育专项附加扣除，包括两类扣除：一类是学历继续教育；一类是专项技术继续教育。对于学历继续教育，其扣除时限是连续期间，即纳税人自在中国境内接受学历（学位）继续教育起，同一学历（学位）教育连续不超过48个月的期限内限额扣除。

【案例5-2-1】 小王2018年11月起参加自学会计本科学习，2019年1月通过第一门科目考试。2019年3月在继续参加自学会计本科学习的同时，又参加某大学信息管理在职本科学习。

【问题】 2019年，小王的继续教育专项附加扣除该如何扣除？

【解析】 小王2019年参加自学考试学历继续教育，自通过第一门课程起在连续不超过48个月的期限内按月扣除400元。《个人所得税专项附加扣除暂行办法》规定，同一学历（学位）继续教育的扣除期限不能超过48个月。对于小王同时参加多个学历（学位）继续教育的，也只能按月扣除400元。

对于专业技能继续教育，其扣除期限为取得证书的当年。当年，以证书发放年度为扣除年度。学历（学位）继续教育是连续扣除，而专业技术继续教育则是一年一扣，按3600元/年扣除。对于一个纳税年度内取得多份可扣除证书的，也只扣除3600元。

【案例5-2-2】 小王2019年1月，通过第一门会计自学考核科目并继续参加学历（学位）继续教育，2019年8月，通过税务师资格考试，并在当年取得证书。

【问题】 小王2019年继续教育专项附加扣除如何扣除？

【解析】 小王2019年可扣除继续教育专项附加扣除8400元。其中学历继续教育可按月扣除400元，全年共扣除4800元；专业技术教育取得一份证书，可扣除3600元。

5.2.2 扣除人

继续教育的扣除人是接受继续教育的本人。

对于个人接受本科及以下学历（学位）继续教育，符合规定扣除条件的，可以选择由其父母扣除，也可以选择由本人扣除。

需要注意以下四个方面：

一是纳税人在义务教育或高中教育后，没有继续参加全日制学历教育，而是因各种情形接受"本科及以下学历（学位）继续教育"；

二是纳税人接受的这种非全日制学历教育，是在中国境内接受的；

三是扣除人可选择，纳税人可选择按照继续教育由自己专项附加扣除，也可以选择由父母按子女教育的标准予以扣除；

四是无论是纳税人自己扣除还是选择父母扣除，同一学历（学位）的扣除期限不能超过48个月。

【案例5-2-3】 2019年6月，小王参加高考但未能考取大学学习。父亲老王决定让小王参加职工大学的非全日制本科教育。

【问题】 小王的非全日制本科教育期间,专项附加扣除有哪些选择?

【解析】 按照《个人所得税专项附加扣除暂行办法》规定,可选由小王自行申请继续教育,按月扣除 400 元;也可以选择由老王和王嫂作为父母申请按子女教育,按月扣除 1000 元。对于继续教育中的交叉扣除情形,其专项附加扣除项目的扣除,由纳税人自行选择,但是不得重复扣除。

【案例 5-2-4】 2019 年 6 月,小张高考结束后,未能考上大学就参加了工作。工作后,小张又报考了境外某大学本科阶段的在职函授教育。

【问题】 小张的非全日制本科教育,可以选择由其父母按子女教育项目扣除吗?

【解析】 不可以。小张的非全日制本科教育,是境外大学提供的在职函授的学历教育,不符合"在中国境内接受学历(学位)继续教育"的继续教育的扣除条件,既不能选择自己按月扣除 400 元,也因为非全日制学历教育,不能选择由其父母按子女教育每月扣除 1000 元。

5.2.3 扣除标准

继续教育专项附加扣除按照类型的不同,分别执行以下标准:

学历(学位)继续教育:由自己按学历(学位)继续教育扣除的,每月可在限额 400 元范围内据实扣除;同一学历(学位)继续教育的扣除期限不能超过 48 个月。对于本科以下学历(学位)教育,还可以选择由父母按照每月 1000 元的子女教育标准予以扣除。

专业技能继续教育:纳税人接受技能人员职业资格继续教育、专业技术人员职业资格继续教育的支出,在取得相关证书的当年,按照 3600 元定额扣除。

【案例 5-2-5】 小李在 2017 年就开始注册会计师的考试,在 2019 年顺利通过取得证书。同时,2019 年他还通过了中级会计师和税务师的资格考试,也取得了证书。

【问题】 小李 2019 年继续教育专项附加扣除如何扣除?

【解析】 小李 2019 年可扣除继续教育专项附加扣除 3600 元。在一个纳税年度中取得多个技能人员职业资格证书,也只按照 3600 元的定额扣除。

5.2.4 扣除规定

《个人所得税专项附加扣除暂行办法》规定，学历（学位）继续教育，为在中国境内接受学历（学位）继续教育入学的当月至学历（学位）继续教育结束的当月，同一学历（学位）继续教育的扣除期限最长不得超过48个月。技能人员职业资格继续教育、专业技术人员职业资格继续教育，为取得相关证书的当年。

学历（学位）是国家承认学历学位的教育机构。

技能人员职业资格、专业技术人员职业资格具体范围，以人力资源社会保障部公布的国家职业资格目录为准。目前，专业技术人员职业资格59项，技能人员职业资格81项。

学历教育和学历（学位）继续教育的期间，包含因病或其他非主观原因休学但学籍继续保留的休学期间，以及施教机构按规定组织实施的寒暑假等假期。

5.2.5 上报与留存资料

纳税人享受继续教育专项附加扣除，接受学历（学位）继续教育的，应当填报教育起止时间、教育阶段等信息；接受技能人员或者专业技术人员职业资格继续教育的，应当填报证书名称、证书编号、发证机关、发证（批准）时间等信息。

纳税人需要留存备查资料包括：纳税人接受技能人员职业资格继续教育、专业技术人员职业资格继续教育的，应当留存职业资格相关证书等资料。

5.3 大病医疗

医疗费用支出是家庭的重要生活支出项目，增加大病医疗专项附加扣除，可以缓解大病医疗费支出给家庭带来的经济压力。从国际上看，美国对医疗费用可选择固定数额扣除或者分项据实扣除。分项据实扣除的纳税人，其实际发生的医疗和牙医费用超过纳税人调整后应税收入 10%的部分（65 岁以上纳税人比例为 7.5%），可在应税收入中扣减；纳税人为配偶、孩子及其他赡养人医疗费用，也可以抵扣。日本规定，纳税人及其配偶、赡养人的医疗费，减去已报销返还的部分，再减去个人收入 5%与 10 万元二者孰小值后，为实际扣除额，但一个年度不得超过 200 万日元。个人申请医疗费用扣除，应提供相应凭证。韩国规定，纳税人为配偶和赡养人支付的医疗费用，超过应税收入 3%以上的部分，可在税前扣除，每年最高不得超过 700 万韩元。巴西规定，纳税人为本人及其抚养人员支付的医疗费中扣除国家医疗保险和返还的部分，可以扣除。

《个人所得税专项附加扣除暂行办法》规定，在一个纳税年度内，纳税人发生的与基本医保相关的医药费用支出，扣除医保报销后个人负担（指医保目录范围内的自付部分）累计超过 15000 元的部分，由纳税人在办理年度汇算清缴时，在 80000 元限额内据实扣除。

纳税人发生的医药费用支出可以选择由本人或者其配偶扣除；未成年子女发生的医药费用支出可以选择由其父母一方扣除。

纳税人及其配偶、未成年子女发生的医药费用支出，按该办法第十一条规定分别计算扣除额。

纳税人应当留存医药服务收费及医保报销相关票据原件（或者复印件）等资料备查。医疗保障部门应当向患者提供在医疗保障信息系统记录的本人年度医药费用信息查询服务。

5.3.1 扣除时限

大病医疗专项附加扣除的时限是纳税人医疗保障信息系统记录的医药费用实际支出当年的年度汇算清缴时期。

【案例 5-3-1】老王 2019 年 11 月底因病住院，直到 2020 年 2 月初才治愈出院。共花费医疗费用 20 万元，其中医保报销支付 15 万元，个人在医保目录范围内的自付部分 50000 元。

【问题】老王 2020 年 3 月办理 2019 年度综合所得汇算清缴时，可以申报扣除大病医疗专项附加扣除 35000 元吗？

【解析】老王的大病医疗专项附加扣除，应在 2021 年办理 2020 年个人所得税汇算清缴时扣除。

纳税人年末住院，第二年年初出院，一般是在出院时才进行医疗费用的结算。纳税人申报享受大病医疗扣除，以医疗费用结算单上的结算时间为准，因此该医疗支出属于是2020年的医疗费用，到2021年办理2020年个人所得税汇算清缴申报时，与2020年其他可扣除的医疗费用支出合计后，依法扣除。

5.3.2 扣除标准

大病医疗专项附加扣除采取据实限额扣除的方法。在一个纳税年度内，纳税人发生的与基本医保相关的医药费用支出，扣除医保报销后个人负担（指医保目录范围内的自付部分）累计超过15000元的部分，在80000元限额内据实扣除。

纳税人及其配偶、未成年子女发生的医药费用支出，按规定分别计算扣除额。

具体包括五个方面的内涵：

一是大病医疗专项附加扣除是按人判定、计算并扣除的。

二是每个纳税人大病医疗专项附加扣除限额为80000元。

三是纳税人能够扣除的是个人负担医保目录范围内的自付部分。

四是个人负担医保目录范围内的自付部分超过15000元的部分据实扣除，最高限额扣除80000元。自付金额不足15000元的，不予扣除。

五是纳税人基本医保支出情况为医疗保障信息系统记录的医药费用实际支出。

【案例5-3-2】 老王2019年共发生与基本医保相关的医药费用支出280000元，扣除医保报销后个人在医保目录范围内的自付部分为60000元。

【问题】 老王2019年度大病医疗专项附加扣除可扣除多少？

【解析】 老王2019年度可扣除大病医疗专项附加扣除45000元（60000-15000）。

5.3.3 扣除人

纳税人发生的医药费用支出可以选择由本人或者其配偶扣除；未成年子女发生的医药费用支出可以选择由其父母一方扣除。

根据《民法总则》规定：十八周岁以上的自然人为成年人。不满十八周岁的自然人为未成年人。

【案例5-3-3】 老王父母2019年共发生与基本医保相关的医药费用支出280000元，扣除医保报销后，老王在医保目录范围内的支付了60000元。

【问题】 老王能否扣除父母实际发生的大病医疗专项附加？

【解析】 不可以。

纳税人发生的医药费用支出可以选择由本人或者其配偶扣除；未成年子女发生的医药费用支出可以选择由其父母一方扣除。老王能够扣除的大病医疗专项附加扣除，只能是本人，或者是其配偶以及未成年子女发生的医药费用支出。

5.3.4 扣除规定

《个人所得税专项附加扣除暂行办法》规定，大病医疗专项附加扣除由纳税人在办理年度汇算清缴时申报扣除。纳税人发生的医药费用支出可以选择由本人或者其配偶扣除；未成年子女发生的医药费用支出可以选择由其父母一方扣除。

5.3.5 上报与留存资料

《个人所得税专项附加扣除操作办法（试行）》规定，纳税人享受大病医疗专项附加扣除，应当填报患者姓名、身份证件类型及号码、与纳税人关系、与基本医保相关的医药费用总金额、医保目录范围内个人负担的自付金额等信息。

纳税人需要留存备查资料包括：大病患者医药服务收费及医保报销相关票据原件或复印件，或者医疗保障部门出具的纳税年度医药费用清单等资料。

5.4 住房贷款利息

房屋按揭、抵押贷款利息扣除，在国际上不属于主流扣除项目，在OECD

成员中，仅 1/3 的国家允许扣除房屋贷款利息。墨西哥、韩国、法国、希腊、葡萄牙、意大利等国家规定仅主要住所的抵押贷款利息可扣除；美国规定贷款总额不超过 100 万美元的住房贷款利息可以从综合所得中扣除。泰国规定，每人每年扣除限额为 10 万泰铢。

《个人所得税专项附加扣除暂行办法》规定，纳税人本人或者配偶单独或者共同使用商业银行或者住房公积金个人住房贷款为本人或者其配偶购买中国境内住房，发生的首套住房贷款利息支出，在实际发生贷款利息的年度，按照每月 1000 元的标准定额扣除，扣除期限最长不超过 240 个月。纳税人只能享受一次首套住房贷款的利息扣除。

所称首套住房贷款是指购买住房享受首套住房贷款利率的住房贷款。

经夫妻双方约定，可以选择由其中一方扣除，具体扣除方式在一个纳税年度内不能变更。

夫妻双方婚前分别购买住房发生的首套住房贷款，其贷款利息支出，婚后可以选择其中一套购买的住房，由购买方按扣除标准的 100% 扣除，也可以由夫妻双方对各自购买的住房分别按扣除标准的 50% 扣除，具体扣除方式在一个纳税年度内不能变更。

纳税人应当留存住房贷款合同、贷款还款支出凭证备查。

5.4.1 扣除时限

首套住房贷款利息专项附加扣除是一个连续期间的扣除项目，从开始到结束不能中断。《个人所得税专项附加扣除操作办法（试行）》规定，住房贷款利息扣除时限为贷款合同约定开始还款的当月至贷款全部归还或贷款合同终止的当月，扣除期限最长不得超过 240 个月。

对于 2019 年 1 月 1 日以前住房贷款，符合首套房贷款条件的，其扣除住房贷款利息专项附加扣除期限，自 2019 年 1 月起至贷款全部归还或贷款合同终止的当月，最长不超过 240 个月。

【案例 5-4-1】 李先生 2016 年 6 月贷款购买一套住房，符合税法规定的首套房贷款，还款期限到 2031 年 5 月。

【问题】 李先生住房贷款利息可扣除多长时间？

【解析】 李先生该套住房贷款利息专项附加扣除自 2019 年 1 月至 2031 年 5 月可按月扣除 1000 元。如果提前还贷的，扣除期限截至还清贷款的当月。

【案例 5-4-2】 小张 2019 年 10 月购买了一套商品房,贷款期限 25 年,购买的住房符合首套贷款利率要求。

【问题】 小张住房贷款利息可扣除到贷款到期当月吗?

【解析】 不能。小张住房贷款利息专项附加扣除最长扣除 240 个月,超过 240 个月的贷款期间,尽管还在支付首套房贷款利息,但不再专项附加扣除。

5.4.2 扣除人

(1) 住房贷款利息专项附加扣除,经夫妻双方约定,可以选择由其中一方扣除,具体扣除方式在一个纳税年度内不能变更。

纳税人只能享受一次首套住房贷款的利息扣除。

(2) 对于夫妻双方婚前分别购买住房发生的首套住房贷款,其贷款利息支出,婚后扣除人可以选择由夫妻双方的其中一方扣除 1000 元/月,也可以是夫妻双方各按扣除标准 50% 扣除。

需要注意的是:

一是选择夫妻一方扣除时,其扣除住房的选择只能是纳税人自己购买的住房,配偶购买的住房不能由纳税人扣除。

二是选择夫妻双方各扣 50% 时,其扣除住房的选择是双方各自购买的住房,扣除额为 500 元/月。

三是扣除方式在一个纳税年度内不能变更。不同的纳税年度可变更扣除方式:可以由夫妻双方更换一方扣除,也可由单方扣除变更为双方扣除,也可由双方扣除变更为一方扣除,年度扣除方式变更时,应同步变更选择扣除的住房。

四是扣除期限的计算按照选择扣除的住房贷款情况及扣除期限计算,最长不超过 240 个月。240 个月按连续期间计算。

选择其中一套购买的住房,由购买方按扣除标准的 100% 扣除,也可以由夫妻双方对各自购买的住房分别按扣除标准的 50% 扣除,具体扣除方式在一个纳税年度内不能变更。

【案例 5-4-3】 小张和小吴是男女朋友,婚前两人各自贷款购买一套住房，且都符合首套住房标准。根据政策，2019年后，两人每月各按1000元抵扣住房贷款利息支出。两人打算2020年结婚。

【问题】 婚后小张和小吴如何享受住房贷款利息支出抵扣政策？

【解析】 小张和小吴结婚后，可以选择其中一套住房，由购买人享受住房贷款利息专项附加扣除；也可以由双方对各自购买的住房按照每月500元的定额，分别扣除。

小张和小吴的扣除方式，在一个纳税年度不变。扣除期限不得超过240个月，按照所选房产确定。

5.4.3 扣除标准

住房贷款利息专项附加扣除实行定额扣除，与利息支出多少无关，均按1000元/月标准扣除。且纳税人只能享受一次首套住房贷款的利息扣除。

5.4.4 扣除规定

(1)《个人所得税专项附加扣除暂行办法》规定，纳税人本人或者配偶单独或者共同使用商业银行或者住房公积金个人住房贷款为本人或者其配偶购买中国境内住房，发生的首套住房贷款利息支出，在实际发生贷款利息的年度，按照每月1000元的标准定额扣除，扣除期限最长不超过240个月。纳税人只能享受一次首套住房贷款的利息扣除。

需要注意以下三个方面：

一是扣除对象是纳税人境内购买的首套住房的贷款利息支出。对境内住房的购买地没有限制；

二是可扣除的住房是纳税人本人或者配偶单独或者共同贷款为本人或者其配偶购买中国境内住房；

三是使用商业银行或者住房公积金个人住房贷款。

【案例5-4-4】 袁小姐在安徽合肥工作，2010年2月使用商业银行贷款在上海购买了一套二手房，贷款期限25年，符合首套房贷款条件。

【问题】 2019年1月起，袁小姐的住房贷款利息费用能享受专项附加扣除吗？

【解析】 可以。可专项附加扣除的房产有三个限制，一是境内住房，二是符合首套房贷款利息支出规定，三是为本人或配偶购买。并没有购买地区的限制。

（2）《个人所得税专项附加扣除暂行办法》规定，纳税人发生的首套住房贷款利息支出，在实际发生贷款利息的年度定额扣除。首套住房贷款是指购买住房享受首套住房贷款利率的住房贷款。

包括三个方面的内涵：

一是纳税人只有首套房贷款利息支出才能专项附加扣除。

二是首套房的认定"既认率也认房"。在贷款房产是否首套房无法判定的情形下，"认率不认房"，即按照是否享受首套住房贷款利率的住房贷款。在贷款房产能够判定非首套房情形的，"认房不认率"，无论是否享受首套住房贷款利率都不能专项附加扣除。

【案例 5-4-5】 2019 年 1 月新《个人所得税法》施行时，纳税人甲名下共有 3 套住房，2 套住房有贷款，其中 1 套住房贷款在前几年申请贷款的时候由于名下没有住房贷款而符合"首套房贷款利率"条件。

【问题】 甲是否可以享受首套住房贷款利息专项附加扣除？

【解析】 可以。甲的 1 套住房符合首套住房贷款利息条件，该套住房贷款偿还期间，自 2019 年 1 月起可以享受专项附加扣除。

【案例 5-4-6】 纳税人乙 2019 年前购买了 1 套住房，该套住房无贷款。2019 年 10 月，乙又贷款购买了第 2 套住房，银行按首套房贷款利率办理了贷款。

【问题】 乙的住房贷款利息能不能专项附加扣除？

【解析】 不可以。乙的第 2 套住房尽管按首套房贷款利率贷款，但却不是首套房，不符合条件。

（3）纳税人及其配偶在一个纳税年度内不能同时分别享受住房贷款利息和住房租金专项附加扣除。

5.4.5　上报与留存资料

《个人所得税专项附加扣除操作办法（试行）》第十四条规定，纳税人享受住房贷款利息专项附加扣除，应当填报住房权属信息、住房坐落地址、贷款方式、贷款银行、贷款合同编号、贷款期限、首次还款日期等信息；纳税人有配偶的，填写配偶姓名、身份证件类型及号码。

纳税人需要留存备查资料包括：住房贷款合同、贷款还款支出凭证等资料。

5.5 住房租金

国际上只有部分国家允许扣除房屋租金。如印度规定，房租支出超过总收入10%的部分，可以在税前扣除，但不能超过2000卢比/月或全年总收入的25%。韩国规定，自2014年起，家庭收入不超过7000万韩元的，按月支付房租且承租房屋面积需小于85平方米的，可以扣除房租支出的10%，但不得超过70万韩元。德国规定，个人由于异地工作原因租赁房屋的费用，允许税前扣除，扣除上限为每月1000欧元。

《个人所得税专项附加扣除暂行办法》规定，纳税人在主要工作城市没有自有住房而发生的住房租金支出，可以按照以下标准定额扣除：直辖市、省会（首府）城市、计划单列市以及国务院确定的其他城市，扣除标准为每月1500元；除所列城市以外，市辖区户籍人口超过100万的城市，扣除标准为每月1100元；市辖区户籍人口不超过100万的城市，扣除标准为每月800元。

市辖区户籍人口，以国家统计局公布的数据为准。主要工作城市是指纳税人任职受雇的直辖市、计划单列市、副省级城市、地级市（地区、州、盟）全部行政区域范围；纳税人无任职受雇单位的，为受理其综合所得汇算清缴的税务机关所在城市。

纳税人的配偶在纳税人的主要工作城市有自有住房的，视同纳税人在主要工作城市有自有住房。

夫妻双方主要工作城市相同的，只能由一方扣除住房租金支出。

住房租金支出由签订租赁住房合同的承租人扣除。

纳税人及其配偶在一个纳税年度内不能同时分别享受住房贷款利息和住房租金专项附加扣除。

纳税人应当留存住房租赁合同、协议等有关资料备查。

5.5.1 扣除时限

住房租金专项附加在实际租赁期间内扣除。纳税人享受住房租金专项附加扣除的计算时间为租赁合同（协议）约定的房屋租赁期开始的当月至租赁期结束的当月。提前终止合同（协议）的，以实际租赁期限为准。

5.5.2 扣除人

住房租金的扣除人是租赁人。纳税人在主要工作城市没有自有住房而发生的住房租金支出，可以扣除住房租金专项附加扣除。住房租金支出由签订租赁住房合同的承租人扣除。对于一个家庭，夫妻双方主要工作城市相同的，只能有一个扣除人，由一方扣除住房租金支出。夫妻双方主要工作城市不在同一个地级以上行政区域范围的，可以分别扣除，由双方各自扣除自己的住房租金支出。

主要工作城市是指纳税人任职受雇的直辖市、计划单列市、副省级城市、地级市（地区、州、盟）全部行政区域范围；纳税人无任职受雇单位的，为受理其综合所得汇算清缴的税务机关所在城市。

【案例 5-5-1】 陈先生是 A 市甲县人，在甲县有一套住房。2018 年陈先生调到 A 市市区某单位工作，因在市区无房而租住了一套房产，月付租金 1000 元。

【问题】 陈先生在 A 市市区没有自有住房而发生的住房租金支出能否专项附加扣除？

【解析】 不可以。陈先生在 A 市甲县有住房，只是在市区没有住房，不符合在主要工作城市内无房的前提条件，其在市区的租房支出不能专项附加扣除。

5.5.3 扣除标准

住房租金专项附加扣除采用定额分档扣除的办法。按照纳税人主要工作城市的不同，分档确定扣除标准：

（1）纳税人主要工作城市在直辖市、省会（首府）城市、计划单列市以及国务院确定的其他城市的，扣除标准为每月 1500 元；

（2）纳税人主要工作城市不是直辖市、省会（首府）城市、计划单列市以及国务院确定的其他城市，且市辖区户籍人口超过 100 万的，扣除标准为每月 1100 元；

（3）纳税人主要工作城市不是直辖市、省会（首府）城市、计划单列市以及国务院确定的其他城市，且市辖区户籍人口不超过 100 万的城市，扣除标准为每月 800 元。

市辖区人口，不同于全市人口。"全市人口"是城市所有区、县（市）人口总量。而"市辖区人口"是城市市区各行政区的人口总量，是一个统计数据，以国家统计局公布的数据为准。

【案例 5-5-2】 刘某是安徽合肥人，在合肥有一套自有住房。2017 年起夫妻二人到北京工作，租住在河北廊坊，每天乘高铁上下班。

【问题】 刘某夫妻在廊坊住房租金支出如何专项附加扣除？

【解析】 刘某夫妻住房租金支出，按照 1500 元/月的标准扣除。

刘某夫妻主要工作城市是北京，在北京无住房。虽然其租赁的住房在河北省廊坊市，但是因其主要工作城市是北京，住房租金应按北京 1500 元/月的标准专项附加扣除。

5.5.4 扣除规定

（1）纳税人在主要工作城市没有自有住房而发生的住房租金支出，可以按标准定额扣除。

（2）夫妻双方主要工作城市相同的，只能由一方扣除住房租金支出。夫妻双方主要工作城市不相同的，分别扣除各自的住房租金支出。

（3）住房租金支出由签订租赁住房合同的承租人扣除。

（4）纳税人及其配偶在一个纳税年度内不能同时分别享受住房贷款利息和住房租金专项附加扣除。

【案例 5-5-3】 小张和小王都是安徽人，2018 年起在上海工作，两人在上海都没有自有住房，合租一套住房。

【问题】 小张和小王的住房租金如何专项附加扣除？

【解析】 住房租金支出由签订租赁住房合同的承租人扣除。小张和小王合租住房不论是分签还是共签租赁协议，只要签订了租赁合同，均可按 1500

元/月标准各自扣除。

【案例 5-5-4】 李先生是芜湖人，2019 年受聘在合肥市某公司任高管。李先生在合肥市无房，公司租赁一套住房提供给李先生居住。

【问题】 李先生能否扣除住房租金专项附加扣除？

【解析】 不可以。李先生的住房是公司租赁而非自己租赁，李先生不是承租人，不能扣除。

5.5.5　上报与留存资料

纳税人享受住房租金专项附加扣除，应当填报主要工作城市、租赁住房坐落地址、出租人姓名及身份证件类型和号码或者出租方单位名称及纳税人识别号（社会统一信用代码）、租赁起止时间等信息；纳税人有配偶的，填写配偶姓名、身份证件类型及号码。

纳税人需要留存备查资料包括：住房租赁合同或协议等资料。

【案例 5-5-5】 2019 年小王通过网络租房平台租赁一套房产，与平台签订租赁合同。假定该城市是小王主要工作城市，且在该城市无自有住房。

【问题】 小王如何填报出租方信息？

【解析】 填报租房平台公司信息。租房合同与谁签订，就填写对方信息。

【注意】 2019 年 1 月 20 日，国家税务总局修改"个人所得税"APP，纳税人在申报专项附加扣除"住房租金"时，无论出租方类型选择"自然人"还是"组织"，详细信息均由之前的"请填入"变成"选填"，不再强制填报。

5.6　赡养老人

国际上，只有少数国家专门制定赡养老人专项扣除，更多地将赡养老人与子女抚养等家庭支出综合考虑。

《个人所得税专项附加扣除暂行办法》规定，纳税人赡养一位及以上被赡养人的赡养支出，统一按照以下标准定额扣除：纳税人为独生子女的，按照每月 2000 元的标准定额扣除；纳税人为非独生子女的，由其与兄弟姐妹分摊每月 2000 元的扣除额度，每人分摊的额度不能超过每月 1000 元。可以由赡养人均摊或者约定分摊，也可以由被赡养人指定分摊。约定或者指定分摊的须签订书面分摊协议，指定分摊优先于约定分摊。具体分摊方式和额度在一个纳税年度内不能变更。

被赡养人是指年满 60 岁的父母，以及子女均已去世的年满 60 岁的祖父母、外祖父母。

5.6.1 扣除时限

赡养老人专项附加扣除期限，《个人所得税专项附加扣除操作办法（试行）》规定，自纳税人首个被赡养人年满 60 周岁的当月起至全部赡养义务终止的年末。被赡养人是指年满 60 岁的父母，以及子女均已去世的年满 60 岁的祖父母、外祖父母。

其中需要注意的是：一是赡养老人专项附加扣除是一个连续不间断的期间。二是专项附加扣除自首个被赡养人年满 60 周岁的当月起。三是赡养老人专项附加扣除终止于全部被赡养义务人去世的当年年末，而不是当月。四是父母健在时，祖父母、外祖父母人赡养义务为父母，赡养老人支出也由父母专项附加扣除。

5.6.2 扣除人

赡养老人支出的专项附加扣除人是赡养人。夫妻双方承担各自父母的赡养义务，在各自父母年满 60 周岁的当月起，其赡养老人支出可以专项附加扣除。

5.6.3 扣除标准

赡养老人支出扣除标准按照子女个数的不同而不同：
（1）纳税人为独生子女的，按照每月 2000 元的标准定额扣除；
（2）纳税人为非独生子女的，由其与兄弟姐妹分摊每月 2000 元的扣除额度，每人分摊的额度不能超过每月 1000 元。可以由赡养人均摊或者约定分摊，也可以由被赡养人指定分摊。

约定或者指定分摊的须签订书面分摊协议，指定分摊优先于约定分摊。具体分摊方式和额度在一个纳税年度内不能变更。需要注意的是：一是被赡养人指定分摊优先于约定分摊和平均分摊。二是兄弟姐妹只有两人时，兄弟（姐妹）只能各自扣除 1000 元/月。三是兄弟姐妹三人以上（含）时，可自由分摊，但每人最高扣除额不得超过 1000 元/月。四是分摊方式和额度可变更，但在一个纳税年度内不得变更。

【案例 5-6-1】 老人有多个子女且满足赡养老人专项附加扣除规定的情况下，只有 1 个子女工作，其他子女未成年或丧失劳动力。

【问题】 赡养老人支出可以由工作的子女一人申请 2000 元/月的专项附加扣除吗？

【解析】 不可以。非独生子女只能和其他子女一起分摊扣除，最高专项附加扣除 1000 元/月。

【案例 5-6-2】 独生子女家庭，父母离异后再婚的，如何享受赡养老人专项附加扣除？

【解析】 父母离异后新组建的两个家庭中，如果纳税人对其亲生父母、继父母中的任何一人仍然是唯一法定赡养人，则可按照独生子女标准享受每月 2000 元扣除。

5.6.4 扣除规定

纳税人赡养一位及以上被赡养人的赡养支出，专项附加扣除标准都是一致的，并不因被赡养人数的不同而不同。

5.6.5 上报与留存资料

纳税人享受赡养老人专项附加扣除，应当填报纳税人是否为独生子女、月扣除金额、被赡养人姓名及身份证件类型和号码、与纳税人关系；有共同赡养人的，需填报分摊方式、共同赡养人姓名及身份证件类型和号码等信息。

纳税人需要留存备查资料包括：约定或指定分摊的书面分摊协议等资料。

5.7 专项附加扣除征管规定

5.7.1 六项专项附加扣除基本规定

根据国务院印发的《个人所得税专项附加扣除暂行办法》，对于专项附加扣除，需要注意几个方面：

一是专项附加扣除一般在居民个人取得综合所得，计算个人所得税应纳税所得额前扣除。对于取得经营所得的个人，没有综合所得的，计算其每一纳税年度的应纳税所得额时，应当减除费用 6 万元、专项扣除、专项附加扣除以及依法确定的其他扣除。

二是六项专项附加扣除纳税人实际上最多只能享受五项。因为在专项附加扣除项目中，居民个人纳税人既有符合扣除条件的首套房住房贷款利息支出，又因在主要工作城市内无房而租赁房产的，其住房贷款利息扣除和住房租金扣除，两项只能扣除一项。

三是居民个人在预扣预缴工资薪金所得个人所得税时，可以按月扣除的专项附加扣除项目最多只能有四项，即：子女教育、继续教育、赡养老人、住房贷款利息或者住房租金，对于大病医疗的扣除，只能在居民个人次年 3—6 月进行的综合所得汇算清缴时扣除。

四是全部六项专项附加扣除中，只有大病医疗是据实限额扣除，其他均为定额扣除。

五是纳税人取得经营所得，满足条件可以扣除专项附加扣除的，应在办理汇算清缴时减除，按月或按季申报预缴税款时不予扣除。

六项专项附加扣除的区分情形，扣除主体和扣除标准如表 5-1 所示。

表 5-1　　　　　　　　　　六项专项附加扣除规定总览

专项附加扣除项目	区分情形	扣除主体	一方扣除标准
子女教育	无	父母（法定监护人）各扣除 50%	分别 500 元/月/每个子女
		可选择父母（法定监护人）其中一方扣除 100%	1000 元/月/每个子女
继续教育	接受学历继续教育	本人扣除	400 元/月（最长不超过 48 个月）
	本科（含）以下学历（学位）教育	可选择由父母按子女教育项目扣除	1000 元/月
	技能人员职业资格继续教育 专业技术人员职业资格继续教育	本人扣除	3600 元（取得证书当年）
大病医疗	本人或配偶医药费用	本人或其配偶其中一方扣除	基本医保相关医药费减去医保报销部分后，当年个人自付部分累计超过 15000 元的部分在 80000 元限额内据实扣除
	未成年子女医药费用	父母其中一方扣除	
住房贷款利息	纳税人未婚	本人扣除	1000 元/月（最长不超过 240 个月）
	纳税人已婚	可选择夫妻其中一方扣除 100%	1000 元/月（最长不超过 240 个月）
	纳税人已婚且婚前各购买住房发生的首套住房贷款利息	选择夫妻对各自购买住房分别扣除 50%	分别 500 元/月
		或选择其中一套住房由购买方扣除 100%	1000 元/月
住房租金	纳税人未婚	本人扣除	800/1100/1500 元/月
	纳税人已婚且夫妻主要工作城市相同	选择夫妻其中一承租方扣除 100%	800/1100/1500 元/月
	纳税人已婚且夫妻主要工作城市不同	夫妻双方分别扣除 100%	分别 800/1100/1500 元/月

续表

专项附加扣除项目	区分情形	扣除主体	一方扣除标准
赡养老人	纳税人为独生子女	本人扣除	2000元/月
	纳税人为非独生子女	全部赡养人平均分摊	(2000元÷子女人数)/月
		按约定分摊	每人不超过1000元/月
		按被赡养人指定分摊	每人不超过1000元/月

5.7.2 专项附加扣除的一般规定

5.7.2.1 预扣预缴扣除

享受子女教育、继续教育、住房贷款利息或者住房租金、赡养老人专项附加扣除的纳税人，自符合条件开始，可以向支付工资、薪金所得的扣缴义务人提供上述专项附加扣除有关信息，由扣缴义务人在预扣预缴税款时，按其在本单位本年可享受的累计扣除额办理扣除；也可以在次年3月1日至6月30日内，向汇缴地主管税务机关办理汇算清缴申报时扣除。

纳税人同时从两处以上取得工资、薪金所得，并由扣缴义务人办理上述专项附加扣除的，对同一专项附加扣除项目，一个纳税年度内，纳税人只能选择从其中一处扣除。

扣缴义务人办理工资、薪金所得预扣预缴税款时，应当根据纳税人报送的《个人所得税专项附加扣除信息表》（以下简称《扣除信息表》），为纳税人办理专项附加扣除。

纳税人年度中间更换工作单位的，在原单位任职、受雇期间已享受的专项附加扣除金额，不得在新任职、受雇单位扣除。原扣缴义务人应当自纳税人离职不再发放工资薪金所得的当月起，停止为其办理专项附加扣除。

5.7.2.2 汇算清缴扣除

享受大病医疗专项附加扣除的纳税人,由其在次年 3 月 1 日至 6 月 30 日内,自行向汇缴地主管税务机关办理汇算清缴申报时扣除。

纳税人未取得工资、薪金所得,仅取得劳务报酬所得、稿酬所得、特许权使用费所得需要享受专项附加扣除的,应当在次年 3 月 1 日至 6 月 30 日内,自行向汇缴地主管税务机关报送《扣除信息表》,并在办理汇算清缴申报时扣除。

一个纳税年度内,纳税人在扣缴义务人预扣预缴税款环节未享受或未足额享受专项附加扣除的,可以在当年内向支付工资、薪金的扣缴义务人申请在剩余月份发放工资、薪金时补充扣除,也可以在次年 3 月 1 日至 6 月 30 日内,向汇缴地主管税务机关办理汇算清缴时申报扣除。

个人所得税专项附加扣除额一个纳税年度扣除不完的,不能结转以后年度扣除。

5.7.3 扣除各方的权利义务

专项附加扣除不仅涉及纳税人、扣缴义务人,还涉及税务机关和其他相关部门,各方都有不同的权利义务。

5.7.3.1 纳税人

纳税人向收款单位索取发票、财政票据、支出凭证,收款单位不能拒绝提供。

纳税人首次享受专项附加扣除,应当将专项附加扣除相关信息提交扣缴义务人或者税务机关,纳税人对所提交信息的真实性、准确性、完整性负责。专项附加扣除信息发生变化的,纳税人应当及时向扣缴义务人或者税务机关提供相关信息。相关信息包括:纳税人本人、配偶、子女、被赡养人等个人身份信息,以及国务院税务主管部门规定的其他与专项附加扣除相关的信息。

纳税人需要留存备查的相关资料应当留存 5 年。

5.7.3.2 扣缴义务人

扣缴义务人应当及时将纳税人提交的专项附加扣除相关信息报送税务机关。

纳税人报送给扣缴义务人的《扣除信息表》，扣缴义务人应当自预扣预缴年度的次年起留存5年。

纳税人向扣缴义务人提供专项附加扣除信息的，扣缴义务人应当按照规定予以扣除，不得拒绝。扣缴义务人应当为纳税人报送的专项附加扣除信息保密。

扣缴义务人应当及时按照纳税人提供的信息计算办理扣缴申报，不得擅自更改纳税人提供的相关信息。

扣缴义务人发现纳税人提供的信息与实际情况不符，可以要求纳税人修改。纳税人拒绝修改的，扣缴义务人应当向主管税务机关报告，税务机关应当及时处理。

除纳税人另有要求外，扣缴义务人应当于年度终了后2个月内，向纳税人提供已办理的专项附加扣除项目及金额等信息。

5.7.3.3 税务机关和其他相关单位

有关部门和单位有责任和义务向税务部门提供或者协助核实以下与专项附加扣除有关的信息：

(1) 公安部门有关户籍人口基本信息、户成员关系信息、出入境证件信息、相关出国人员信息、户籍人口死亡标识等信息；

(2) 卫生健康部门有关出生医学证明信息、独生子女信息；

(3) 民政部门、外交部门、法院有关婚姻状况信息；

(4) 教育部门有关学生学籍信息（包括学历继续教育学生学籍、考籍信息）、在相关部门备案的境外教育机构资质信息；

(5) 人力资源社会保障等部门有关技工院校学生学籍信息、技能人员职业资格继续教育信息、专业技术人员职业资格继续教育信息；

(6) 住房城乡建设部门有关房屋（含公租房）租赁信息、住房公积金管理机构有关住房公积金贷款还款支出信息；

(7) 自然资源部门有关不动产登记信息；

(8) 人民银行、金融监督管理部门有关住房商业贷款还款支出信息；

（9）医疗保障部门有关在医疗保障信息系统记录的个人负担的医药费用信息；

（10）国务院税务主管部门确定需要提供的其他涉税信息。

有关部门和单位拥有专项附加扣除涉税信息，但未按规定要求向税务部门提供的，拥有涉税信息的部门或者单位的主要负责人及相关人员承担相应责任。

税务机关核查专项附加扣除情况时，纳税人任职受雇单位所在地、经常居住地、户籍所在地的公安派出所、居民委员会或者村民委员会等有关单位和个人应当协助核查。

税务机关定期对纳税人提供的专项附加扣除信息开展抽查。

税务机关核查时，纳税人无法提供留存备查资料，或者留存备查资料不能支持相关情况的，税务机关可以要求纳税人提供其他佐证；不能提供其他佐证材料，或者佐证材料仍不足以支持的，不得享受相关专项附加扣除。

税务机关核查专项附加扣除情况时，可以提请有关单位和个人协助核查，相关单位和个人应当协助。

5.7.4　相关法律责任

纳税人有下列情形之一的，主管税务机关应当责令其改正；情形严重的，应当纳入有关信用信息系统，并按照国家有关规定实施联合惩戒；涉及违反《税收征管法》等法律法规的，税务机关依法进行处理：

（1）报送虚假专项附加扣除信息；

（2）重复享受专项附加扣除；

（3）超范围或标准享受专项附加扣除；

（4）拒不提供留存备查资料；

（5）国家税务总局规定的其他情形。

纳税人在任职、受雇单位报送虚假扣除信息的，税务机关责令改正的同时，通知扣缴义务人。

5.7.5　留存资料

根据《个人所得税专项附加扣除操作办法（试行）》规定，《扣除信息表》应当一式两份,纳税人和扣缴义务人签字(章)后分别留存备查。纳税人报送给扣缴义务人的《扣除信息表》,扣缴义务人应当自预扣预缴年度的次年起留存 5 年。

纳税人应当将《扣除信息表》及相关留存备查资料,自法定汇算清缴期结束后保存 5 年。

各项专项附加扣除项的留存备查资料见表 5-2。

表 5-2　　　　　　　　　专项附加扣除留存备查资料

专项附加扣除项目	区分情形	留存备查资料
子女教育	子女在境内接受教育	不需
	子女在境外接受教育	境外学校录取通知书、留学签证等相关教育的证明资料
继续教育	接受学历继续教育	不需
	接受技能人员、专业技术人员职业资格继续教育	留存职业资格相关证书等资料
住房贷款利息	无	住房贷款合同、贷款还款支出凭证等资料
住房租金	无	住房租赁合同、协议等有关资料
大病医疗	无	医药服务收费及医保报销相关票据原件(或者复印件)等资料

6

依法确定的其他扣除和捐赠扣除

新《个人所得税法实施条例》规定，依法确定的其他扣除，包括个人缴付符合国家规定的企业年金、职业年金，个人购买符合国家规定的商业健康保险、税收递延型商业养老保险的支出，以及国务院规定可以扣除的其他项目。

个人将其所得对教育、扶贫、济困等公益慈善事业进行捐赠，是指个人将其所得通过中国境内的公益性社会组织、国家机关向教育、扶贫、济困等公益慈善事业的捐赠；所称应纳税所得额，是指计算扣除捐赠额之前的应纳税所得额。

6.1 企业年金和职业年金扣除

职业年金和企业年金都属于补充养老保险。职业年金，是指机关事业单位及其工作人员在参加机关事业单位基本养老保险的基础上，建立的补充养老保险制度。企业年金，是指企业及其职工在依法参加基本养老保险的基础上，自主建立的补充养老保险制度。

《机关事业单位职业年金办法》明确，职业年金所需费用由单位和工作人员个人共同承担，全部的缴费都计入本人职业年金个人账户。单位缴费和个人缴费都计入本人职业年金个人账户。职业年金基金投资运营收益，按规定计入职业年金个人账户。

《企业年金办法》（人力资源和社会保障部　财政部令第36号）规定，企业年金所需费用由企业和职工个人共同缴纳。企业年金基金实行完全积累，为每个参加企业年金的职工建立个人账户，按照国家有关规定投资运营。企业年金基金投资运营收益并入企业年金基金。

职业年金的缴费比例是固定的，单位按缴费基数的8%缴纳，个人按缴费基数的4%缴纳；而企业年金的缴费比例是弹性的，由企业和职工在规定的范围内协商确定，其中企业缴费每年不超过本企业职工工资总额的8%。企业和职工个人缴费合计不超过本企业职工工资总额的12%。

为贯彻落实新《个人所得税法》及新《个人所得税法实施条例》，《财政部　国家税务总局关于个人所得税法修改后有关优惠政策衔接问题的通知》（财税〔2018〕164号）规定，自2019年1月1日起，个人达到国家规定的退休年龄，领取的企业年金、职业年金，符合《财政部 人力资源社会保障部 国家税务总局关于企业年金 职业年金个人所得税有关问题的通知》（财税〔2013〕103号，以下简称财税〔2013〕103号文件）规定的，不并入综合所得，全额单独计算应纳税款。其中按月领取的，适用月度税率表计算纳税；按季领取的，平均分摊计入各月，按每月领取额适用月度税率表计算纳税；按年领取的，适用综合所得税率表计算纳税。

个人因出境定居而一次性领取的年金个人账户资金，或个人死亡后，其指定的受益人或法定继承人一次性领取的年金个人账户余额，适用综合所得税率表计算纳税。对个人除上述特殊原因外一次性领取年金个人账户资金或余额的，适用月度税率表计算纳税。

无论是企业年金还是职业年金，按照现行政策规定，在缴付年金时，员工可以在个人所得税税前全额扣除；在年金账户分配收益时，员工暂不缴纳个人所得税；员工在达到法定退休年龄及其他规定情况下领取时，应依法缴纳个人所得税。在实践中要注意这三个时点的规定。

职业年金和企业年金在缴付、收益和领取的各个时期，都会涉及个人所得税的问题。

6.1.1 缴付时可在税前全额扣除

(1) 个人依法缴付可以全额扣除。

新《个人所得税法实施条例》规定，居民个人综合所得收入额中可以扣除的"依法确定的其他扣除"，包括个人缴付符合国家规定的企业年金、职业年金。在2019年以前，企业年金的扣除依据为财税〔2013〕103号文件，只能在收入额中扣除"不超过本人缴费工资计税基数的4%标准内的部分"。但新《个人所得税法实施条例》明确规定，只要是"符合国家规定"的企业年金，都可以在收入额中扣除。因此，自2019年1月1日起，对于个人依照《企业年金办法》《机关事业单位职业年金办法》缴付的企业年金、职业年金，可以在计算缴纳个人所得税时在收入额中全额扣除。

(2) 企业依法缴付年金暂不征收个人所得税。

企业和事业单位依法缴付的企业年金和职业年金，都是计入个人账户由个人受益，其实质是企业和事业单位对职工支付不能当场兑现的工资薪金，应当计入职工的工资薪金所得并依法计税。但是财税〔2013〕103 号文件规定，企业和事业单位依法为本单位全体职工缴付的企业年金或职业年金，在计入个人账户时，个人暂不缴纳个人所得税。需要注意的是，《财政部 国家税务总局关于补充养老保险费 补充医疗保险费有关企业所得税政策问题的通知》（财税〔2009〕27 号）规定，企业依规为在本企业全体员工支付的补充养老保险费、补充医疗保险费，分别在不超过职工工资总额 5%标准内的部分，在计算企业所得税应纳税所得额时准予扣除；超过的部分，不予扣除。

【案例 6-1-1】 王先生供职的 A 公司，2019 年 1—12 月均按 2018 年个人月平均工资（10000 元）5%的标准，每月缴纳 500 元企业年金。公司建立的企业年金方案中，企业缴费比例不高于 8%，企业和职工个人缴费合计不超过本企业职工工资总额的 10%，符合《企业年金办法》的规定。

【问题】 王先生缴付的企业年金该如何在个人所得税前扣除？

【解析】 在 2019 年度计算缴纳个人所得税时，王先生按月缴纳的个人企业年金 500 元，应在计算个人所得税综合所得应纳税所得税时全额扣除。对于企业缴费的 5%部分，按照财税〔2013〕103 号文件规定，企业和事业单位依法为本单位全体职工缴付的企业年金或职业年金，在计入个人账户时，也暂不计入王先生 2019 年度综合所得缴纳个人所得税。

6.1.2 取得收益时暂不缴纳个人所得税

财税〔2013〕103 号文件规定，年金基金投资运营收益分配计入个人账户时，个人暂不缴纳个人所得税。

理论上讲，职业年金、企业年金的性质不同于一般的个人存款。

职业年金基金采取集中委托投资运营的方式管理，实账积累形成的职业年金基金实行市场化投资运营，按实际收益计息。职业年金基金投资运营收益，按规定计入职业年金个人账户。企业和职工建立企业年金，应当确定企业年金受托人，按照国家有关规定投资运营。企业年金基金投资运营收益并入企业年金基金。《企业年金基金管理办法》规定，企业年金基金财产的管理、运用或者其他情形取得的财产和收益，应当归入基金财产，由账户管理人按照年金方案计算并记入职工个人账户。不过，对于记入职工个人账户的年金投资运营收益，在记账的当期职工并没有实际取得该项所得。即收益当期员工个人账户没有产生现金流入，也就没有从本质上构成纳税义务。所以，根据实质课税原则，在年金收益分配到个人账户时，员工暂时不需要缴纳个人所得税。

如【案例6-1-1】，按照 A 公司企业年金方案，企业年金基金委托符合国家规定的某养老金管理公司投资运营。每年企业年金基金都能获取不低于 5% 的投资收益。依据财税〔2013〕103 号文件第二条规定，年金基金投资运营收益在分配计入王先生个人账户时，暂不缴纳个人所得税。

6.1.3 领取时需要依法缴纳个人所得税

《财政部 国家税务总局关于个人所得税法修改后有关优惠政策衔接问题的通知》（财税〔2018〕164 号）规定，个人达到国家规定的退休年龄，领取的企业年金、职业年金，符合财税〔2013〕103 号文件规定的，不并入综合所得，全额单独计算应纳税款。从实务看，纳税人领取年金时，个人所得税需要具体区分三种情况。

（1）退休领取年金。

机关事业单位工作人员在达到国家规定的退休条件并依法办理退休手续后，由本人选择按月领取职业年金待遇的方式。可一次性用于购买商业养老保险产品，依据保险契约领取待遇并享受相应的继承权；也可选择按照本人退休时对应的计发月数计发职业年金月待遇标准，发完为止。同时职业年金个人账户余额享有继承权。企业职工在达到国家规定的退休年龄或者完全丧失劳动能力时，可以从本人企业年金个人账户中按月、分次或者一次性领取企业年金，也可以将本人企业年金个人账户资金全部或者部分购买商业养老保险产品，依据保险合同领取待遇并享受相应的继承权。

2019 年 1 月 1 日后，对于个人达到国家规定的退休年龄，依法领取的年金，按照《财政部 国家税务总局关于个人所得税法修改后有关优惠政策衔接问题的通知》（财税〔2018〕164 号）规定，不并入综合所得，全额单独计算应纳税款。其中按月领取的，适用按月换算后的综合所得税率表（以下简称月度税率表）计算纳税；按季领取的，平均分摊计入各月，按每月领取额适用月度税率表计算纳税；按年领取的，适用综合所得税率表计算纳税。不再执行财税〔2013〕103 号文件规定的平均分摊入月计税的方法。

【案例 6-1-2】 接【案例 6-1-1】，假定王先生在 2030 年 8 月满 60 岁退休时，可选择按月、按季或按年领取的年金。

【问题】 王先生领取企业年金时该如何纳税？

【解析】 如果是按月领取，即王先生每月领取 2157.27 元，适用月度税率表计算纳税。

王先生每月应纳税额 = 2157.27×3% = 64.72（元）

如果按季领取，即王先生每季领取 6471.81 元，那么应平均分摊计入各月，按每月领取额适用月度税率表计算纳税。

王先生每季应纳税额 = (6471.81÷3)×3%×3 = 194.15（元）

如果按年领取，即王先生每年领取 25887.24 元，王先生每年应纳税额 = 25887.24×3% = 776.62（元）。

(2) 出国（境）定居等依法提前领取年金。

个人虽未到退休年龄办理退休手续，但是出国（境）定居的，其职业年金或企业年金个人账户资金，可根据本人要求一次性支付给本人。工作人员在职期间死亡，或者职工或者退休人员死亡后，其职业年金、企业年金个人账户余额可以继承。对于个人因出境定居而一次性领取的年金个人账户资金，或个人死亡后，其指定的受益人或法定继承人一次性领取的年金个人账户余额，《财政部 国家税务总局关于个人所得税法修改后有关优惠政策衔接问题的通知》（财税〔2018〕164 号）规定，适用综合所得税率表计算纳税。

【案例6-1-3】 接【案例6-1-1】，假定王先生 2025 年出国（境）定居需要依法一次性提前领取年金，其个人年金账户余额 23 万元。

【问题】 王先生应如何计算并缴纳个人所得税？

【解析】 适用综合所得税率表计算纳税。

王先生应纳税额 = 230000×20% - 16920 = 29080（元）

(3) 其他一次性领取年金。

《财政部 国家税务总局关于个人所得税法修改后有关优惠政策衔接问题的通知》（财税〔2018〕164 号）规定，对个人除文件中提到的特殊原因外一次性领取年金个人账户资金或余额的，适用月度税率表计算纳税。

【案例6-1-4】 接【案例6-1-1】，假定王先生因其他原因需要一次性领取年金个人账户资金，领取时账户资金余额 26 万元。

【问题】 王先生该如何计算并缴纳个人所得税？

【解析】 王先生应纳税额 = 260000×45% - 15160 = 101840（元）

6.1.4 年金应纳个人所得税的扣缴申报

财税〔2013〕103 号文件规定：个人领取年金时，其应纳税款由受托人代表委托人委托托管人代扣代缴。年金账户管理人应及时向托管人提供个人年金缴费及对应的个人所得税纳税明细。托管人根据受托人指令及账户管理人提供的资料，按照规定计算扣缴个人当期领取年金待遇的应纳税款，并向托管人所在地主管税务机关申报解缴。

6.2 商业健康保险扣除

《个人税收优惠型健康保险产品指引框架》（财税〔2017〕39 号附件 1）注明，保险公司根据目标人群的不同，可以提供三种类型的个人税收优惠型健康保险产品，都采取万能险方式，包含医疗保险和个人账户积累两项责任。关于保险期间，医疗保险为一年期，可保证续保至法定退休年龄；个人账户累积为长期；商业健康保险的交费方式分为年交和月交。

商业健康保险个人所得税试点改革自 2016 年 1 月 1 日起，在北京市、上海市、天津市、重庆市 4 个直辖市和 27 个省内试点进行。2017 年 4 月 28 日，财政部、税务总局、保监会联合下发《关于将商业健康保险个人所得税试点政策推广到全国范围实施的通知》（财税〔2017〕39 号，以下简称财税〔2017〕39 号文件），将商业健康保险个人所得税政策实施范围推广到全国，自 2017 年 7 月 1 日起施行。

6.2.1 新法施行后商业健康保险优惠政策的主要变化

商业健康保险税收优惠政策主要适用于 16 周岁以上、未满法定退休年龄被保险人，取得工资薪金所得、连续性劳务报酬所得的个人，以及取得个体工商户生产经营所得、对企事业单位的承包承租经营所得的个体工商户业主、个人独资企业投资者、合伙企业合伙人和承包承租经营者。

单位统一为员工购买符合规定的商业健康保险产品的支出，应分别计入员工个人工资薪金，视同个人购买，除按照规定限额在计算个人所得税前进行扣除外，也是单位的合理工资薪金支出，单位负担的部分可以在企业所得税前扣除。

新《个人所得税法》施行后，商业健康保险的扣除，也将随之发生变化：

（1）适用范围拓宽。

新《个人所得税法》对居民个人取得的工资薪金、劳务报酬、稿酬、特许权使用四项所得，实行综合按年征税，同时明确商业健康保险是依法确定的其他扣除。因此，商业健康的适用范围：

一是居民个人综合所得。居民个人取得综合所得实行按年综合纳税人，事实上将商业健康保险的适用范围拓宽到居民个人取得稿酬所得和特许权使用费所得，同时也取消对劳务报酬所得的"连续性"限制。

二是经营所得。包括个体工商户从事生产、经营活动取得的所得，个人独资企业投资人、合伙企业的个人合伙人来源于境内注册的个人独资企业、合伙企业生产、经营的所得；个人依法从事办学、医疗、咨询以及其他有偿服务活动取得的所得；个人对企业、事业单位承包经营、承租经营以及转包、转租取得的所得；以及个人从事其他生产、经营活动取得的所得。

（2）扣除方式改变。

根据财税〔2017〕39号文件规定商业健康保险存在两种形式的扣除方式，对于工资、薪金收入、连续性劳务报酬所得，在不超过200元/月的标准内按月扣除。一年内保费金额超过2400元的部分，不得税前扣除。对于个体工商户业主、企事业单位承包承租经营者、个人独资和合伙企业投资者自行购买符合条件的商业健康保险产品的，可选择按月或按年扣除，在不超过2400元/年的标准内据实扣除。一年内保费金额超过2400元的部分，不得税前扣除。

新《个人所得税法》施行后，居民个人取得综合所得实行按年计税、分期预扣预缴，个人取得经营所得，实行按年计算、按月或按季预缴申报，对于商业健康保险的扣除，纳税人均可以选择按月限额200元据实累计扣除，也可以选择在汇算清缴时按年限额2400元据实扣除，均不影响纳税人全年应纳税额。

（3）留存备查5年。

能够扣除的只能是保险公司参照个人税收优惠型健康保险产品指引框架及示范条款开发的、符合财税〔2017〕39号文件规定的5个条件的健康保险产品，其他的商业保险产品不得扣除。保险公司在销售商业健康保险产品时，要为购买健康保险的个人开具发票和保单凭证，载明产品名称及缴费金额等信息，纳税人要妥善留存发票和保单 5 年，作为个人税前扣除的凭据。

（4）征管要求严格。

单位统一组织为员工购买或者单位和个人共同负担购买符合规定的商业健康保险产品，单位负担部分应当实名计入个人工资薪金明细清单，视同个人购买。个人自行退保时，应及时告知扣缴单位。个人相关退保信息保险公司应及时传递给税务机关。纳税人自行购买符合规定的商业健康保险产品的，应当及时向代扣代缴单位提供保单凭证。个人自行退保时，应及时告知扣缴义务人。

保险公司要与商业健康保险信息平台保持实时对接，保证信息真实准确。保险公司或商业健康保险信息平台应向税务机关提供个人购买商业健康保险的相关信息，并配合税务机关做好相关税收征管工作。

【案例 6-2-1】 某人 2019 年 1 月工资薪金收入 6000 元，商业健康保险支出 150 元。

【问题】 计算当月该居民个人应预扣预缴的个人所得税。

【解析】 工资薪金实行累计预扣法。

应纳税所得额 = 6000 − 5000 − 150 = 850（元），按 3% 的预扣预缴税率，应预扣个人所得税 25.50 元。

6.2.2 单位购买商业健康保险的个人所得税计算

财税〔2017〕39 号文件规定，单位统一为员工购买符合规定的商业健康保险产品的支出，应分别计入员工个人工资薪金，视同个人购买，按上述限额予以扣除。同时规定，单位统一组织为员工购买或者单位和个人共同负担购买符合规定的商业健康保险产品，单位负担部分应当实名计入个人工资薪金明细清单，视同个人购买，并自购买产品次月起，在不超过 200 元/月的标准内按月扣除。

《国家税务总局关于推广实施商业健康保险个人所得税政策有关征管问题的公告》（国家税务总局公告 2017 年第 17 号）规定：有扣缴义务人的个人自行购买、单位统一组织为员工购买或者单位和个人共同负担购买符合规定的商业健康保险产品，扣缴义务人在填报《扣缴个人所得税报告表》时，应将当期扣除的个人购买商业健康保险支出金额填至申报表"其他扣除"的"商业健康保险"列中（第17列），并同时填报《商业健康保险税前扣除情况明细表》。

【案例6-2-2】 2019年1月，老李所在单位为其购买符合规定的商业健康保险，保险期2019年1月1日至2019年12月31日，保险费3600元/年，全部由单位负担，老李1—3月工资分别为10000元、12000元、10000元（不含保险费用），全年工资薪金所得130000元，不考虑专项扣除、专项附加扣除以及除商业健康保险以外的其他扣除，老李选择按月200元限额内累计预扣。

【问题】 请计算2019年1季度及全年老李应预扣预缴的个人所得税。

【解析】 将单位负担的保险费分摊至12个月：3600÷12=300（元），大于200元扣除标准，按200元累计预扣。

一月预扣税款=（10000+300-5000-200）×3%=153（元）

二月预扣税款=（10000+12000+300×2-5000×2-200×2）×3%-153=213（元）

三月预扣税款=（10000+12000+10000+300×3-5000×3-200×3）×3%-153-213=153（元）

……

全年应纳税款=（130000+3600-60000-2400）×10%-2520=4600（元）

6.2.3 单位和个人共同负担购买商业健康保险的个人所得税计算

如果单位和个人共同负担购买符合规定的商业健康保险产品的，应当将单位负担的部分记入工资，并在限额内扣除。如果限额扣除后仍有空间的，再补扣职工本人负担的部分，最终计算并缴纳个人所得税。

【案例6-2-3】 2019年1月，单位和个人共同负担购买符合规定的商业健康保险产品保险期2019年1月1日至2019年12月31日，保险费1200元/年；同时自己购买符合规定的商业健康保险产品支付2400元，老李全年工资150000元（不含保险费用），不考虑专项扣除、专项附加扣除以及除商业健康保险以外的其他扣除。

【问题】 请计算2019年老李应纳的个人所得税？

【解析】 单位购买保险支出1200元/年，未超过2400元/年的扣除限额，应计入员工个人工资薪金,视同个人购买,按照规定限额在计算个人所得税前进行扣除。

个人购买保险支出 2400 元/年,与单位购买的保险支出合计为 3600 元/年,超出了 2400 元的限额,应按不超过限额扣除,即可扣除:2400-1200=1200(元)。

老李 2019 年应纳个人所得税额=(150000+1200-60000-2400)×10%-2520=6360(元)

6.3 税收递延型商业养老保险扣除

2017 年 6 月,国务院办公厅印发《关于加快发展商业养老保险的若干意见》,文件提出为了支持符合条件的商业保险机构积极参与个人税收递延型商业养老保险试点,在"2017 年年底前启动个人税收递延型商业养老保险试点"。2018 年 4 月,财政部、税务总局、人社部等五部委联合印发《关于开展个人税收递延型商业养老保险试点的通知》(财税〔2018〕22 号,以下简称财税〔2018〕22 号文件),规定自 2018 年 5 月 1 日起,在上海市、福建省(含厦门市)和苏州工业园区实施为期一年的个人税收递延型商业养老保险试点。

6.3.1 理解税收递延型商业养老保险

顾名思义,当"税收"遇到"递延",一般都发生在所得税上,意味着在取得收入或是所得的时候因为一些特殊因素不需要在当时计算并缴纳所得税,而是将课税时间延后至取得最终收益时。

税收递延型商业养老保险也是如此,将取得收入当期应纳的个人所得税,通过税前扣除,递延到最终领取商业养老金时征税,其内涵可以用简单的三句话来概括:

一是缴费支出不纳税。新《个人所得税法》规定,计算居民个人的综合所得应纳税所得额,以每一纳税年度的收入额减除费用六万元以及专项扣除、专项附加扣除,以及个人购买符合国家规定的税收递延型商业养老保险支出等依法确定的其他扣除后确定，并据此计算缴纳税款。

二是期间收益不计税。符合条件的个人，其个人商业养老资金账户内的资金的投资收益，在缴费期间取得收益，暂不征收个人所得税。

三是领取养老再征税。个人达到国家规定的退休年龄时，可按月或按年领取商业养老金，领取期限原则上为终身或不少于15年。个人身故、发生保险合同约定的全残或罹患重大疾病的，可以一次性领取商业养老金。对个人达到规定条件时领取的商业养老金收入，其中25%部分予以免税，其余75%部分按照10%的比例税率计算缴纳个人所得税。

6.3.2 新法施行后的三个变化

新《个人所得税法》施行后，税收递延型商业养老保险的扣除和商业健康险一样，同样面临三个变化：

一是适用范围变化。新《个人所得税法》施行后，税收递延型商业养老保险优惠，不再局限于符合条件的个人取得的工资薪金、劳务报酬、个体工商户生产经营、企事业单位承包承租经营等所得。对于居民个人取得综合所得、经营所得的，在计算缴纳个人所得税时，对其通过个人商业养老资金账户购买符合规定的商业养老保险产品的支出，准予在一定标准内税前扣除。

二是计算方式变化。个人缴费税前扣除执行"比例扣除"和"限额扣除"孰低的方法，双标限额扣除。原个人所得税制度下，税收递延型商业养老保险区别所得项目，分别实行月扣、年扣两种方式。对于取得工资薪金、劳务报酬的，实行按月计算限额并扣除。新《个人所得税法》施行后，居民个人取得综合所得和经营所得一样，实行按年综合征税，对于税收递延型商业养老保险支出，不需要按月计算限额并扣除，应当全部实行按年计算限额并扣除。即，居民个人取得综合所得，个体工商户业主、个人独资企业投资者、合伙企业自然人合伙人和承包承租经营者，取得经营所得，其缴纳的保费准予在计算应纳税所得额时予以限额据实扣除，扣除限额按照不超过当年应税收入的6%和12000元孰低办法确定。

三是征税项目变化。财税〔2018〕22号文件规定，个人达到规定条件时领取的商业养老金收入，其中25%部分予以免税，其余75%部分按照10%的比例税率计算缴纳个人所得税，税款计入"其他所得"项目。

《财政部 税务总局关于个人取得有关收入适用个人所得税应税所得项目的公告》(财政部 税务总局公告2019年第74号)规定,自2019年1月1日起,个人按照财税〔2018〕22号文件的规定,领取的税收递延型商业养老保险的养老金收入,其中25%部分予以免税,其余75%部分按照10%的比例税率计算缴纳个人所得税,税款计入"工资、薪金所得"项目,由保险机构代扣代缴后,在个人购买税延养老保险的机构所在地办理全员全额扣缴申报。

6.3.3 税收递延型商业养老保险优惠的计算

(1)居民个人取得综合所得。

【案例6-3-1】 老王在上海某公司工作,2019年取得工资薪金收入120000元,取得劳务报酬收入20000元,老王自2019年1月起购买了一款符合规定的税收递延型个人商业养老保险产品,每月需缴纳保险金800元,不考虑专项扣除、专项附加扣除以及除税收递延型商业养老健康以外的其他扣除。

【问题】 老王应纳个人所得税多少元?

【解析】 首先,计算老王税收递延型商业养老保险支出可扣除限额。

老王年度综合所得应税收入=120000+20000×(1-20%)=136000(元)

比例扣除限额=应税收入×6%=136000×6%=8160(元),小于12000元扣除最高限额,因此,老王2019年税收递延型商业保险支出扣除限额为8160元。

其次,计算老王当月税前可扣除的已支付税收递延型商业养老保险费。

老王月实际支付保险金800元,全年实际支付9600元,大于扣除额限8160元,只能税前扣除8160元。

因此,老王2019年应纳税所得额=136000-60000-8160=67840(元),适用税率10%,速算扣除数2520,应纳个人所得税:67840×10%-2520=4264(元)。

【案例6-3-2】 接【案例6-3-1】假定老王2019年工资薪金收入150000元,劳务报酬收入50000元,稿酬所得20000元,每月缴纳税收递延型商业养老保险金2000元,其他条件不变。

【问题】 老王2019年应纳个人所得税多少元?

【解析】 老王年度综合所得应税收入:150000+50000×(1-20%)+20000×

（1-20%）×70%＝201200（元）

税收递延型商业养老险支出扣除限额：201200×6%＝12072（元），大于 12000 元扣除限额，2019 年老王税收递延型商业养老险支出最高可扣除 12000 元。

因此，老王 2019 年应纳税所得额＝201200-60000-12000＝129200（元），适用税率 10%，速算扣除数 2520，应纳个人所得税：129200×10%-2520＝10400（元）。

（2）个体工商户业主、个人独资企业投资者、合伙企业自然人合伙人和承包承租经营者取得经营所得。

【案例 6-3-3】 福建省个体工商户老李，2019 年度取得应税收入 15 万元，当年的成本及费用 5 万元，老李自 2019 年 1 月起购买了一款符合规定的税收递延型个人商业养老保险产品，每月需缴纳养老保险金 1500 元，假定老王当年无综合所得，不考虑专项扣除、专项附加扣除以及除税收递延型商业养老健康以外的其他扣除。

【问题】 老李 2019 年应纳个人所得税多少元？

【解析】 2019 年老李税收递延型商业养老保险金按比例扣除限额＝150000×6%＝9000（元），小于年扣除限额 12000 元。2019 年老李商业养老保险支出最高可扣除 9000 元。

老李 2019 年实际缴纳商业养老保险金＝1500×12＝18000（元），大于当年扣除限额 9000 元，可税前扣除 9000 元。

新《个人所得税法实施条例》规定，取得经营所得的个人，没有综合所得的，计算其每一纳税年度的应纳税所得额时，应当减除费用 6 万元、专项扣除、专项附加扣除以及依法确定的其他扣除。专项附加扣除在办理汇算清缴时减除。

老李当年应纳税所得额＝150000-50000-60000-9000＝31000（元）

适用税率 10%，速算扣除数 1500，老李 2019 年应纳个人所得税：31000×10%-1500＝1600（元）。

【案例 6-3-4】 接【案例 6-3-3】，假定老李 2019 年度取得应税收入 100 万元，成本及费用 70 万元，2019 年按季已预缴个人所得税 20000 元，其他条件不变，老李在进行 2019 年度个人所得税申报时。

【问题】 应补（退）个人所得税多少元？

【解析】 2019年老李商业养老保险金按比例扣除限额=1000000×6%=60000（元），大于年扣除限额12000元。2019年老李商业养老保险支出最高可扣除12000元。

老李2019年实际缴纳商业养老保险金=1500×12=18000（元），大于当年扣除限额12000元，可税前扣除12000元。

老李当年应纳税所得额=1000000-700000-60000-12000=228000（元）

适用税率20%，速算扣除数10500，老李2019年应纳个人所得税：228000×20%-10500=35100（元）。

老李汇算清缴2019年度个体工商户生产经营所得个人所得税时，应补缴税款：35100-20000=15100（元）。

个体工商户（个人独资企业、合伙企业）当年经营亏损，可以结转5年内弥补。但纳税人当年按照依法计算的可扣除税收递延型商业养老保险金，当年扣除不完的，不结转以后年度扣除。

6.3.4　取得税收递延型商业养老保险金税款计算

个人购买税收递延型商业养老保险产品，达到国家规定的退休年龄时，可按月或按年领取商业养老金。对个人达到规定条件时领取的商业养老金收入，其中25%部分予以免税，其余75%部分按照10%的比例税率计算缴纳个人所得税。

【案例6-3-5】 假定【案例6-3-1】【案例6-3-3】中的老王、老李2025年达到国家规定的退休年龄，按照其购买的商业养老保险产品约定，按月可领取商业养老金3000元。

【问题】 老王、老李每月领取时应纳个人所得税多少元？

【解析】 老王、老李按月领取商业养老金，由保险公司在支付时代扣代缴。

每月应缴纳个人所得税=3000×75%×10%=225（元）

如果改为按年领取商业养老金，则需在领取月份，由保险公司在支付时代扣代缴。

应缴纳的个人所得税=3000×12×75%×10%=2700（元）

6.4 公益慈善事业捐赠的扣除

个人对教育、扶贫、济困等公益慈善事业的符合规定的捐赠支出,可以在计算个人所得税时在应纳税所得额中依法扣除。从扣除方式上看,个人所得税公益慈善捐赠的扣除主要有两种形式,一是限额内据实扣除,二是全额扣除。

> 第六条 ……
> 个人将其所得对教育、扶贫、济困等公益慈善事业进行捐赠,捐赠额未超过纳税人申报的应纳税所得额30%的部分,可以从其应纳税所得额中扣除;国务院规定对公益慈善事业捐赠实行全额税前扣除的,从其规定。
>
> ——新《个人所得税法》

> 第十九条 个人所得税法第六条第三款所称个人将其所得对教育、扶贫、济困等公益慈善事业进行捐赠,是指个人将其所得通过中国境内的公益性社会组织、国家机关向教育、扶贫、济困等公益慈善事业的捐赠;所称应纳税所得额,是指计算扣除捐赠额之前的应纳税所得额。
>
> ——新《个人所得税法实施条例》

2019年12月31日,财政部、税务总局印发《关于公益慈善事业捐赠个人所得税政策的公告》(财政部 税务总局公告2019年第99号),进一步明确了个人所得税改革后,个人公益慈善事业捐赠扣除的相关政策、计算口径和征管规定。

6.4.1 捐赠扣除限额的计算

除国务院规定的全额税前扣除的事项外,个人捐赠的扣除限额,按照纳税人申报的应纳税所得额30%确认。基本公式为:

$$扣除限额=应纳税所得额×30\%$$

其中应纳税所得额,是指计算扣除捐赠额之前的应纳税所得额。对于不同的个人所得税纳税人、个人所得税应税项目,其应纳税所得额各不相同,扣除限额的计算基础也各不相同。

(1) 居民个人取得综合所得

①按年综合计税

年度综合所得扣除限额=(综合所得收入额-60000-专项扣除-专项附加扣除-依法确定的其他扣除)×30%

②按次单独计税

居民个人取得全年一次性奖金、股权激励等所得,依法不并入综合所得采取单独计税方式处理的,其扣除限额按应纳税所得额计算。每次单独计税扣除限额=每次单独计税应纳税所得额×30%。其中每次单独计税应纳税所得额,按照《关于个人所得税法修改后有关优惠政策衔接问题的通知》(财税〔2018〕164号)规定计算。

(2) 非居民个人取得四项劳动所得

每月工资薪金所得扣除限额=(月工资薪金收入合计-5000)×30%

每次劳务报酬所得扣除限额=每次劳务报酬收入×(1-20%)×30%

每次稿酬所得扣除限额=每次稿酬收入×(1-20%)×70%×30%

每次特许权使用费所得扣除限额=每次特许权使用费所得×(1-20%)×30%

(3) 财产转让所得

新《个人所得税法实施条例》规定,财产转让所得,按照一次转让财产的收入额减除财产原值和合理费用后的余额计算纳税。

扣除限额=(转让收入-财产原值-合理费用)×30%

(4) 财产租赁所得

新《个人所得税法实施条例》规定,财产租赁所得,以一个月内取得的收入为一次。个人出租财产取得的财产租赁收入,在计算缴纳个人所得税时,应依次扣除"财产租赁过程中缴纳的税费""向出租方(转租行为)支付的租金""由纳税人负担的租赁财产实际开支的修缮费用（不超过800元/月）"，即：每次所得=租赁收入-缴纳税费-支付租金-修缮费用。每次所得减除税费后的收入≤4000元：扣除限额=（每次所得-800）×30%；每次所得减除税费后的收入>4000元：扣除限额=每次所得×（1-20%）×30%。

（5）利息、股息、红利所得和偶然所得

新《个人所得税法实施条例》规定，利息、股息、红利所得，以支付利息、股息、红利时取得的收入为一次；偶然所得，以每次取得该项收入为一次。每次扣除限额=应纳税所得额×30%。

（6）经营所得

《个体工商户个人所得税计税办法（2018年修正）》规定，个体工商户的生产、经营所得，以每一纳税年度的收入总额，减除成本、费用、税金、损失、其他支出以及允许弥补的以前年度亏损后的余额，为应纳税所得额。

①纳税人是居民个人且有综合所得的。

扣除限额=（收入-成本-费用-税金-损失-其他支出-弥补亏损）×30%

②纳税人无综合所得的。

扣除限额=（收入-成本-费用-税金-损失-其他支出-弥补亏损-60000-专项扣除-专项附加扣除-依法确定的其他扣除）×30%

③合伙企业和个人独资企业捐赠。

按照"先分后税"的原则，以捐赠年度个人投资者的分配比例，配比计算归属于每一个人投资者的公益捐赠支出，与本人需要在经营所得扣除的其他公益捐赠支出合并，在其经营所得中扣除。

待扣除捐赠支出总额=企业（合伙企业、个人独资企业）配比计算的捐赠支出+个人需要在经营所得扣除的其他公益捐赠支出

扣除限额=[企业（合伙企业、个人独资企业）配比计算的经营所得+本人登记的其他个体工商户（非核定征收）经营所得+本人在其他合伙企业（个人独资企业）配比计算的经营所得+本人的其他经营所得]×30%

6.4.2　居民个人公益慈善事业捐赠的扣除

居民个人发生的公益捐赠支出可以在分类所得（财产租赁所得、财产转让所得、利息股息红利所得、偶然所得）、综合所得或者经营所得中扣除。在当期一个所得项目扣除不完的公益捐赠支出，可以按规定在其他所得项目中

继续扣除。居民个人捐赠当月有多项多次分类所得的，应先在其中一项一次分类所得中扣除。已经在分类所得中扣除的公益捐赠支出，不再调整到其他所得中扣除。

需要注意的是：

①"当期"按照取得所得项目的不同而不同，既有"年"，也有"月"，还有"次"。居民个人取得综合所得和纳税人取得经营所得实行"按年"计算个人所得税，财产租赁所得以"一个月"内的收入为一次，非居民个人取得工资薪金实行"按月"纳税，非居民个人取得劳务报酬、稿酬、特许权使用费所得实行"按次"纳税，纳税人取得利息股息红利所得和偶然所得，以取得的收入为"一次"，纳税人取得财产转让所得按照"一次转让"计税。对于按年和按月计税的，当期可以理解为"当年"及"当月"；对于按次计税的，当期为纳税人取得所得的当月。

②居民个人发生的公益慈善捐赠在各项分类所得中扣除的，"当期"扣除不完的，可以在本年综合所得、经营所得中继续扣除。在当期一个所得项目扣除不完的公益捐赠支出，可以按规定在其他所得项目中继续扣除。

③居民个人取得工资薪金所得的，可以选择在预扣预缴时扣除，也可以选择在年度汇算清缴时扣除；从两处以上取得工资薪金所得，选择其中一处扣除，选择后当年不得变更。

④居民个人取得劳务报酬所得、稿酬所得、特许权使用费所得的，预扣预缴时不扣除公益捐赠支出，统一在汇算清缴时扣除。

⑤居民个人根据各项所得的收入、公益捐赠支出、适用税率等情况，自行决定在综合所得、分类所得、经营所得中扣除的公益捐赠支出的顺序。

⑥在经营所得中扣除公益捐赠支出的，可以选择在预缴税款时扣除，也可以选择在汇算清缴时扣除。

⑦经营所得采取核定征收方式的，不扣除公益捐赠支出。

⑧居民个人取得全年一次性奖金、股权激励等所得，且按规定采取不并入综合所得而单独计税方式处理的，公益捐赠支出扣除比照分类所得的扣除规定处理。

【案例6-4-1】 2020年度，居民个人小王取得下列收入：

（1）在A公司任职，全年共取得扣缴"三险一金"后的工资薪金收入120000元。

（2）投资B公司，3月取得分配2019年度股利30000元。

(3) 借款给C公司，7月取得借款利息所得（不考虑增值税）40000元。

(4) 10月，出版专著取得稿酬所得10000元。

2020年7月，小王通过县人民政府公益慈善捐赠20000元。小王按其收入规模和适用税率的情况，捐赠扣除选择先在分类所得中扣除，后在综合所得中扣除的次序进行。

【问题】 假定小王2020年度无专项附加扣除、依法确定的其他扣除，小王2020年应纳个人所得税多少元？

【解析】 (1) 小王2020年取得了综合所得和分类所得，无经营所得。

(2) 小王2020年3月取得股利所得30000元，该项股利所得应纳税额 = 30000×20% = 6000（元）。

(3) 7月取得债券利息所得，当月公益慈善性捐赠20000元，扣除限额 = 40000×30% = 12000（元），小于捐赠额20000元，应扣除12000元。

该项所得应纳税 = （40000-12000）×20% = 5600（元）

未扣完的公益慈善捐赠余额 = 20000-12000 = 8000（元），在其当年综合所得中依法扣除。

(4) 小王取得综合所得：

年度应纳税所得额 = 120000+10000×（1-20%）×70%-60000 = 65600（元）

捐赠扣除限额 = 65600×30% = 19680（元），大于未扣完的公益慈善捐赠额8000元，应按8000元扣除。

小王2020年综合所得应纳税：（65600-8000）×10%-2520 = 3240（元）

居民个人同时发生按30%限额据实扣除和全额扣除的公益捐赠支出，自行选择扣除次序是指扣除所得的先后次序，即根据各项所得的收入、公益捐赠支出、适用税率等情况，自行决定在当期综合所得、分类所得、经营所得中扣除的公益捐赠支出的扣除顺序。

纳税人同时存在全额扣除和限额据实扣除的公益性捐赠的，其捐赠限额的计算按照新《个人所得税法实施条例》规定，计算扣除捐赠额之前的应纳税所得额为计算基数。简单地说，纳税人同时存在全额扣除和限额据实扣除的公益性捐赠的，无论扣除顺序如何，不影响最终的扣除额。

【案例6-4-2】 2020年，居民个人小王在A公司任职，月工资1万元，公司代扣个人缴付"三险一金"1500元/月。2020年10月，公司集体通过县政府对公益慈善事业捐赠，小王捐赠现金2000元。小王是独生子女，2020年父亲65周岁，有一个孩子在读小学五年级。

假定小王无其他所得和依法确定的其他扣除，子女教育专项附加扣除由小王扣除100%。捐赠支出由公司在支付工资时累计预扣。

【问题】 公司2020年10—12月如何扣缴小王个人所得税多少元？

【解析】 （1）居民个人小王在A公司任职，取得工资薪金所得由A公司累计预扣，截至2020年9月，已累计预扣税款：

累计预扣税款＝（10000×9－5000×9－1500×9－2000×9－1000×9）×3%＝135（元）

（2）10月：

累计应纳税所得额＝10000×10－5000×10－1500×10－2000×10－1000×10＝5000（元）

可扣除公益慈善捐赠限额＝5000×30%＝1500（元），小于捐赠额2000元，按限额扣除1500元。

扣除后累计应纳税额＝（5000－1500）×3%－135＝－30（元），当月累计应纳税额为负，无需纳税，不予退税。

（3）11月：

累计应纳税所得额＝10000×11－5000×11－1500×11－2000×11－1000×11＝5500（元）

可扣除公益慈善捐赠限额＝5500×30%＝1650（元），小于捐赠额2000元，按限额扣除1650元。

扣除后累计应纳税额＝（5500－1650）×3%－135＝－19.5（元），当月累计应纳税额为负，无需纳税，不予退税。

（4）12月：

累计应纳税所得额＝10000×12－5000×12－1500×12－2000×12－1000×12＝6000（元）

可扣除公益慈善捐赠限额＝6000×30%＝1800（元），小于捐赠额2000元，按限额扣除1800元。

扣除后累计应纳税额＝（6000－1800）×3%－135＝－9（元），当月累计应纳税额为负，无需纳税，不予退税。

（5）2021年3月到6月汇算清缴：

全年应纳税所得额＝10000×12－5000×12－1500×12－2000×12－1000×12＝6000（元）

可扣除公益慈善捐赠限额＝6000×30%＝1800（元），小于捐赠额2000元，按限额扣除1800元，未扣除完捐赠余额200元不结转2021年度扣除。

全年应纳税额＝（10000×12－5000×12－1500×12－2000×12－1000×12－1800）×3%＝126（元）

已累计预扣税额135元，应退税额9元。

小王可汇算清缴申请退税9元。

6.4.3 非居民个人公益慈善事业捐赠的扣除

非居民个人发生的公益捐赠支出，未超过其在公益捐赠支出发生的当月应纳税所得额30%的部分，可以从其应纳税所得额中扣除。扣除不完的公益捐赠支出，可以在经营所得中继续扣除。

如果非居民个人一个月内取得工资薪金所得、劳务报酬所得、稿酬所得、特许权使用费所得、利息股息红利所得、财产租赁所得、财产转让所得、以及偶然所得等多项多次所得，其公益慈善捐赠的扣除可在当月多项多次所得中，参照"居民个人根据各项所得的收入、公益捐赠支出、适用税率等情况，自行决定在综合所得、分类所得、经营所得中扣除的公益捐赠支出的顺序"的规定，根据各项所得的收入、公益捐赠支出、适用税率等情况，自行决定扣除顺序。

当月有多项多次分类所得的，应先在其中一项一次分类所得中扣除。已经在分类所得中扣除的公益捐赠支出，不再调整到其他所得中扣除。

【案例6-4-3】 无住所非居民个人汤姆2020年在中国境内取得以下应税收入：2020年5月1日至2020年5月31日，在中国境内A公司工作取得工资薪金所得20000元，当月将自己的一台高端专业相机租给居民个人小王在境内使用，取得租金收入1000元，购买福利彩票中奖所得15000元。汤姆在领取奖金的当天，当即通过红十字会公益慈善捐赠5000元。

【问题】 请计算汤姆2020年5月应纳个人所得税。

【解析】 参照2019年第99号公告中居民个人的规定，非居民个人捐赠当月有多项多次分类所得的，也应先在其中一项一次分类所得中扣除。已经在分类所得中扣除的公益捐赠支出，不再调整到其他所得中扣除。案例中，汤姆因为偶然所得和财产租赁所得税率较高，选择优先扣除。具体扣除及税额计算如下：

（1）取得偶然所得扣除限额＝15000×30%＝4500（元），可扣除捐赠金额

5000 元，应扣除 4500 元，扣除后应纳税额 = （15000 - 4500）×20% = 2100（元），待扣除捐赠余额 500 元。

（2）取得租金收入扣除限额 = （1000 - 800）×30% = 60（元），小于待扣除捐赠余额 500 元，应扣除 60 元，扣除后应纳税额 = （1000 - 800 - 60）×20% = 28（元），待扣除捐赠余额 440 元。

（3）取得工资薪金扣除限额 = （20000 - 5000）×30% = 4500（元），待扣除捐赠余额 440 元，应扣除 440 元，扣除后应纳税额 = （20000 - 5000 - 440）× 20% - 1410 = 1502（元）。

汤姆合计应纳税额 = 2100+28+1502 = 3630（元）。

6.4.4 符合税法规定的捐赠接受人

不是所有的公益慈善性捐赠都能在个人所得税前扣除。个人将其所得只有通过中国境内的公益性社会组织、国家机关向教育、扶贫、济困等公益慈善事业的捐赠，才能依法予以扣除。不仅要求捐赠本身是对公益慈善事业的捐赠，还要求接受捐赠人必须符合税法规定，包括中国境内公益性社会团体和国家机关。

（1）中国境内公益性社会团体

境内公益性社会组织，包括依法设立或登记并按规定条件和程序取得公益性捐赠税前扣除资格的慈善组织、其他社会组织和群众团体。个人在通过中国境内公益性社会组织进行公益慈善性捐赠时，需要特别关注社会组织是否符合税法规定。

《财政部　国家税务总局　民政部关于公益性捐赠税前扣除有关问题的通知》（财税〔2008〕160 号）规定，个人通过社会团体、国家机关向公益事业的捐赠支出，按照现行税收法律、行政法规及相关政策规定准予在所得税税前扣除。

社会团体均指依据国务院发布的《基金会管理条例》和《社会团体登记管理条例》的规定，经民政部门依法登记、符合以下条件的基金会、慈善组织等公益性社会团体：

①符合《企业所得税法实施条例》规定的条件；同时符合以下九个条件的慈善组织以及其他社会组织：

A. 依法登记，具有法人资格；

B. 以发展公益事业为宗旨，且不以营利为目的；

C. 全部资产及其增值为该法人所有；

D. 收益和营运结余主要用于符合该法人设立目的的事业；

E. 终止后的剩余财产不归属任何个人或者营利组织；

F. 不经营与其设立目的无关的业务；

G. 有健全的财务会计制度；

H. 捐赠者不以任何形式参与该法人财产的分配；

I. 国务院财政、税务主管部门会同国务院民政部门等登记管理部门规定的其他条件。

②申请前 3 年内未受到行政处罚；

③基金会在民政部门依法登记 3 年以上（含 3 年）的，应当在申请前连续 2 年年度检查合格，或最近 1 年年度检查合格且社会组织评估等级在 3A 以上（含 3A），登记 3 年以下 1 年以上（含 1 年）的，应当在申请前 1 年年度检查合格或社会组织评估等级在 3A 以上（含 3A），登记 1 年以下的基金会具备上述规定的条件；

④公益性社会团体（不含基金会）在民政部门依法登记 3 年以上，净资产不低于登记的活动资金数额，申请前连续 2 年年度检查合格，或最近 1 年年度检查合格且社会组织评估等级在 3A 以上（含 3A），申请前连续 3 年每年用于公益活动的支出不低于上年总收入的 70%（含 70%），同时需达到当年总支出的 50% 以上（含 50%）。

已经取得公益性捐赠扣除资格的公益性社会团体，具有下列情形的，应取消公益性捐赠税前扣除资格：年度检查不合格或最近一次社会组织评估等级低于 3A 的；在申请公益性捐赠税前扣除资格时有弄虚作假行为的；存在偷税行为或为他人偷税提供便利的；存在违反该组织章程的活动，或者接受的捐赠款项用于组织章程规定用途之外的支出等情况的；受到行政处罚的。《财政部　税务总局　民政部关于公益性捐赠税前扣除资格有关问题的补充通知》（财税〔2018〕110 号）规定，《财政部　国家税务总局　民政部关于公益性捐赠税前扣除有关问题的通知》（财税〔2008〕160 号）和《财政部　国家税务总局关于通过公益性群众团体的公益性捐赠税前扣除有关问题的通知》（财税〔2009〕124 号）中的"行政处罚"，是指税务机关和登记管理机关给予的行政处罚（警告或单次 1 万元以下罚款除外）。

《财政部　国家税务总局　民政部关于公益性捐赠税前扣除资格确认审批

有关调整事项的通知》(财税〔2015〕141号)进一步规定,"公益性捐赠税前扣除资格确认"取消非行政许可审批事项后,公益性社会团体捐赠税前扣除资格确认程序:

一是对在民政部登记设立的社会组织,由民政部在登记注册环节会同财政部、国家税务总局对其公益性进行联合确认,对符合公益性社会团体条件的社会组织,财政部、国家税务总局、民政部联合发布公告,明确其公益性捐赠税前扣除资格。

二是对在民政部登记注册且已经运行的社会组织,由财政部、国家税务总局和民政部结合社会组织公益活动情况和年度检查、评估等情况,对符合公益性社会团体条件的社会组织联合发布公告,明确其公益性捐赠税前扣除资格。

三是在省级和省级以下民政部门登记注册的社会组织,由省级相关部门参照上述规定执行。

(2)国家机关。

《财政部 国家税务总局 民政部关于公益性捐赠税前扣除有关问题的通知》(财税〔2008〕160号)规定,国家机关均指县级(含县级)以上人民政府及其组成部门和直属机构。

6.4.5 捐赠资产价值的确定

居民个人对公益慈善事业的捐赠,需要就捐赠资产的价值进行确定。

《财政部 税务总局关于公益慈善事业捐赠个人所得税政策的公告》(财政部 税务总局公告2019年第99号)规定,个人发生的公益捐赠支出金额,按照以下规定确定:

①捐赠货币性资产的,按照实际捐赠金额确定;

②捐赠股权、房产的,按照个人持有股权、房产的财产原值确定;

③捐赠除股权、房产以外的其他非货币性资产的,按照非货币性资产的市场价格确定。

6.4.6 计算应税所得额时可全额扣除的捐赠

(1)公益捐赠

国务院规定对公益捐赠全额税前扣除的,按照规定执行。个人同时发生按百分之三十扣除和全额扣除的公益捐赠支出，自行选择扣除次序。

可全额扣除的公益捐赠有：

①向农村义务教育和教育事业的捐赠。

《财政部　国家税务总局关于纳税人向农村义务教育捐赠有关所得税政策的通知》（财税〔2001〕103号）规定，个人通过非营利的社会团体和国家机关向农村义务教育的捐赠，准予在缴纳个人所得税前的所得额中全额扣除。农村义务教育的范围，是指政府和社会力量举办的农村乡镇（不含县和县级市政府所在地的镇）、村的小学和初中以及属于这一阶段的特殊教育学校，包括纳税人对农村义务教育与高中在一起的学校的捐赠。

《财政部　国家税务总局关于教育税收政策的通知》（财税〔2004〕第39号）规定，纳税人通过中国境内非营利的社会团体、国家机关向教育事业的捐赠，准予在个人所得税前全额扣除。

②对中国教育发展基金会的捐赠。

《财政部　国家税务总局关于中国教育发展基金会捐赠所得税政策问题的通知》（财税〔2006〕68号）规定，对个人通过中国教育发展基金会用于公益救济性捐赠，准予在缴纳个人所得税前全额扣除。

③对公益性青少年活动场所的捐赠。

《财政部　国家税务总局关于对青少年活动场所、电子游戏厅有关所得税和营业税政策问题的通知》（财税〔2000〕21号）规定，对个人通过非营利性的社会团体和国家机关对公益性青少年活动场所（其中包括新建）的捐赠，在缴纳个人所得税前准予全额扣除。公益性青少年活动场所，是指专门为青少年学生提供科技、文化、德育、爱国主义教育、体育活动的青少年宫、青少年活动中心等校外活动的公益性场所。

④对老年服务机构的捐赠。

《财政部　国家税务总局关于对老年服务机构有关税收政策问题的通知》（财税〔2000〕97号）规定，对个人通过非营利性的社会团体和政府部门向福利性、非营利性的老年服务机构的捐赠，在缴纳个人所得税前准予全额扣除。老年服务机构，是指专门为老年人提供生活照料、文化、护理、健身等多方面服务的福利性、非营利性的机构，主要包括：老年社会福利院、敬老院（养老院）、老年服务中心、老年公寓（含老年护理院、康复中心、托老所）等。

⑤向宋庆龄基金会等6家单位的捐赠。

《财政部　国家税务总局关于向宋庆龄基金会等6家单位捐赠所得税政策

问题的通知》（财税〔2004〕172号）规定，对个人通过宋庆龄基金会、中国福利会、中国残疾人福利基金会、中国扶贫基金会、中国煤矿尘肺病治疗基金会、中华环境保护基金会用于公益救济性的捐赠，准予在缴纳个人所得税前全额扣除。

⑥对中国医药卫生事业发展基金会的捐赠。

《财政部 国家税务总局关于中国医药卫生事业发展基金会捐赠所得税政策问题的通知》（财税〔2006〕67号）规定，对个人通过中国医药卫生事业发展基金会用于公益救济性捐赠，准予在缴纳个人所得税前全额扣除。

⑦向红十字事业捐赠。

《财政部 国家税务总局关于企业等社会力量向红十字事业捐赠有关所得税政策问题的通知》（财税〔2000〕30号）规定，个人通过非营利性的社会团体和国家机关（包括中国红十字会）向红十字事业的捐赠，在计算缴纳个人所得税时准予全额扣除。

⑧对中国老龄事业发展基金会等8家单位的捐赠。

《财政部 国家税务总局关于中国老龄事业发展基金会等8家单位捐赠所得税政策问题的通知》（财税〔2006〕66号）规定，对个人通过中国老龄事业发展基金会、中国华文教育基金会、中国绿化基金会、中国妇女发展基金会、中国关心下一代健康体育基金会、中国生物多样性保护基金会、中国儿童少年基金会和中国光彩事业基金会用于公益救济性捐赠，准予在缴纳个人所得税前全额扣除。

⑨对中华快车基金会等5家单位的捐赠。

《财政部 国家税务总局关于向中华健康快车基金会等5家单位的捐赠所得税税前扣除问题的通知》（财税〔2003〕204号）规定，对个人向中华健康快车基金会和孙冶方经济科学基金会、中华慈善总会、中国法律援助基金会和中华见义勇为基金会的捐赠，准予在缴纳个人所得税前全额扣除。

⑩对北京2022年冬奥会和冬残奥会的捐赠。

《财政部 税务总局关于北京2022年冬奥会和冬残奥会税收政策的通知》（财税〔2017〕60号）规定，个人捐赠北京2022年冬奥会、冬残奥会、测试赛的资金和物资支出可在计算个人应纳税所得额时予以全额扣除。

⑪对支持新型冠状病毒疫情防控的捐赠。

《财政部 税务总局关于支持新型冠状病毒感染的肺炎疫情防控有关捐赠税收政策的公告》（财政部 税务总局公告2020年第9号）规定，自2020年1

月 1 日起,在新型冠状病毒感染的肺炎疫情防控期间,个人通过公益性社会组织或者县级以上人民政府及其部门等国家机关,捐赠用于应对新型冠状病毒感染的肺炎疫情的现金和物品,允许在计算应纳税所得额时全额扣除。

(2) 直接捐赠

《财政部 税务总局关于支持新型冠状病毒感染的肺炎疫情防控有关捐赠税收政策的公告》(财政部 税务总局公告 2020 年第 9 号) 规定,自 2020 年 1 月 1 日起在新型冠状病毒感染的肺炎疫情防控期间,个人直接向承担疫情防治任务的医院捐赠用于应对新型冠状病毒感染的肺炎疫情的物品,允许在计算应纳税所得额时全额扣除。

捐赠人凭承担疫情防治任务的医院开具的捐赠接收函办理税前扣除事宜。

6.4.7 捐赠支出票据规范

公益性社会组织、国家机关在接受个人捐赠时,应当按照规定开具捐赠票据;个人索取捐赠票据的,应予以开具。

按照《财政部 国家税务总局 民政部关于公益性捐赠税前扣除有关问题的通知》(财税〔2008〕160 号) 规定,公益性社会团体和县级以上人民政府及其组成部门和直属机构在接受捐赠时,应按照行政管理级次分别使用由财政部或省、自治区、直辖市财政部门印制的公益性捐赠票据,并加盖本单位的印章。

纳税人在公益慈善性捐赠之后,获取合规的捐赠凭证需要注意:

①个人发生公益捐赠时不能及时取得捐赠票据的,可以暂时凭公益捐赠银行支付凭证扣除,并向扣缴义务人提供公益捐赠银行支付凭证复印件。个人应在捐赠之日起 90 日内向扣缴义务人补充提供捐赠票据,如果个人未按规定提供捐赠票据的,扣缴义务人应在 30 日内向主管税务机关报告。

②机关、企事业单位统一组织员工开展公益捐赠的,纳税人可以凭汇总开具的捐赠票据和员工明细单扣除。

③个人在向公益性社会团体和县级以上人民政府及其组成部门和直属机构捐赠时,捐赠股权、房产的还应出示财产原值证明;捐赠其他非货币性资产的,提供注明捐赠非货币性资产市场价格的证明,如果不能提供上述证明,公益性社会团体和县级以上人民政府及其组成部门和直属机构不得向其开具公益性捐赠票据。

④新设立的基金会在申请获得捐赠税前扣除资格后，原始基金的捐赠人可凭捐赠票据依法享受税前扣除。在还没有设立或者虽然已经设立但没有获得捐赠税前扣除资格之前，基金会暂时不能取得捐赠有效凭证，也就不能按照规定税前扣除。获得资格之后，可以补开有效凭证。

⑤个人直接向承担疫情防治任务的医院捐赠用于应对新型冠状病毒感染的肺炎疫情的物品，捐赠人凭承担疫情防治任务的医院开具的捐赠接收函办理税前扣除事宜。

6.4.8 捐赠扣除的办理

（1）依规扣除

个人通过扣缴义务人享受公益捐赠扣除政策，应当告知扣缴义务人符合条件可扣除的公益捐赠支出金额，并提供捐赠票据的复印件，其中捐赠股权、房产的还应出示财产原值证明。扣缴义务人应当按照规定在预扣预缴、代扣代缴税款时予扣除，并将公益捐赠扣除金额告知纳税人。

个人自行办理或扣缴义务人为个人办理公益捐赠扣除的，应当在申报时一并报送《个人所得税公益慈善事业捐赠扣除明细表》。个人应留存捐赠票据，留存期限为五年。

按照《财政部 税务总局关于支持新型冠状病毒感染的肺炎疫情防控有关捐赠税收政策的公告》（财政部 税务总局公告2020年第9号）规定，纳税人允许在计算应纳税所得额前全额扣除的、直接向承担疫情防治任务的医院捐赠用于应对新型冠状病毒感染的肺炎疫情的物品，捐赠人凭承担疫情防治任务的医院开具的捐赠接收函办理税前扣除事宜。

（2）追补扣除

居民个人发生的公益捐赠支出，可在捐赠当月取得的分类所得中扣除。当月分类所得应扣除未扣除的公益捐赠支出，可以按照"未解缴直接退、已解缴更正退"的原则追补扣除：

①未解缴直接退。

扣缴义务人已经代扣但尚未解缴税款的，居民个人可以向扣缴义务人提出追补扣除申请，退还已扣税款。

②已解缴更正退。

由扣缴义务人扣缴税款的。扣缴义务人已经代扣且解缴税款的，居民个人可以在公益捐赠之日起 90 日内提请扣缴义务人向征收税款的税务机关办理更正申报追补扣除，税务机关和扣缴义务人应当予以办理。

居民个人自行申报纳税的。可以在公益捐赠之日起 90 日内向主管税务机关办理更正申报追补扣除。

非居民个人按规定可以在应纳税所得额中扣除公益捐赠支出而未实际扣除的，也按以上规定追补扣除。

（3）2019 年追补扣除特别规定

个人自 2019 年发生的公益捐赠支出，依法可以在分类所得中扣除但未扣除的，可以在 2020 年 1 月 31 日前通过扣缴义务人向征收税款的税务机关提出追补扣除申请，税务机关应当按规定予以办理。

7

预扣预缴和代扣代缴

《税收征管法》规定，法律、行政法规规定负有代扣代缴、代收代缴税款义务的单位和个人为扣缴义务人。扣缴义务人必须依照法律、行政法规的规定代扣代缴、代收代缴税款。在个人所得税征收管理中，代扣代缴是主要的征收方式。2019年1月1日，新《个人所得税法》施行后，综合和分类相结合的税收制度下，代扣代缴制度也相应发生了变化。

新《个人所得税法》中，个人所得税代扣代缴包括预扣预缴和代扣代缴两种形式。

7.1 扣缴义务人的确定

新《个人所得税法》规定，个人所得税以所得人为纳税人，以支付所得的单位或者个人为扣缴义务人。

《财政部 税务总局关于非居民个人和无住所居民个人有关个人所得税政策的公告》（财政部 税务总局公告2019年第35号）规定，无住所个人在境内任职、受雇取得来源于境内的工资薪金所得，凡境内雇主与境外单位或者个人存在关联关系，将本应由境内雇主支付的工资薪金所得，部分或者全部由境外关联方支付的，无住所个人可以自行申报缴纳税款，也可以委托境内雇主代为缴纳税款。无住所个人未委托境内雇主代为缴纳税款的，境内雇主应当在相关所得支付当月终了后15日内向主管税务机关报告相关信息，包括境内雇主与境外关联方对无住所个人的工作安排、境外支付情况以及无住所个人的联系方式等信息。

《个人所得税扣缴申报管理办法（试行）》（国家税务总局公告2018年第61号印发）规定，扣缴义务人，是指向个人支付所得的单位或者个人。扣缴义务人应当依法办理全员全额扣缴申报。

全员全额扣缴申报，是指扣缴义务人应当在代扣税款的次月15日内，向主管税务机关报送其支付所得的所有个人的有关信息、支付所得数额、扣除事项和数额、扣缴税款的具体数额和总额以及其他相关涉税信息资料。

在实务执行中，由于存在各种不同的支付形式，如：人力资源外包公司代客户单位发放工资，在扣缴义务人的认定上就存在争议。《国家税务总局关于个人所得税偷税案件查处中有关问题的补充通知》（国税函〔1996〕602号）规定，扣缴义务人的认定，按照《个人所得税法》的规定，向个人支付所得的单位和个人为扣缴义务人。由于支付所得的单位和个人与取得所得的人之间有多重支付的现象,有时难以确定扣缴义务人。为保证全国执行的统一,现将认定标准规定为:凡税务机关认定对所得的支付对象和支付数额有决定权的单位和个人,即为扣缴义务人。

7.2 代扣代缴的范围

在个人所得税的 9 个应税所得项目中,实行个人所得税全员全额扣缴申报的应税所得包括以下 8 个:①工资、薪金所得;②劳务报酬所得;③稿酬所得;④特许权使用费所得;⑤利息、股息、红利所得;⑥财产租赁所得;⑦财产转让所得;⑧偶然所得。

对于不同的所得人取得不同的所得项目,其扣缴的规定也各不相同。

一是向居民个人支付工资、薪金所得,按月使用累计预扣法计算预扣税款,并按月办理扣缴申报,次年依法汇算清缴。

二是向居民个人支付除工资、薪金所得外的劳务报酬所得、稿酬所得、特许权使用费所得等 3 项综合所得的,按照比例(加成)预扣法按次或者按月预扣预缴税款,次年依法汇算清缴。

三是向非居民个人支付工资、薪金所得,劳务报酬所得,稿酬所得和特许权使用费所得,按月或者按次代扣代缴税款,适用按月折算后的 7 级超额累计税率计算扣缴,无须汇算清缴。

四是向纳税人支付利息、股息、红利所得,财产租赁所得,财产转让所得或者偶然所得,由支付人依法按次或者按月代扣代缴税款。

代扣代缴义务人应当履行的代扣代缴义务以及不同税目扣缴方法如表 7-1 所示。

表 7-1　　　　　　　　个人所得税代扣代缴方法一览表

所得类型	扣缴方法
向居民个人支付工资、薪金所得	按照累计预扣法计算预扣税款,并按月办理扣缴申报

续表

所得类型	扣缴方法
向居民个人支付劳务报酬所得、稿酬所得、特许权使用费所得	按照比例（加成）预扣法按次或者按月预扣预缴税款
向非居民个人支付工资、薪金所得，劳务报酬所得，稿酬所得和特许权使用费所得	按月或者按次代扣代缴税款，适用按月折算后的七级超额累进税率计算扣缴
支付利息、股息、红利所得，财产租赁所得，财产转让所得或者偶然所得	依法按次或者按月代扣代缴税款

7.3 向居民个人支付工资薪金所得预扣预缴

《个人所得税扣缴申报管理办法（试行）》（国家税务总局公告2018年第61号印发）规定，扣缴义务人向居民个人支付工资、薪金所得时，应当按照累计预扣法计算预扣税款，并按月办理扣缴申报。

累计预扣法，是指扣缴义务人在一个纳税年度内预扣预缴税款时，以纳税人在本单位截至当前月份工资、薪金所得累计收入减除累计免税收入、累计减除费用、累计专项扣除、累计专项附加扣除和累计依法确定的其他扣除后的余额为累计预扣预缴应纳税所得额，适用个人所得税预扣率表一（见表7-2），计算累计应预扣预缴税额，再减除累计减免税额和累计已预扣预缴税额，其余额为本期应预扣预缴税额。余额为负值时，暂不退税。纳税年度终了后余额仍为负值时，由纳税人通过办理综合所得年度汇算清缴，税款多退少补。

表7-2　　　　　　　　个人所得税预扣率表一
（居民个人工资、薪金所得预扣预缴适用）

级数	累计预扣预缴应纳税所得额	预扣率(%)	速算扣除数
1	不超过36000元的部分	3	0
2	超过36000元至144000元的部分	10	2520

续表

级数	累计预扣预缴应纳税所得额	预扣率(%)	速算扣除数
3	超过144000元至300000元的部分	20	16920
4	超过300000元至420000元的部分	25	31920
5	超过420000元至660000元的部分	30	52920
6	超过660000元至960000元的部分	35	85920
7	超过960000元的部分	45	181920

具体计算公式如下：

本期应预扣预缴税额=（累计预扣预缴应纳税所得额×预扣率-速算扣除数）-累计减免税额-累计已预扣预缴税额

累计预扣预缴应纳税所得额=累计收入-累计免税收入-累计减除费用-累计专项扣除-累计专项附加扣除-累计依法确定的其他扣除

其中：累计减除费用，按照5000元/月乘以纳税人当年截至本月在本单位的任职受雇月份数计算。

7.3.1 纳税人全年在某单位任职

【案例7-3-1】 2019年3月，小王收入3万元，其中包括基本工资7000元，当月绩效奖励23000元，小王1、2月分别取得收入5000元、7000元。

【问题】 不考虑专项扣除、专项附加扣除、其他扣除，应如何计算小王1—3月的应纳税款？

【解析】 如果按2011年《个人所得税法》分月代扣代缴，计算如下：

1月应纳税=5000-5000=0，不纳税

2月应纳税=（7000-5000）×3%=60（元）

3月应纳税=（30000-5000）×25%-2660=3590（元）

如果按新《个人所得税法》累计预扣法预扣预缴，在一个纳税年度内，依据纳税人截止到某个月末的累计应纳税所得额，计算累计应纳税额减除当年已实际入库的税款后，预扣预缴。具体如下：

纳税人累计应税所得不足36000元按低税率算，按月累计扣除费用：

1月应纳税=5000-5000=0，不纳税

2月应纳税=（5000+7000-5000×2）×3%=60（元）

3月应纳税=(5000+7000+30000-5000×3)×3%-60=750（元）

向居民个人支付工资薪金所得采取累计预扣法，需要重点注意两个事项：

一是除特别规定外，累计预扣法仅适用于居民个人取得工资薪金所得，不适用于取得其他三项综合所得预扣。

二是如果计算本月应预扣预缴税额为负值时，暂不退税。纳税年度终了后余额仍为负值时，由纳税人通过办理综合所得年度汇算清缴，税款多退少补。

【案例7-3-2】 接【案例7-3-1】，2019年4月，小王取得工资薪金收入4000元。2019年5月，小王取得工资薪金收入1万元。

【问题】 不考虑专项扣除、专项附加扣除、其他扣除，应如何计算小王4、5月的预扣预缴税款？

【解析】 按照累计预扣法，4月应纳税=(5000+7000+30000+4000-5000×4)×3%-60-750=-30（元）

5月应纳税=(5000+7000+30000+4000+10000-5000×5)×3%-60-750=120（元）

新《个人所得税法》中居民个人的综合所得实行按年综合计税，对于不同的纳税人，年度工资薪金所得一致时，在没有劳务报酬所得、稿酬所得、特许权使用费所得的情况下，不考虑专项扣除、专项附加扣除和依法确定的其他扣除的差异时，无论工资薪金是按月平均发放、还是按考核差额发放、或者是合并月份发放等，其年度个人所得税应纳税额是一致的。分月预扣预缴个人所得税款只是一个过渡的中间情形，并不是最终确定的年度应纳税额，由于职工个人每月工资薪金的变化，当月应纳税额为负值时，在预扣预缴期间不予处理，既不纳税，也暂不退税，待次年综合所得汇算清缴时，再多退少补。

当月应纳预缴税额为负数，在以后月份累计预扣法计算预缴税额时，视同当月预缴税额为0。只需要扣除纳税人以前月份的实际预缴的税额，不需要对负数进行处理。

> 按照工资薪金计算出实际已纳税款余额为负值时，暂不退税。纳税年度终了后余额仍为负值时，由纳税人通过办理综合所得年度汇算清缴，税款多退少补。
> ——《个人所得税扣缴申报管理办法（试行）》

7.3.2 纳税人年中到某单位任职

实务中，经常会出现个人任职受雇情况的变化。如个人年中辞职后另谋高就，应届毕业大学生毕业后从9月起入职等，在这些情形下，用人单位对个人所取得的工资薪金所得如何预扣预缴个人所得税？其专项扣除、专项附加扣除、依法确定的其他扣除又该如何累计扣除？

【案例7-3-3】 2019年1—5月，小李在A公司任职，月薪10800元，个人应负担的"三险一金"800元，在公司申报每月扣除子女教育和住房贷款利息专项附加扣除共2000元。自2019年6月起，小李辞职到B公司任职，月薪15800元，其专项扣除、专项附加扣除不变。

【问题】 A、B公司应如何计算并预扣小李的工资薪金个人所得税。

【解析】 2019年1—5月A公司应累计预扣小李个人所得税税款：

1月应纳税＝（10800－5000－800－2000）×3%＝90（元）

2月应纳税＝（10800×2－5000×2－800×2－2000×2）×3%－90＝90（元）

3月应纳税＝（10800×3－5000×3－800×3－2000×3）×3%－90－90＝90（元）

4月应纳税＝（10800×4－5000×4－800×4－2000×4）×3%－90－90－90
＝90（元）

5月应纳税＝（10800×5－5000×5－800×5－2000×5）×3%－90－90－90－90
＝90（元）

2019年6—12月小李在B公司任职，B公司预扣工资薪金个人所得税税款时，不需要累计小李在A公司的工资薪金的税款预扣情况（公司难以取得该项数据，小李也没有提供义务），直接就小李在B公司任职的首月起，重新累计预扣，其专项扣除、专项附加扣除也按照配比原则，从6月在B公司任职起重新累计。

具体如下：

6月累计预扣税额＝（15800－5000－800－2000）×3%＝240（元）

7月累计预扣税额＝（15800×2－5000×2－800×2－2000×2）×3%－240＝240（元）

8月累计预扣税额＝（15800×3－5000×3－800×3－2000×3）×3%－240－240＝240（元）

9月累计预扣税额＝（15800×4－5000×4－800×4－2000×4）×3%－240－240－

240=240（元）

10月应纳税所得额=15800×5-5000×5-800×5-2000×5=40000（元）

10月累计预扣税额=40000×10%-2520-240-240-240-240=520（元）

11月应纳税所得额=15800×6-5000×6-800×6-2000×6=48000（元）

11月累计预扣税额=48000×10%-2520-240-240-240-240-520=800（元）

12月应纳税所得额=15800×7-5000×7-800×7-2000×7=56000（元）

12月累计预扣税额=56000×10%-2520-240-240-240-240-520-800=800（元）

需要注意的是，一是小李自A公司离职后，A公司应在"自然人税收管理系统扣缴客户端"中，通过"人员信息采集"将小李的信息修改为"非正常"；二是A公司应及时办理个人社会保险登记变更手续；三是小李应及时通过"个人所得税"App或者通过电子模板向B公司报告专项附加扣除信息；四是一般情况下纳税人取得的实发工资薪金收入，已经代扣代缴了职工个人的"三险一金"，要注意不能重复扣除；五是年度结束后，小李应在2020年3月1日至6月30日内办理个人所得税综合所得汇算清缴。

假定小李2019年无其他综合所得，无其他扣除项目，2020年3月15日办理个人所得税综合所得汇算清缴。计算方法具体如下：

2019年度综合所得=10800×5+15800×7=164600（元）

2019年度专项扣除=800×12=9600（元）

2019年度专项附加扣除=2000×12=24000（元）

2019年度应纳税额=(164600-60000-9600-24000)×10%-2520=4580（元）

全年应补退税额=4580-90×5-240×4-520-800×2=1050（元）

7.3.3 居民个人取得两处以上工资薪金收入

实务中，除了就职变化的情形外，还有居民个人同时在两处或两处以上企业或其他组织任职，同时取得两处或两处以上工资薪金所得的情形。通常，居民个人的这种多处任职取薪，任职单位间大多互不知情。对于居民个人的这种兼职情形，各任职单位应该如何预扣预缴居民的个人所得税？

（1）居民个人兼职所得是工资薪金所得还是劳务报酬所得？

对于居民个人的兼职所得，既可能是劳动关系取得工资、薪金所得，也可能是劳务关系取得劳务报酬所得。究竟是工资、薪金所得还是劳务报酬所得争议已久。

在 2005 年以前，按照兼职的实际性质来判定所得性质。《征收个人所得税若干问题的规定》（国税发〔1994〕89 号印发）规定，工资、薪金所得是属于非独立个人劳务活动，即在机关、团体、学校、部队、企事业单位及其他组织中任职、受雇而得到的报酬；劳务报酬所得则是个人独立从事各种技艺、提供各项劳务取得的报酬。两者的主要区别在于，前者存在雇用与被雇用关系，后者则不存在这种关系。

2005 年，国家税务总局答复厦门市地税局的《国家税务总局关于个人兼职和退休人员再任职取得收入如何计算征收个人所得税问题的批复》（国税函〔2005〕382 号）规定，根据《个人所得税法》《国家税务总局关于印发〈征收个人所得税若干问题的规定〉的通知》（国税发〔1994〕89 号）和《国家税务总局关于影视演职人员个人所得税问题的批复》（国税函〔1997〕385 号）的规定精神，个人兼职取得的收入应按照劳务报酬所得应税项目缴纳个人所得税。

但是，对于居民个人究竟有没有"两处以上任职、受雇"的情形呢？《劳动合同法》规定，劳动者同时与其他用人单位建立劳动关系，对完成本单位工作任务造成影响，或经用人单位指出，拒不改正的，用人单位可以随时解除劳动合同，即认可劳动者在不造成影响的情况下，可以同时与多个用人单位建立劳动关系。2011 年《个人所得税法》规定，个人在两处以上取得工资、薪金所得，纳税义务人应当按照国家规定办理纳税申报，也认为纳税人可能会在两处以上任职而取得两份以上的工资、薪金所得。新《个人所得税法实施条例》也规定，纳税人同时从两处以上取得工资、薪金所得，并由扣缴义务人减除专项附加扣除的，对同一专项附加扣除项目，在一个纳税年度内只能选择从一处取得的所得中减除，同样认可这一情形。

因此，对于居民个人两处以上兼职情形，究竟属于工资薪金所得还是劳务报酬所得，还是需要据实判定是否存在雇用和被雇用关系，存在雇用关系，即工资、薪金所得，不存在雇用关系，即劳务报酬所得。

对于劳动关系的判定，也不是仅仅限于是否签订《劳动合同》。《劳动和社会保障部关于确立劳动关系有关事项的通知》（劳社部发〔2005〕12 号）规定，用人单位招用劳动者未订立书面劳动合同，但同时具备下列情形的，劳动关系成立。一是用人单位和劳动者符合法律、法规规定的主体资格；二是用人单位依法制定的各项劳动规章制度适用于劳动者，劳动者受用人单位的劳动管理，从事用人单位安排的有报酬的劳动；三是劳动者提供的劳动是用人单位业务的组成部分。

（2）居民个人取得两处以上工资薪金如何预扣预缴个人所得税？

居民个人取得两处以上工资薪金所得的，对于各个支付所得的企业或其他组织，只需按照《个人所得税扣缴申报管理办法（试行）》（国家税务总局公告2018年第61号印发）的规定，各自按照累计预扣法预扣预缴个人所得税即可。对于居民个人同时从两处以上取得工资薪金所得，并由扣缴义务人减除专项附加扣除的，对同一专项附加扣除项目，在一个纳税年度内只能选择从一处取得的所得中减除。

如果居民个人纳税人同时有多个专项附加扣除项目的，既可以选择在一处全部扣除，也可以将不同的扣除项目由不同的扣缴义务人扣除。对于选择不同扣缴义务人扣除不同项目的，纳税人只能通过填报电子模板的方式申报专项附加扣除信息。

扣缴义务人分别预扣预缴税款时，对于纳税人来说，其基本扣除费用（全年6万元，按5000元每月累计扣除）会出现重复扣除的情形，对于居民个人的这种重复扣除基本减除费用的情形，也因居民个人取得综合所得实行按年纳税，不需要在次月15日内予以申报调整。应按照新《个人所得税法》规定，在次年3月1日到6月30日之内判定是否符合个人所得税汇算清缴条件，符合条件的应依法汇算清缴并补缴税款。

【案例7-3-4】 小张在A公司任职的同时，又利用休息时间在B公司兼职，同A、B公司均签订《劳动合同》，2019年小张在A公司任职，月薪10000元；在B公司任职，月薪6000元，小张2019年每月可扣除子女教育和住房租金两项专项附加扣除共2500元。不考虑小张的专项扣除和依法确定的其他扣除。

【问题】 A、B两公司应如何计算并预扣小张的工资薪金个人所得税？小张2020年3月办理汇算清缴时应补退多少税款？

【解析】 小张在A、B公司均取得工资、薪金所得，依法按照累计预扣法代扣代缴个人所得税。

A公司全年累计预扣个人所得税=（10000×12−60000−2500×12）×3%=900（元）

B公司全年累计预扣个人所得税=（6000×12−60000）×3%=360（元）

2020 年小张汇算清缴：

应纳税所得额 = 10000×12 + 6000×12 − 60000 − 2500×12 = 102000（元）

应补（退）税款 = 102000×10% − 2520 − 900 − 360 = 6420（元）

对于居民个人纳税人一个纳税年度内取得综合所得不足 6 万元，或是取得综合所得减除基本减除费用 6 万元后的余额，不足扣除专项扣除、专项附加扣除和依法确定的其他扣除的，以居民个人纳税人纳税年度内取得的综合所得收入额为限扣除，扣除不完的，不结转以后年度扣除。

> 第十三条 ……
> 专项扣除、专项附加扣除和依法确定的其他扣除，以居民个人一个纳税年度的应纳税所得额为限额；一个纳税年度扣除不完的，不结转以后年度扣除。
>
> ——新《个人所得税法实施条例》

对于居民个人纳税人按照灵活就业人员自行参保并缴纳的社会保险费，既可以将相关缴费情况提供给扣缴义务人按月扣除，也可以在年度汇算清缴时按年申报扣除。对于用人单位按职工参保并代扣代缴个人负担的社会保险费，应注意纳税人取得的工资薪金收入是否是减除代扣代缴"三险一金"后的金额，避免专项扣除重复扣除。

7.4 向居民个人支付其他三项综合所得预扣预缴

《个人所得税扣缴申报管理办法（试行）》（国家税务总局公告 2018 年第 61 号印发）的规定，向居民个人支付工资、薪金所得按照累计预扣法预扣预缴税款。支付同样属于居民个人综合所得的其他三个应税所得项目——劳务报酬所得、稿酬所得、特许权使用费所得，却因为支付人、支付时间、所得业务的不确定性，无法适用累计预扣法预扣预缴税款，只能另选其他方法预扣预缴，不仅要操作方便，还需要确保年度汇算清缴时应纳税额和预扣税额间不出现较大的差异。因此，参照 2011 年《个人所得税法》中劳务报酬所得、稿酬所得、特许权使用费所得按次征税的方法，对居民个人取得这三项应税所得，采取比例（加成）法进行预扣预缴。

扣缴义务人向居民个人支付劳务报酬所得、稿酬所得、特许权使用费所得时，应当按照以下方法按次或者按月预扣预缴税款：

劳务报酬所得、稿酬所得、特许权使用费所得以收入减除费用后的余额为收入额；其中，稿酬所得的收入额减按 70% 计算。

减除费用：预扣预缴税款时，劳务报酬所得、稿酬所得、特许权使用费所得每次收入不超过 4000 元的，减除费用按 800 元计算；每次收入 4000 元以上的，减除费用按收入的 20% 计算。

应纳税所得额：劳务报酬所得、稿酬所得、特许权使用费所得，以每次收入额为预扣预缴应纳税所得额，计算应预扣预缴税额。劳务报酬所得适用个人所得税预扣率表二（见表 7-3），稿酬所得、特许权使用费所得适用 20% 的比例预扣率。

表 7-3 个人所得税预扣率表二
（居民个人劳务报酬所得预扣预缴适用）

级数	预扣预缴应纳税所得额	预扣率（%）	速算扣除数
1	不超过 20000 元的部分	20	0
2	超过 20000 元至 50000 元的部分	30	2000
3	超过 50000 元的部分	40	7000

居民个人办理年度综合所得汇算清缴时，应当依法计算劳务报酬所得、稿酬所得、特许权使用费所得的收入额，并入年度综合所得计算应纳税款，税款多退少补。

【案例 7-4-1】小袁是自由职业者，2019 年取得以下收入：

（1）2019 年 4 月，承揽了甲公司一项咨询服务业务，历时两个月一次性取得劳务报酬 4 万元。

（2）2019 年 7 月，小袁某篇论文被乙杂志社采用，取得杂志社支付的稿酬 3800 元。

(3) 2019 年 11 月，承揽外省丙公司一项劳务服务，取得劳务报酬 8 万元。

小袁 2019 年每月自行参保并缴纳社会保险费 1000 元，每月均可扣除子女教育专项附加扣除 1000 元、住房贷款利息专项附加扣除 1000 元。不考虑小袁的专项扣除和依法确定的其他扣除。

【问题】 计算小袁取得各项所得预扣预缴税款。假定小袁 2019 年再无其他收入，2020 年 3 月办理汇算清缴时应补退多少税款？

【解析】 小袁取得劳务报酬所得、稿酬所得等应税所得，均需要按次由支付所得的单位按照"比例（加成）预扣法"预扣预缴税款。

(1) 甲公司支付劳务报酬所得预扣预缴：

预扣预缴应纳税所得额 = 40000×(1-20%) = 32000（元）

应预扣税款 = 32000×30%-2000 = 7600（元）

(2) 乙杂志社支付稿酬所得预扣预缴：

预扣预缴应纳税所得额 = (3800-800)×70% = 2100（元）

应预扣税款 = 2100×20% = 420（元）

(3) 丙公司支付劳务报酬所得预扣预缴：

预扣预缴应纳税所得额 = 80000×(1-20%) = 64000（元）

应预扣税款 = 64000×40%-7000 = 18600（元）

(4) 2020 年 3 月汇算清缴时：

小袁 2019 年综合所得 = 40000×(1-20%)+3800×(1-20%)×70%+80000×(1-20%) = 98128（元）

应纳个人所得税额 = (98128-60000-1000×12-2000×12)×3% = 63.84（元）

应补（退）税款 = 63.84-7600-420-18600 = -26556.16（元）

汇算清缴应退税款 26556.16 元。

居民个人取得劳务报酬所得、稿酬所得、特许权使用费所得，其预扣预缴方法和新《个人所得税法》规定的计税方法差异较大。

7.4.1 收入额的计算方式不同

预扣预缴时，以纳税人每次取得的收入减除费用后的余额为收入额。其中"费用"分档计算，每次收入不超过 4000 元的，减除费用按 800 元计算；

每次收入 4000 元以上的，减除费用按收入的 20% 计算。按照"每次"预扣税款，劳务报酬所得、稿酬所得、特许权使用费所得，属于一次性收入的，以取得该项收入为一次；属于同一项目连续性收入的，以一个月内取得的收入为一次。

汇算清缴时，劳务报酬所得、稿酬所得、特许权使用费所得以收入减除 20% 的费用后的余额为收入额。稿酬所得的收入额减按 70% 计算。"费用"不分档计算，按照收入的 20% 计算。所有的综合所得全部按年合计计税，既不按次也不按月计税。

7.4.2　可扣除的项目不同

应纳税所得额与预扣预缴应纳税所得额不同。

预扣预缴时，以居民个人每次收入额为预扣预缴应纳税所得额，计算应预扣预缴税额。在预扣预缴时，不得扣除基本减除费用、专项扣除、专项附加扣除以及依法确定的其他扣除。

汇算清缴时，居民个人的综合所得，以每一纳税年度的收入额减除费用 6 万元以及专项扣除、专项附加扣除和依法确定的其他扣除后的余额，为应纳税所得额。

7.4.3　适用的税率（预扣率）不同

预扣预缴时，居民个人取得劳务报酬所得、稿酬所得、特许权使用费所得的，适用 20% 的比例预扣率，对于一次劳务报酬所得畸高的，采取加成预扣的方式，其中劳务报酬预扣预缴应纳税所得额超过 2 万元不超过 5 万元的部分，按照 20% 的预扣率加征五成，实际执行 30% 的预扣率；预扣预缴应纳税所得额超过 5 万元的部分，按照 20% 的预扣率加征十成，实际执行 40% 的预扣率。

汇算清缴时，居民个人取得劳务报酬所得、稿酬所得、特许权使用费所得，应合并计算综合所得年度应纳税所得额，按照 3%～45% 的七级超额累进税率计算并征收个人所得税。

7.5 向非居民个人支付工资薪金所得，劳务报酬所得，稿酬所得和特许权使用费所得代扣代缴

《个人所得税扣缴申报管理办法（试行）》（国家税务总局公告 2018 年第 61 号印发）的规定，扣缴义务人向非居民个人支付工资、薪金所得，劳务报酬所得，稿酬所得和特许权使用费所得时，应当按照以下方法按月或者按次代扣代缴税款：

非居民个人的工资薪金所得，以每月收入额减除费用 5000 元后的余额为应纳税所得额；劳务报酬所得、稿酬所得、特许权使用费所得，以每次收入额为应纳税所得额，适用个人所得税税率表三（见表 7-4）计算应纳税额。劳务报酬所得、稿酬所得、特许权使用费所得以收入减除 20% 的费用后的余额为收入额；其中，稿酬所得的收入额减按 70% 计算。

非居民个人在一个纳税年度内税款扣缴方法保持不变，达到居民个人条件时，应当告知扣缴义务人基础信息变化情况，年度终了后按照居民个人有关规定办理汇算清缴。

7.5.1 预扣预缴和代扣代缴的不同

个人所得税预扣预缴，预缴不同缴纳，顾名思义就是税法规定对居民个人实行按年征税的综合所得，纳税人在分月或分次取得的应税所得时，出于平衡税负、均衡入库的原则，按照一定的方法预先计算并预先入库的税款，预扣预缴的税款不是最终确定的税款，受纳税人其后取得的应税所得的影响。纳税年度结束后，居民个人需要根据税法的规定，对年度综合所得应纳税额进行汇算，并根据汇算结果和预缴税额清算缴纳，多退少补。

而个人所得税代扣代缴，是扣缴义务人在支付纳税人应税所得时，按照税法的规定计算并代扣代缴税款的过程。代扣代缴的税款具有确定性，无特别规定其依法计算缴纳的税款，不受纳税人其后取得的应税所得的影响。代

扣代缴的个人所得税应税项目一般是按月或按次计税的项目，纳税年度结束后，代扣代缴的税款不需要进行汇算清缴。

7.5.2 向非居民个人支付综合所得的代扣代缴

新《个人所得税法》规定，非居民个人取得工资薪金所得、劳务报酬所得、稿酬所得、特许权使用费所得，按月或者按次分项计算个人所得税。非居民个人的工资薪金所得，以每月收入额减除费用5000元后的余额为应纳税所得额；劳务报酬所得、稿酬所得、特许权使用费所得，以每次收入额为应纳税所得额。

（1）"每次"的确定。

新《个人所得税法实施条例》《个人所得税扣缴申报管理办法（试行）》（国家税务总局公告2018年第61号印发）均规定，劳务报酬所得、稿酬所得、特许权使用费所得，属于一次性收入的，以取得该项收入为一次；属于同一项目连续性收入的，以一个月内取得的收入为一次。

（2）税率的适用。

《全国人民代表大会常务委员会关于修改〈中华人民共和国个人所得税法〉的决定》（中华人民共和国主席令第九号）所列《个人所得税税率表一》（综合所得适用）注2明确：非居民个人取得工资、薪金所得，劳务报酬所得，稿酬所得和特许权使用费所得，依照本表按月换算后计算应纳税额。按月换算后的综合所得个人所得税税率表，即是《个人所得税扣缴申报管理办法（试行）》个人所得税税率表三，见表7-4。

表7-4　　　　　　　　　个人所得税税率表三

（非居民个人工资、薪金所得，劳务报酬所得，稿酬所得，特许权使用费所得适用）

级数	应纳税所得额	税率(%)	速算扣除数
1	不超过3000元的部分	3	0
2	超过3000元至12000元的部分	10	210
3	超过12000元至25000元的部分	20	1410
4	超过25000元至35000元的部分	25	2660
5	超过35000元至55000元的部分	30	4410

续表

级数	应纳税所得额	税率(%)	速算扣除数
6	超过55000元至80000元的部分	35	7160
7	超过80000元的部分	45	15160

(3) 工资薪金所得。

【案例7-5-1】 某在中国境内无住所个人2019年在中国境内某公司工作了4个月,按月取得工资薪金所得折合人民币2万元。假定该人在中国境内工作期间,未取得境外工资薪金所得。

【问题】 计算该公司代扣代缴其个人所得税额。

【解析】 该外籍个人在中国境内无住所,2019年在中国境内累计居住4个月,不满183天,为非居民个人,应按月在支付工资薪金时依法代扣代缴个人所得税。

非居民个人的工资薪金所得,以每月收入额减除费用5000元后的余额为应纳税所得额,按照综合所得月税率表计算并代扣税款。

应纳税额=(20000-5000)×20%-1410=1590(元)

需要注意两点:一是非居民个人取得所得为人民币以外货币的,有两种情形。一种如案例中工资支付方式,以人民币计酬以外币支付,其应代扣代缴的个人所得税直接按人民币的工资薪金数额计算即可。另一种工资支付方式是以人民币以外货币支付,其应代扣代缴的个人所得税,需要将其取得工资薪金,按照办理纳税申报或者扣缴申报的上一月最后一日人民币汇率中间价,折合成人民币计算应纳税所得额。年度终了后办理汇算清缴的,对已经按月、按季或者按次预缴税款的人民币以外货币所得,不再重新折算;对应当补缴税款的所得部分,按照上一纳税年度最后一日人民币汇率中间价,折合成人民币计算应纳税所得额。

二是非居民个人取得综合所得应税项目计税时,不得扣除专项扣除、专项附加扣除、依法确定的其他扣除。非居民个人的工资薪金所得,以每月收入额减除费用5000元后的余额为应纳税所得额;劳务报酬所得、稿酬所得、特许权使用费所得,以每次收入额为应纳税所得额。

(4) 劳务报酬所得、稿酬所得、特许权使用费所得。

【案例7-5-2】 某外籍个人在中国境内无住所,2018年、2019年在中国境内居住均不满 183 天。2018 年、2019 年，该外籍个人都在中国境内取得了一次劳务报酬所得 4 万元人民币。

【问题】 2018 年、2019 年支付单位该如何代扣代缴其个人所得税？

【解析】 2018 年应代扣代缴个人所得税额 = 40000×(1-20%)×30%-2000 = 7600（元）

2019 年劳务报酬所得、特许权使用费所得以每次收入额为应纳税所得额。劳务报酬所得以收入减除 20% 的费用后的余额为收入额。

纳税所得额 = 40000×(1-20%) = 32000（元）

应代扣代缴个人所得税额 = 32000×25%-2660 = 5340（元）

非居民个人取得稿酬所得，以每次收入额的 70% 为应纳税所得额。劳务报酬所得以收入减除 20% 的费用后的余额为收入额。

（5）非居民个人取得两处以上工资薪金所得。

非居民个人在中国境内取得两处以上工资薪金所得的，由支付所得的单位按月代扣代缴个人所得税，对非居民个人由于两处以上代扣代缴税款而重复扣除的 5000 元，由非居民个人在次月 15 日内选择一处扣缴义务人所在地申报时予以调整。

【案例 7-5-3】 某外籍个人在中国境内无住所，2019 年在中国境内居住不满 183 天，同时任职于 A 公司和 B 公司，按月取得工资薪金分别为：A 公司折合人民币 2 万元，B 公司折合人民币 1.2 万元。

【问题】 计算 A、B 公司分别代扣代缴其个人所得税额和其个人申报的个人所得税额。

【解析】 A 公司按月代扣代缴个人所得税 = (20000-5000)×20%-1410 = 1590（元）

B 公司按月代扣代缴个人所得税 = (12000-5000)×10%-210 = 490（元）

次月申报应补缴个人所得税 = (20000+12000-5000)×25%-2660-1590-490 = 2010（元）

（6）非居民个人在纳税年度达到居民个人条件。

《个人所得税扣缴申报管理办法（试行）》（国家税务总局公告 2018 年第 61 号印发）规定，非居民个人在一个纳税年度内税款扣缴方法保持不变，达到居民个人条件时，应当告知扣缴义务人基础信息变化情况，年度终了后按照居民个人有关规定办理汇算清缴。依据这个规定，非居民个人取得综合所得时，代扣代缴义务人无须考虑其纳税人身份的转变，只需纳税人在年度内身份转变后，自行通过汇算清缴的方式予以调整即可。其要点有三：

一是扣缴方式不随身份发生变化。非居民个人在纳税年度内达到居民个人条件时，只需要向扣缴义务人报告相关情况，但仍然按照非居民个人取得综合所得代扣代缴个人所得税。

二是只有综合所得需要税款重算。居民个人和非居民个人在取得工资薪金所得、劳务报酬所得、稿酬所得、特许权使用费所得时，个人所得税的计税方式差异较大。非居民个人取得综合所得的，其计税方式会随纳税人身份变化而变化。而利息股息红利所得、财产租赁所得、财产转让所得、偶然所得均不需考虑纳税人身份分类，按月或按次代扣代缴。

三是满足汇算清缴条件才需汇缴申报。纳税人在纳税年度内达到居民个人条件后，其当年全部综合所得应重新合并按年计算应纳税额，并与已代扣代缴税款比对，纳税年度内预缴税额低于应纳税额或是纳税人申请退还多缴税款的，需要办理汇算清缴。

【案例7-5-4】 某外籍个人在中国境内无住所又不居住，2019年1月1日到中国境内工作，在中国境内工作了12个月。按月取得工资薪金所得2万元人民币。假定该外籍个人无其他综合收入，也无专项扣除、专项附加扣除和依法确定的其他扣除。

【问题】 该公司该如何代扣代缴其个人所得税？个人全年应如何申报个人所得税？

【解析】 （1）该外籍个人在中国境内无住所，2019年首次进入中国境内未满183天的期间里，应判定为非居民个人，应按月在支付工资薪金时依法代扣代缴个人所得税。

非居民个人的工资薪金所得，以每月收入额减除费用5000元后的余额为应纳税所得额，按照综合所得月税率表计算并代扣税款。

1—6月每月应纳税额=（20000−5000）×20%−1410=1590（元）

（2）该外籍个人在中国境内居住满183天后，其纳税身份转变为居民个人，虽然告知了扣缴义务人，但其后续工资薪金所得仍需按照非居民个人取得工资薪金所得代扣代缴个人所得税。

7—12月每月应纳税额=（20000−5000）×20%−1410=1590（元）

（3）年度终了后，纳税人应按照居民个人取得综合所得自行计算应纳税额。

应纳税额＝(20000×12－60000)×20%－16920＝19080（元）

全年已代扣代缴个人所得税＝1590×12＝19080（元）

应补（退）税额＝19080－19080＝0

新《个人所得税法实施条例》规定，纳税人取得综合所得申请退税的，需要办理汇算清缴。该外籍个人全年无须补（退）税额，无须办理汇算清缴。

【案例7-5-5】 某外籍个人在中国境内无住所又不居住，2019年1月1日到中国境内工作，在中国境内工作了12个月。按月取得工资薪金所得2万元人民币，7月20日、12月20日还分别取得半年奖金5万元人民币。假定该外籍个人无其他综合收入，也无专项扣除、专项附加扣除和依法确定的其他扣除。

【问题】 该公司该如何代扣代缴其个人所得税？个人全年应如何申报个人所得税？

【解析】 (1) 该外籍个人在中国境内无住所，2019年首次进入中国境内未满183天的期间里，应判定为非居民个人，应按月在支付工资薪金时依法代扣代缴个人所得税。

非居民个人的工资、薪金所得，以每月收入额减除费用5000元后的余额为应纳税所得额，按照综合所得月税率表计算并代扣税款。

1—6月每月应纳税额＝(20000－5000)×20%－1410＝1590（元）

(2) 7月20日，纳税人在中国境内居住已满183天后，其纳税身份转变为居民个人，虽然告知了扣缴义务人，但其后续工资薪金所得仍需按照非居民个人取得工资薪金所得代扣代缴个人所得税。

7月应纳税额＝(20000+50000－5000)×35%－7160＝15590（元）

8—11月每月应纳税额＝(20000－5000)×20%－1410＝1590（元）

12月应纳税额＝(20000+50000－5000)×35%－7160＝15590（元）

(3) 年度终了后，纳税人应按照居民个人取得综合所得自行计算应纳税额。

应纳税额＝(20000×12+100000－60000)×20%－16920＝39080（元）

全年已代扣代缴个人所得税＝1590×10+15590×2＝47080（元）

应补（退）税额＝39080－47080＝－8000（元）

新《个人所得税法实施条例》规定，纳税人取得综合所得申请退税的，需要办理汇算清缴。该外籍个人全年多预扣税额 8000 元，可在 2020 年 3 月 1 日至 6 月 30 日内，向扣缴义务人所在地税务机关办理汇算清缴，申请退还多缴的税款。如果个人在当年离境，且预计当年年度内不再入境的，也可以依据《财政部 税务总局关于非居民个人和无住所居民个人有关个人所得税政策的公告》（财政部 税务总局公告 2019 年第 35 号）规定，选择在离境之前办理汇算清缴。

【案例 7-5-6】 某外籍个人在中国境内无住所，2019 年 3 月、6 月在中国境内取得了两次劳务报酬所得，3 月首次提供劳务服务在中国境内居住 100 天，6 月提供第二次劳务服务在中国境内再次居住 150 天，假定两次劳务报酬所得分别为 4 万元、6 万元。

【问题】 2019 年支付单位该如何代扣代缴其个人所得税？该外籍个人汇算清缴时应补（退）税款多少元？

【解析】 该外籍个人 3 月提供劳务服务，在中国境内居住 100 天，为非居民个人，其劳务报酬所得以每次收入额为应纳税所得额。劳务报酬所得以收入减除 20% 的费用后的余额为收入额。

应纳税所得额 = 40000×（1-20%）= 32000（元）

应代扣代缴个人所得税额 = 32000×25%-2660 = 5340（元）

6 月提供劳务服务，2019 年在中国境内再次居住 150 天，累计居住天数 250 天，超过 183 天，应为中国个人所得税居民纳税人。但其在 2019 年内仍需按照非居民个人代扣代缴个人所得税。

应纳税所得额 = 60000×（1-20%）= 48000（元）

应代扣代缴个人所得税额 = 48000×30%-4110 = 10290（元）

2020 年 3 月 1 日到 6 月 30 日，应就其居民个人应纳个人所得税汇算清缴。

应纳税所得额 =（40000+60000）×（1-20%）= 80000（元）

应纳税额 =（80000-60000）×3% = 600（元）

应补（退）税额 = 600-5340-10290 = -15030（元）

新《个人所得税法实施条例》规定，纳税人取得综合所得申请退税的，需要办理汇算清缴。该外籍个人全年多缴税额 15030 元，因其在中国境内没有任职、受雇单位，可在 2020 年 3 月 1 日至 6 月 30 日内，向户籍所在地或经常居住地主管税务机关办理汇算清缴纳税申报，申请退还多缴的税款。

(7) 无住所个人预计境内居住时间的纳税处理规则

无住所个人在一个纳税年度内，从入境的第一天起，其中国个人所得税纳税人身份就可能经历"累计居住不超过 90 天的无住所个人—累计居住超过 90 天不满 183 天的无住所个人—累计居住超过 183 天的无住所个人"的变化。其中，有相当一部分无住所个人在一个纳税年度内首次申报时，就可根据合同约定等情况预计一个纳税年度内境内居住天数以及在税收协定规定的期间内境内停留天数，对于这种情况，《财政部 税务总局关于非居民个人和无住所居民个人有关个人所得税政策的公告》（财政部 税务总局公告 2019 年第 35 号）规定，应当按照预计情况计算缴纳税款。

对于实际情况与预计情况不符的，分别按照以下规定处理：

（1）无住所个人预先判定为非居民个人，因延长居住天数达到居民个人条件的，一个纳税年度内税款扣缴方法保持不变，年度终了后按照居民个人有关规定办理汇算清缴，但该个人在当年离境且预计年度内不再入境的，可以选择在离境之前办理汇算清缴。

（2）无住所个人预先判定为居民个人，因缩短居住天数不能达到居民个人条件的，在不能达到居民个人条件之日起至年度终了 15 天内，应当向主管税务机关报告，按照非居民个人重新计算应纳税额，申报补缴税款，不加收税收滞纳金。需要退税的，按照规定办理。

（3）无住所个人预计一个纳税年度境内居住天数累计不超过 90 天，但实际累计居住天数超过 90 天的，或者对方税收居民个人预计在税收协定规定的期间内境内停留天数不超过 183 天，但实际停留天数超过 183 天的，待达到 90 天或者 183 天的月度终了后 15 天内，应当向主管税务机关报告，就以前月份工资薪金所得重新计算应纳税款，并补缴税款，不加收税收滞纳金。

7.6 向纳税人支付利息、股息、红利所得，财产租赁所得，财产转让所得或者偶然所得

支付利息、股息、红利所得，财产租赁所得，财产转让所得或者偶然所得，不需要区分纳税人是居民个人还是非居民个人，均依法按次或者按月代

扣代缴税款。

新《个人所得税法实施条例》以及《个人所得税扣缴申报管理办法（试行）》（国家税务总局公告 2018 年第 61 号印发）均规定，财产租赁所得，以一个月内取得的收入为一次。利息、股息、红利所得，以支付利息、股息、红利时取得的收入为一次。偶然所得，以每次取得该项收入为一次。

7.7 扣缴义务人的义务

新《个人所得税法》施行后，将逐步规范扣缴义务人依法履行代扣代缴税款义务，新《个人所得税法实施条例》规定，《个人所得税法》所称全员全额扣缴申报，是指扣缴义务人在代扣税款的次月 15 日内，向主管税务机关报送其支付所得的所有个人的有关信息、支付所得数额、扣除事项和数额、扣缴税款的具体数额和总额以及其他相关涉税信息资料。其中，对于扣缴义务人支付给所得人的应税所得，依据《个人所得税扣缴申报管理办法（试行）》（国家税务总局公告 2018 年第 61 号印发）规定，需要代扣代缴（预扣预缴）的，无论支付金额多大、有无扣缴税额，对所有全部的支出，都需要依法扣缴税款并全员全额扣缴申报。

扣缴义务人有未按照规定向税务机关报送资料和信息、未按照纳税人提供信息虚报虚扣专项附加扣除、应扣未扣税款、不缴或少缴已扣税款、借用或冒用他人身份等行为的，依照《税收征管法》等相关法律、行政法规处理。

> 第六十一条　扣缴义务人未按照规定设置、保管代扣代缴、代收代缴税款账簿或者保管代扣代缴、代收代缴税款记账凭证及有关资料的，由税务机关责令限期改正，可以处二千元以下的罚款；情节严重的，处二千元以上五千元以下的罚款。
>
> 第六十二条　纳税人未按照规定的期限办理纳税申报和报送纳税资料的，或者扣缴义务人未按照规定的期限向税务机关报送代扣代缴、代收代缴税款报告表和有关资料的，由税务机关责令限期改正，可以处二千元以下的罚款；情节严重的，可以处二千元以上一

万元以下的罚款。

第六十三条（第二款）扣缴义务人采取前款所列手段，不缴或者少缴已扣、已收税款，由税务机关追缴其不缴或者少缴的税款、滞纳金，并处不缴或者少缴的税款百分之五十以上五倍以下的罚款；构成犯罪的，依法追究刑事责任。

第六十九条 扣缴义务人应扣未扣、应收而不收税款的，由税务机关向纳税人追缴税款，对扣缴义务人处应扣未扣、应收未收税款百分之五十以上三倍以下的罚款。

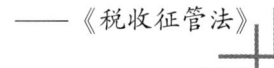
——《税收征管法》

在新《个人所得税法》《个人所得税法实施条例》《个人所得税专项附加扣除操作办法（试行）》（国家税务总局公告2018年第60号印发）、《个人所得税扣缴申报管理办法（试行）》（国家税务总局公告2018年第61号印发）等法律、法规中，个人所得税扣缴义务人有以下义务：

一是依法足额扣缴税款报送相关信息。新《个人所得税法实施条例》规定，扣缴义务人向个人支付应税款项时，应当依照《个人所得税法》规定预扣或者代扣代缴税款，按时缴库，并专项记载备查。在代扣税款的次月15日内，向主管税务机关报送其支付所得的所有个人的有关信息、支付所得数额、扣除事项和数额、扣缴税款的具体数额和总额以及其他相关涉税信息资料。

二是及时报告拒绝扣缴情况。扣缴义务人依法履行代扣代缴义务，纳税人不得拒绝。纳税人拒绝的，扣缴义务人应当及时报告税务机关。

三是不得拒绝纳税人专项附加扣除。居民个人向扣缴义务人提供有关信息并依法要求办理专项附加扣除的，扣缴义务人应当按照规定在工资薪金所得按月预扣预缴税款时予以扣除，不得拒绝。

四是依法及时提供扣缴税款信息。支付工资、薪金所得的扣缴义务人应当于年度终了后两个月内，向纳税人提供其个人所得和已扣缴税款等信息。纳税人年度中间需要提供上述信息的，扣缴义务人应当提供。纳税人取得除工资薪金所得以外的其他所得，扣缴义务人应当在扣缴税款后，及时向纳税人提供其个人所得和已扣缴税款等信息。

五是不得擅改纳税人提供的信息。扣缴义务人应当按照纳税人提供的信息计算税款、办理扣缴申报，不得擅自更改纳税人提供的信息。扣缴义务人发现纳税人提供的信息与实际情况不符的，可以要求纳税人修改。纳税人拒绝修改的，扣缴义务人应当报告税务机关，税务机关应当及时处理。纳税人发现扣缴义务人提供或者扣缴申报的个人信息、支付所得、扣缴税款等信息与实际情况不符的，有权要求扣缴义务人修改。扣缴义务人拒绝修改的，纳税人应当报告税务机关，税务机关应当及时处理。

六是妥善保存相关资料。扣缴义务人对纳税人提供的《个人所得税专项附加扣除信息表》，应当按照规定妥善保存备查。

七是依法为纳税人保密。扣缴义务人应当依法对纳税人报送的专项附加扣除等相关涉税信息和资料保密。

八是承担违法责任。扣缴义务人有未按照规定向税务机关报送资料和信息、未按照纳税人提供信息虚报虚扣专项附加扣除、应扣未扣税款、不缴或少缴已扣税款、借用或冒用他人身份等行为的，依照《税收征管法》等相关法律、行政法规规定处理。

7.8 特定扣缴义务人规定

7.8.1 个人转让上市公司限售股所得征收个人所得税有关问题

根据《财政部 国家税务总局 证监会关于个人转让上市公司限售股所得征收个人所得税有关问题的通知》（财税〔2009〕167号），限售股转让所得个人所得税，以限售股持有者为纳税义务人，以个人股东开户的证券机构为扣缴义务人。限售股个人所得税由证券机构所在地主管税务机关负责征收管理。

限售股转让所得个人所得税，采取证券机构预扣预缴、纳税人自行申报清算和证券机构直接扣缴相结合的方式征收。证券机构预扣预缴的税款，于次月15日内以纳税保证金形式向主管税务机关缴纳。主管税务机关在收取纳税保证金时，应向证券机构开具《中华人民共和国纳税保证金收据》，并纳入专户存储。

根据证券机构技术和制度准备完成情况，对不同阶段形成的限售股，采取不同的征收管理办法。

（1）证券机构技术和制度准备完成前形成的限售股，证券机构按照股改限售股股改复牌日收盘价，或新股限售股上市首日收盘价计算转让收入，按照计算出的转让收入的15%确定限售股原值和合理税费，以转让收入减去原值和合理税费后的余额，适用20%的税率，计算预扣预缴个人所得税额。

纳税人按照实际转让收入与实际成本计算出的应纳税额，与证券机构预扣预缴税额有差异的，纳税人应自证券机构代扣并解缴税款的次月1日起3个月内，持加盖证券机构印章的交易记录和相关完整、真实凭证，向主管税务机关提出清算申报并办理清算事宜。主管税务机关审核确认后，按照重新计算的应纳税额，办理退（补）税手续。纳税人在规定期限内未到主管税务机关办理清算事宜的，税务机关不再办理清算事宜，已预扣预缴的税款从纳税保证金账户全额缴入国库。

（2）证券机构技术和制度准备完成后新上市公司的限售股，按照证券机构事先植入结算系统的限售股成本原值和发生的合理税费，以实际转让收入减去原值和合理税费后的余额，适用20%的税率，计算直接扣缴个人所得税额。

纳税人同时持有限售股及该股流通股的，其股票转让所得，按照限售股优先原则，即：转让股票视同为先转让限售股，按规定计算缴纳个人所得税。

证券机构等应积极配合税务机关做好各项征收管理工作，并于每月15日前，将上月限售股减持的有关信息传递至主管税务机关。限售股减持信息包括：股东姓名、公民身份证号码、开户证券公司名称及地址、限售股股票代码、本期减持股数及减持取得的收入总额。证券机构有义务向纳税人提供加盖印章的限售股交易记录。

7.8.2 外商投资企业和外国企业对境外企业支付其雇员的工资薪金代扣代缴个人所得税问题

根据《国家税务总局关于外商投资企业和外国企业对境外企业支付其雇员的工资薪金代扣代缴个人所得税问题的通知》（国税发〔1999〕241号）规定，个人在中国境内外商投资企业中任职、受雇应取得的工资薪金，应由该外商投资企业支付。凡由于该外商投资企业与境外企业存在关联关系，上述本应由外商投资企业支付的工资薪金中部分或全部由境外关联企业支付的，对该部分由境外关联企业支付的工资薪金，境内外商投资企业仍应依照《个人所得税法》的规定,据实汇集申报有关资料,负责代扣代缴个人所得税。

在中国境内设有机构、场所的外国企业,对其雇员所取得的由境外总机构或关联企业支付的工资薪金,也应比照上述规定,负责代扣代缴个人所得税。

7.8.3 行政机关、事业单位工资发放方式改革后扣缴个人所得税问题

根据《国家税务总局关于行政机关、事业单位工资发放方式改革后扣缴个人所得税问题的通知》(国税发〔2001〕19号)规定,行政机关、事业单位改革工资发放方式后,随着支付工资所得单位的变化,其扣缴义务人也有所变化。根据《个人所得税法》规定,凡是有向个人支付工资薪金所得行为的财政部门(或机关事务管理、人事等部门)、行政机关、事业单位均为个人所得税的扣缴义务人。

财政部门(或机关事务管理、人事等部门)向行政机关、事业单位工作人员发放工资时应依法代扣代缴个人所得税。行政机关、事业单位再向个人支付与任职、受雇有关的其他所得时,应将个人的这部分所得与财政部门(或机关事务管理、人事等部门)发放的工资合并计算应纳税所得额和应纳税额,并就应纳税额与财政部门(或机关事务管理、人事等部门)已扣缴税款的差额部分代扣代缴个人所得税。

7.8.4 企业债券利息个人所得税代扣代缴

根据《国家税务总局关于加强企业债券利息个人所得税代扣代缴工作的通知》(国税函〔2003〕612号)规定,企业债券利息个人所得税统一由各兑付机构在向持有债券的个人兑付利息时负责代扣代缴,就地入库。各兑付机构应按照《个人所得税法》的有关规定做好代扣代缴个人所得税工作。

7.8.5 国际组织驻华机构、外国政府驻华使领馆和驻华新闻机构雇员个人所得税征收方式

根据《国家税务总局关于国际组织驻华机构、外国政府驻华使领馆和驻

华新闻机构雇员个人所得税征收方式的通知》（国税函〔2004〕808号）规定，根据《维也纳外交关系公约》和国际组织有关章程规定，对于在国际组织驻华机构、外国政府驻华使领馆中工作的中方雇员和在外国驻华新闻机构的中外籍雇员，均应按照《个人所得税法》规定缴纳个人所得税。

根据国际惯例，在国际组织驻华机构、外国政府驻华使领馆中工作的非外交官身份的外籍雇员，如是"永久居留"者，亦应在驻在国缴纳个人所得税，但由于我国税法对"永久居留"者尚未作出明确的法律定义和解释，因此，对于仅在国际组织驻华机构和外国政府驻华使领馆中工作的外籍雇员，暂不征收个人所得税。

在中国境内，若国际驻华机构和外国政府驻华使领馆中工作的外交人员、外籍雇员在该机构或使领馆之外，从事非公务活动所取得的收入，应缴纳个人所得税。

根据新《个人所得税法》规定，对于在国际组织驻华机构和外国政府驻华使领馆中工作的中方雇员的个人所得税，应以直接支付所得的单位或者个人作为代扣代缴义务人，考虑到国际组织驻华机构和外国政府驻华使领馆的特殊性，各级税务机关可暂不要求国际组织驻华机构和外国政府驻华使领馆履行个人所得税代扣代缴义务。

鉴于北京外交人员服务局和各省（市）省级人民政府指定的外事服务单位等机构，通过一定途径能够掌握在国际组织驻华机构、外国政府驻华使领馆工作的中方雇员受雇情况，根据《税收征管法实施细则》规定，各主管税务机关可委托外交人员服务机构代征上述中方雇员的个人所得税。各主管税务机关要加强与外事服务单位联系，及时办理国际组织驻华机构和外国政府驻华使领馆中方雇员个人所得税委托代征手续。

7.8.6 个人取得拍卖收入征收个人所得税

根据《国家税务总局关于加强和规范个人取得拍卖收入征收个人所得税有关问题的通知》（国税发〔2007〕38号）规定，个人财产拍卖所得应纳的个人所得税税款，由拍卖单位负责代扣代缴，并按规定向拍卖单位所在地主管税务机关办理纳税申报。拍卖单位代扣代缴个人财产拍卖所得应纳的个人所得税税款时，应给纳税人填开完税凭证，并详细标明每件拍卖品的名称、拍卖成交价格、扣缴税款额。

7.8.7 股权转让所得个人所得税

根据《股权转让所得个人所得税管理办法(试行)》(国家税务总局公告2014年第67号发布)规定,个人股权转让所得个人所得税,以股权转让方为纳税人,以受让方为扣缴义务人。

7.8.8 股权激励和技术入股个人所得税政策

根据《财政部 国家税务总局关于完善股权激励和技术入股有关所得税政策的通知》(财税〔2016〕101号)规定,企业实施股权激励或个人以技术成果投资入股,以实施股权激励或取得技术成果的企业为个人所得税扣缴义务人。递延纳税期间,扣缴义务人应在每个纳税年度终了后向主管税务机关报告递延纳税有关情况。

7.8.9 个人转让全国中小企业股份转让系统挂牌公司股票个人所得税政策

根据《财政部 国家税务总局 中国证券监督管理委员会关于个人转让全国中小企业股份转让系统挂牌公司股票有关个人所得税政策的通知》(财税〔2018〕137号)规定,2019年9月1日之前,个人转让"新三板"挂牌公司原始股的个人所得税,征收管理办法按照现行股权转让所得有关规定执行,以股票受让方为扣缴义务人,由被投资企业所在地税务机关负责征收管理。

自2019年9月1日(含)起,个人转让新三板挂牌公司原始股的个人所得税,以股票托管的证券机构为扣缴义务人,由股票托管的证券机构所在地主管税务机关负责征收管理。具体征收管理办法参照《财政部 国家税务总局 证监会关于个人转让上市公司限售股所得征收个人所得税有关问题的通知》(财税〔2009〕167号)和《财政部 国家税务总局 证监会关于个人转让上市公司限售股所得征收个人所得税有关问题的补充通知》(财税〔2010〕70号印发)有关规定执行。

7.9 保险营销员、证券经纪人佣金所得个人所得税预扣预缴

财政部、国家税务总局印发《关于〈个人所得税法〉修改后有关优惠政策衔接问题的通知》（财税〔2018〕164号，以下简称财税〔2018〕164号文件）第二条，就新《个人所得税法》实施后，原保险营销员和证券经纪人的个人所得税计税政策进行了调整，需要注意以下五个方面的要点。

7.9.1 佣金收入是劳务报酬所得

财税〔2018〕164号文件沿用了原政策的所得项目认定——保险营销员、证券经纪人取得的佣金收入，属于劳务报酬所得。居民个人从事保险营销和证券经纪业务的，也需要按照《个人所得税扣缴申报管理办法（试行）》（国家税务总局公告2018年第61号）规定，由扣缴义务人（保险公司或证券公司）在支付所得的同时预扣预缴。

7.9.2 以一个月内取得的收入为一次

对于劳务报酬、稿酬、特许权使用费等三项所得，《个人所得税扣缴申报管理办法（试行）》（国家税务总局公告2018年第61号印发）规定实行按次预扣税款，对于保险营销员、证券经纪人取得的佣金的劳务报酬所得，鉴于保险营销和证券经纪业务的连续性，属于同一项目连续性收入的，应以一个月内取得的收入为一次。

7.9.3 收入额需要扣除附征税费和展业费用

新《个人所得税法》规定，居民个人取得劳务报酬所得，以收入减除20%的费用后的余额为收入额。营改增后，《国家税务总局关于个人保险代理人税收征管有关问题的公告》（国家税务总局公告2016年第45号）规定，个

人保险代理人以其取得的佣金、奖励和劳务费等相关收入（不含增值税）减去地方税费附加及展业成本，按照规定计算个人所得税。明确规定了个人从事保险营销和证券经纪取得的计算个人所得税的收入，不含增值税，并对其开具发票的过程中，依法缴纳的地方税费和附加，以及展业成本，准予扣除。新政中，原样保留了原政策的确认原则，以保险营销员、证券经纪人一个月内取得的不含增值税（月销售额不超过10万元的，免征增值税）的收入为收入，扣除附加税费及展业成本后，并据以计算个人所得税。

应纳税所得额=不含增值税收入×(1-20%)-展业成本-附加税费

7.9.4　展业成本计算方式的两个变化

一是比例由40%下调到25%。《国家税务总局关于个人保险代理人税收征管有关问题的公告》（国家税务总局公告2016年第45号）规定，保险营销员、证券经纪人的展业成本，为佣金收入减去地方税费附加余额的40%。财税〔2018〕164号文件中修订了展业成本比例，规定"保险营销员、证券经纪人展业成本按照收入额的25%计算"。

二是计算方法更加简捷。《国家税务总局关于个人保险代理人税收征管有关问题的公告》（国家税务总局公告2016年第45号）规定，展业成本的计算依据为佣金收入减去地方税费附加余额，而财税〔2018〕164号文件修订为收入额，即"以不含增值税的收入减除20%的费用后的余额"。因此：

展业成本=不含增值税收入×(1-20%)×25%

7.9.5　按照累计预扣法预扣税款

累计预扣法是新《个人所得税法》实施后，对居民个人取得工资薪金收入采取的预扣预缴税款的方法。以居民个人在本单位截至当前月份工资薪金所得累计收入减除累计免税收入、累计减除费用、累计专项扣除、累计专项附加扣除和累计依法确定的其他扣除后的余额为累计预扣预缴应纳税所得额，适用个人所得税预扣率表一（见表7-2），计算累计应预扣预缴税额，再减除累计减免税额和累计已预扣预缴税额，其余额为本期应预扣预缴税额的方法。

《个人所得税扣缴申报管理办法（试行）》（国家税务总局公告2018年第61号印发）规定，居民个人取得劳务报酬不适用该方法预扣预缴税额，以收入减除费用后的余额为收入额,每次收入不超过4000元的,减除费用按800元计算;每次收入4000元以上的,减除费用按20%计算。同时适用20%至40%的超额累进预扣率预扣预缴。其公式为:

劳务报酬所得应预扣预缴税额=预扣预缴应纳税所得额×预扣率−速算扣除数

财税〔2018〕164号文件规定,对保险营销员、证券经纪人取得佣金收入的劳务报酬所得,采取累计预扣方法预扣预缴税款,而不适用劳务报酬所得的比例加成预扣法。按照规定,累计预扣法可以扣除"累计减除费用、累计专项扣除、累计专项附加扣除和累计依法确定的其他扣除",并以扣除后的余额适用个人所得税预扣率表一(见表7-2),计算累计应预扣预缴税额,再减除累计已预扣预缴税额,计算并预扣预缴个人所得税。但新《个人所得税法实施条例》规定的居民个人取得劳务报酬所得、稿酬所得、特许权使用费所得,应当在汇算清缴时向税务机关提供有关信息,减除专项附加扣除。在具体计算时,以该纳税人截至当期在单位从业月份的累计收入减除累计减除费用、累计其他扣除后的余额,比照工资、薪金所得预扣率表计算当期应预扣预缴税额,不再预扣累计专项扣除、累计专项附加扣除。

【案例7-9-1】 小李是某保险公司营销员,2019年1—3月,分别取得保险营销佣金收入10300元、20600元、15450元,该保险公司接受税务机关委托代征税款,向个人保险代理人支付佣金费用后,代个人保险代理人统一向主管税务机关申请汇总代开增值税专用发票。该地区城市维护建设税税率7%,教育费附加征收率3%,地方教育附加征收率2%,"六税二费"减半征收。

【问题】 保险公司该如何预扣预缴小李的个人所得税。

【解析】 1月:

代征增值税=10300÷(1+3%)×3%=300(元)

代征附加税费=300×7%×50%=10.5(元),月收入不足10万元,免征教育费附加、地方教育附加,下同。

展业费用=(10300−300)×(1−20%)×25%=2000(元)

计税收入额=(10300−300)×(1−20%)−2000−10.5=5989.5(元)

应预扣个人所得税额=(5989.5−5000)×3%=29.69(元)

2月:

应征增值税=20600÷(1+3%)×3%=600(元)

应征附加税费=600×7%×50%=21(元)

展业费用=(20600-600)×(1-20%)×25%=4000（元）

计税收入额=(20600-600)×(1-20%)-4000-21=11979（元）

应预扣个人所得税=[(5989.5+11979)-2×5000]×3%-29.69=209.37（元）

3月：

应征增值税=15450÷(1+3%)×3%=450（元）

应征附加税费=450×7%×50%=15.75（元）

展业费用=(15450-450)×(1-20%)×25%=3000（元）

计税收入额=(15450-450)×(1-20%)-3000-15.75=8948.25（元）

应预扣个人所得税=[(5989.5+11979+8948.25)-3×5000]×3%-29.69-209.37
=118.44（元）

8

税收优惠

新《个人所得税法》中，对于税收优惠的调整较少，主要是对部分免税所得的名称进行了修改，如将"退休工资"修改为"基本养老金和退休费"，将"离休工资"修改为"离休费"等，总体优惠内容不变。2018 年《个人所得税法》的修订，不仅仅带来了我国个人所得税制度由分类税制转变为综合和分类相结合税制，同时在制度体系中，设立了更多的普惠性优惠制度，如专项附加扣除等。

为了更好地衔接修改前后的《个人所得税法》的各项税收优惠，贯彻执行国家减税降费的制度安排，在 2018 年底到 2019 年，财政部、国家税务总局连续出台《关于个人所得税法修改后有关优惠政策衔接问题的通知》（财税〔2018〕164 号）、《财政部 税务总局关于继续有效的个人所得税优惠政策目录的公告》（财政部 税务总局公告 2018 年第 177 号）、《财政部 国家发展和改革委员会 国家税务总局 中国证券监督管理委员会关于创业投资企业个人合伙人所得税政策问题的通知》（财税〔2019〕8 号）、《财政部 税务总局 退役军人部关于进一步扶持自主就业退役士兵创业就业有关税收政策的通知》（财税〔2019〕21 号）、《财政部 税务总局 人力资源社会保障部 国务院扶贫办关于进一步支持和促进重点群体创业就业有关税收政策的通知》（财税〔2019〕22 号）等一系列规范性文件，明确个人所得税优惠事项。

8.1 税法中的免征项目

新《个人所得税法》在第四条，明确规定了 10 项个人所得，免征个人所得税。

8.1.1 省级人民政府、国务院部委和中国人民解放军军以上单位，以及外国组织、国际组织颁发的科学、教育、技术、文化、卫生、体育、环境保护等方面的奖金

省级人民政府、国务院部委和中国人民解放军军以上单位，包括省级以上人民政府以及国务院组成部门、国务院直属特设机构、国务院直属机构、国务院办事机构、国务院直属事业单位和中国人民解放军军以上单位。

颁发的奖金,是指省级人民政府、国务院部委和中国人民解放军军以上单位制定奖励办法,并确定获奖人员,由财政资金或者公益性社会团体负担的资金。

8.1.2 国债和国家发行的金融债券利息

新《个人所得税法实施条例》规定,国债利息,是指个人持有中华人民共和国财政部发行的债券而取得的利息;所称国家发行的金融债券利息,是指个人持有经国务院批准发行的金融债券而取得的利息。

《财政部 国家税务总局关于地方政府债券利息免征所得税问题的通知》(财税〔2013〕5号)规定,经国务院批准,对企业和个人取得的2012年及以后年度发行的地方政府债券利息收入,免征企业所得税和个人所得税。地方政府债券是指经国务院批准同意,以省、自治区、直辖市和计划单列市政府为发行和偿还主体的债券。

8.1.3 按照国家统一规定发给的补贴、津贴

新《个人所得税法实施条例》规定,按照国家统一规定发给的补贴、津贴,是指按照国务院规定发给的政府特殊津贴、院士津贴,以及国务院规定免予缴纳个人所得税的其他补贴、津贴。

《财政部 国家税务总局关于中国科学院、中国工程院资深院士津贴免征个人所得税的通知》(财税字〔1998〕118号)规定,对依据《国务院关于在中国科学院、中国工程院院士中实行资深院士制度的通知》(国发〔1998〕8号)的规定,发给中国科学院资深院士和中国工程院资深院士每人每年1万元的资深院士津贴免予征收个人所得税。

《征收个人所得税若干问题的规定》(国税发〔1994〕89号印发)规定,对按照国务院规定发给的政府特殊津贴和国务院规定免纳个人所得税的补贴、津贴,免予征收个人所得税。其他各种补贴、津贴均应计入工资薪金所得项目征税。纳税人取得的独生子女补贴;执行公务员工资制度未纳入基本工资总额的补贴、津贴差额和家属成员的副食品补贴;托儿补助费;差旅费津贴、误餐补助等,不属于工资薪金性质的补贴、津贴或者不属于纳税人本人工资薪金所得项目的收入,不征税。

8.1.4 福利费、抚恤金、救济金

新《个人所得税法实施条例》规定，福利费是指根据国家有关规定，从企业、事业单位、国家机关、社会组织提留的福利费或者工会经费中支付给个人的生活补助费。救济金是指各级人民政府民政部门支付给个人的生活困难补助费。

《国家税务总局关于生活补助费范围确定问题的通知》（国税发〔1998〕155 号）明确，《个人所得税法实施条例》中从福利费或者工会经费中支付给个人的生活补助费的执行口径。该文件规定，生活补助费，是指由于某些特定事件或原因而给纳税人本人或其家庭的正常生活造成一定困难，其任职单位按国家规定从提留的福利费或者工会经费中向其支付的临时性生活困难补助。

同时，用人单位从超出国家规定的比例或基数计提的福利费、工会经费中支付给个人的各种补贴、补助；从福利费和工会经费中支付给本单位职工的人人有份的补贴、补助；单位为个人购买汽车、住房、电子计算机等不属于临时性生活困难补助性质的支出，不属于免税的福利费范围，应当并入纳税人的工资薪金收入计征个人所得税。

8.1.5 保险赔款

保险赔款是指因意外灾害造成人身伤亡和财产损失而由保险部门给予投保者的一种补偿性赔偿金。取得保险赔款的条件是受损单位或个人必须向保险部门投保，保险赔款的来源是参加保险的单位和个人缴付的一定的保险费用，并由保险部门组成保险基金。

《财政部　国家税务总局关于工伤职工取得的工伤保险待遇有关个人所得税政策的通知》（财税〔2012〕40 号）规定，对工伤职工及其近亲属按照《工伤保险条例》（国务院令第 586 号）规定取得的工伤保险待遇，免征个人所得税。

工伤保险待遇，包括工伤职工按照《工伤保险条例》（国务院令第 586 号）规定取得的一次性伤残补助金、伤残津贴、一次性工伤医疗补助金、一次性伤残就业补助金、工伤医疗待遇、住院伙食补助费、外地就医交通食宿

费用、工伤康复费用、辅助器具费用、生活护理费等，以及职工因工死亡其近亲属按照《工伤保险条例》（国务院令第586号）规定取得的丧葬补助金、供养亲属抚恤金和一次性工亡补助金等。

8.1.6 军人的转业费、复员费、退役金

8.1.7 按照国家统一规定发给干部、职工的安家费、退职费、基本养老金或者退休费、离休费、离休生活补助费

国家税务总局批复福建省地方税务局《关于离退休人员取得单位发放离退休工资以外奖金补贴征收个人所得税的批复》（国税函〔2008〕723号）规定，离退休人员除按规定领取离退休工资或养老金外，另从原任职单位取得的各类补贴、奖金、实物，不属于《个人所得税法》规定可以免税的退休工资、离休工资、离休生活补助费。根据《个人所得税法》及其实施条例的有关规定，离退休人员从原任职单位取得的各类补贴、奖金、实物，应在减除费用扣除标准后，按工资薪金所得应税项目缴纳个人所得税。

8.1.8 依照有关法律规定应予免税的各国驻华使馆、领事馆的外交代表、领事官员和其他人员的所得

新《个人所得税法实施条例》规定，依照有关法律规定应予免税的各国驻华使馆、领事馆的外交代表、领事官员和其他人员的所得，是指依照《中华人民共和国外交特权与豁免条例》（中华人民共和国主席令第四十四号）和《中华人民共和国领事特权与豁免条例》（中华人民共和国主席令第三十五号）规定免税的所得。

《中华人民共和国外交特权与豁免条例》（中华人民共和国主席令第四十四号）规定，外交代表免纳捐税不包括：通常计入商品价格或者服务价格内的捐税；有关遗产的各种捐税，但外交代表亡故，其在中国境内的动产不在此限；对来源于中国境内的私人收入所征的捐税；为其提供特定服务所收的费用。

同时规定，与外交代表共同生活的配偶及未成年子女，使馆行政技术人

员和与其共同生活的配偶及未成年子女,如果不是中国公民,也同样享有免纳捐税的特权与豁免。使馆服务人员如果不是中国公民并且不是在中国永久居留的,其执行公务的行为享有豁免,其受雇所得报酬免纳所得税。使馆人员的私人服务员如果不是中国公民并且不是在中国永久居留的,其受雇所得的报酬免纳所得税。

《中华人民共和国领事特权与豁免条例》(中华人民共和国主席令第三十五号)规定,领事官员和领馆行政技术人员免纳捐税不包括:通常计入商品价格或者服务价格内的捐税;对在中国境内私有不动产所征的捐税,但用作领馆馆舍的不在此限;有关遗产的各种捐税,但领事官员亡故,其在中国境内的动产的有关遗产的各种捐税免纳;对来源于中国境内的私人收入所征的捐税;为其提拱特定服务所收的费用。领馆服务人员在领馆服务所得工资,免纳捐税。

同时规定,与领事官员、领馆行政技术人员、领馆服务人员共同生活的配偶及未成年子女,分别享有领事官员、领馆行政技术人员、领馆服务人员免纳捐税的特权与豁免,但身为中国公民或者在中国永久居留的外国人除外。

8.1.9 中国政府参加的国际公约、签订的协议中规定免税的所得

中国政府参加的国际公约、签订的协定中规定免税的所得,是指我国政府参加的国际公约、签订的国际税收协定中明确规定免征个人所得税的所得,对于公约和协定中没有明确规定的,依照新《个人所得税法》及其实施条例以及相关法律法规、规范性文件规定执行。

《财政部 国家税务总局关于〈建立亚洲开发银行协定〉有关个人所得税问题的补充通知》(财税〔2007〕93号)中《建立亚洲开发银行协定》(以下简称《协定》)第五十六条第二款规定:"对亚行付给董事、副董事、官员和雇员(包括为亚行执行任务的专家)的薪金和津贴不得征税。除非成员在递交批准书或接受书时,声明对亚行向其本国公民或国民支付的薪金和津贴该成员及其行政部门保留征税的权力。"鉴于我国在加入亚洲开发银行时,未作相关声明,因此,对由亚洲开发银行支付给我国公民或国民(包括为亚行执行任务的专家)的薪金和津贴,凡经亚洲开发银行确认这些人员为亚洲开

发银行雇员或执行项目专家的，其取得的符合我国税法规定的有关薪金和津贴等报酬，应依《协定》的约定，免征个人所得税。

8.1.10 国务院规定的其他免税所得

该项免税规定，由国务院报全国人民代表大会常务委员会备案。

8.2 税法中的减征项目

新《个人所得税法》第五条规定，残疾、孤老人员和烈属的所得；以及纳税人因自然灾害遭受重大损失的，可以减征个人所得税。

同时规定，国务院可以规定其他减税情形，报全国人民代表大会常务委员会备案。

对于"残疾、孤老人员和烈属的所得"的减征范围，国家税务总局在批复河南省地方税务局《关于明确残疾人所得征免个人所得税范围的批复》（国税函〔1999〕329号）中规定，经省级人民政府批准可减征个人所得税的残疾、孤老人员和烈属的所得仅限于劳动所得，具体所得项目为：工资薪金所得；个体工商户的生产经营所得；对企事业单位的承包经营、承租经营所得；劳务报酬所得；稿酬所得；特许权使用费所得。

8.3 有关优惠政策的衔接

2018年8月31日，新《个人所得税法》发布后，纳税人对原个人所得税法制度设定的一些特殊的税收优惠政策，如全年一次性奖金、上市公司的股权激励、离职补偿金政策、单位向职工低价售房、外籍人员专项津贴补贴扣除等，在新《个人所得税法》正式施行后如何过渡或延续，十分关注。

2018年12月27日，《财政部　税务总局关于〈个人所得税法〉修改后有关优惠政策衔接问题的通知》（财税〔2018〕164号），就纳税人关注的重要优惠政策明确有关衔接事项。

一、关于全年一次性奖金、中央企业负责人年度绩效薪金延期兑现收入和任期奖励的政策

（一）居民个人取得全年一次性奖金，符合《国家税务总局关于调整个人取得全年一次性奖金等计算征收个人所得税方法问题的通知》（国税发〔2005〕9号）规定的，在2021年12月31日前，不并入当年综合所得，以全年一次性奖金收入除以12个月得到的数额，按照本通知所附按月换算后的综合所得税率表（以下简称月度税率表），确定适用税率和速算扣除数，单独计算纳税。计算公式为：

应纳税额＝全年一次性奖金收入×适用税率－速算扣除数

居民个人取得全年一次性奖金，也可以选择并入当年综合所得计算纳税。

自2022年1月1日起，居民个人取得全年一次性奖金，应并入当年综合所得计算缴纳个人所得税。

（二）中央企业负责人取得年度绩效薪金延期兑现收入和任期奖励，符合《国家税务总局关于中央企业负责人年度绩效薪金延期兑现收入和任期奖励征收个人所得税问题的通知》（国税发〔2007〕118号）规定的，在2021年12月31日前，参照本通知第一条第（一）项执行；2022年1月1日之后的政策另行明确。

二、关于上市公司股权激励的政策

（一）居民个人取得股票期权、股票增值权、限制性股票、股权奖励等股权激励（以下简称股权激励），符合《财政部 国家税务总局关于个人股票期权所得征收个人所得税问题的通知》（财税〔2005〕35号）、《财政部 国家税务总局关于股票增值权所得和限制性股票所得征收个人所得税有关问题的通知》（财税〔2009〕5号）、《财政部 国家税务总局关于将国家自主创新示范区有关税收试点政策推广到全国范围实施的通知》（财税〔2015〕116号）第四条、《财政部 国家税务总局关于完善股权激励和技术入股有关所得

税政策的通知》（财税〔2016〕101号）第四条第（一）项规定的相关条件的，在2021年12月31日前，不并入当年综合所得，全额单独适用综合所得税率表，计算纳税。计算公式为：

应纳税额＝股权激励收入×适用税率－速算扣除数

（二）居民个人一个纳税年度内取得两次以上（含两次）股权激励的，应合并按本通知第二条第（一）项规定计算纳税。

（三）2022年1月1日之后的股权激励政策另行明确。

三、关于保险营销员、证券经纪人佣金收入的政策

保险营销员、证券经纪人取得的佣金收入，属于劳务报酬所得，以不含增值税的收入减除20%的费用后的余额为收入额，收入额减去展业成本以及附加税费后，并入当年综合所得，计算缴纳个人所得税。保险营销员、证券经纪人展业成本按照收入额的25%计算。

扣缴义务人向保险营销员、证券经纪人支付佣金收入时，应按照《个人所得税扣缴申报管理办法（试行）》（国家税务总局公告2018年第61号）规定的累计预扣法计算预扣税款。

四、关于个人领取企业年金、职业年金的政策

个人达到国家规定的退休年龄，领取的企业年金、职业年金，符合《财政部 人力资源社会保障部 国家税务总局关于企业年金、职业年金个人所得税有关问题的通知》（财税〔2013〕103号）规定的，不并入综合所得，全额单独计算应纳税款。其中按月领取的，适用月度税率表计算纳税；按季领取的，平均分摊计入各月，按每月领取额适用月度税率表计算纳税；按年领取的，适用综合所得税率表计算纳税。

个人因出境定居而一次性领取的年金个人账户资金，或个人死亡后，其指定的受益人或法定继承人一次性领取的年金个人账户余额，适用综合所得税率表计算纳税。对个人除上述特殊原因外一次性领取年金个人账户资金或余额的，适用月度税率表计算纳税。

五、关于解除劳动关系、提前退休、内部退养的一次性补偿收入的政策

（一）个人与用人单位解除劳动关系取得一次性补偿收入（包括用人单位发放的经济补偿金、生活补助费和其他补助费），在当地上

年职工平均工资3倍数额以内的部分，免征个人所得税；超过3倍数额的部分，不并入当年综合所得，单独适用综合所得税率表，计算纳税。

（二）个人办理提前退休手续而取得的一次性补贴收入，应按照办理提前退休手续至法定离退休年龄之间实际年度数平均分摊，确定适用税率和速算扣除数，单独适用综合所得税率表，计算纳税。计算公式：

应纳税额=｛[（一次性补贴收入÷办理提前退休手续至法定退休年龄的实际年度数）-费用扣除标准]×适用税率-速算扣除数｝×办理提前退休手续至法定退休年龄的实际年度数

（三）个人办理内部退养手续而取得的一次性补贴收入，按照《国家税务总局关于个人所得税有关政策问题的通知》（国税发〔1999〕58号）规定计算纳税。

六、关于单位低价向职工售房的政策

单位按低于购置或建造成本价格出售住房给职工，职工因此而少支出的差价部分，符合《财政部　国家税务总局关于单位低价向职工售房有关个人所得税问题的通知》（财税〔2007〕13号）第二条规定的，不并入当年综合所得，以差价收入除以12个月得到的数额，按照月度税率表确定适用税率和速算扣除数，单独计算纳税。计算公式为：

应纳税额=职工实际支付的购房价款低于该房屋的购置或建造成本价格的差额×适用税率-速算扣除数

七、关于外籍个人有关津补贴的政策

（一）2019年1月1日至2021年12月31日期间，外籍个人符合居民个人条件的，可以选择享受个人所得税专项附加扣除，也可以选择按照《财政部　国家税务总局关于个人所得税若干政策问题的通知》（财税〔1994〕20号）、《国家税务总局关于外籍个人取得有关补贴征免个人所得税执行问题的通知》（国税发〔1997〕54号）和《财政部　国家税务总局关于外籍个人取得港澳地区住房等补贴征免个人所得税的通知》（财税〔2004〕29号）规定，享受住房补贴、语言训练费、子女教育费等津补贴免税优惠政策，但不得同时享受。外籍个人一经选择，在一个纳税年度内不得变更。

(二) 自2022年1月1日起，外籍个人不再享受住房补贴、语言训练费、子女教育费津补贴免税优惠政策，应按规定享受专项附加扣除。

八、除上述衔接事项外，其他个人所得税优惠政策继续按照原文件规定执行。

九、本通知自2019年1月1日起执行。下列文件或文件条款同时废止：

(一)《财政部　国家税务总局关于个人与用人单位解除劳动关系取得的一次性补偿收入征免个人所得税问题的通知》（财税〔2001〕157号）第一条；

(二)《财政部　国家税务总局关于个人股票期权所得征收个人所得税问题的通知》（财税〔2005〕35号）第四条第（一）项；

(三)《财政部　国家税务总局关于单位低价向职工售房有关个人所得税问题的通知》（财税〔2007〕13号）第三条；

(四)《财政部　人力资源社会保障部　国家税务总局关于企业年金、职业年金个人所得税有关问题的通知》（财税〔2013〕103号）第三条第1项和第3项；

(五)《国家税务总局关于个人认购股票等有价证券而从雇主取得折扣或补贴收入有关征收个人所得税问题的通知》（国税发〔1998〕9号）；

(六)《国家税务总局关于保险企业营销员（非雇员）取得的收入计征个人所得税问题的通知》（国税发〔1998〕13号）；

(七)《国家税务总局关于个人因解除劳动合同取得经济补偿金征收个人所得税问题的通知》（国税发〔1999〕178号）；

(八)《国家税务总局关于国有企业职工因解除劳动合同取得一次性补偿收入征免个人所得税问题的通知》（国税发〔2000〕77号）；

(九)《国家税务总局关于调整个人取得全年一次性奖金等计算征收个人所得税方法问题的通知》（国税发〔2005〕9号）第二条；

(十)《国家税务总局关于保险营销员取得佣金收入征免个人所得税问题的通知》（国税函〔2006〕454号）；

（十一）《国家税务总局关于个人股票期权所得缴纳个人所得税有关问题的补充通知》（国税函〔2006〕902号）第七条、第八条；

（十二）《国家税务总局关于中央企业负责人年度绩效薪金延期兑现收入和任期奖励征收个人所得税问题的通知》（国税发〔2007〕118号）第一条；

（十三）《国家税务总局关于个人提前退休取得补贴收入个人所得税问题的公告》（国家税务总局公告2011年第6号）第二条；

（十四）《国家税务总局关于证券经纪人佣金收入征收个人所得税问题的公告》（国家税务总局公告2012年第45号）。

——《财政部 税务总局关于〈个人所得税法〉修改后有关优惠政策衔接问题的通知》（财税〔2018〕164号）

8.3.1 全年一次性奖金优惠过渡

《财政部 税务总局关于〈个人所得税法〉修改后有关优惠政策衔接问题的通知》（财税〔2018〕164号）规定，居民个人取得全年一次性奖金，符合《国家税务总局关于调整个人取得全年一次性奖金等计算征收个人所得税方法问题的通知》（国税发〔2005〕9号）规定的，在2021年12月31日前，不并入当年综合所得，以全年一次性奖金收入除以12个月得到的数额，按照该通知所附按月换算后的综合所得税率表（以下简称月度税率表），确定适用税率和速算扣除数，单独计算纳税。计算公式为：

应纳税额＝全年一次性奖金收入×适用税率－速算扣除数

居民个人取得全年一次性奖金，也可以选择并入当年综合所得计算纳税。

自2022年1月1日起，居民个人取得全年一次性奖金，应并入当年综合所得计算缴纳个人所得税。

新《个人所得税法》施行后，全年一次性奖金税收优惠政策有三个变化。

(1) 纳税人有权选择使用或是不使用全年一次性奖金政策。

将选择权下放给纳税人，是政策中最大的红包，尤其是一些平时收入很少且年度工资薪金总额不高的纳税人，如：全年工资薪金总额（包括年度一次性发放的奖金在内）扣除专项扣除后的余额，不足 6 万元的纳税人。对于他们来说，一直以来，全年一次性奖金都需要缴纳至少 3% 的税款。新《个人所得税法》将居民个人的综合所得（工资薪金所得、劳务报酬所得、稿酬所得、特许权使用费所得）实行按年综合征税，对这些低收入纳税人来说，全年一次性奖金按年综合征税时就不需要纳税了！

《财政部　税务总局关于〈个人所得税法〉修改后有关优惠政策衔接问题的通知》（财税〔2018〕164 号）规定：居民个人取得全年一次性奖金，也可以选择并入当年综合所得计算纳税。既考虑了高收入居民个人政策过渡的需要，也充分考虑了低收入居民个人的强烈呼声。纳税人可以自行选择是否应用过渡期的全年一次性奖金政策。对于同一个企业，职工工资差异较大的，可能会出现一部分高收入居民个人选择使用，另一部分低收入居民个人选择不使用，企业在制定薪酬制度的时候，可以更多地考虑薪酬制度本身的激励作用。

（2）计税的方法从原先的五个步骤简化为四步。

与《国家税务总局关于调整个人取得全年一次性奖金等计算征收个人所得税方法问题的通知》（国税发〔2005〕9 号）相比较，原全年一次性奖金计税方法，可以将其简单地概括为：一看二加三扣减，四找税率五计算；收入整体算一次，全年只能有一次。简单的五步法，就能算清算准税额。而《财政部　税务总局关于〈个人所得税法〉修改后有关优惠政策衔接问题的通知》（财税〔2018〕164 号）规定的新的全年一次性奖金计税方法，从适应新《个人所得税法》的居民个人综合所得按年计税的制度规定，进行了简化、优化。计税方法由原先的五步简化到四步，可以概括为：一选择、二平均、三找率、四计算。

一选择。就是纳税人先行选择是否使用新的全年一次性奖金制度，不选择使用的，奖金就并入当年综合所得计算纳税，流程中止。如果选择使用，就进入下一步骤。

二平均。在 2019 年 1 月 1 日到 2021 年 12 月 31 日期间，居民个人选择适用全年一次性奖金政策的，直接以全年一次性奖金收入除以 12 个月得到的数额，并按照这个数额去找税率。而不再像原政策那样，先要减去当月收入不足扣除费用（2018 年 10 月 1 日后为 5000 元）的差额后，再除以 12 个月。对于当年入职不满 12 个月的职工，在除数的确定上，也是 12 个月，而不是实际的入职月份。

三找率。在按月换算后的综合所得税率表中，查找并确定全年一次性奖金收入除以12个月得到的数额，应当适用税率和速算扣除数。

四计算。将全部的全年一次性奖金金额单独作为一次收入，按照确定的税率和速算扣除数，单独计算纳税。计算公式为：

$$应纳税额=全年一次性奖金收入×适用税率-速算扣除数$$

（3）代扣代缴不是预扣预缴。

居民个人选择适用全年一次性奖金政策，全年只有一次机会，且按照新政策计算后税额，由支付所得的扣缴义务人予以代扣代缴。在次年3月1日到6月30日居民个人综合所得汇算清缴时，已适用全年一次性奖金政策的收入应当作为居民个人年度综合所得的扣除项目，从全部的综合所得中予以扣除，不再纳入汇算清缴。按照全年一次性奖金政策扣缴入库的税款，也不作为居民个人年度预扣预缴的税款，纳入汇算清缴已纳税额范围。

需要注意的是，是否选择适用全年一次性奖金政策，和企业发放的奖金名目并无关系，可以是企业的年度奖励、绩效奖励等，也可以是企业职工取得的某次金额畸高的奖金。问题的关键在于居民个人的选择，居民个人可以选择并入综合所得，也可以选择并只能一次选择并适用全年一次性奖金制度，而不论是什么奖金。

【案例8-3-1】 某公司2019年11月底发放全年绩效奖励，某高管甲获得奖金12万元，某职工乙获得奖金3万元。2019年度高管甲取得工资薪金收入20万元（不包括全年一次性奖金，已减除专项扣除），职工乙取得工资薪金收入3.6万元（不包括全年一次性奖金，已减除专项扣除）。

【问题】 不考虑专项附加扣除和依法确定的其他扣除，甲、乙全年一次性奖金应如何选择并纳税？

【解析】 高管甲：

（1）选择适用全年一次性奖金政策：

公司应按照甲的选择，将奖金作为一次单独的收入，予以计算并代扣代缴税款。其计算过程如下：

月平均数 = 120000÷12 = 10000（元）

查找税率、速算扣除数：在按月换算后的综合所得税率表中，查找可知适用10%的税率，速算扣除数为210。

应纳税额=120000×10%-210=11790（元）

高管甲2019年共取得代扣专项扣除后的各项工资、奖金合计32万元，无专项附加扣除和其他扣除，在2020年3月汇算清缴时，其年度综合所得计税收入额中，应当扣除一次性奖金12万元。全年综合所得应纳税所得额为14万元（32-6-12），适用10%税率，速算扣除数2520，汇算清缴应纳税额为：140000×10%-2520=11480（元）。

全年应纳个人所得税额=11790+11480=23270（元）

（2）选择综合所得纳税：

高管甲2019年共取得代扣专项扣除后的各项工资、奖金合计32万元，无专项附加扣除和其他扣除。

综合所得应纳税所得额=320000-60000=260000（元），适用20%税率，速算扣除数16920。

应纳税额=260000×20%-16920=35080（元）

职工乙：

（1）选择适用全年一次性奖金政策：

公司应按照乙的选择，将奖金作为一次单独的收入，予以计算并代扣代缴税款。其计算过程如下：

月平均数=30000÷12=2500（元）

查找税率、速算扣除数：在按月换算后的综合所得税率表中，查找可知适用3%的税率，速算扣除数为0。

应纳税额=30000×3%=900（元）

职工乙2019年共取得代扣专项扣除后的各项工资、奖金合计6.6万元，无专项附加扣除和其他扣除，在2020年3月汇算清缴时，其年度综合所得计税收入额中，应当扣除一次性奖金3万元。全年综合所得3.6万元（6.6-3），不足6万元，无须纳税。

全年应纳个人所得税额900元。

（2）选择综合所得纳税：

职工乙2019年共取得代扣专项扣除后的各项工资、奖金合计6.6万元，无专项附加扣除和其他扣除。

综合所得应纳税所得额=66000-60000=6000（元），适用3%税率，速算扣除数0。

应纳税额=6000×3%=180（元）

职工	选择	算法	结果
高管甲	综合所得	（320000-60000）×20%-16920=35080（元）	年度纳税 35080 元
	一次性奖金	奖金：120000×10%-210=11790（元） 全年工资：140000×10%-2520=11480（元）	年度纳税 23270 元
职工乙	综合所得	（66000-60000）×3%=180（元）	年度纳税 180 元
	一次性奖金	奖金：30000×3%=900（元） 全年工资：36000-60000=-24000（元），不纳税	年度纳税 900 元

8.3.2　上市公司居民个人员工股权激励

上市公司通过股票期权、限制性股票、股票增值税、股权奖励等股权激励个人所得税的计算，以及参照上市公司股权激励计税方法，不满足递延纳税优惠条件的非上市公司股票期权、股权期权、限制性股票、股权奖励等股权激励的个人所得税的计算，一直都是个人所得税政策难点。特别是关于员工取得来源于中国境内的股票期权形式工资薪金所得的境内工作期间月份数，也就是"规定月份数"的理解和确定，以及将股权激励所得按照规定月份数平均折算成月度收入计税后，再按"规定月份数"合并计税，更是如此。

新《个人所得税法》将纳税人划分为居民个人和非居民个人，并对于居民个人取得的工资薪金、劳务报酬、稿酬、特许权使用费等四项所得，自2019年1月1日起，实行按年综合纳税，直接影响上市公司股权激励的个人所得税计税方式。为此，在财政部、国家税务总局印发的《关于〈个人所得税法〉修改后有关优惠政策衔接问题的通知》（财税〔2018〕164号）第二条，就新《个人所得税法》实施后，过渡期上市公司对居民个人的股权激励个人所得税计税方法予以简化。

【案例8-3-2】　小李2018年1月取得某上市公司授予的股票期权1万股，授予日股票价格为10元，授予期权价格为8元，规定可在2019年2月行权。假定小李2019年2月28日前行权，且行权当天股票市价为16元。

【问题】　请帮助小李计算行权时应纳个人所得税金额。

【解析】　企业实施股票期权计划，授予该企业员工股票期权。员工因此在行使期权购买股票时，以低于市场价格（购买股票当日收盘价）的某一特定价格（施权价）购买本公司一定数量的股票，从而获得的施权价与收盘价的差额，是因员工在企业的表现和业绩情况而取得的与任职、受雇有关的所得，应按工资薪金所得适用的规定计算缴纳个人所得税。其工资薪金应纳税所得额的确定，依据《财政部 国家税务总局关于个人股票期权所得征收个人所得税问题的通知》（财税〔2005〕35号，以下简称财税〔2005〕35号文件）规定，按下列公式计算：

股票期权形式的工资薪金应纳税所得额＝（行权股票的每股市场价－员工取得该股票期权支付的每股施权价）×股票数量

则小李在2019年2月28日前行权时取得工资薪金应纳税所得额＝（16－8）×10000＝80000（元）

《财政部 税务总局关于〈个人所得税法〉修改后有关优惠政策衔接问题的通知》（财税〔2018〕164号）规定，自2019年1月1日起，居民个人取得股票期权等股权激励，在2021年12月31日前，不并入当年综合所得，全额单独适用综合所得税率表，计算纳税。计算公式为：

应纳税额＝股权激励收入×适用税率－速算扣除数

因此，小李取得的股票期权激励，应全额单独计税。

应纳个人所得税额＝80000×10％－2520＝5480（元）

假定，小李2019年10月31日再次行使股票期权，又取得公司股票5000股，每股施权价8元，10月31日当日公司股票收盘价23元，则小李该如何计算并缴纳个人所得税？

《财政部 税务总局关于〈个人所得税法〉修改后有关优惠政策衔接问题的通知》（财税〔2018〕164号印发）规定，2019年1月1日到2021年12月31日，居民个人一个纳税年度内取得两次以上（含两次）股权激励的，应将各次的所得合并后，不并入当年综合所得，全额单独适用综合所得税率表，计算纳税。新《个人所得税法》规定，纳税年度，自公历1月1日起至12月31日止。

小李的第二次行使股票期权是2019年10月31日，与2月28日第一次行权在同一个纳税年度内，因此，小李的第二次股权激励所得，应当与第一次合并计税。具体如下：

第二次股权激励工资薪金所得＝（23－8）×5000＝75000（元）

合并两次股权激励所得＝80000＋75000＝155000（元）

第二次股权激励应申报纳税＝155000×20％－16920－5480＝8600（元）

假定，小李2020年1月1日第三次行使股票期权，再次购买公司股票

5000股,每股施权价8元,当日公司股票收盘价21元,则小李该如何计算并缴纳个人所得税?

小李第三次行使股票期权是2020年1月1日,与前两次行权不在同一纳税年度,不需要与前两次行权所得合并计税,全额单独适用综合所得税率表计税。

应纳税所得额=(21-8)×5000=65000(元)

应纳税额=65000×10%-2520=3980(元)

8.3.3 非居民个人一次取得数月奖金或股权激励所得

新《个人所得税法》施行后,不仅居民个人取得全年一次性奖金或上市公司股权激励的个人所得税政策有变化,非居民个人一次取得数月奖金或上市公司、非上市公司股权激励所得的个人所得税政策,也有所变化。

对于非居民个人2019年1月1日后,一次取得归属于数月的奖金、年终加薪、分红等工资薪金所得,不包括每月固定发放的奖金及一次性发放的数月工资;以及取得包括股票期权、股权期权、限制性股票、股票增值权、股权奖励以及其他因认购股票等有价证券而从雇主取得的折扣或者补贴等股权激励的。

> 2. 非居民个人一个月内取得数月奖金,单独按照本公告第二条规定计算当月收入额,不与当月其他工资薪金合并,按6个月分摊计税,不减除费用,适用月度税率表计算应纳税额,在一个公历年度内,对每一个非居民个人,该计税办法只允许适用一次。计算公式如下(公式五):
>
> 当月数月奖金应纳税额=[(数月奖金收入额÷6)×适用税率-速算扣除数]×6
>
> 3. 非居民个人一个月内取得股权激励所得,单独按照本公告第二条规定计算当月收入额,不与当月其他工资薪金合并,按6个月分摊计税(一个公历年度内的股权激励所得应合并计算),不减除费用,适用月度税率表计算应纳税额,计算公式如下(公式六):
>
> 当月股权激励所得应纳税额=[(本公历年度内股权激励所得合

计额÷6)×适用税率−速算扣除数]×6−本公历年度内股权激励所得已纳税额

——《财政部 税务总局关于非居民个人和无住所居民个人有关个人所得税政策的公告》(财政部 税务总局公告2019年第35号)

和原政策相比,新政策主要有确定股权激励所得来源地和税款计算方法两个方面的变化。2019年1月1日后,非居民个人取得数月奖金或股权激励,需要注意三个方面的要点:

(1) 按个人在境内的工作天数计算所得。

个人取得归属于中国境内工作期间的工资薪金所得为来源于境内的工资薪金所得。境内工作期间按照个人在境内工作天数计算,包括其在境内的实际工作日以及境内工作期间在境内、境外享受的公休假、个人休假、接受培训的天数。

如果非居民个人在境内、境外单位同时担任职务或者仅在境外单位任职的,在境内停留的当天不足24小时的,按照半天计算境内工作天数。

如果非居民个人在境内、境外单位同时担任职务或者仅在境外单位任职,且当期同时在境内、境外工作的,按照工资薪金所属境内、境外工作天数占当期公历天数的比例计算确定来源于境内、境外工资薪金所得的收入额。

其中,境外工作天数按照当期公历天数减去当期境内工作天数计算。

(2) 分期计算确定归属于境内所得的金额。

非居民个人取得的数月奖金或者股权激励所得一般都涉及多个月份的工作期间,而且取得所得的时间可能与工作期间不一致。

非居民个人在境内履职或者执行职务时收到的数月奖金或者股权激励所得,归属于境外工作期间的部分,为来源于境外的工资薪金所得。无住所个人停止在境内履约或者执行职务离境后收到的数月奖金或者股权激励所得,对属于境内工作期间的部分,为来源于境内的工资薪金所得。具体计算方法为:数月奖金或者股权激励乘以数月奖金或者股权激励所属工作期间境内工作天数与所属工作期间公历天数之比。

【案例8-3-3】 非居民个人杰克因工作需要,2019年1—4月在境内某公司工作了60天并按月取得工资薪金,2019年10月公司对其在境内工作绩效考核后,一次性发放了1—4月的绩效奖金50000元人民币。

【问题】 杰克取得的数月奖金中归属于境内的所得是多少？

【解析】 杰克取得的数月奖金所属 2019 年 1 月到 4 月的工作期间内，境内工作时间 60 天，2019 年 1 月到 4 月有公历天数为 120 天。

杰克数月奖金归属于境内的所得＝数月奖金×所属期间境内工作天数÷所属期间公历天数＝50000×60÷120＝25000（元）

【案例 8-3-4】 非居民个人罗斯因 2019 年 1 月到 4 月在中国境内某上市公司工作表现出色，被授予的股票期权 5000 股，授予日股票价格为 10 元，授予期权价格为 8 元，规定可在 2020 年 10 月行权。假定罗斯 2019 年 1 月到 4 月在中国境内的工作天数为 80 天，于 2020 年 10 月 31 日行权，且行权当天股票市价为 19 元。

【问题】 罗斯取得的股权激励中归属于境内的所得是多少？

【解析】 企业实施股票期权计划，授予该企业员工股票期权。员工因此在行使期权购买股票时，以低于市场价格（购买股票当日收盘价）的某一特定价格（施权价）购买本公司一定数量的股票，从而获得的施权价与收盘价的差额，是因员工在企业的表现和业绩情况而取得的与任职、受雇有关的所得，应按工资、薪金所得适用的规定计算缴纳个人所得税。其工资薪金应纳税所得额的确定，依据《财政部　国家税务总局关于个人股票期权所得征收个人所得税问题的通知》（财税〔2005〕35 号）规定，按下列公式计算：

股票期权形式的工资薪金应纳税所得额＝(行权股票的每股市场价－员工取得该股票期权支付的每股施权价)×股票数量

因此，罗斯在 2020 年 10 月 31 日行权时取得的股权激励的金额＝(19－8)×5000＝55000（元）

罗斯取得的股权激励所属期间为 2019 年 1 月到 4 月，在该期间内罗斯境内工作时间 80 天，2019 年 1 月到 4 月有公历天数为 120 天。

股权激励中归属于中国境内的所得＝股权激励×所属期间境内工作天数÷所属期间公历天数＝55000×80÷120＝36667（元）

非居民个人一个月内取得的境内外数月奖金或者股权激励包含归属于不同期间的多笔所得的，应当先分别计算不同归属期间来源于境内的所得，然后再加总计算当月来源于境内的数月奖金或者股权激励收入额。

【案例 8-3-5】 非居民个人杰克因工作需要，2019 年 1—4 月、7—10 月在境内某公司工作了 140 天（其中 1—4 月工作了 60 天，7—10 月工作了 80

天),并按月取得工资薪金,2019年12月公司对其在境内工作绩效考核后,一次性发放了杰克两段期间的绩效奖金分别为50000元人民币、60000元人民币。

【问题】 杰克取得的数月奖金中归属于境内的所得是多少?

【解析】 杰克取得的数月奖金所属2019年1月到4月的工作期间内,境内工作时间60天,2019年1月到4月有公历天数为120天。所属2019年7月到10月的工作期间内,境内工作时间60天,2019年1月到4月有公历天数为123天。

杰克数月奖金归属于境内的所得=(1—4月归属于境内所得)+(7—10月归属于境内所得)=1—4月数月奖金×所属期间境内工作天数÷所属期间公历天数+7—10月数月奖金×所属期间境内工作天数÷所属期间公历天数=50000×60÷120+60000×80÷123=64024.39(元)

(3) 作为一次单独的所得计算税款。

①非居民个人取得数月奖金。对于非居民个人一个月内取得数月奖金,作为一次单独的所得计算缴纳税款。如果该非居民个人当月有工资薪金收入的,在计算当月境内工资薪金收入额时不需要将数月奖金合并计算,即不包括数月奖金。在计算税款时,其取得的境内工资薪金和数月奖金应分别计算税款。

对于非居民个人取得的数月奖金,在分期计算确定归属于境内所得的金额后,单独作为一次应税所得,按6个月分摊计税,不减除费用,适用月度税率表计算应纳税额,在一个公历年度内,对每一个非居民个人,该计税办法只允许适用一次。计算公式如下:

当月数月奖金应纳税额=[(数月奖金收入额÷6)×适用税率−速算扣除数]×6

【案例8-3-6】 接【案例8-3-3】,非居民个人杰克因工作需要,2019年1—4月在境内某公司工作了60天并按月取得工资薪金,2019年10月公司对其在境内工作绩效考核后,一次性发放了1—4月的绩效奖金50000元人民币。

【问题】 杰克取得的数月奖金中归属于境内的所得应纳个人所得税多少?

【解析】 杰克取得的数月奖金所属2019年1月到4月的工作期间内,境内工作时间60天,2019年1月到4月有公历天数为120天。

杰克数月奖金归属于境内的所得＝数月奖金×所属期间境内工作天数÷所属期间公历天数＝50000×60÷120＝25000（元）

25000÷6＝4166.67（元），查月度税率表得税率为10%，速算扣除数为210。

杰克应纳税额＝[（25000÷6）×10%－210]×6＝1240（元）

②非居民个人一个月内取得股权激励所得。

非居民个人一个月内取得的股权激励所得，作为一次单独的所得计算缴纳税款。如果取得股权激励所得的当月有工资薪金所得的，在计算当月境内工资薪金收入额时不需要将股权激励金额合并计算。在计算税款时，其取得的境内工资薪金和股权激励应分别计算税款。

非居民个人取得的股权激励，在分期计算确定归属于境内所得的金额后，单独作为一次应税所得，按6个月分摊计税，不减除费用，适用月度税率表计算应纳税额。如果在一个公历年度内取得多次股权激励所得的，需要分别确认归属于境内的所得后，合并计算。计算公式如下：

当月股权激励所得应纳税额＝[（本公历年度内股权激励所得合计额÷6）×适用税率－速算扣除数]×6－本公历年度内股权激励所得已纳税额

【案例8-3-7】 接【案例8-3-4】，非居民个人罗斯因2019年1月到4月在中国境内某上市公司工作表现出色，被授予的股票期权5000股，授予日股票价格为10元，授予期权价格为8元，规定可在2020年10月行权。假定罗斯2019年1月到4月在中国境内的工作天数为80天，他2020年10月31日前行权，且行权当天股票市价为19元。

【问题】 罗斯取得的股权激励应纳个人所得税多少元？

【解析】 由【案例8-3-4】解析可得，罗斯取得的股权激励中，归属于境内所得的金额为36667元。

36667÷6＝6111.17（元），查月度税率表得税率为10%，速算扣除数为210。

罗斯应纳税额＝[（36667÷6）×10%－210]×6＝2406.70(元)

【案例8-3-8】 接【案例8-3-7】，假定罗斯在2020年分两次行权，2020年8月行权时，当天股票价格25元，罗斯行权购买了3000股；2020年10月行权时，当天股票价格19元，罗斯行权购买了2000股。

【问题】 罗斯取得的股权激励应纳个人所得税多少？

【解析】 由【案例 8-3-4】解析可得：

股票期权形式的工资薪金应纳税所得额=（行权股票的每股市场价-员工取得该股票期权支付的每股施权价）×股票数量

（1）罗斯在 2020 年 8 月某日行权时：

取得的股权激励的金额=（25-8）×3000=51000（元）

罗斯取得的股权激励所属期间为 2019 年 1 月到 4 月，在该期间内罗斯境内工作时间 80 天，2019 年 1 月到 4 月有公历天数为 120 天。

股权激励中归属于中国境内的所得=股权激励×所属期间境内工作天数÷所属期间公历天数=51000×80÷120=34000（元）

34000÷6=5666.67（元），查月度税率表得税率为 10%，速算扣除数为 210。

应纳税额=［（34000÷6）×10%-210］×6=2140(元)

（2）罗斯在 2020 年 10 月某日行权时。

取得的股权激励的金额=（19-8）×2000=22000（元）

罗斯取得的股权激励所属期间为 2019 年 1 月到 4 月，在该期间内罗斯境内工作时间 80 天，2019 年 1 月到 4 月有公历天数为 120 天。

股权激励中归属于中国境内的所得=股权激励×所属期间境内工作天数÷所属期间公历天数=22000×80÷120=14666.67（元）

罗斯在一个纳税年度内取得两次股权激励所得应合并计税：

合并后的股权激励所得=34000+14666.67=48666.67（元）

48666.67÷6=8111.11（元），查月度税率表得税率为 10%，速算扣除数为 210。

罗斯应纳税额=［（本公历年度内股权激励所得合计数÷6）×适用税率-速算扣除数］×6-本公历年度内股权激励所得已纳税额=［（48666.67÷6）×10%-210］×6-2140=1466.67(元)

8.3.4 个人与用人单位解除劳动关系取得一次性补偿

个人与用人单位解除劳动关系取得一次性补偿收入，不仅涉及个人所得税的征缴，还涉及社会保险费缴费基数的确定。《财政部 税务总局关于〈个人所得税法〉修改后有关优惠政策衔接问题的通知》（财税〔2018〕164 号）第五条第（一）项，按照新《个人所得税法》的原则，对个人与用人单位解除劳动关系取得一次性补偿收入如何计税，进行了过渡性政策安排。

2019年居民个人取得该项一次性补偿（主要包括经济补偿金和医疗补偿金）该如何计缴税费，不仅仅需要了解税法规定，还需要了解劳动法和社会保险费的各项规定。

（1）经济补偿金的法律规定。

劳动者与用人单位有《劳动合同法》规定的法定情形时，可以依法解除或终止劳动关系。用人单位与劳动者解除劳动关系时，用人单位应当根据劳动者的工作年限，给予劳动者一定的经济补偿金。

《劳动合同法》规定，经济补偿按劳动者在本单位工作的年限，每满1年支付1个月工资的标准向劳动者支付。6个月以上不满1年的，按1年计算；不满6个月的，向劳动者支付半个月工资的经济补偿。

劳动者月工资高于用人单位所在直辖市、设区的市级人民政府公布的本地区上年度职工月平均工资3倍的，向其支付经济补偿的标准按职工月平均工资3倍的数额支付，向其支付经济补偿的年限最高不超过12年。

月工资是指劳动者在劳动合同解除或者终止前12个月的平均工资。

如果用人单位违反《劳动合同法》的规定解除或者终止劳动合同的，且劳动者不要求继续履行劳动合同或者劳动合同已经不能继续履行的，用人单位应当依照依法支付赔偿金。《劳动合同法》规定，用人单位违反本法规定解除或者终止劳动合同支付的赔偿金，应当按照依法支付的经济补偿标准的2倍支付。

（2）医疗补偿金的法律规定。

对于劳动者患病或非因公负伤终止劳动合同时，获得医疗补偿金的问题，尽管《违反和解除劳动合同的经济补偿办法》（劳部发〔1994〕481号印发）一文，由人力资源与社会保障部在2017年11月24日发文废止，但现存有效的《劳动部关于实行劳动合同制度若干问题的通知》（劳部发〔1996〕354号印发）规定，劳动者患病或者非因工负伤，合同期满终止劳动合同的，用人单位应当支付不低于6个月工资的医疗补助费；对患重病或绝症的，还应适当增加医疗补助费。

《劳动部办公厅关于对劳部发〔1996〕354号文件有关问题解释的通知》（劳办发〔1997〕18号）进一步明确，合同期满的劳动者终止劳动合同时，医疗期满或者医疗终结被劳动鉴定委员会鉴定为5—10级的，用人单位应当支付不低于6个月工资的医疗补助费。鉴定为1—4级的，应当办理退休、退职手续，享受退休、退职待遇。

(3) 离职一次性补偿涉及的税费规定。

在社会保险费法律制度中,《劳动和社会保障部 社会保险事业管理中心关于规范社会保险缴费基数有关问题的通知》(劳社险中心函〔2006〕60号)规定,劳动合同制职工解除劳动合同时由企业支付的医疗补助费、生活补助费以及一次性支付给职工的经济补偿金,根据国家统计局的规定,不计入工资总额,在计算缴费基数时应予剔除。

在个人所得税制度中,2019年1月1日起生效的《财政部 税务总局关于〈个人所得税法〉修改后有关优惠政策衔接问题的通知》(财税〔2018〕164号),在承继《国家税务总局关于国有企业职工因解除劳动合同取得一次性补偿收入征免个人所得税问题的通知》(国税发〔2000〕77号)中,对国有企业职工与企业解除劳动合同取得的一次性补偿收入个人所得税前扣除标准基础上,规定,个人与用人单位解除劳动关系取得一次性补偿收入(包括用人单位发放的经济补偿金、生活补助费和其他补助费),在当地上年职工平均工资3倍数额以内的部分,免征个人所得税;超过3倍数额的部分,不并入当年综合所得,单独适用综合所得税率表,计算纳税。

该项制度的执行,需要明确三项内涵:

一是可以税前限额扣除的一次性补偿收入应当符合法律的规定。对超出法律规定补偿的部分,无论是否超出"当地上年职工平均工资3倍数额",均不得免征个人所得税。

二是对全部符合法律规定的一次性补偿金额,以"当地上年职工平均工资"3倍为限,免征个人所得税。"当地上年职工平均工资",按照《劳动合同法》规定,为直辖市或设区的市政府公布的"本地区上年度职工月平均工资",即市级"上年社平工资"。

三是超出法律规定补偿的部分以及合法补偿金额超过"当地上年职工平均工资"3倍的部分,不并入当年综合所得,单独适用综合所得税率表,计算纳税。不再执行《国家税务总局关于个人因解除劳动合同取得经济补偿金征收个人所得税问题的通知》(国税发〔1999〕178号)规定,按照最长不超过12个工作年限均分为月收入后,计税合计。

【案例8-3-9】 王师傅在某公司工作了近20年,2019年11月,因病不能从事原工作,也不能从事由用人单位另行安排的其他工作,劳动能力鉴定5级,按照《劳动合同法》的规定,依法与公司解除劳动关系。公司一次性支付王师傅经济补偿金12万元、医疗补偿金10万元。王师傅离职前12个月平均工资为6000元,当地上年度职工年平均工资5万元。

【问题】 请计算王师傅应纳个人所得税金额。

【解析】 (1) 依据《劳动合同法》规定,王师傅与公司解除劳动关系的经济补偿金标准为当地上年职工平均工资3倍,即:50000×3=150000(元)。

(2) 王师傅符合规定的经济补偿金额如下:

经济补偿金:50000×3÷12=12500(元),6000元<12500元,应按6000元计算补偿金标准,且王师傅工作超过12年,可税前扣除经济补偿金=6000×12=72000(元)。

医疗补偿金:劳动能力鉴定为5级的,用人单位应当支付不低于6个月工资的医疗补助费。医疗补偿金下限=6000×6=36000(元)。100000元>36000元,符合法律规定。

经济补偿金额可免征个人所得税部分=72000+100000-150000=22000(元)

(3) 王师傅应纳个人所得税额计算。

应纳税所得额=(120000-72000)+22000=70000(元)

应纳个人所得税=70000×10%-2520=4480(元)

【案例8-3-10】 某公司高管李先生,在公司任职14年,2019年11月依法与公司解除劳动关系,获得公司一次性补偿金28万元,李先生离职前12个月平均工资为2万元,当地上年度职工年平均工资5万元。

【问题】 请计算李先生应纳个人所得税金额。

【解析】 依据《劳动合同法》规定,李先生与公司解除劳动关系的经济补偿金标准为当地上年职工平均工资3倍,即:

50000×3÷12=12500(元)

20000元>12500元,应按12500元计算补偿金标准,李先生工作超过12年,即:

可税前扣除经济补偿金=12500×12=150000(元)

应纳税所得额=280000-150000=130000(元)

应纳个人所得税=130000×10%-2520=10480(元)

8.3.5 提前退休取得一次性补偿

【案例8-3-11】 2019年3月,工作了35年的老张提前办理了退休手续,退休时老张57岁，离他58岁的生日还差近6个月的日子。公司按照规定，给予老张提前退休一次性补贴15万元。

【问题】 老张提前退休的一次补贴该如何征税？

【解析】《国务院关于工人退休、退职的暂行办法》规定：一是男年满60周岁，女年满50周岁，并且累计工龄满10年的；二是男年满55周岁、女年满45周岁，累计工龄满10年的，从事井下、高空、高温、特别繁重体力劳动或其他有害身体健康的工作；三是男年满50周岁，女年满45周岁，累计工龄满10年，由医院证明，并经劳动鉴定委员会确认，完全丧失劳动能力的应当准予退休。《劳动和社会保障部办公厅关于企业职工"法定退休年龄"涵义的复函》（劳社厅函〔2001〕125号）规定，国家法定的企业职工退休年龄，是指国家法律规定的正常退休年龄，即：男年满60周岁，女工人年满50周岁，女干部年满55周岁。《社会保险法》规定，参加基本养老保险的个人，达到法定退休年龄时累计缴费满15年的，按月领取基本养老金。

案例中，老张既没达到正常法定退休年龄60周岁，也没有发生《国务院关于工人退休退职的暂行办法》规定的法定退休情形，不属于正常退休。在其年满60周岁法定退休年龄前，也无法领取基本养老金。对其在达到法定退休年龄前提前退休取得的，企业向其支付一次性补贴，不属于免税的离退休工资收入，其所得不属于《个人所得税法》规定免税的"按照国家统一规定发给干部、职工的安家费、退职费、基本养老金或者退休费、离休费、离休生活补助费"，应当认定为是其在提前退休日到法定退休年龄其间取得的工资薪金所得，应当依法征收个人所得税。

《财政部 税务总局关于〈个人所得税法〉修改后有关优惠政策衔接问题的通知》（财税〔2018〕164号）规定，2019年1月1日到2021年12月31日间，个人办理提前退休手续而取得的一次性补贴收入，应按照办理提前退休手续至法定离退休年龄之间实际年度数平均分摊，确定适用税率和速算扣除数，单独适用综合所得税率表，计算纳税。废止了《国家税务总局关于个人提前退休取得补贴收入个人所得税问题的公告》（国家税务总局公告2011年第6号），按照"提前办理退休手续至法定退休年龄的实际月份数"平均分摊并计税的方法。

其公式如下：

应纳税额={[（一次性补贴收入÷办理提前退休手续至法定退休年龄的实际年度数）−费用扣除标准]×适用税率−速算扣除数}×办理提前退休手续至法定退休年龄的实际年度数

但是，《财政部　税务总局关于〈个人所得税法〉修改后有关优惠政策衔接问题的通知》（财税〔2018〕164号）中"提前办理退休手续至法定退休年龄的实际年度数"，并没有给出确认方法，其可执行性远不如《关于个人提前退休取得补贴收入个人所得税问题的公告》（国家税务总局公告2011年第6号印发）中规定的"提前办理退休手续至法定退休年龄的实际月份数"。实务中"提前办理退休手续至法定退休年龄的实际年度数"，应当是个人从办理提前退休手续到法定退休年龄实际跨越的纳税年度数。

案例中，老张取得一次性补贴收入15万元，其从办理提前退休手续到法定退休年龄还有2019年、2020年、2021年等3个纳税年度，平均到每年的收入额为5万元，费用扣除标准为6万元。扣除费用后，应纳税所得额为0，应纳税额为0，应进行零申报。

假定老张取得的一次性补贴收入为21万元，则平均到每年的收入额为7万元，扣除费用6万元后，应适用3%的税率征税，应纳税额为：

$$应纳税额 = (21 \div 3 - 6) \times 3\% \times 3 = 0.09（万元）$$

假定老张是因病丧失劳动力依法提前和企业解除劳动关系，符合《国务院关于工人退休、退职的暂行办法》规定，其一次性补偿金应认定为"个人与用人单位解除劳动关系取得一次性补偿收入"予以计税。

8.3.6　内部退养一次性补偿

【案例8-3-12】 2019年5月，某国有控股公司为了减员增效，制定并推行内部退养办法。离法定退休年龄还有20个月的王阿姨，也在该公司内部退养之列，公司按照规定，对其办理内部退养手续并给予一次性补贴6万元，王阿姨办理内部退养手续当月工资薪金收入4000元。

【问题】 王阿姨取得的一次性退养补贴应该如何征税？

【解析】 （1）内部退养的办理和补偿。

《劳动部关于严格按照国家规定办理职工退出工作岗位休养问题的通知》（劳部发〔1994〕259号）规定，企业对距退休年龄不到5年的职工，应经本人提出申请，企业领导批准，方可办理退出工作岗位休养。《国有大中型企业主辅分离辅业改制分流安置富余人员的劳动关系处理办法》（劳社部发〔2003〕21号印发）规定，企业改制分流时，对距法定退休年龄5年以内、符合内部退养条件的职工，原主体企业或国有法人控股的改制企业经与职工协商一致，可以实行内部退养。

在内部退养的补偿标准上，《劳动部关于严格按照国家规定办理职工退出工作岗位休养问题的通知》（劳部发〔1994〕259号印发）规定，对未达到国家法定退休年龄的职工，无论是办理了"内退"或是其他富余职工，企业都要根据有关规定办理发放基本生活费，标准不得低于省、市、自治区人民政府规定的最低标准。

（2）一次性收入如何计税。

对于2019年新《个人所得税法》实施后，内部退养一次性补偿金征税的问题上，《财政部 税务总局关于〈个人所得税法〉修改后有关优惠政策衔接问题的通知》（财税〔2018〕164号）没有像其他的事项给予修订，而是"按照《国家税务总局关于个人所得税有关政策问题的通知》（国税发〔1999〕58号）规定纳税"。

根据《国家税务总局关于个人所得税有关政策问题的通知》（国税发〔1999〕58号）规定，个人在办理内部退养手续后从原任职单位取得的一次性收入，应按办理内部退养手续后至法定离退休年龄之间的所属月份进行平均，并与领取当月的工资薪金所得合并后减除当月费用扣除标准，以余额为基数确定适用税率，再将当月工资薪金加上取得的一次性收入，减去费用扣除标准，按适用税率计征个人所得税。可以简单地归结成三个步骤：

一是按月平均定基数。对个人内部退养取得的一次性收入，按办理手续到法定退休当月这个期间内的月份数平均。例中，王阿姨内部退养一次性补偿6万元，需要按20个月进行平均，月均基数3000元。

二是合并收入找税率。将按月平均后的基数，与领取一次性收入当月取得的工资薪金所得合并后，再扣减当月费用扣除标准后，对照寻找税率。案例中，王阿姨月均基数3000元，取得一次性收入当月工资薪金4000元，合并后月所得7000元，参照新《个人所得税法》实施过渡期政策一般规律，《国家税务总局关于个人所得税有关政策问题的通知》（国税发〔1999〕58号）规定的"费用扣除标准"应为按月折算后的年度基本减除费用——5000元，"适用税率"应为按月换算后的综合所得税率表，月应纳税所得额不足3000元的，确定税率为3%。

三是合并收入计税款。将当月工资、薪金加上取得的一次性收入，减去费用扣除标准，按适用税率计征个人所得税。其中："当月费用扣除标准"应为综合所得全年减除费用60000元纳税年度平均到月后的5000元；当月工资收入和一次性收入合并计税后,不再作为当年综合所得。例中,王阿姨应将2019年5月工资4000元,与内部退养一次性收入60000元合计,减去费用扣除标准,按适用税率计征个人所得税。

综上,王阿姨应纳税额=(4000+60000-5000)×3%=1770(元)

8.3.7 公司低价向职工售房

【案例8-3-13】 A公司是一般纳税人,2019年5月将年前购置的一批住房作为福利住房出售给职工。最终,公司5年以上工龄的员工以每平方米7000元的价格购买了1000平方米,5年以下工龄的员工以每平方米9000元的价格购买了3000平方米。该公司团购这批房产时购置价格为每平方米均价8500元,2019年5月,该房产市场售价为10000元/平方米。

【问题】 A公司这项福利政策中,公司和员工分别应该如何纳税?(假定案例中价格均为不含税价格,不考虑契税、印花税,附加税费合计征收率为12%)

【解析】 (1)公司涉税分析:

公司以购置的住房低价向职工销售,应当依法缴纳增值税及附加税费、土地增值税,并依法计算并缴纳企业所得税。

①税种一:增值税。

公司低价向员工销售房产,在增值税计税缴纳上主要涉及两个问题:

一是企业转让房产如何缴纳增值税?

《纳税人转让不动产增值税征收管理暂行办法》(国家税务总局公告2016年第14号印发,国家税务总局公告2018年第33号修订)规定,公司转让购置的或自建的住房,都需要依法缴纳增值税。

企业是一般纳税人的,适用一般计税方法的(转让2016年5月1日后取得的房产或是转让2016年5月1日前选择一般计税方法的房产),以取得的全部价款和价外费用为销售额计算应纳税额。依法在不动产所在地税务机关预缴后,向机构所在地主管税务机关申报纳税。

转让2016年5月1日前取得的房产,选择适用简易计税方法的,自建房产以取得的全部价款和价外费用为销售额,按照5%的征收率计算应纳税额;其他方式取得的房产,以取得的全部价款和价外费用扣除不动产购置原价或者取得不动产时的作价后的余额为销售额,按照5%的征收率计算应纳税额,向不动产所在地税务机关预缴，向机构所在地税务机关申报纳税。

企业是小规模纳税人的，转让其自建的不动产，以取得的全部价款和价外费用为销售额，按照5%的征收率计算应纳税额；转让其取得（不含自建）的不动产，以取得的全部价款和价外费用扣除不动产购置原价或者取得不动产时的作价后的余额为销售额，按照5%的征收率计算应纳税额。向不动产所在地主管税务机关预缴税款，向机构所在地主管税务机关申报纳税。

二是公司低价转让房产要不要核定销售额？

《营业税改征增值税试点实施办法》（财税〔2016〕36号附件1印发）规定，纳税人发生应税行为价格明显偏低或者偏高且不具有合理商业目的的，或者发生视同销售服务、无形资产或者不动产行为的，主管税务机关有权按照下列顺序确定销售额：一是按照纳税人最近时期销售同类服务、无形资产或者不动产的平均价格确定；二是按照其他纳税人最近时期销售同类服务、无形资产或者不动产的平均价格确定；三是按照组成计税价格确定，组成计税价格=成本×(1+成本利润率)，成本利润率由国家税务总局确定。

同时，对"不具有合理商业目的"明确解释为以谋取税收利益为主要目的，通过人为安排，减少、免除、推迟缴纳增值税税款，或者增加退还增值税税款。公司低价向员工转让住房，并不是《营业税改征增值税试点实施办法》（财税〔2016〕36号附件1印发）中明列的"不具有合理商业目的"，不能按照《营业税改征增值税试点实施办法》（财税〔2016〕36号附件1印发）文件规定的方法，予以确定销售额。

那么，公司低价转让房产是按市场价格计算增值税，还是按实际转让的优惠价格计算增值税呢？公司向员工低价转让房产的增值税应税价格，应当由两部分组成，一部分是员工实际支付的购房款项，另一部分为依法确认的职工低价购房中，属于公司支付给员工工资的部分。《财政部 国家税务总局关于单位低价向职工售房有关个人所得税问题的通知》（财税〔2007〕13号）规定，单位按低于购置或建造成本价格出售住房给职工，职工因此而少支出的差价部分，属于个人所得税应税所得，应按照工资薪金所得项目缴纳个人所得税。因此，增值税应税价格中属于公司支付给员工的工资薪金部分，应当按照《财政部 国家税务总局关于单位低价向职工售房有关个人所得税问题的通知》（财税〔2007〕13号）规定予以确定。

案例中，A公司是一般纳税人，2019年5月向职工优惠转让一批房产。该房产购于2018年7月，应按一般计税方法纳税，适用9%的增值税率，转让房产实收价款=7000×1000+9000×3000=34000000（元）。工作5年以下员工支付的房款单价高于公司购入价格，不予确认工资薪金金额，工作5年以上员工支付房款单价低于公司购入价格，应予确认工资薪金金额对于该部分金额=（8500-7000）×1000=1500000（元）。

销项税额=（34000000+1500000）×9%=3195000（元）

公司在向不动产所在地预缴税款时，对于5年以上员工购买房产的价格应确认为8500元/平方米，对于5年以下员工购买房产的价格应确认为9000元/平方米，仅需要对工作5年以下员工购买的房产预缴税款。

预缴税额=（9000-8500）×3000×5%=75000（元）

按照《财政部 国家税务总局关于进一步明确全面推开营改增试点有关劳务派遣服务、收费公路通行费抵扣等政策的通知》（财税〔2016〕47号）规定，预缴税款需同时申报附加税费=75000×12%=9000（元）

其销项税额应同公司其他增值税销项税额合并，扣除当期进项税额和预缴税额后，申报纳税。

②税种二：土地增值税。

《土地增值税暂行条例》规定，转让国有土地使用权、地上的建筑物及其附着物（以下简称转让房地产）并取得收入的单位和个人，为土地增值税的纳税义务人（以下简称纳税人），应当依法缴纳土地增值税。纳税人转让房地产所取得的收入，包括货币收入、实物收入和其他收入。对于纳税人隐瞒、虚报房地产成交价格、转让房地产的成交价格低于房地产评估价格又无正当理由的，应当按照房地产评估价格计算征收土地增值税。

《土地增值税暂行条例实施细则》规定，"隐瞒、虚报房地产成交价格"是指纳税人不报或有意低报转让土地使用权、地上建筑物及其附着物价款的行为。"转让房地产的成交价格低于房地产评估价格，又无正当理由"是指纳税人申报的转让房地产的实际成交价低于房地产评估机构评定的交易价，纳税人又不能提供凭据或无正当理由的行为。案例中，公司以低于市场价格向员工优惠出售购置的房产，既不属于"隐瞒、虚报房地产成交价格"，也不属于"转让房地产的成交价格低于房地产评估价格，又无正当理由"。

《财政部 国家税务总局关于营改增后契税、房产税、土地增值税、个人所得税计税依据问题的通知》（财税〔2016〕43号）规定，土地增值税纳税人转让房地产取得的收入为不含增值税收入。《财政部 国家税务总局关于土地增值税若干问题的通知》（财税〔2016〕21号）规定，纳税人转让旧房及建筑物，凡不能取得评估价格，但能提供购房发票的，经当地税务部门确认，《土地增值税暂行条例》第六条第（一）（三）项规定的扣除项目的金额，可按发票所载金额并从购买年度起至转让年度止每年加计5%计算。对纳税人购房时缴纳的契税，凡能提供契税完税凭证的，准予作为"与转让房地产有关的税金"予以扣除，但不作为加计5%的基数。计算扣除项目时"每年"按购房发票所载日期起至售房发票开具之日止，每满12个月计一年；超过一年，未满12个月但超过6个月的，可以视同为一年。

案例中，公司销售的房产应当以每户为对象，计算并申报土地增值税，对于销售给工作5年以上员工的房产，其销售并无增值，无须纳税。对于销售给工作5年以下员工的房产，其不含税销售收入9000元/平方米，不能提供评估价格，但能提供发票，从购买到销售未满12个月，故：

增值额 = (9000−8500) × 3000 = 1500000(元)

增值率 = 1500000 ÷ (8500 × 3000) = 5.88%，故税率为30%。

应纳土地增值税 = 1500000 × 30% = 450000（元）

③税种三：企业所得税。

《企业所得税法》规定，企业每一纳税年度的收入总额，减除不征税收入、免税收入、各项扣除以及允许弥补的以前年度亏损后的余额，为应纳税所得额。企业以货币形式和非货币形式从各种来源取得的收入，为收入总额，其中包括财产转让所得。案例中，公司向员工销售的房产，应当记入公司收入。公司实际发生的与取得销售收入有关的、合理的支出，包括财产转让中发生的成本和费用，准予在计算应纳税所得额时扣除。

《国家税务总局关于企业所得税有关问题的公告》（国家税务总局公告2016年第80号）规定，2016年度及以后年度企业所得税汇算清缴中，企业发生将资产用于职工奖励或福利，移送他人的情形时，即《国家税务总局关于企业处置资产所得税处理问题的通知》（国税函〔2008〕828号）第二条规定情形的，除另有规定外，应按照被移送资产的公允价值确定销售收入。

因此，案例中，公司低价向员工转让房产，在企业所得税汇算中，应按照被移送资产——房产公允价值40000000元（10000×4000）确认收入。其成本按照34000000元（8500×4000）确认。

（2）职工个人涉税分析：

职工个人低价购买房产，依据《财政部 税务总局关于〈个人所得税法〉修改后有关优惠政策衔接问题的通知》（财税〔2018〕164号）规定，单位按低于购置或建造成本价格出售住房给职工，职工因此而少支出的差价部分，不并入当年综合所得，以差价收入除以 12 个月得到的数额，按照月度税率表确定适用税率和速算扣除数，单独计算纳税。即：职工实际支付的购房价款低于该房屋的购置或建造成本价格的差额，属于个人所得税应税所得，应依法缴纳个人所得税。

重点关注三个要点：

一是确认所得。将实际支付的房款和该房屋的购置或建造成本价格相比，实际支付款大于购置或建造成本价格的，不确认所得。实际支付款小于购置或建造成本价格的，以职工实际支付的购房价款低于该房屋的购置或建造成本价格的差额，按职工的工资薪金所得纳税。

二是查找税率。以差价收入除以 12 个月得到的数额，按照按月换算后的综合所得税率表确定适用税率和速算扣除数。

三是计算税额。职工取得公司低价售房的应税所得，尽管是按工资薪金项目纳税，但不并入综合所得，将全部差价收入作为一次单独的收入，按照确定的税率和速算扣除数，单独计算纳税。计算公式为：

应纳税额=职工实际支付的购房价款低于该房屋的购置或建造成本价格的差额×适用税率-速算扣除数

案例中，对于公司 5 年以下的员工，其购房单价高于公司购置价格，依照《财政部　税务总局关于〈个人所得税法〉修改后有关优惠政策衔接问题的通知》（财税〔2018〕164 号）规定，无所得，不计税。

对于公司 5 年以上的员工，其购房单价低于公司购置价格，依照《财政部　税务总局关于〈个人所得税法〉修改后有关优惠政策衔接问题的通知》（财税〔2018〕164 号）规定应按人确定所得，单独计税。假定老李系公司 5 年以上员工，购入一套 110 平方米的房产，其应纳税所得额为：

110×(8500-7000)= 165000（元）

165000÷12=13750（元），查找可得税率为 20%，速算扣除数 1410。

应纳税额=165000×20%-1410=31590（元）

8.3.8　外籍个人有关津补贴优惠

一直以来，在我国个人所得税制度体系中，对境内支付的外籍个人符合条件的津补贴都有免征个人所得税的规定。新《个人所得税法》施行后，对于外籍个人的有关津补贴免税优惠如何过渡,在《财政部 国家税务总局关于〈个人所得税法〉修改后有关优惠政策衔接问题的通知》(财税〔2018〕164号)中也予以明确。

准确执行上述政策,必须抓住五个关键点:

(1) 外籍个人的免税优惠只适用于工资薪金所得。

外籍个人有关津补贴免征个人所得税始见于《财政部 国家税务总局关于个人所得税若干政策问题的通知》(财税〔1994〕20号),文中规定,外籍个人以非现金形式或实报实销形式取得的住房补贴、伙食补贴、搬迁费、洗衣费;按合理标准取得的境内、外出差补贴;探亲费、语言训练费、子女教育费等,经当地税务机关审核批准为合理的部分,可以免征个人所得税。其中并没有对外籍个人取得的所得项目予以规定。但在其后的《国家税务总局关于外籍个人取得有关补贴征免个人所得税执行问题的通知》(国税发〔1997〕54号)中,明确界定外籍个人取得的财税〔1994〕20号文件规定的住房补贴、伙食补贴、洗衣费、搬迁收入、境内外出差补贴、探亲费、语言培训费和子女教育费补贴等,均是外籍个人在境内企业或机构任职取得的工资薪金所得,"应计入工资薪金所得征收个人所得税"。

(2) 可选择扣除的只能是外籍个人中的居民个人。

新《个人所得税法》施行后,中国个人所得税的纳税人只有两类:居民个人和非居民个人。原政策的规定,是对于在中国境内就业的具备外国国籍的个人,对其是不是在中国境内有住所、是不是无住所而在中国境内居住满一年,并没有硬性的要求。转换到新《个人所得税法》环境下,原政策的规定并没有专门指向居民个人或是非居民个人,这就给外籍个人免税优惠的过渡带来了困难。

新《个人所得税法》规定,自2019年1月1日起,外籍个人在中国境内有住所,或者无住所而一个纳税年度内在中国境内居住累计满183天的,即为中国个人所得税居民个人,其从中国境内和境外取得的所得,依法缴纳个人所得税。实务中,在一个纳税年度内,外籍个人在中国境内任职的,既可能构成居民个人,也可能构成非居民个人。外籍个人归属不同的纳税人分类,其纳税的相关规定是不一样的。

一是纳税方式不一样。对于居民个人的外籍个人,取得工资薪金、劳务报酬、稿酬、特许权使用费等四项所得时,需要适用3%~45%的七级超额累计税率，按年综合纳税，而非居民个人的外籍个人，取得四项所得时，则是按月或按次分项计税。

二是优惠处理不一样。对于居民个人的外籍个人，《财政部　税务总局关于〈个人所得税法〉修改后有关优惠政策衔接问题的通知》（财税〔2018〕164号）规定，2019年1月1日至2021年12月31日期间，可以选择享受个人所得税专项附加扣除，也可以选择按照原规定享受优惠政策，但不得同时享受。而外籍个人中的非居民个人，仍然可以按照原政策的规定，在实际取得实报实销有关津补贴收入的当月，予以免征个人所得税。

三是可选项目有限定。对于外籍个人的有关津补贴的优惠，原政策的免税项目和新《个人所得税法》的专项附加扣除项目不一致。其中仅住房补贴、语言训练费、子女教育费等三项津补贴，与专项附加扣除中的子女教育、继续教育、住房贷款利息或住房租金三项相对应。其他的"伙食补贴、搬迁费、洗衣费，按合理标准取得的境内、外出差补贴，探亲费"等，在进一步明确前，仍按原政策规定执行。

四是过渡期后会统一。《财政部　税务总局关于〈个人所得税法〉修改后有关优惠政策衔接问题的通知》（财税〔2018〕164号）规定，外籍个人有关津补贴免税优惠的过渡政策，只在2021年前有效。自2022年1月1日起，外籍个人不再享受住房补贴、语言训练费、子女教育费津补贴免税优惠政策，应按规定享受专项附加扣除。

外籍个人中，还有一种常见的情形，即一个纳税年度内，其纳税人分类随着境内居住时间的变化而变化，会发生从非居民个人转变为居民个人的情形。这种情形，《财政部　税务总局关于〈个人所得税法〉修改后有关优惠政策衔接问题的通知》（财税〔2018〕164号）并没有进一步的规定。《个人所得税扣缴申报管理办法（试行）》（国家税务总局公告2018年第61号印发）规定，非居民个人在一个纳税年度内税款扣缴方法保持不变，达到居民个人条件时，应当告知扣缴义务人基础信息变化情况，年度终了后按照居民个人有关规定办理汇算清缴。外籍个人在一个纳税年度内由非居民个人转为居民个人的，也应当据此办理，先按非居民个人按月或按次扣税，到次年汇算清缴时，再对其住房补贴、语言训练费、子女教育费等津补贴的免税优惠方式进行选择。该项变动，不属于《财政部　税务总局关于〈个人所得税法〉修改后有关优惠政策衔接问题的通知》（财税〔2018〕164号）中规定的"外籍个人一经选择，在一个纳税年度内不得变更"。

(3) 选择原优惠政策免征的津补贴有取得形式限制。

居民个人、非居民个人的外籍个人，选择适用或是适用对"住房补贴、伙食补贴、搬迁费、洗衣费；境内、外出差补贴；探亲费、语言训练费、子女教育费"等津补贴免征个人所得税原政策的，要特别注意其中的形式要件。《国家税务总局关于外籍个人取得有关补贴征免个人所得税执行问题的通知》（国税发〔1997〕54号）规定：

一是住房补贴、伙食补贴和洗衣费、到中国任职或离职的搬迁费补贴，必须是以非现金形式或实报实销形式取得，且金额合理的部分。二是境内、外出差补贴必须按合理标准取得的部分。三是探亲费补贴只有本人探亲，且每年探亲的次数和支付的标准合理的部分给予免税。四是语言培训费和子女教育费补贴，纳税人需要提供在中国境内接受语言培训以及子女在中国境内接受教育取得的语言培训费和子女教育费补贴，且在合理数额内的部分免予纳税。

对于受雇于中国境内企业的外籍个人（不包括香港澳门居民个人），因家庭等原因居住在香港、澳门，每个工作日往返于内地与香港、澳门等地区，由此境内企业（包括其关联企业）给予在香港或澳门住房、伙食、洗衣、搬迁等非现金形式或实报实销形式的补贴，凡能提供有效凭证的，可以免征个人所得税。

8.3.9 科技成果转化现金奖励优惠

2018年5月，财政部、国家税务总局、科技部三部委联合下发了《关于科技人员取得职务科技成果转化现金奖励有关个人所得税政策的通知》（财税〔2018〕58号，以下简称财税〔2018〕58号文件），自2018年7月1日起，依法批准设立的非营利性研究开发机构和高等学校，根据《促进科技成果转化法》规定，从职务科技成果转化收入中给予科技人员的现金奖励，可减按50%计入科技人员当月"工资、薪金所得"，依法缴纳个人所得税。国家税务总局也随即印发《关于科技人员取得职务科技成果转化现金奖励有关个人所得税征管问题的公告》（国家税务总局公告2018年第30号），明确了科创成果奖励个税优惠的征管问题。

（1）"非营利性科研机构和高校"要符合规定条件。

"非营利性科研机构和高校"有着严格的限定条件。非营利性科研机构和高校包括两种：一是国家设立的科研机构和高校。是指国家以财政资金投资建设取得《事业单位法人证书》的科研机构和公办高校，包括中央和地方所属科研机构和高校。二是民办非营利性科研机构和高校。是指企业事业单位、社会团体和其他社会力量以及公民个人利用非国有资产举办的，从事非营利性科研机构和高校。

民办非营利性科研机构和高校需要同时满足三个条件：

一是按照《民办非企业单位登记管理暂行条例》（国务院令第251号）规定，在民政部门登记并取得《民办非企业单位登记证书》。

二是民办非营利性科研机构，其《民办非企业单位登记证书》载明的业务范围应属于"科学研究与技术开发、成果转让、科技咨询与服务、科技成果评估"范围。对于民办非营利性高校，应取得教育主管部门颁发的《民办学校办学许可证》，《民办学校办学许可证》记载学校类型为"高等学校"。

三是按照《财政部　税务总局关于非营利组织免税资格认定管理有关问题的通知》（财税〔2018〕13号）规定，同时符合八个条件，经过财政、税务部门按照管理权限联合审核，并公告确认取得企业所得税非营利组织免税资格。

（2）享受优惠政策科技人员要符合规定条件。

可以享受科创成果转化奖励个税优惠政策的科技人员必须同时满足四个条件：

一是对完成职务科技成果作出重要贡献。除国防专利外，需经非营利性科研机构和高校按规定公示有关科技人员名单及相关信息。

二是完成的职务科技成果属于规定的范围。包括：专利技术（含国防专利）、计算机软件著作权、集成电路布图设计专有权、植物新品种权、生物医药新品种，以及科技部、财政部、税务总局确定的其他技术成果。

三是只能是向他人转让或者许可他人使用科技成果的转化方式。对于《促进科技成果转化法》规定的其他转化方式，如：自行投资实施转化以该科技成果作为合作条件，与他人共同实施转化；以该科技成果作价投资，折算股份或者出资比例；其他协商确定的方式进行科技成果转化等，不适用58号文件规定的减半计税的优惠政策，视具体情况适用股权激励和技术入股等有关所得税政策。

四是成果转化应当签订技术合同。合同需在技术合同登记机构进行审核登记，并取得技术合同认定登记证明。

(3) 非营利性科研机构和高校核算、扣缴要合规。

非营利性科研机构和高校应健全财务核算，依法代扣代缴个人所得税。要健全其科技成果转化的资金核算，不得将正常工资、奖金等收入列入科技人员职务科技成果转化现金奖励享受税收优惠。在向科技人员发放现金奖励时，非营利性科研机构和高校应按个人所得税法规定代扣代缴个人所得税，并按规定向税务机关履行备案手续。

非营利性科研机构和高校向科技人员发放职务科技成果转化现金奖励的，应于发放之日的次月15日内，向主管税务机关报送《科技人员取得职务科技成果转化现金奖励个人所得税备案表》。其他的诸如：单位资质材料、科技成果转化技术合同、科技人员现金奖励公示材料、现金奖励公示结果文件等相关资料自行留存备查。

(4) 准确理解"自2018年7月1日起施行"。

财税〔2018〕58号文件"自2018年7月1日起施行"，这既不是科技成果的取得时间，也不是科技成果转让或是许可他人使用的转化时间，而是取得科技成果转化收入，给科技人员发放现金奖励的时间要求。

对于符合条件的非营利性科研机构和高校，2018年7月1日前转让或许可他人使用科技成果取得转化收入，按照《促进科技成果转化法》的规定给予科技人员现金奖励的，在2018年7月1日至2021年6月31日间发放的现金奖励，也应当按规定减半计入发放当月"工资、薪金所得"个人所得税应税所得额，并依法计税。

【案例8-3-14】 王工是某民办非营利科研机构某项专利技术主要研发人员之一，2018年12月，该机构以每年500万元的价格许可他人使用该项专利技术，并按照《促进科技成果转化法》规定，与王工约定在专利许可使用期间，从取得的许可使用费收入中按月奖励50000元。王工在该机构从事研究，每月工资薪金收入20000元。假定王工2019年全年无其他综合所得，每月可扣除专项扣除1200元，专项附加扣除2000元，无依法确定的其他扣除。

【问题】 王工2019年1月应预扣预缴个人所得税多少元，全年应纳个人所得税多少元？

【解析】 2019年1月：

当月累计应税所得额36800元，累计基本扣除5000元，累计专项扣除1200元，累计专项附加扣除2000元，适用税率10%，速算扣除数2520元。

应预扣个人所得税＝(20000+50000×50%－5000－1200－2000)×10%－2520＝

1160（元）

2019 年全年应纳税：

全年工资薪金收入额=20000×12+50000×12×50%=540000（元）

全年应纳税所得额=540000-60000-1200×12-2000×12=441600（元），适用税率30%，速算扣除数52920。

全年应纳税额=441600×30%-52920=79560（元）

（5）执行期限自实际取得收入起计算。

非营利性科研机构和高校给予科技人员符合条件的科创成果转化现金奖励，其减半计入当月"工资、薪金所得"计税的优惠政策，是指非营利性科研机构和高校在实际取得科技成果转化收入三年（36个月）内奖励给科技人员的现金。非营利性科研机构和高校分次取得科技成果转化收入的，以每次实际取得日期为准。

8.3.10 远洋船员在船航行减计优惠

2019年12月底，财政部、税务总局印发《关于远洋船员个人所得税政策的公告》（财政部 税务总局公告2019年第97号），自2019年1月1日起至2023年12月31日止，一个纳税年度内在船航行时间累计满183天的远洋船员，其取得的工资薪金收入减按50%计入应纳税所得额，依法缴纳个人所得税。

远洋船员是指在海事管理部门依法登记注册的国际航行船舶船员和在渔业管理部门依法登记注册的远洋渔业船员。在船航行时间是指远洋船员在国际航行或作业船舶和远洋渔业船舶上的工作天数。一个纳税年度内的在船航行时间为一个纳税年度内在船航行时间的累计天数。

远洋船员个人所得税优惠，可选择在当年预扣预缴税款时享受，也可以选择在次年个人所得税汇算清缴时享受。

海事管理部门、渔业管理部门同税务部门建立信息共享机制，定期交换远洋船员身份认定、在船航行时间等有关涉税信息。

8.3.11 继续执行沪港通、深港通个人所得税政策

财政部、国家税务总局和中国证监会联合发布的《关于继续执行沪港、

深港股票市场交易互联互通机制和内地与香港基金互认有关个人所得税政策的公告》（财政部 税务总局 证监会公告2019年第93号），自2019年12月5日起至2022年12月31日止，对内地个人投资者通过沪港通、深港通投资香港联交所上市股票取得的转让差价所得和通过基金互认买卖香港基金份额取得的转让差价所得，自2019年12月5日起至2022年12月31日止，继续暂免征收个人所得税。

8.4 减税降费的个人所得税优惠

8.4.1 创投企业个人合伙人可选择核算方式纳税

2019年1月23日，《财政部 税务总局 发展改革委 证监会关于创业投资企业个人合伙人所得税政策问题的通知》（财税〔2019〕8号）规定，2019年1月1日—2023年12月31日，创投企业在计算个人合伙人的个人所得税时，可以自行选择两种方式中的一种计税：一种是按单一投资基金核算，另一种是按创投企业年度所得整体核算，进一步支持创业投资企业（含创投基金，以下统称创投企业）发展。

（1）政策适用范围。

《财政部 税务总局 发展改革委 证监会关于创业投资企业个人合伙人所得税政策问题的通知》（财税〔2019〕8号）规定，创投企业是指符合《创业投资企业管理暂行办法》（发展改革委等10部门令第39号印发）或者《私募投资基金监督管理暂行办法》（证监会令第105号印发）关于创业投资企业（基金）的有关规定，并按照上述规定完成备案且规范运作的合伙制创业投资企业（基金）。

适用创业投资企业个人合伙人所得税政策的创投企业，只能是依法成立的合伙企业。对于创投企业中的公司制企业，不适用《财政部 税务总局 发展改革委 证监会关于创业投资企业个人合伙人所得税政策问题的通知》（财税〔2019〕8号）相关政策。

（2）可选核算方式。

创投企业可以选择按单一投资基金核算或者按创投企业年度所得整体核算两种方式之一，对其个人合伙人来源于创投企业的所得计算个人所得税应纳税额。创投企业选择按单一投资基金核算或按创投企业年度所得整体核算后，3年内不能变更。无论是选择哪种方式核算，选择核算的主体都是创投企业，而不是创业投资企业的个人合伙人。

纳税人选择按照单一投资基金核算，需考虑股权转让所得和股息红利所得两种形式的所得。股权转让所得按年度股权转让收入扣除对应股权原值和转让环节合理费用后的余额计算，股权原值和转让环节合理费用的确定方法，参照股权转让所得个人所得税有关政策规定执行。其基本计算公式为：应纳税所得额＝股权转让收入－股权原值－合理费用。同时规定，在一个纳税年度内，不同项目的股权转让所得和股权转让损失可以盈亏互抵。单一投资基金发生的包括投资基金管理人的管理费和业绩报酬在内的其他支出，不得在核算时扣除。而股息红利所得，以其来源于所投资项目分配的股息、红利收入以及其他固定收益类证券等收入的全额计算。

纳税人选择按创投企业年度所得整体核算，是指将创投企业以每一纳税年度的收入总额减除成本、费用以及损失后，计算应分配给个人合伙人的所得。年度核算亏损的，准予按有关规定向以后年度结转。创投企业个人合伙人就其分回的应税所得，按照经营所得项目计算并缴纳个人所得税。没有综合所得的，可依法减除基本减除费用、专项扣除、专项附加扣除以及国务院确定的其他扣除。从多处取得经营所得的，应汇总计算个人所得税，只减除一次上述费用和扣除。

（3）两种纳税方式。

创投企业选择按单一投资基金核算的，其个人合伙人从该基金应分得的股权转让所得和股息红利所得，按照20%税率计算缴纳个人所得税。个人合伙人按照其应从基金年度股权转让所得中分得的份额计算其应纳税额，并由创投企业在次年3月31日前代扣代缴个人所得税。如符合《财政部 税务总局关于创业投资企业和天使投资个人有关税收政策的通知》（财税〔2018〕55号）规定条件的，创投企业个人合伙人可以按照被转让项目对应投资额的70%抵扣其应从基金年度股权转让所得中分得的份额后再计算其应纳税额，当期不足抵扣的，不得向以后年度结转。

创投企业选择按年度所得整体核算的，其个人合伙人应从创投企业取得的所得，按照"经营所得"项目、5%～35%的超额累进税率计算缴纳个人所得税。个人合伙人分回所得，如符合《财政部 税务总局关于创业投资企业和天使投资个人有关税收政策的通知》（财税〔2018〕55号）规定条件的，创投企业个人合伙人可以按照被转让项目对应投资额的70%抵扣其可以从创投企业应分得的经营所得后再计算其应纳税额。

(4) 做好纳税备案。

创投企业选择按单一投资基金核算的，应当在合伙制创业投资企业（基金）完成备案的30日内，向主管税务机关进行核算方式备案；未按规定备案的，视同选择按创投企业年度所得整体核算。2019年1月1日前已经完成备案的创投企业，选择按单一投资基金核算的，应当在2019年3月1日前向主管税务机关进行核算方式备案。创投企业选择一种核算方式满3年需要调整的，应当在满3年的次年1月31日前，重新向主管税务机关备案。

税务部门依法开展税收征管和后续管理工作，可转请发展改革部门、证券监督管理部门对创投企业及其所投项目是否符合有关规定进行核查，发展改革部门、证券监督管理部门应当予以配合。

【案例8-4-1】 王先生投资某创投基金1000万元，获得其10%的份额。创投基金选择按单一投资基金核算。2019年创投基金从被投资企业中分回股息红利500万元。2022年该基金转让投资的A公司股权。如果A公司的转让收入为3000万元，转让股权成本为1000万元，其中印花税金额1.5万元。

【问题】 分析并计算分回利息时王先生应纳个人所得税，股权转让时王先生应纳个人所得税？

【解析】 王先生投资创投基金1000万元，获得其10%的份额。

(1) 投资分回股利时：

2019年创投基金从被投企业中分回股息红利500万元，则王先生分回应纳税所得额=500×10%=50（万元）

应纳个人所得税额=50×20%=10（万元）

(2) 转让A公司股权时：

单一投资核算方式下，创投企业转让A公司股权，个人合伙人王先生应按财产转让所得缴纳个人所得税。

应纳税额=(3000-1000-1.5)×10%×20%=39.97（万元）

【案例8-4-2】 王先生投资某创投基金1000万元，获得其10%的份额。创投基金选择按单一投资基金核算。2022年该基金转让投资的A公司、B公司股权。如果该基金转让A公司的股权转让所得5000万元（已扣减股权原值及相关税费），转让B公司股权损失1000万元（已扣减股权原值及相关税费）。

【问题】 分析并计算股权转让王先生应纳个人所得税。

【解析】 单一投资核算方式下，在一个纳税年度内，不同项目的股权转让所得和股权转让损失可以盈亏互抵。

王先生的个人所得税应纳税所得额=(5000-1000)×10%=400（万元）

应纳税额=400×20%=80（万元）

【案例8-4-3】 假定【案例8-4-2】中，B公司清算后的投资损失为6000万元，其他条件不变。

【问题】 分析并计算股权转让王先生应纳个人所得税。

【解析】 单一投资核算方式下，在一个纳税年度内，不同项目的股权转让所得和股权转让损失可以盈亏互抵。

王先生的个人所得税应纳税所得额=5000×10%-6000×10%=-100（万元）

应纳税所得额为负，王先生的个人所得税应纳税额为0元，且其未弥补的投资损失不能跨年结转。

8.4.2 退役士兵创业就业

《财政部 税务总局 退役军人部关于进一步扶持自主就业退役士兵创业就业有关税收政策的通知》（财税〔2019〕21号）规定，自主就业退役士兵从事个体经营的，自办理个体工商户登记当月起，在3年（36个月，下同）内按每户每年12000元为限额依次扣减其当年实际应缴纳的增值税、城市维护建设税、教育费附加、地方教育附加和个人所得税。限额标准最高可上浮20%，各省、自治区、直辖市人民政府可根据本地区实际情况在此幅度内确定具体限额标准。

纳税人年度应缴纳税款小于上述扣减限额的，减免税额以其实际缴纳的税款为限；大于上述扣减限额的，以上述扣减限额为限。纳税人的实际经营期不足1年的，应当按月换算其减免税限额。换算公式为：

$$减免税限额=年度减免税限额÷12×实际经营月数$$

城市维护建设税、教育费附加、地方教育附加的计税依据是享受本项税收优惠政策前的增值税应纳税额。

自主就业退役士兵是指依照《退役士兵安置条例》（国务院中央军委令第608号印发）的规定退出现役并按自主就业方式安置的退役士兵。

自主就业退役士兵从事个体经营的，在享受税收优惠政策进行纳税申报时，注明其退役军人身份，并将《中国人民解放军义务兵退出现役证》《中国人民解放军士官退出现役证》或《中国人民武装警察部队义务兵退出现役证》《中国人民武装警察部队士官退出现役证》留存备查。

税收政策执行期限为2019年1月1日至2021年12月31日。纳税人在2021年12月31日享受该通知规定税收优惠政策未满3年的，可继续享受至3年期满为止。《财政部 税务总局 民政部关于继续实施扶持自主就业退役士兵创业就业有关税收政策的通知》（财税〔2017〕46号）自2019年1月1日起停止执行。

退役士兵以前年度已享受退役士兵创业就业税收优惠政策满3年的，不得再享受该通知规定的税收优惠政策；以前年度享受退役士兵创业就业税收优惠政策未满3年且符合规定条件的，可按新规定标准享受优惠至3年期满。

8.4.3 重点群体创业就业

《财政部 税务总局 人力资源社会保障部 国务院扶贫办关于进一步支持和促进重点群体创业就业有关税收政策的通知》（财税〔2019〕22号）规定，建档立卡贫困人口、持《就业创业证》（注明"自主创业税收政策"或"毕业年度内自主创业税收政策"）或《就业失业登记证》（注明"自主创业税收政策"）的人员，从事个体经营的，自办理个体工商户登记当月起，在3年（36个月，下同）内按每户每年12000元为限额依次扣减其当年实际应缴纳的增值税、城市维护建设税、教育费附加、地方教育附加和个人所得税。限额标准最高可上浮20%，各省、自治区、直辖市人民政府可根据本地区实际情况在此幅度内确定具体限额标准。

纳税人年度应缴纳税款小于上述扣减限额的，减免税额以其实际缴纳的税款为限；大于上述扣减限额的，以上述扣减限额为限。

人员具体包括：

（1）纳入全国扶贫开发信息系统的建档立卡贫困人口；

（2）在人力资源社会保障部门公共就业服务机构登记失业半年以上的人员；

（3）零就业家庭、享受城市居民最低生活保障家庭劳动年龄内的登记失业人员；

（4）毕业年度内高校毕业生。高校毕业生是指实施高等学历教育的普通高等学校、成人高等学校应届毕业的学生；毕业年度是指毕业所在自然年，即1月1日至12月31日。

税收政策执行期限为2019年1月1日至2021年12月31日。纳税人在2021年12月31日享受该通知规定税收优惠政策未满3年的，可继续享受至3年期满为止。《财政部 税务总局 人力资源社会保障部关于继续实施支持和促进重点群体创业就业有关税收政策的通知》（财税〔2017〕49号）自2019年1月1日起停止执行。上述人员，以前年度已享受重点群体创业就业税收优惠政策满3年的，不得再享受该通知规定的税收优惠政策；以前年度享受重点群体创业就业税收优惠政策未满3年且符合规定条件的，可按新规定标准享受优惠至3年期满。

8.5 2019年后继续有效的个人所得税优惠政策

2018年12月29日，为贯彻落实修改后的新《个人所得税法》，财政部国家税务总局联合印发《关于继续有效的个人所得税优惠政策目录的公告》（财政部 国家税务总局公告2018年第177号），将继续有效的个人所得税优惠政策涉及的文件目录予以公布。

公告共涉及继续有效的个人所得税优惠政策涉及的文件目录88个，具体见表8-1：

表 8-1　　　继续有效的个人所得税优惠政策涉及的文件目录

序号	制定机关	优惠政策文件名称	文号
1	财政部	财政部关于外国来华工作人员缴纳个人所得税问题的通知	(80) 财税字第 189 号
2	财政部、税务总局	财政部　国家税务总局关于个人所得税若干政策问题的通知	财税字〔1994〕020 号
3	财政部、税务总局	财政部　国家税务总局关于西藏自治区贯彻施行《中华人民共和国个人所得税法》有关问题的批复	财税字〔1994〕021 号
4	税务总局	国家税务总局关于印发《征收个人所得税若干问题的规定》的通知	国税发〔1994〕089 号
5	税务总局	国家税务总局关于社会福利有奖募捐发行收入税收问题的通知	国税发〔1994〕127 号
6	税务总局	国家税务总局关于曾宪梓教育基金会教师奖免征个人所得税的函	国税函发〔1994〕376 号
7	财政部、税务总局	财政部　国家税务总局关于发给见义勇为者的奖金免征个人所得税问题的通知	财税字〔1995〕25 号
8	税务总局	国家税务总局关于个人取得青苗补偿费收入征免个人所得税的批复	国税函发〔1995〕079 号
9	财政部、税务总局	财政部　税务总局关于军队干部工资薪金收入征收个人所得税的通知	财税字〔1996〕14 号
10	财政部、税务总局	财政部　国家税务总局关于西藏特殊津贴免征个人所得税的批复	财税字〔1996〕91 号
11	财政部、税务总局	财政部　国家税务总局关于国际青少年消除贫困奖免征个人所得税的通知	财税字〔1997〕51 号
12	税务总局	国家税务总局关于股份制企业转增股本和派发红股征免个人所得税的通知	国税发〔1997〕198 号
13	财政部、税务总局	财政部　国家税务总局关于个人取得体育彩票中奖所得征免个人所得税问题的通知	财税字〔1998〕12 号
14	财政部、税务总局	财政部　国家税务总局关于证券投资基金税收问题的通知	财税字〔1998〕55 号
15	财政部、税务总局	财政部　国家税务总局关于个人转让股票所得继续暂免征收个人所得税的通知	财税字〔1998〕61 号

续表

序号	制定机关	优惠政策文件名称	文号
16	税务总局	国家税务总局关于原城市信用社在转制为城市合作银行过程中个人股增值所得应纳个人所得税的批复	国税函〔1998〕289号
17	税务总局	国家税务总局关于"长江学者奖励计划"有关个人收入免征个人所得税的通知	国税函〔1998〕632号
18	财政部、税务总局	财政部 国家税务总局关于促进科技成果转化有关税收政策的通知	财税字〔1999〕45号
19	税务总局	国家税务总局关于个人所得税有关政策问题的通知	国税发〔1999〕58号
20	税务总局	国家税务总局关于促进科技成果转化有关个人所得税问题的通知	国税发〔1999〕125号
21	财政部、税务总局	财政部 国家税务总局关于住房公积金 医疗保险金 基本养老保险金 失业保险基金个人账户存款利息所得免征个人所得税的通知	财税字〔1999〕267号
22	税务总局	国家税务总局关于"特聘教授奖金"免征个人所得税的通知	国税函〔1999〕525号
23	税务总局	国家税务总局关于企业改组改制过程中个人取得的量化资产征收个人所得税问题的通知	国税发〔2000〕60号
24	财政部、税务总局	财政部 国家税务总局关于随军家属就业有关税收政策的通知	财税〔2000〕84号
25	财政部、税务总局	财政部 国家税务总局关于调整住房租赁市场税收政策的通知	财税〔2000〕125号
26	税务总局	国家税务总局关于律师事务所从业人员取得收入征收个人所得税有关业务问题的通知	国税发〔2000〕149号
27	税务总局	国家税务总局关于"长江小小科学家"奖金免征个人所得税的通知	国税函〔2000〕688号
28	税务总局	国家税务总局关于《关于个人独资企业和合伙企业投资者征收个人所得税的规定》执行口径的通知	国税函〔2001〕84号
29	财政部、税务总局	财政部 国家税务总局关于个人与用人单位解除劳动关系取得的一次性补偿收入征免个人所得税问题的通知	财税〔2001〕157号

续表

序号	制定机关	优惠政策文件名称	文号
30	财政部、税务总局	财政部 国家税务总局关于开放式证券投资基金有关税收问题的通知	财税〔2002〕128号
31	财政部、税务总局	财政部 国家税务总局关于自主择业的军队转业干部有关税收政策问题的通知	财税〔2003〕26号
32	税务总局	国家税务总局关于个人取得"母亲河（波司登）奖"奖金所得免征个人所得税问题的批复	国税函〔2003〕961号
33	财政部、税务总局	财政部 国家税务总局关于外籍个人取得港澳地区住房等补贴征免个人所得税的通知	财税〔2004〕29号
34	财政部、税务总局	财政部 国家税务总局关于农村税费改革试点地区有关个人所得税问题的通知	财税〔2004〕30号
35	财政部、税务总局	财政部 国家税务总局关于教育税收政策的通知	财税〔2004〕39号
36	税务总局	国家税务总局关于国际组织驻华机构 外国政府驻华使领馆和驻华新闻机构雇员个人所得税征收方式的通知	国税函〔2004〕808号
37	财政部、税务总局	财政部 国家税务总局关于城镇房屋拆迁有关税收政策的通知	财税〔2005〕45号
38	财政部、税务总局	财政部 国家税务总局关于股权分置试点改革有关税收政策问题的通知	财税〔2005〕103号
39	财政部、税务总局	财政部 国家税务总局关于基本养老保险费基本医疗保险费失业保险费住房公积金有关个人所得税政策的通知	财税〔2006〕10号
40	税务总局	国家税务总局关于陈嘉庚科学奖获奖个人取得的奖金收入免征个人所得税的通知	国税函〔2006〕561号
41	财政部、税务总局	财政部 国家税务总局关于单位低价向职工售房有关个人所得税问题的通知	财税〔2007〕13号
42	财政部、税务总局	财政部 国家税务总局关于个人取得有奖发票奖金征免个人所得税问题的通知	财税〔2007〕34号
43	财政部、税务总局	财政部 国家税务总局关于《建立亚洲开发银行协定》有关个人所得税问题的补充通知	财税〔2007〕93号

续表

序号	制定机关	优惠政策文件名称	文号
44	财政部、税务总局	财政部 国家税务总局关于高级专家延长离休退休期间取得工资薪金所得有关个人所得税问题的通知	财税〔2008〕7号
45	财政部、税务总局	财政部 国家税务总局关于生育津贴和生育医疗费有关个人所得税政策的通知	财税〔2008〕8号
46	财政部、税务总局	财政部 国家税务总局关于廉租住房经济适用住房和住房租赁有关税收政策的通知	财税〔2008〕24号
47	财政部、税务总局	财政部 国家税务总局关于认真落实抗震救灾及灾后重建税收政策问题的通知	财税〔2008〕62号
48	财政部、税务总局	财政部 国家税务总局关于储蓄存款利息所得有关个人所得税政策的通知	财税〔2008〕132号
49	财政部、税务总局	财政部 国家税务总局关于证券市场个人投资者证券交易结算资金利息所得有关个人所得税政策的通知	财税〔2008〕140号
50	财政部、税务总局	财政部 国家税务总局关于个人无偿受赠房屋有关个人所得税问题的通知	财税〔2009〕78号
51	税务总局	国家税务总局关于明确个人所得税若干政策执行问题的通知	国税发〔2009〕121号
52	税务总局	国家税务总局关于刘东生青年科学家奖和刘东生地球科学奖学金获奖者奖金免征个人所得税的通知	国税函〔2010〕74号
53	税务总局	国家税务总局关于全国职工职业技能大赛奖金免征个人所得税的通知	国税函〔2010〕78号
54	财政部、税务总局	财政部 国家税务总局关于个人独资企业和合伙企业投资者取得种植业 养殖业 饲养业 捕捞业所得有关个人所得税问题的批复	财税〔2010〕96号
55	税务总局	国家税务总局关于中华宝钢环境优秀奖奖金免征个人所得税问题的通知	国税函〔2010〕130号
56	财政部、税务总局	财政部 国家税务总局关于企业促销展业赠送礼品有关个人所得税问题的通知	财税〔2011〕50号

续表

序号	制定机关	优惠政策文件名称	文号
57	税务总局	国家税务总局关于2011年度李四光地质科学奖奖金免征个人所得税的公告	国家税务总局公告2011年第68号
58	财政部、税务总局	财政部 国家税务总局关于退役士兵退役金和经济补助免征个人所得税问题的通知	财税〔2011〕109号
59	税务总局	国家税务总局关于第五届黄汲清青年地质科学技术奖奖金免征个人所得税问题的公告	国家税务总局公告2012年第4号
60	税务总局	国家税务总局关于"明天小小科学家"奖金免征个人所得税问题的公告	国家税务总局公告2012年第28号
61	财政部、税务总局	财政部 国家税务总局关于工伤职工取得的工伤保险待遇有关个人所得税政策的通知	财税〔2012〕40号
62	财政部、税务总局	财政部 国家税务总局关于地方政府债券利息免征所得税问题的通知	财税〔2013〕5号
63	财政部、税务总局	财政部 国家税务总局关于棚户区改造有关税收政策的通知	财税〔2013〕101号
64	财政部、人力资源社会保障部、税务总局	财政部 人力资源社会保障部 国家税务总局关于企业年金职业年金个人所得税有关问题的通知	财税〔2013〕103号
65	财政部、税务总局	财政部 国家税务总局关于广东横琴新区个人所得税优惠政策的通知	财税〔2014〕23号
66	财政部、税务总局	财政部 国家税务总局关于福建平潭综合实验区个人所得税优惠政策的通知	财税〔2014〕24号
67	财政部、税务总局	财政部 国家税务总局关于深圳前海深港现代服务业合作区个人所得税优惠政策的通知	财税〔2014〕25号
68	财政部、税务总局、证监会	财政部 国家税务总局 证监会关于沪港股票市场交易互联互通机制试点有关税收政策的通知	财税〔2014〕81号
69	财政部、海关总署、税务总局	财政部 海关总署 国家税务总局关于支持鲁甸地震灾后恢复重建有关税收政策问题的通知	财税〔2015〕27号
70	财政部、税务总局	财政部 国家税务总局关于个人非货币性资产投资有关个人所得税政策的通知	财税〔2015〕41号

续表

序号	制定机关	优惠政策文件名称	文号
71	财政部、税务总局、证监会	财政部 国家税务总局 证监会关于上市公司股息红利差别化个人所得税政策有关问题的通知	财税〔2015〕101号
72	财政部、税务总局	财政部 国家税务总局关于将国家自主创新示范区有关税收试点政策推广到全国范围实施的通知	财税〔2015〕116号
73	财政部、税务总局、证监会	财政部 国家税务总局 证监会关于内地与香港基金互认有关税收政策的通知	财税〔2015〕125号
74	财政部、税务总局	财政部 国家税务总局关于行政和解金有关税收政策问题的通知	财税〔2016〕100号
75	财政部、税务总局	财政部 国家税务总局关于完善股权激励和技术入股有关所得税政策的通知	财税〔2016〕101号
76	财政部、税务总局、证监会	财政部 国家税务总局 证监会关于深港股票市场交易互联互通机制试点有关税收政策的通知	财税〔2016〕127号
77	财政部、税务总局、民政部	财政部 税务总局 民政部关于继续实施扶持自主就业退役士兵创业就业有关税收政策的通知	财税〔2017〕46号
78	财政部、税务总局、人力资源社会保障部	财政部 税务总局 人力资源社会保障部关于继续实施支持和促进重点群体创业就业有关税收政策的通知	财税〔2017〕49号
79	财政部、税务总局、海关总署	财政部 税务总局 海关总署关于北京2022年冬奥会和冬残奥会税收政策的通知	财税〔2017〕60号
80	财政部、税务总局、证监会	财政部 税务总局 证监会关于沪港股票市场交易互联互通机制试点有关税收政策的通知	财税〔2017〕78号
81	财政部、税务总局、证监会	财政部 税务总局 证监会关于支持原油等货物期货市场对外开放税收政策的通知	财税〔2018〕21号
82	财政部、税务总局、人力资源社会保障部、中国银行保险监督管理委员会、证监会	财政部 税务总局 人力资源社会保障部 中国银行保险监督管理委员会 证监会关于开展个人税收递延型商业养老保险试点的通知	财税〔2018〕22号

续表

序号	制定机关	优惠政策文件名称	文号
83	财政部、税务总局	财政部 税务总局关于创业投资企业和天使投资个人有关税收政策的通知	财税〔2018〕55号
84	财政部、税务总局、科技部	财政部 税务总局 科技部关于科技人员取得职务科技成果转化现金奖励有关个人所得税政策的通知	财税〔2018〕58号
85	财政部、税务总局	财政部 税务总局关于易地扶贫搬迁税收优惠政策的通知	财税〔2018〕135号
86	财政部、税务总局、证监会	财政部 税务总局 证监会关于个人转让全国中小企业股份转让系统挂牌公司股票有关个人所得税政策的通知	财税〔2018〕137号
87	财政部、税务总局、证监会	财政部 税务总局 证监会关于继续执行内地与香港基金互认有关个人所得税政策的通知	财税〔2018〕154号
88	财政部、税务总局	财政部 税务总局关于个人所得税法修改后有关优惠政策衔接问题的通知	财税〔2018〕164号

注：上述文件中个人所得税优惠政策继续有效，已废止或者失效的部分条款除外。

9

境外税收抵免

新《个人所得税法》第七条规定，居民个人从中国境外取得的所得，可以从其应纳税额中抵免已在境外缴纳的个人所得税税额，但抵免额不得超过该纳税人境外所得依照该法规定计算的应纳税额。

中国个人所得税居民个人纳税人，从中国境内和境外取得的所得，应依法缴纳个人所得税。但是对于居民个人境外取得的所得，在所得来源国（地区）也会按照该国的税法规定予以征税。对于已征税款的境外所得，再在中国境内征收个人所得税，就会出现重复征税的情形。

为了消除国家间重复征税，减轻纳税人的税收负担，各国都采取一定的税收抵免方法，来缓解和消除国家间所得税重复征税，促进国家间资本、技术和人才的交流，推动全球经济的发展。

各国采取的避免重复征税的主要方法通常有免税法、扣除法、减免法和抵免法。我国采取的是抵免法，既保留我国对个人所得税居民个人纳税人境外所得的征税权，同时，又通过境外税收抵免，尽可能地使所得来源国（地区）与我国共同对该项所得重复征税的部分予以抵销。

按照计算方式的不同，抵免法可以分为全额抵免与限额抵免。

全额抵免是指居住国在对跨国纳税人征税时，对其在境外所得来源国（地区）直接缴纳的所得税税额予以全部抵免。

限额抵免是指居住国在对跨国纳税人征税时，对其在境外所得来源国（地区）缴纳的所得税税额，包括直接缴纳的税额和间接负担的税额，就其不超过境外所得按本国税法计算的应纳税额进行限额抵免。限额抵免规定了一个抵免限额，当境外所得税额低于抵免限额，按境外所得税额全额抵免。当境外所得税额超过抵免限额，按抵免限额抵免，其超过部分不得在当年抵免；但可以在一定纳税年度内，用每年所得来源国（地区）当年抵免限额抵免当年境外所得税额后的余额进行补抵。为了避免全额抵免可能侵蚀我国个人所得税征税基础，我国采取的是限额抵免制度。

9.1　待抵免税额和抵免限额

学习掌握境外税收抵免制度，需要先了解两个重要概念：

9.1.1 待抵免税额

待抵免税额，即是已在境外缴纳的个人所得税税额。

已在境外缴纳的个人所得税税额，是指居民个人来源于中国境外的所得，依照该所得来源国家（地区）的法律应当缴纳并且实际已经缴纳的所得税税额。

这里，需要注意三个事项：

一是依据是境外税收法律。税款的计算是依据所得来源国家（地区）的法律进行的，而不是中国的个人所得税法。

二是税款是境外实际缴纳。中国个人所得税居民个人纳税人的境外待抵免税额，必须是依据所得来源国家（地区）的法律，计算并实际缴纳的所得税税款。未在境外缴纳的税款，不得抵免。

三是对象是居民个人纳税人。新《个人所得税法》施行后，只有中国个人所得税居民个人纳税人，才需要对境外所得在中国境内纳税。而对于非居民个人，只需要对中国境内的所得纳税，其取得的境外所得无须在中国纳税。不过，在实务中，需要特别关注非居民个人纳税人身份的转变。当非居民个人转为居民个人时，就可能会涉及境外税款抵免的事项。

9.1.2 抵免限额

抵免限额也称纳税人境外所得依照中国个人所得税法计算的应纳税额：

纳税人境外所得依照中国个人所得税法计算的应纳税额，是指居民个人抵免已在境外缴纳的综合所得、经营所得以及其他所得的所得税税额的限额。

新《个人所得税法实施条例》第二十一条第二款规定，除国务院财政、税务主管部门另有规定外，来源于中国境外一个国家（地区）的综合所得抵免限额、经营所得抵免限额以及其他所得抵免限额之和，为来源于该国家（地区）所得的抵免限额。

这里，同样需要注意四个方面的内容：

一是抵免限额不是抵免额。抵免限额只是对纳税人境外所得依据中国税法计算的应纳税额，是纳税人境外实际缴纳的所得税在境内个人所得税申报时，可能抵免的最大额度，而不是抵免的金额，实际抵免的税额按照纳税人实际缴纳的税款和抵免限额进行比对后确定。

二是依据中国个人所得税法而不是境外税法。税款的计算离不开计税依据和税率。抵免限额的计算同样如此。但在抵免税额的计算中，计税依据是居民个人纳税人来源于境外的所得额，其税率是依据中国境内的税法确定的应税项目而确定的税率。

三是抵免限额要分国分项计算。纳税人在中国境外多个不同的国家（地区）取得应税所得的，其抵免限额的计算，需要区别不同的国家（地区），对照中国税法确定的不同的应税项目分别计算，在实际抵免时不得跨国家（地区）抵免税额。

四是抵免限额是分国合计金额。居民个人的境外所得按照中国新《个人所得税法》分国分项计算出来的抵免限额，需要按照所得来源国家（地区）进行合计，将同一国家（地区）不同应税所得项目的抵免限额合计，分国确定抵免限额。

9.2　境外税收抵免制度的变化

除国务院财政、税务主管部门另有规定外，来源于中国境外一个国家（地区）的综合所得抵免限额、经营所得抵免限额以及其他所得抵免限额之和，为来源于该国家（地区）所得的抵免限额。

2019年1月1日，新《个人所得税法》施行后，居民个人境外税收抵免较2011年《个人所得税法》有了较大的变化。其变化主要表现在两个方面：

一是抵免限额计算方法的变化。变化主要在居民综合所得和经营所得抵免限额计算上。新《个人所得税法实施条例》第二十条规定，居民个人从中国境内和境外取得的综合所得、经营所得，应当分别合并计算应纳税额；从中国境内和境外取得的其他所得，应当分别单独计算应纳税额。不再按照原税法的规定，对境外取得的工资薪金所得、劳务报酬所得、稿酬所得、特许权使用费所得直接单独计算抵免限额。

二是待抵免税额范围变化。新《个人所得税法实施条例》第二十一条第一款规定，居民个人在境外缴纳的可在境内抵免个人所得税税额，明确指明是居民个人来源于中国境外的所得，依照该所得来源国家（地区）的法律应当缴纳并且实际已经缴纳的所得税税额。而在 2011 年《个人所得税法实施条例》中，则是"依照该所得来源国家或者地区的法律应当缴纳并且实际已经缴纳的税额"。有效避免了争议。

9.3 境外抵免的计算

新《个人所得税法实施条例》规定，居民个人从中国境内和境外取得的综合所得、经营所得，应当分别合并计算应纳税额；从中国境内和境外取得的其他所得，应当分别单独计算应纳税额。

居民个人在中国境外一个国家（地区）实际已经缴纳的个人所得税税额，低于依照规定计算出的来源于该国家（地区）所得的抵免限额的，应当在中国缴纳差额部分的税款；超过来源于该国家（地区）所得的抵免限额的，其超过部分不得在本纳税年度的应纳税额中抵免，但是可以在以后纳税年度来源于该国家（地区）所得的抵免限额的余额中补扣。补扣期限最长不得超过 5 年。

我国个人所得税法境外抵免，采取分国分项计算并汇总确定限额，分国不分项抵免境外已纳税额。计算公式为：

来源于一国（地区）所得的抵免限额=来源于该国（地区）综合所得抵免限额+来源于该国（地区）经营所得抵免限额+来源于该国（地区）其他分类所得抵免限额

9.3.1 综合所得抵免额

居民个人从中国境内和境外取得的综合所得，应当合并按照中国个人所得税综合所得税率计算应纳税额。对境外某国家（地区）的抵免限额，按照居民个人从该国家（地区）取得的综合所得占全部境内、境外综合所得的比重，配比计算的抵免限额。

《财政部　税务总局关于境外所得有关个人所得税政策的公告》（财政部税务总局公告 2020 年第 3 号）规定，居民个人来源于中国境外的综合所得，应当与境内综合所得合并计算应纳税额，计算公式为：

来源于一国（地区）综合所得的抵免限额＝中国境内和境外综合所得依法计算的综合所得应纳税额×来源于该国（地区）的综合所得收入额÷中国境内和境外综合所得收入额合计

境内、境外综合所得依法计算的综合所得应纳税额＝（境内综合所得收入额＋全部境外综合所得收入额－60000元－专项扣除－专项附加扣除－依法确定的其他扣除）×适用税率

需要注意的是：

①适用税率为中国个人所得税综合所得3%~45%七级超额累进税率；

②居民个人来源于境内全部综合所得收入额和来源于境外全部国家（地区）综合所得收入额，应合并后按中国个人所得税法规定计算应纳税额；

③按照居民个人来源某国家（地区）综合所得收入额占全部综合所得收入额的比重，计算确定某国家（地区）综合所得抵免限额。

【案例9-3-1】居民个人李某是境内A公司职员，居民个人李某是境内A公司职员，2019年取得收入如下：

（1）取得A公司支付年度工资薪金收入140000元（已代扣"三险一金"）；

（2）2019年3月，李某承揽境外甲国家B公司的一项设计业务，在甲国境内工作了1个月完成，2019年全年取得B公司支付劳务报酬折合人民币200000元；

（3）2019年5月，李某的一本著作被境外乙国C出版社出版，取得稿酬所得折合人民币80000元。

李某的劳务报酬所得已按甲国税法缴纳所得税15000元、其他税收10000元；稿酬所得已按乙国税法缴纳所得税9600元，其他税收7000元。

李某有一独生子女，2019年在初中二年级读书。李某自己也是独生子女，父母在2018年均超过60岁。此外，2019年李某无其他按规定可申报的专项附加扣除。

【问题】李某2020年3月汇算清缴时，应补（退）个人所得税款多少元？

【解析】（1）李某在境外甲国、乙国取得的综合所得，按照来源国家（地区）税法缴纳的所得税，可以限额抵免。因此，李某甲国待抵免税额为15000元，乙国待抵免税额为9600元。

在甲国、乙国缴纳的其他税收不得抵免。

（2）李某境内、境外全部综合所得应纳税额：
来源于境内工资薪金收入额＝140000（元）
来源于甲国家的劳务报酬收入额＝200000×(1－20%)＝160000（元）
来源于乙国家的稿酬收入额＝80000×(1－20%)×70%＝44800（元）
全部综合所得收入额＝140000＋160000＋44800＝344800（元）
境内境外全部综合所得应纳税额＝（344800－60000－3000×12）×20%－16920＝32840（元）

（3）李某在境内预缴税额：
年度按累计预扣法预缴税额＝（140000－60000－3000×12）×10%－2520＝1880（元）

（4）李某甲国、乙国所得税抵免限额：
甲国抵免限额＝境内境外全部综合所得应纳税额×(甲国综合所得收入额÷全部综合所得收入额)＝32840×(160000÷344800)＝15238.98（元）
大于甲国实际缴纳的所得税15000元，按实际缴纳的税额15000元抵免。
乙国抵免限额＝境内境外全部综合所得应纳税额×(乙国综合所得收入额÷全部综合所得收入额)＝32840×(44800÷344800)＝4266.91（元）
小于乙国实际缴纳的所得税9600元，按抵免限额4266.91元抵免。

（5）李某汇算清缴应补（退）税额。
应补（退）税额＝32840－1880－15000－4266.91＝11693.09（元）
乙国未抵免税额＝9600－4266.91＝5333.09元，可在以后5年内李从乙国取得的所得抵免限额有余额时抵免。

9.3.2 经营所得抵免

居民个人从中国境内和境外取得的经营所得，应当合并按照中国个人所得税经营所得税率计算应纳税额。对境外某国家（地区）的抵免限额，按照居民个人从该国家（地区）取得的经营所得占全部境内、境外经营所得的比重，配比计算的抵免限额。

取得经营所得的个人，没有综合所得的，计算其每一纳税年度的应纳税所得额时，应当减除费用6万元、专项扣除、专项附加扣除以及依法确定的其他扣除。

《财政部　税务总局关于境外所得有关个人所得税政策的公告》（财政

部 税务总局公告 2020 年第 3 号）规定，居民个人来源于中国境外的经营所得，应当与境内经营所得合并计算应纳税额。居民个人来源于境外的经营所得，按照个人所得税法及其实施条例的有关规定计算的亏损，不得抵减其境内或他国（地区）的应纳税所得额，但可以用来源于同一国家（地区）以后年度的经营所得按中国税法规定弥补。居民个人来源于一国（地区）的综合所得、经营所得以及其他分类所得项目的应纳税额为其抵免限额，按照下列公式计算：

来源于一国（地区）经营所得的抵免限额＝中国境内和境外经营所得依法计算的经营所得应纳税额×来源于该国（地区）的经营所得应纳税所得额÷中国境内和境外经营所得应纳税所得额合计

境内、境外全部经营所得依法计算的经营所得应纳税额＝（全部境内经营所得＋全部境外经营所得）×适用税率－速算扣除数

居民个人取得境外经营所得个人所得税抵免的实质，就是居民个人从境内、境外两处以上取得经营所得的，在境内依法办理年度汇总申报，对境外取得的经营所得实际在境外缴纳的税款依法进行抵免。

居民个人境外经营所得的抵免需要注意六方面的要点：

①居民个人境内经营所得应当依法进行汇算清缴；

②居民个人合并来源于境内、境外多处经营所得确定应纳税所得额后，适用 5%～35% 五级超额累进税率，进行合并申报；

③居民个人来源于境内、境外的经营所得，应分别按照"收入－成本－费用－损失－以前年度待弥补亏损"后的余额确定应纳税所得额；

④配比计算某一国家（地区）经营所得抵免限额，按照居民个人中国境内、境外经营所得应纳税所得额占比确定；

⑤居民个人在境外某一国家（地区）经营亏损，不得抵减境内经营所得，只能在亏损所在国家（地区）以后年度的所得依法弥补，该国家（地区）经营所得应纳税所得额确定为 0；

⑥居民个人没有综合所得的，计算抵免限额时，应按照依法减除"费用 6 万元、专项扣除、专项附加扣除以及依法确定的其他扣除"前的应纳税所得额计算。

居民个人境外经营所得抵免，按照居民个人全年是否有综合所得，公式可转换表达如下：

（1）有综合所得。

境内、境外全部经营所得应纳税额=（境内经营所得应纳税所得额+全部境外经营所得应纳税所得额）×适用税率

某一境外国家（地区）抵免限额=境内、境外全部经营所得应纳税额×某国家（地区）境外经营所得应纳税所得额÷（境内经营所得应纳税所得额+全部境外经营所得应纳税所得额）

【**案例 9-3-2**】 居民个人李某在中国境内投资成立了 A 个人独资企业（以下简称 A 企业），并在甲国、乙国按照当地法律规定个人从事经营活动。2019 年李某境内、境外经营情况如下：

（1）在境内 A 企业领取工资薪金 12 万元，A 企业全年经营所得 20 万元，已预缴个人所得税 5 万元。

（2）在甲国取得经营收入 200 万元，成本 120 万元，费用 30 万元，另外按照甲国税法规定实际缴纳所得税 3 万元，其他税费 10 万元。

（3）在乙国取得经营收入 140 万元，成本 80 万元，费用 25 万元，另外按照甲国税法规定实际缴纳所得税 6 万元，其他税费 5 万元。

李某有一独生子女，2019 年在初中二年级读书。李某自己也是独生子女，父母在 2018 年均超过 60 岁。2019 年李某个人缴纳"三险一金" 2 万元。此外，2019 年李某无其他按规定可申报的专项附加扣除。

李某 2019 年仅在境内有综合所得，除甲国、乙国经营所得外无其他境外所得。

【**问题**】 李某 2020 年 1—3 月汇算清缴时，应补（退）个人所得税款多少元？

【**解析**】 （1）李某是中国境内居民个人，2019 年有综合所得，其境内以及境外甲国、乙国取得的经营所得，依法合并计税，并对按照来源国家（地区）税法缴纳的所得税，限额抵免。因此，李某待抵免经营所得的所得税额为：甲国 30000 元；乙国 60000 元。

在甲国、乙国缴纳的其他税收不得抵免。

（2）李某境内、境外全部经营所得应纳税额：
来源于境内 A 企业的应纳税所得额=120000+200000=320000（元）
来源于甲国应纳税所得额=2000000-1200000-300000-100000=400000（元）
来源于乙国应纳税所得额=1400000-800000-250000-50000=100000（元）
境内境外全部经营所得应纳税所得额=320000+400000+100000=820000（元）
全部经营所得应纳税额=820000×35%-65500=221500（元）

(3) 李某在境内已预缴经营所得个人所得税额 50000 元。

(4) 李某甲国、乙国所得税抵免限额：

甲国抵免限额=境内、境外全部经营所得应纳税额×某国家（地区）境外经营所得应纳税所得额÷（境内经营所得应纳税所得额+全部境外经营所得应纳税所得额）=221500×400000÷(320000+400000+100000)=108048.4（元）

大于甲国实际缴纳的所得税 30000 元，抵免限额 30000 元。

乙国抵免限额=境内、境外全部经营所得应纳税额×某国家（地区）境外经营所得应纳税所得额÷(境内经营所得应纳税所得额+全部境外经营所得应纳税所得额)=221500×100000÷(320000+400000+100000)=27012.2（元）

小于乙国实际缴纳的所得税 60000 元，抵免限额 27012.2 元。

(5) 李某经营所得合并申报应补（退）税额：

应补（退）税额=221500-50000-30000-27012.2=114487.8（元）

乙国未抵免税额=60000-27012.2=32987.8（元），可在以后 5 年内李从乙国取得的所得抵免限额有余额时抵免。

(2) 没有综合所得

境内、境外全部经营所得应纳税额=（境内经营所得应纳税所得额+全部境外经营所得应纳税所得额-60000-专项扣除-专项附加扣除-依法确定的其他扣除)×适用税率

某一境外国家（地区）抵免限额=境内、境外全部经营所得应纳税额×某国家（地区）境外经营所得应纳税所得额÷(减除四项扣除前的境内经营所得应纳税所得额+全部境外经营所得应纳税所得额)

居民个人在境外某一国家（地区）经营亏损，则该国家（地区）的经营所得应纳税所得额为 0。

【案例 9-3-3】 居民个人李某在中国境内投资成立了 A 个人独资企业（以下简称 A 企业），并在甲国、乙国按照当地法律规定个人从事经营活动。2019 年李某境内、境外经营情况如下：

(1) 在境内 A 企业领取工资薪金 12 万元，A 企业全年经营所得 20 万元，已预缴个人所得税 5 万元。

(2) 在甲国取得经营收入 200 万元，成本 120 万元，费用 30 万元，另外按照甲国税法规定实际缴纳所得税 3 万元，其他税费 10 万元。

(3) 在乙国取得经营收入 100 万元，成本 80 万元，费用 25 万元，另外

按照甲国税法规定实际缴纳所得税 1 万元，其他税费 5 万元。

李某有一独生子女，2019 年在初中二年级读书。李某自己也是独生子女，父母在 2018 年均超过 60 岁。2019 年李某个人缴纳"三险一金"2 万元。此外，2019 年李某无其他按规定可申报的专项附加扣除。

李某 2019 年仅在境内有综合所得，除甲国、乙国经营所得外无其他境外所得。

【问题】 李某 2020 年 1—3 月合并申报时，应补（退）个人所得税款多少元？

【解析】 （1）李某是中国境内居民个人，2019 年有综合所得，其境内以及境外甲国、乙国取得的经营所得，依法合并计税，并对按照来源国家（地区）税法缴纳的所得税，限额抵免。因此，李某待抵免经营所得的所得税额为：甲国 30000 元。乙国 10000 元。

在甲国、乙国缴纳的其他税收不得抵免。

（2）李某境内、境外全部经营所得应纳税额：

来源于境内 A 企业的应纳税所得额 = 120000+200000 = 320000（元）

来源于甲国应纳税所得额 = 2000000-1200000-300000-100000 = 400000（元）

来源于乙国应纳税所得额 = 1000000-800000-250000-50000 = -300000（元），经营亏损，合并申报时，来源于乙国的经营所得应纳税所得额按 0 元计。

境内境外全部经营所得应纳税所得额 = 320000+400000+0 = 720000（元）

全部经营所得应纳税额 =（720000-60000-20000-3000×12）×35%-65500 = 145900（元）

（3）李某在境内已预缴经营所得个人所得税额 50000 元。

（4）李某甲国、乙国所得税抵免限额：

甲国抵免限额 = 境内、境外全部经营所得应纳税额×某国家（地区）境外经营所得应纳税所得额÷(境内经营所得应纳税所得额+全部境外经营所得应纳税所得额) = 145900×400000÷(320000+400000+0) = 81055.56（元）

大于甲国实际缴纳的所得税 30000 元，抵免限额为 30000 元。

乙国抵免限额 = 境内、境外全部经营所得应纳税额×某国家（地区）境外经营所得应纳税所得额÷(境内经营所得应纳税所得额+全部境外经营所得应纳税所得额) = 145900×0÷(320000+400000+0) = 0

小于乙国实际缴纳的所得税 60000 元，抵免限额 0 元。

（5）李某经营所得合并申报应补（退）税额。

应补（退）税额 = 145900 - 50000 - 30000 - 0 = 65900（元）

乙国经营亏损 300000 元，可在乙国以后 5 个纳税年度内的经营所得弥补，未抵免税额 10000 元，可在以后 5 年内李从乙国取得的所得抵免限额有余额时抵免。

9.3.3　其他分类所得抵免

对于居民个人从中国境外取得的利息股息红利所得、财产租赁所得、财产转让所得、偶然所得，因为这些所得项目都是按次或按月纳税，对于不属于同一项目、同一次的所得，不需要合并计税，对其从中国境内和境外取得的其他所得，应当分别单独按照中国个人所得税适用税率计算应纳税额。

《财政部　税务总局关于境外所得有关个人所得税政策的公告》（财政部税务总局公告 2020 年第 3 号）规定，居民个人来源于中国境外的利息、股息、红利所得，财产租赁所得，财产转让所得和偶然所得等其他分类所得，不与境内所得合并，应当分别单独计算应纳税额。

居民个人来源于一国（地区）的综合所得、经营所得以及其他分类所得项目的应纳税额为其抵免限额，按照下列公式计算：

来源于一国（地区）其他分类所得的抵免限额 = 该国（地区）的其他分类所得依法计算的应纳税额

该国（地区）的其他分类所得依法计算的应纳税额 = 应纳税额 = 境外所得 × 适用税率

需要注意的是：

（1）居民个人境外其他分类所得应当按次计税。对于居民个人在境外多个国家（地区）有财产租赁所得的，对于同一国家（地区）一个月内取得的收入应当合并为一次，不同国家（地区）取得的收入不跨国家（地区）合并。

（2）居民个人境外其他分类所得应分别依法确定应纳税所得额，适用 20% 税率，分别计算抵免限额。

【案例 9-3-4】　中国个人所得税居民个人纳税人赵某在境内一家公司任

职,同时在境外拥有多国房产用于出租,均约定每年6月、12月收取半年租金。2019年6月、12月赵某两次取得以下境外租金收入(已折算为人民币):

(1)2019年6月取得甲国A房产租金收入30000元,B房产租金收入40000元;取得乙国C房产租金收入100000元;取得境内D房产租金收入20000元。

(2)2019年12月取得甲国A房产租金收入40000元,B房产租金收入50000元;取得乙国C房产租金收入150000元;取得境内D房产租金收入20000元。

(3)赵某取得境内、境外租金收入,分别在甲国、乙国、境内缴纳所得税15000元、48000元、6400元。境内税额已全额扣缴。

(4)赵某2019年全年仅在境内一处任职,全年取得工资薪金所得20万元(已代扣专项扣除),全年符合规定的专项附加扣除24000元,已足额预扣预缴个人所得税9080元[(200000-60000-24000)×10%-2520]。

【问题】 赵某2020年3月境外抵免后应补(退)个人所得税款多少元?

【解析】 (1)赵某在境外无综合所得、经营所得,仅有境外财产租赁所得,应分项按次计算抵免限额。

(2)按照《财政部 税务总局关于境外所得有关个人所得税政策的公告》(财政部 税务总局公告2020年第3号)规定,赵某来源于中国境外财产租赁所得,不与境内所得合并,应当分别单独计算应纳税额,以一个国家(地区)一个月内的租金为一次计算。

6月:

甲国租金所得抵免限额=(30000+40000)×(1-20%)×20%=11200(元)

乙国租金所得抵免限额=100000×(1-20%)×20%=16000(元)

12月:

甲国租金所得抵免限额=(40000+50000)×(1-20%)×20%=14400(元)

乙国租金所得抵免限额=150000×(1-20%)×20%=24000(元)

(3)甲国合计抵免限额=11200+14400=25600(元),甲国实际缴纳所得税15000元,小于抵免限额,可全部抵免。

乙国合计抵免限额=16000+24000=40000(元),乙国实际缴纳所得税48000元,大于抵免限额,按限额抵免40000元,超过限额部分结转以后年度来源于乙国所得的抵免限额的余额中补扣。

(4)应补(退)税额:

应补税额＝9080+6400+25600+40000−9080−6400−15000−40000
　　　＝10600（元）

9.3.4 境外抵免综合案例

【案例9-3-5】 中国个人所得税居民个人纳税人王某拥有多项国际专利，在境内一家公司任职，拥有甲国C公司股权，乙国两处房产。2019年王某共取得以下收入（均为人民币）。

(1) 取得任职公司工资薪金20万元；

(2) 2017年向甲国B公司提供专利使用权，每年收取费用折合人民币10万元，2019年5月B公司支付使用费时，依据甲国税法缴纳所得税10000元；

(3) 2019年6月，取得甲国C公司分红6万元，依据甲国税法缴纳所得税6000元；

(4) 2019年7月，转让乙国一套房产，取得收入150万元，该房产2016年以100万元购入，转让时按照乙国税法缴纳所得税5万元、其他税收4万元；

(5) 2019年11月，因论文在乙国某国际专业杂志上发表，获得稿酬2万元，已按照乙国税法缴纳所得税1000元。

(6) 2019年王某个人在乙国从事生产、经营活动，取得经营收入300万元，支出成本费用270万元，缴纳各项税费10万元，其中所得税4万元。

假定王某无专项附加扣除和依法确定的其他扣除，不考虑专项扣除。

【问题】 王某2020年3月如何申报办理境外抵免？

【解析】（1）王某2019年取得境外各项应税所得收入中，既有综合所得、经营所得，也有股息、利息、红利所得和财产转让所得，需要分别计算抵免限额。

其中，综合所得、经营所得需要分别合并境内、境外所得计算后，按照某一国家（地区）综合所得收入额、经营所得应税所得额配比确定抵免限额，其他所得分别单独计算并确定抵免限额。

(2) 王某境内、境外综合所得应纳税额。来源于境内工资薪金收入额为200000（元）。

来源于甲国B公司特许权使用费收入额＝100000×(1−20%)＝80000

（元）来源于乙国家稿酬收入额=20000×(1-20%)×70%=11200（元）

全部综合所得收入额=200000+80000+11200=291200（元）

境内境外全部综合所得应纳税额=（291200-60000）×20%-16920=29320（元）

（3）王某境内预缴税额：

工资薪金所得累计预扣税额=（200000-60000）×10%-2520=11480（元）

（4）甲国、乙国综合所得抵免限额：

甲国综合所得抵免税额=29320×(80000÷291200)=8054.95（元）

乙国综合所得抵税额=29320×(11200÷291200)=1127.69（元）

（5）王某境内、境外其他项目所得抵免限额：

甲国C公司分红所得应纳税额=60000×20%=12000（元）

转让房产可扣除合理税费中，不包括所得税。转让乙国房产应纳税额=（1500000-1000000-40000）×20%=92000（元）。

（6）王某境内无经营所得，在乙国取得经营所得：

经营所得应纳税所得额=3000000-2700000-（100000-40000）=240000（元）

应纳税额=240000×20%-10500=37500（元）

王某仅在乙国取得经营所得，其应纳税额37500元全部为乙国经营所得抵免限额。

（7）王某甲国、乙国个人所得税抵免限额：

居民个人在某国境外抵免限额=某国综合所得抵免限额+某国经营所得抵免限额+某国其他所得抵免税额

甲国抵免限额=8054.95+12000=20054.95（元），王某在甲国2019年合计缴纳所得税=10000+6000=16000（元），不超过甲国的抵免限额，应按境外实际缴纳所得税额16000元抵免。

乙国抵免限额=1127.69+92000+37500=130627.69（元），王某在乙国2019年合计缴纳所得税=50000+1000+40000=91000（元），不超过乙国的抵免限额，应按境外实际缴纳所得税额91000元抵免。

（8）王某申报境外抵免时应补税额：

应补税额=29320-11480+12000+92000+37500-16000-91000=52340（元）

9.3.5 不可抵免的境外所得税额

居民个人取得境外所得，不仅需要按照来源国家（地区）的税法规定缴纳所得税性质的税额，还可能会依据来源国家（地区）税法规定，享受税收优惠、接受税收管理，同时来源国家和中国签订避免双重征税协定（内地与香港、澳门签订的避免双重征税安排）的，还需要依据税收协定的相关规则接受管理。

对于居民个人在境外实际缴纳的所得税性质的税额，可抵免的境外所得税额不包括以下情形：

①按照境外所得税法律属于错缴或错征的境外所得税税额；

②按照我国政府签订的避免双重征税协定以及内地与香港、澳门签订的避免双重征税安排规定不应征收的境外所得税税额；

③因少缴或迟缴境外所得税而追加的利息、滞纳金或罚款；

④境外所得税纳税人或者其利害关系人从境外征税主体得到实际返还或补偿的境外所得税税款；

⑤按照我国个人所得税法及其实施条例规定，已经免税的境外所得负担的境外所得税税款。

居民个人从与我国签订税收协定的国家（地区）取得的所得，按照该国（地区）税收法律享受免税或减税待遇，且该免税或减税的数额按照税收协定饶让条款规定应视同已缴税额在中国的应纳税额中抵免的，该免税或减税数额可作为居民个人实际缴纳的境外所得税税额按规定申报税收抵免。

9.3.6 境外抵免申报表的填列

居民个人从中国境外取得所得的，应当在取得所得的次年3月1日至6月30日内，向中国境内任职、受雇单位所在地主管税务机关办理纳税申报；在中国境内没有任职、受雇单位的，向户籍所在地或中国境内经常居住地主管税务机关办理纳税申报；户籍所在地与中国境内经常居住地不一致的，选择其中一地主管税务机关办理纳税申报；在中国境内没有户籍的，向中国境内经常居住地主管税务机关办理纳税申报。

《国家税务总局关于修订部分个人所得税申报表的公告》（国家税务总局

公告 2019 年第 46 号）修订了个人所得税部分申报表，居民个人纳税年度内取得境外所得，按照税法规定办理取得境外所得个人所得税自行申报，依法填报《个人所得税年度自行纳税申报表》（B 表，居民个人取得境外所得适用），申报时应当一并附报《境外所得个人所得税抵免明细表》。

9.4 境外税收抵免的征收管理

9.4.1 申报时间

居民个人从中国境外取得所得的，应当在取得所得的次年 3 月 1 日至 6 月 30 日内申报纳税。

居民个人取得境外所得的境外纳税年度与公历年度不一致的，取得境外所得的境外纳税年度最后一日所在的公历年度，为境外所得对应的我国纳税年度。

【案例 9-4-1】 中国居民个人张某 2019 年在 11 月起在 A 国从事生产、经营活动，取得经营所得，A 国法律规定所得税纳税年度为每年 10 月 1 日至次年 9 月 30 日。张某的生产、经营活动按照 A 国税法需要在 2020 年 10 月申报缴纳的所得税款并取得相关凭证。

【问题】 居民个人在 A 国生产、经营缴纳的 2019/2020 年度所得税，应在我国哪一年度计算纳税和境外抵免？

【解析】 境外纳税年度结束日为 2020 年 9 月 30 日。按规定，张某在 A 国生产、经营所得缴纳的所得税期间为 2019 年 10 月 1 日至次年 9 月 30 日的税额，应按境外所得的境外纳税年度最后一日所在的公历年度，为境外所得对应的我国纳税年度，即在 2020 年度计算纳税及境外税额抵免。

9.4.2 申报地点

《国家税务总局关于个人所得税自行纳税申报有关问题的公告》（国家税务总局公告 2018 年第 62 号）、《财政部 税务总局关于境外所得有关个人所得税政策的公告》（财政部 税务总局公告 2020 年第 3 号）规定，居民个人取得境外所得，应当向中国境内任职、受雇单位所在地主管税务机关办理纳税申报；在中国境内没有任职、受雇单位的，向户籍所在地或中国境内经常居住地主管税务机关办理纳税申报；户籍所在地与中国境内经常居住地不一致的，选择其中一地主管税务机关办理纳税申报；在中国境内没有户籍的，向中国境内经常居住地主管税务机关办理纳税申报。

9.4.3　申报表及附报材料

居民个人取得境外所得，在年度纳税申报实行分国不分项抵免申报的，应当在取得所得的次年3月1日至6月30日内，向主管税务机关办理纳税申报，并报送《个人所得税年度自行纳税申报表（B表）》（居民个人取得境外所得适用），同时附报《境外所得个人所得税抵免明细表》。

居民个人依法申请抵免已在境外缴纳的个人所得税税额，应当提供境外税务机关出具的税款所属年度的有关纳税凭证。《财政部　税务总局关于境外所得有关个人所得税政策的公告》（财政部　税务总局公告2020年第3号）进一步规定，居民个人申报境外所得税收抵免时，除另有规定外，应当提供境外征税主体出具的税款所属年度的完税证明、税收缴款书或者纳税记录等纳税凭证，未提供符合要求的纳税凭证，不予抵免。

纳税人确实无法提供纳税凭证的，可同时凭境外所得纳税申报表（或者境外征税主体确认的缴税通知书）以及对应的银行缴款凭证办理境外所得抵免事宜。

9.4.4　扣缴税款制度

居民个人被境内企业、单位、其他组织（以下称派出单位）派往境外工作，取得的工资薪金所得或者劳务报酬所得，由派出单位或者其他境内单位支付或负担的，派出单位或者其他境内单位应按照个人所得税法及其实施条例规定预扣预缴税款。

居民个人被派出单位派往境外工作，取得的工资薪金所得或者劳务报酬所得，由境外单位支付或负担的，如果境外单位为境外任职、受雇的中方机构（以下称中方机构）的，可以由境外任职、受雇的中方机构预扣税款，并委托派出单位向主管税务机关申报纳税。中方机构未预扣税款的或者境外单位不是中方机构的，派出单位应当于次年 2 月 28 日前向其主管税务机关报送外派人员情况，包括：外派人员的姓名、身份证件类型及身份证件号码、职务、派往国家和地区、境外工作单位名称和地址、派遣期限、境内外收入及缴税情况等。

中方机构包括中国境内企业、事业单位、其他经济组织以及国家机关所属的境外分支机构、子公司、使（领）馆、代表处等。

9.4.5 其他相关征管规定

（1）追溯抵免制度

居民个人一个纳税年度内来源于一国（地区）的所得实际已经缴纳的所得税税额，低于依照本公告第三条规定计算出的来源于该国（地区）该纳税年度所得的抵免限额的，应以实际缴纳税额作为抵免额进行抵免；超过来源于该国（地区）该纳税年度所得的抵免限额的，应在限额内进行抵免，超过部分可以在以后五个纳税年度内结转抵免。

居民个人已申报境外所得、未进行税收抵免，在以后纳税年度取得纳税凭证并申报境外所得税收抵免的，可以追溯至该境外所得所属纳税年度进行抵免，但追溯年度不得超过五年。自取得该项境外所得的五个年度内，境外征税主体出具的税款所属纳税年度纳税凭证载明的实际缴纳税额发生变化的，按实际缴纳税额重新计算并办理补退税，不加收税收滞纳金，不退还利息。

（2）外币折算制度

居民个人取得来源于境外的所得或者实际已经在境外缴纳的所得税税额为人民币以外货币，应当按照《个人所得税法实施条例》规定，对应当补缴税款的所得部分，按照上一纳税年度最后一日人民币汇率中间价，折合成人民币计算应纳税所得额。

（3）个人纳税信用管理制度

纳税人和扣缴义务人未按本公告规定申报缴纳、扣缴境外所得个人所得税以及报送资料的，按照《税收征管法》和个人所得税法及其实施条例等有关规定处理，并按规定纳入个人纳税信用管理。

（4）以前年度抵免余额处理

居民个人 2019 年以前尚未抵免完毕的税额，可在 5 个纳税年度内结转抵免。

10

反避税和纳税调整

避税行为会导致具有纳税行为能力的人不纳税或缴纳更少的税，有相同纳税行为能力的人可能缴纳不同的税，破坏横向公平和纵向公平，因而违背量能课税原则。

为了堵塞税收漏洞，维护国家税收权益，新《个人所得税法》参照企业所得税法有关反避税规定，修订增加了反避税条款，针对利用关联方交易避税、避税地避税和实施不合理商业安排获取不当税收利益避税等行为，赋予税务机关按照合理方法进行纳税调整的权力。

> 第八条 有下列情形之一的，税务机关有权按照合理方法进行纳税调整：
>
> （一）个人与其关联方之间的业务往来不符合独立交易原则而减少本人或者其关联方应纳税额，且无正当理由；
>
> （二）居民个人控制的，或者居民个人和居民企业共同控制的设立在实际税负明显偏低的国家（地区）的企业，无合理经营需要，对应当归属于居民个人的利润不作分配或者减少分配；
>
> （三）个人实施其他不具有合理商业目的的安排而获取不当税收利益。
>
> 税务机关依照前款规定作出纳税调整，需要补征税款的，应当补征税款，并依法加收利息。
>
> ——新《个人所得税法》

10.1 关联方交易避税调整

个人与其关联方之间的业务往来不符合独立交易原则而减少本人或者其关联方应纳税额，且无正当理由的，税务机关有权按照合理方法进行纳税调整。

10.1.1 关联方

《企业会计准则第 36 号——关联方披露》中，对关联方定义如下：

一方控制、共同控制另一方或对另一方施加重大影响，以及两方或两方以上同受一方控制、共同控制或重大影响的，构成关联方。

控制，是指有权决定一个企业的财务和经营政策，并能据以从该企业的经营活动中获取利益。

共同控制，是指按照合同约定对某项经济活动所共有的控制，仅在与该项经济活动相关的重要财务和经营决策需要分享控制权的投资方一致同意时存在。

重大影响，是指对一个企业的财务和经营政策有参与决策的权力，但并不能够控制或者与其他方一起共同控制这些政策的制定。

对于一个企业来说，企业关联方包括以下单位和个人：

(1) 该企业的母公司。

(2) 该企业的子公司。

(3) 与该企业受同一母公司控制的其他企业。

(4) 对该企业实施共同控制的投资方。

(5) 对该企业施加重大影响的投资方。

(6) 该企业的合营企业。

(7) 该企业的联营企业。

(8) 该企业的主要投资者个人及与其关系密切的家庭成员。主要投资者个人，是指能够控制、共同控制一个企业或者对一个企业施加重大影响的个人投资者。

(9) 该企业或其母公司的关键管理人员及与其关系密切的家庭成员。关键管理人员，是指有权力并负责计划、指挥和控制企业活动的人员。与主要投资者个人或关键管理人员关系密切的家庭成员，是指在处理与企业的交易时可能影响该个人或受该个人影响的家庭成员。

(10) 该企业主要投资者个人、关键管理人员或与其关系密切的家庭成员控制、共同控制或施加重大影响的其他企业。

对于仅与企业存在下列关系的各方，不构成企业的关联方：一是与该企业发生日常往来的资金提供者、公用事业部门、政府部门和机构。二是与该企业发生大量交易而存在经济依存关系的单个客户、供应商、特许商、经销商或代理商。三是与该企业共同控制合营企业的合营者。

《税收征管法》第三十六条规定，企业或者外国企业在中国境内设立的从事生产、经营的机构、场所与其关联企业之间的业务往来，应当按照独立企业之间的业务往来收取或者支付价款、费用；不按照独立企业之间的业务往来收取或者支付价款、费用，而减少其应纳税的收入或者所得额的，税务机关有权进行合理调整。

《税收征管法实施细则》第五十一条规定，《税收征管法》所称关联企业，是指有下列关系之一的公司、企业和其他经济组织：

（1）在资金、经营、购销等方面，存在直接或者间接的拥有或者控制关系；

（2）直接或者间接地同为第三者所拥有或者控制；

（3）在利益上具有相关联的其他关系。

纳税人有义务就其与关联企业之间的业务往来，向当地税务机关提供有关的价格、费用标准等资料。具体办法由国家税务总局制定。

《企业所得税法》第四十一条规定，企业与其关联方之间的业务往来，不符合独立交易原则而减少企业或者其关联方应纳税收入或者所得额的，税务机关有权按照合理方法调整。企业与其关联方共同开发、受让无形资产，或者共同提供、接受劳务发生的成本，在计算应纳税所得额时应当按照独立交易原则进行分摊。

在《企业所得税法实施条例》中，企业所得税法中的关联方定义为：

与企业有下列关联关系之一的企业、其他组织或者个人：

（1）在资金、经营、购销等方面存在直接或者间接的控制关系；

（2）直接或者间接地同为第三者控制；

（3）在利益上具有相关联的其他关系。

现行的《企业所得税法实施条例》第一百零九条及《税收征管法实施细则》第五十一条所称关联关系按照《国家税务总局关于完善关联申报和同期资料管理有关事项的公告》（国家税务总局公告2016年第42号）第二条规定，有七个方面：

企业与其他企业、组织或者个人具有下列关系之一的，构成本公告所称关联关系：

（1）一方直接或者间接持有另一方的股份总和达到25%以上；双方直接

或者间接同为第三方所持有的股份达到25%以上。

如果一方通过中间方对另一方间接持有股份，只要其对中间方持股比例达到25%以上，则其对另一方的持股比例按照中间方对另一方的持股比例计算。

两个以上具有夫妻、直系血亲、兄弟姐妹以及其他抚养、赡养关系的自然人共同持股同一企业，在判定关联关系时持股比例合并计算。

（2）双方存在持股关系或者同为第三方持股，虽持股比例未达到本条第（1）项规定，但双方之间借贷资金总额占任一方实收资本比例达到50%以上，或者一方全部借贷资金总额的10%以上由另一方担保（与独立金融机构之间的借贷或者担保除外）。

借贷资金总额占实收资本比例＝年度加权平均借贷资金÷年度加权平均实收资本

其中：

年度加权平均借贷资金＝i笔借入或者贷出资金账面金额×i笔借入或者贷出资金年度实际占用天数÷365

年度加权平均实收资本＝i笔实收资本账面金额×i笔实收资本年度实际占用天数÷365

（3）双方存在持股关系或者同为第三方持股，虽持股比例未达到本条第（1）项规定，但一方的生产经营活动必须由另一方提供专利权、非专利技术、商标权、著作权等特许权才能正常进行。

（4）双方存在持股关系或者同为第三方持股，虽持股比例未达到本条第（1）项规定，但一方的购买、销售、接受劳务、提供劳务等经营活动由另一方控制。

上述控制是指一方有权决定另一方的财务和经营政策，并能据以从另一方的经营活动中获取利益。

（5）一方半数以上董事或者半数以上高级管理人员（包括上市公司董事会秘书、经理、副经理、财务负责人和公司章程规定的其他人员）由另一方任命或者委派，或者同时担任另一方的董事或者高级管理人员；或者双方各自半数以上董事或者半数以上高级管理人员同为第三方任命或者委派。

（6）具有夫妻、直系血亲、兄弟姐妹以及其他抚养、赡养关系的两个自然人分别与双方具有本条第（1）至（5）项关系之一。

（7）双方在实质上具有其他共同利益。

除本条第（2）项规定外，上述关联关系年度内发生变化的，关联关系按照实际存续期间认定。

个人所得税的关联方及关联交易相较于企业所得税更为复杂，其中不仅包括企业所得税法中与企业具有关联关系的个人，还包括个人与个人之间的关系，既有个人与其亲属、朋友之间的关联关系，也包括个人与其投资设立的个体工商户、个人独资企业、个人合伙企业之间的关联关系，还包括个人与其直接、间接控股企业的之间关联关系。

在生产经营、转让财产等经济活动中，个人与关联方通过制定不合理的价格进行避税比较常见，尤其是通过跨国关联交易转移利润会直接影响我国的税收权益。同时，《企业所得税法》已经规定了企业和关联方之间的关联交易，税务机关有权进行纳税调整。新《个人所得税法》新增对个人和关联方交易进行纳税调整的条款，构建关联交易完整的所得税管控链条，有利于防范个人避税筹划，营造公平的纳税环境、保障我国税基安全。

10.1.2 独立交易原则

独立交易原则，是指没有关联关系的交易各方，按照公平成交价格和营业常规进行业务往来遵循的原则。

独立交易原则是纳税调整的核心原则，目前已被世界大多数国家接受和采纳。利用这一原则，将关联交易取得的收入或者利润水平与没有关联关系的交易结果进行比较，对造成少缴税款的关联交易，税务机关按照独立交易原则进行纳税调整。

10.1.3 关联方交易避税调整

对于不符合独立交易原则的个人经营活动和转让财产行为，税务机关按照独立交易原则，参照市场公平价格或公允价值进行纳税调整。主要调整方法包括：

（1）对于个人与关联方之间转让股权、房屋、无形资产等财产避税的，采取成本法、市场法和收益法等资产评估方法进行调整；

（2）对于个人与关联方之间的经营活动避税的，采取可比非受控价格法、再销售价格法、成本加成法、利润分割法等。

可比非受控价格法，是指按照没有关联关系的交易各方进行相同或者类似业务往来的价格进行定价的方法；

再销售价格法，是指按照从关联方购进商品再销售给没有关联关系的交易方的价格，减除相同或者类似业务的销售毛利进行定价的方法；

成本加成法，是指按照成本加合理的费用和利润进行定价的方法；

交易净利润法，是指按照没有关联关系的交易各方进行相同或者类似业务往来取得的净利润水平确定利润的方法；

利润分割法，是指将企业与其关联方的合并利润或者亏损在各方之间采用合理标准进行分配的方法；

其他符合独立交易原则的方法。

10.2 避税地避税调整

新《个人所得税法》规定，对居民个人控制的，或者居民个人和居民企业共同控制的设立在实际税负明显偏低的国家（地区）的企业，无合理经营需要，对应当归属于居民个人的利润不作分配或者减少分配避税的，税务机关有权按照合理方法进行纳税调整。

10.3 不具有合理商业目的安排的避税调整

新《个人所得税法》规定，个人实施其他不具有合理商业目的的安排而获取不当税收利益的，税务机关有权按照合理方法调整。这一规则称为"一般反避税条款"。

在反避税制度体系中，"一般反避税条款"是除转让定价、"受控外国企业条款"之外的兜底条款。主要对滥用税收协定、滥用税收优惠和财政返还、滥用组织架构、混用不同税率所得项目等进行调整。

《一般反避税管理办法（试行）》（国家税务总局令第32号）规定，避税安排具有以下特征：一是以获取税收利益为唯一目的或者主要目的；二是以形式符合税法规定、但与其经济实质不符的方式获取税收利益。

税务机关应当以具有合理商业目的和经济实质的类似安排为基准，按照实质重于形式的原则实施特别纳税调整。调整方法包括：

（1）对安排的全部或者部分交易重新定性；

（2）在税收上否定交易方的存在，或者将该交易方与其他交易方视为同一实体；

（3）对相关所得、扣除、税收优惠、境外税收抵免等重新定性或者在交易各方间重新分配；

（4）其他合理方法。

有关个人所得税反避税纳税调整的相关事项和执行口径，需要及时关注国家税务总局有关规定。

10.4 反避税纳税调整相关规定

新《个人所得税法》规定，税务机关有权按照合理的方法，对纳税人的避税行为依法作出纳税调整，需要补征税款的，应当补征税款，并依法加收利息。税务机关对纳税人避税的纳税调整，一般情况下在3年内进行，特殊情况下，可在业务往来发生的纳税年度起10年内进行。

> 第五十六条　纳税人与其关联企业未按照独立企业之间的业务往来支付价款、费用的，税务机关自该业务往来发生的纳税年度起3年内进行调整；有特殊情况的，可以自该业务往来发生的纳税年度起10年内进行调整。
>
> ——《税收征管法实施细则》

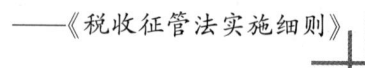

新《个人所得税法实施条例》进一步规定，利息应当按照税款所属纳税申报期最后一日中国人民银行公布的与补税期间同期的人民币贷款基准利率计算，自税款纳税申报期满次日起至补缴税款期限届满之日止按日加收。纳税人在补缴税款期限届满前补缴税款的，利息加收至补缴税款之日。

这里包括三个方面的内容：一是涉及反避税纳税调整的，税务机关应依法确定补缴税款期限。需要进行纳税调整的，税务机关应制发《调整补税通知书》，并在该文书中明确补缴税款期限。二是纳税人在税务机关依法确定的补缴税款期限内纳税的，只需依法加收利息。利率按照税款所属纳税申报期最后一日中国人民银行公布的与补税期间同期的人民币贷款基准利率计算。加收利息的日期为税款所属纳税申报期满次日起至补缴税款之日止，按日加收。期限届满未补缴的，加收至期限届满之日。三是纳税人未在税务机关依法确定的补缴税款期限纳税的，依据《税收征管法》的规定，由税务机关责令限期缴纳，从滞纳税款之日起，按日加收滞纳税款万分之五的滞纳金。但是加收滞纳金，只能对税款从补缴税款期限届满的次日起开始加，对于纳税调整加收的利息，不得加收。

11

汇算清缴

新《个人所得税法》的施行，使我国个人所得税税收制度由原先的分类税制，转变为综合与分类相结合的税收制度。居民个人取得综合所得且符合一定情形和纳税人取得经营所得等，纳税人需要在纳税年度终了后规定时期内，汇总计算全年应纳税额，办理汇算清缴，结清全年税款。

11.1　居民个人取得综合所得汇算清缴

新《个人所得税法》规定，居民个人取得工资薪金所得、劳务报酬所得、稿酬所得、特许权使用费所得等综合所得，这些所得不仅仅需要在有扣缴义务人时，由扣缴义务人按月或是按次预扣预缴税款，年度终了后，就其纳税年度内全部的四项综合所得，按年合计并依法计算个人所得税，需要办理汇算清缴的，应当在次年3月1日到6月30日内办理汇算清缴。

11.1.1　需要汇算清缴的一般情形

居民个人取得综合所得不是全部都必须汇算清缴，符合汇缴条件的纳税人应当办理汇算清缴，不在规定范围内的居民个人纳税人可以自行决定是否汇算清缴。

新《个人所得税法实施条例》第二十五条规定，取得综合所得需要办理汇算清缴主要包括四种情形：

（1）从两处以上取得综合所得，且综合所得年收入额减除专项扣除的余额超过6万元。

需要注意的是：一是居民个人有两处以上综合所得。在所得项目上没有限制，可以是工资薪金所得、劳务报酬所得、稿酬所得、特许权使用费所得等四项综合所得中的任一个项目、或是多个项目的组成。纳税人取得所得的项目不是重点，重点是从两处以上取得。二是按收入额减除专项扣除后金额判定。减除的项目有且仅有"专项扣除"，也就是用人单位代扣代缴或者个人直接缴付的"三险一金"，而不包括基本减除费用、专项附加扣除、依法确定的其他扣除。三是余额超过6万元。6万元是居民个人综合所得年度基本减除费用的标准，之所以是按余额是否超过6万元，而不是减除6万元后是否大于 0 判定，主要是因为如果居民个人从两处以上取得综合所得时，扣缴义务人预扣预缴税款时，可能会存在重复扣除基本减除费用的情形。

（2）取得劳务报酬所得、稿酬所得、特许权使用费所得中一项或者多项所得，且综合所得年收入额减除专项扣除的余额超过 6 万元。

需要注意的是：一是指定综合所得的项目类别。在所得项目上限定为劳务报酬所得、稿酬所得、特许权使用费所得，排除了工资薪金所得。二是没有一处或多处取得所得的限制。在实务中，居民个人取得劳务报酬所得、稿酬所得、特许权使用费所得，一般都是零散的不连续的行为。三是按全部四项综合所得收入额减除专项扣除后的金额判定。四是余额超过 6 万元。

对于仅在一处取得工资薪金所得且没有其他所得来源的居民个人，按累计预扣法预扣预缴税款的，在专项附加扣除、依法确定的其他扣除规范合规不变的情况下，其预扣预缴税额等于应纳税额。

（3）纳税年度内预缴税额低于应纳税额。

对于年度预缴税额低于应纳税额的，应当依法汇算清缴，并补缴税款，确保国家税收安全。但是对于预缴税款超过应纳税额的，却不是必须汇算清缴的，而是适用下一条规则。

（4）纳税人申请退税。

纳税人存在退税情形的，不是必须汇算清缴的范围，而是依申请的行为。只有纳税人申请退税的，才需要通过汇算清缴退回税款。

新《个人所得税法实施条例》规定，扣缴义务人未将扣缴的税款解缴入库的，不影响纳税人按照规定申请退税，税务机关应当凭纳税人提供的有关资料办理退税。也就是说即便是扣缴义务人未解缴税款，只要给纳税人提供了扣缴税款的证明，在汇算清缴时需要退税的，也是先退税后核查。

11.1.2 2019 年综合所得汇算清缴范围

新《个人所得税法》自 2019 年 1 月 1 日施行，按照税法的规定，2020 年 3 月 1 日至 2020 年 6 月 30 日，是居民个人 2019 年度取得综合所得首次汇算清缴的期间。为了让广大纳税人享受到更好的税收红利，进一步减轻纳税人的税收负担，经国务院批准，财政部、税务总局联合印发《关于个人所得税综合所得汇算清缴涉及有关政策问题的公告》（财政部　税务总局公告 2019 年第 94 号）规定，2019 年 1 月 1 日至 2020 年 12 月 31 日居民个人取得的综合所得，年度综合所得收入不超过 12 万元且需要汇算清缴补税的，或者年度汇算清缴补税金额不超过 400 元的，居民个人可免于办理个人所得税综合所得汇算清缴。居民个人取得综合所得时存在扣缴义务人未依法预扣预缴税款的情形除外。

随后，国家税务总局印发《关于办理 2019 年度个人所得税综合所得汇算清缴事项的公告》（国家税务总局公告 2019 年第 44 号）进一步明确了 2019 年居民个人综合所得汇算清缴的范围：

(1) 无需办理年度汇算的纳税人

纳税人在 2019 年度已依法预缴个人所得税且符合下列情形之一的，无需办理年度汇算：

①纳税人年度汇算需补税但年度综合所得收入不超过 12 万元的；

②纳税人年度汇算需补税金额不超过 400 元的；

③纳税人已预缴税额与年度应纳税额一致或者不申请年度汇算退税的。

(2) 需要办理年度汇算的纳税人

依据税法规定，符合下列情形之一的，纳税人需要办理年度汇算：

①2019 年度已预缴税额大于年度应纳税额且申请退税的。主要有七种情形：

A. 2019 年度综合所得收入额不超过 6 万元但已预缴个人所得税。

【案例 11-1-1】 居民个人小王 2019 年 1 月领取工资 1 万元、个人缴付"三险一金" 2000 元，假设没有专项附加扣除，预缴个税 90 元；其他月份每月工资 4000 元。全年无须预缴个税。

【问题】 小王是否需要汇算清缴？

【解析】 需要。小王全年工资薪金收入额不足 6 万元，按照税法规定无须缴税，但却因为 2019 年 1 月当月工资较高导致预缴了税款，属于汇算清缴四种情形中"纳税人申请退税"的情形，预缴的 90 元税款可以通过汇算清缴申请退还。

B. 年度中间劳务报酬、稿酬、特许权使用费适用的预扣率高于综合所得年适用税率。

【案例 11-1-2】 居民个人小李无任职受雇单位，2019 年每月固定为 A 公司提供服务，取得劳务报酬 1 万元。A 公司支付款项时按照 20% 预扣率预扣个人所得税 1600 元并缴纳，全年共扣缴个人所得税 19200 元。（不考虑专

项扣除、专项附加扣除、依法确定的其他扣除和捐赠)

【问题】 小李取得劳务报酬所得需要汇算清缴吗?

【解析】 需要。小李全年劳务报酬收入12万元,无其他综合所得,年度综合所得应纳税所得额=120000×(1-20%)-60000=36000(元),适用3%的综合所得税率,全年应纳税款=36000×3%=1080(元),实际预缴个人所得税19200元,可在汇算清缴时申请退税18120元。

C. 预缴税款时,未申报扣除或未足额扣除减除费用、专项扣除、专项附加扣除、依法确定的其他扣除或捐赠。

【案例11-1-3】 居民个人小张在境内A公司任职,每月工资1万元,单位按月代扣个人缴付的"三险一金"2000元。小张有两个上小学的孩子,依法约定由小张按规定每月扣除子女教育专项附加扣除2000元。由于小张未及时填报专项附加扣除信息,A公司按月预扣小张个人所得税时未减除子女教育专项附加扣除,全年共预缴个税1080元。

【问题】 小张需要汇算清缴吗?

【解析】 小张年度预扣税款时未申报扣除专项附加扣除,可在年度汇算清缴时填报相关信息后补充扣除24000元,扣除后应纳税。

应纳税额=(120000-60000-24000-24000)×3%=360(元)

小张年度预扣预缴个人所得税1080元,可在汇算清缴时依法申请退税720元。

D. 未申报享受或未足额享受综合所得税收优惠。

【案例11-1-4】 居民个人小赵是个残疾人同时也是设计师,受聘在境内A公司工作,月薪10000元。单位按月代扣个人缴付的"三险一金"1000元,年度共依法预扣个人所得税2280元。

2019年,A公司所在省政府规定,残疾人本人取得的综合所得和经营所得,在每人每年8000元税额的范围内实行限额减免个人所得税。

【问题】 小赵需要汇算清缴吗?

【解析】 需要。小赵可在年度汇算清缴时,享受残疾人优惠。因所在省规定的残疾人本人取得的综合所得和经营所得,在每人每年8000元税额的范围内实行限额减免个人所得税。因此,小赵对其综合所得应纳税额2280元,可全额在汇算清缴时提交相关资料申请减免后,予以全部退还。

E. 有符合条件的公益慈善事业捐赠支出,但预缴税款时未办理扣除。

【案例11-1-5】 居民个人小袁在境内A公司任职,2019年全年取得工资薪金20万元,个人缴付专项扣除2000元/月,全年依法可扣除专项附加扣除12000元。A公司已足额预扣小袁个人所得税7880元。2019年6月通过公益性社会组织慈善捐赠10000元,未申报扣除。

【问题】 小袁需要汇算清缴吗?

【解析】 需要。《财政部 国家税务总局关于公益慈善事业捐赠个人所得税政策的公告》(财政部 国家税务总局公告2019年第99号)规定,个人通过境内公益性社会组织、县级以上人民政府及其部门等国家机关,向教育、扶贫、济困等公益慈善事业的捐赠支出,捐赠额未超过纳税人申报的应纳税所得额30%的部分,可以依法在计算应纳税所得额时扣除。居民个人取得工资薪金所得的,可以选择在预扣预缴时扣除,也可以选择在年度汇算清缴时扣除。

小袁的公益慈善捐赠,可以选择在汇算清缴时扣除。

捐赠扣除限额 = (200000-60000-24000-12000)×30% = 31200(元)

大于实际捐赠10000元,应全额扣除10000元。全年应纳税额:

应纳税额 = (200000-60000-24000-12000-31200)×10%-2520 = 4760(元)

小袁可以在汇算清缴时扣除公益性捐赠1万元,并申请退税3120(7880-4760)元。

F. 因年中就业、退职或者部分月份没有收入等原因,减除费用6万元、"三险一金"等专项扣除、子女教育等专项附加扣除、企业(职业)年金以及商业健康保险、税收递延型养老保险等扣除不充分的。

【案例11-1-6】 居民个人老付于2019年8月底退休,退休前每月工资1万元、个人缴付"三险一金"2000元,退休后自2019年9月起领取基本养老金。老付没有符合条件的专项附加扣除,无其他综合所得。

2019年1月到8月,公司依法预扣个人所得税720元。

【问题】 老付2019年应纳多少个人所得税?需要汇算清缴吗?

【解析】 需要。老付退休后,自2019年9月取得的基本养老金依法免征个税。全年老付共取得应税综合所得80000元,全年综合所得应纳税额 = (80000-60000-2000×8)×3% = 120(元),应纳税额为0。因未充分扣除6万元减除费用，造成多缴税款600元（720-120），需要在汇算清缴时申请退还。

G. 没有任职受雇单位，仅取得劳务报酬、稿酬、特许权使用费所得，需要通过年度汇算办理各种税前扣除的。

【案例11-1-7】 居民个人作家老金，2019年新完成的一部书稿被境内某出版社出版发行，取得稿酬所得30万元，出版社已足额预扣个人所得税33600元。老金个人缴付专项扣除1000元/月，全年仅取得这一项所得。

【问题】 老金需要汇算清缴吗？

【解析】 需要。老金取得稿酬时，预扣税款的计算方式与年度综合计税的计算方式，在税率、扣除等方面有很大差异。老金年度综合所得应纳税额 = [300000×(1-20%)×70%-60000-12000]×10%-2520=7080（元），全年多缴个人所得=33600-7080=26520（元），可以在汇算清缴时申请退还。

②2019年度综合所得收入超过12万元且需要补税金额超过400元的。主要包括：

A. 在两个以上单位任职受雇并领取工资薪金，预缴税款时重复扣除了基本减除费用（5000元/月）；

B. 除工资薪金外，纳税人还有劳务报酬、稿酬、特许权使用费所得，各项综合所得的收入加总后，导致适用综合所得年税率高于预扣率等。

需要注意的是：一是12万元是"收入"不是"收入额"，对于取得的劳务报酬所得、稿酬所得、特许权使用费所得不需要扣除20%费用；二是年度综合所得"收入超过12万元"和"需要补税金额超过400元"两个条件要同时具备，才需要汇算清缴；三是对于在两处以上取得工资薪金所得，年度收入不超过12万元的，尽管在预扣预缴时重复扣除了5000元/月的基本减除费用，但因其不满足"收入超过12万元"的必要条件，也无需汇算清缴补税；四是对于不满足需要汇算清缴条件的居民个人，也可以自行选择汇算清缴。

11.1.3 居民个人综合所得汇算清缴的办理

（1）汇算清缴的时间

新《个人所得税法》规定，居民个人取得综合所得，按年计算个人所得税，需要办理汇算清缴的，应当在取得所得的次年3月1日至6月30日内办理汇算清缴。

居民个人在综合所得汇算清缴前，应及时取得扣缴义务人预扣预缴税款的信息。《个人所得税扣缴申报管理办法（试行）》（国家税务总局公告2018年第61号印发）第十三条规定，支付工资、薪金所得的扣缴义务人应当于年度终了后两个月内，向纳税人提供其个人所得和已扣缴税款等信息。纳税人年度中间需要提供上述信息的，扣缴义务人应当提供。纳税人取得除工资、薪金所得以外的其他所得，扣缴义务人应当在扣缴税款后，及时向纳税人提供其个人所得和已扣缴税款等信息。

《国家税务总局关于办理2019年度个人所得税综合所得汇算清缴事项的公告）（国家税务总局公告2019年第44号）规定，居民个人办理2019年度综合所得汇算清缴的时间为2020年3月1日至6月30日。在中国境内无住所的纳税人在2020年3月1日前离境的，可以在离境前办理年度汇算。

下列未申报扣除或未足额扣除的税前扣除项目，纳税人可在年度汇算期间办理扣除或补充扣除：

①纳税人及其配偶、未成年子女在2019年度发生的，符合条件的大病医疗支出；

②纳税人在2019年度未申报享受或未足额享受的子女教育、继续教育、住房贷款利息或住房租金、赡养老人专项附加扣除，以及减除费用、专项扣除、依法确定的其他扣除；

③纳税人在2019年度发生的符合条件的捐赠支出。

（2）汇算清缴的方式

居民个人办理综合所得汇算清缴，可自主选择下列办理方式：

①自行办理

居民个人可以自行办理年度汇算。可以通过学习税务机关编制公开的分类办税指引，通过手机个人所得税App、网页端、12366纳税服务热线等渠道咨询解决办理年度汇算中的疑难问题，顺利完成年度汇算。因年长、行动不便等独立完成年度汇算存在特殊困难的居民个人，还可以向税务机关申请提供个性化年度汇算服务办理。

②单位办理

居民个人可以通过取得工资薪金或连续性取得劳务报酬所得（指保险营销员或证券经纪人）的扣缴义务人代为办理。纳税人向扣缴义务人提出代办要求的，扣缴义务人应当代为办理，或者培训、辅导纳税人通过网上税务局（包括手机个人所得税App）完成年度汇算申报和退（补）税。税务机关将为扣缴单位提供申报软件，方便扣缴义务人为本单位职工集中办理年度汇算。

居民个人2019年度汇缴清缴选择由扣缴义务人代为办理的，应在2020年4月30日前与扣缴义务人进行书面确认，补充提供其2019年度在本单位以外取得的综合所得收入、相关扣除、享受税收优惠等信息资料，并对所提交信息的真实性、准确性、完整性负责。

③请人代办

居民个人可以委托涉税专业服务机构或其他单位及个人办理综合所得汇算清缴，受托人需与纳税人签订授权书。

扣缴义务人或受托人为纳税人办理年度汇算后，应当及时将办理情况告知纳税人。纳税人发现申报信息存在错误的，可以要求扣缴义务人或受托人办理更正申报，也可自行办理更正申报。

(3) 汇算清缴办理渠道

居民个人综合所得汇算清缴的办理，可优先通过网上税务局（包括手机个人所得税App）办理年度汇算，税务机关将按规定为纳税人提供申报表预填服务；不方便通过上述方式办理的，也可以通过邮寄方式或到办税服务厅办理。

选择邮寄申报的，纳税人需将申报表寄送至任职受雇单位（没有任职受雇单位的，为户籍或者经常居住地）所在省、自治区、直辖市、计划单列市税务局公告指定的税务机关。

(4) 汇算清缴的地点

按照《国家税务总局关于个人所得税自行纳税申报有关问题的公告》（国家税务总局公告2018年第62号）和《国家税务总局关于办理2019年度个人所得税综合所得汇算清缴事项的公告》（国家税务总局公告2019年第44号）规定：需要办理汇算清缴的纳税人，应当在取得所得的次年3月1日至6月30日内办理，并报送《个人所得税年度自行纳税申报表》。按照方便就近原则，纳税人自行办理或受托人为纳税人代为办理年度汇算清缴的，向纳税人任职受雇单位所在地的主管税务机关申报；有两处及以上任职受雇单位的，可自主选择向其中一处单位所在地的主管税务机关申报。纳税人没有任职受雇单位的，向其户籍所在地或者经常居住地的主管税务机关申报。

扣缴义务人在年度汇算期内为纳税人办理年度汇算的，向扣缴义务人的主管税务机关申报。

（5）汇算清缴的资料

居民个人取得综合所得办理汇算清缴申报时，需要填报《个人所得税年度自行纳税申报表》，并附送与收入、扣除、捐赠、优惠等相关的资料。其中，残疾、孤老人员和烈属取得综合所得办理汇算清缴时，汇算清缴地与预扣预缴地规定不一致的，用预扣预缴地规定计算的减免税额与用汇算清缴地规定计算的减免税额相比较，按照孰高值确定减免税额。

居民个人取得综合所得需要汇算清缴的，在汇算清缴时，应当准备与收入、专项扣除、专项附加扣除、依法确定的其他扣除、捐赠、享受税收优惠等相关的资料，并按规定留存备查或报送。专项扣除、专项附加扣除、依法确定的其他扣除、捐赠、享受税收优惠等各项资料，都需要按规定留存 5 年。

收入包括居民个人取得的境内综合所得和境外综合所得，尤其是取得综合所得无扣缴义务人的收入，但不包括其他项目所得。对于所得项目划分不清的，要及时联系扣缴义务人税务机关予以确认。

纳税人办理年度汇算清缴时，除向税务机关报送年度汇算清缴申报表外，如需修改本人相关基础信息，新增享受扣除或者税收优惠的，还应按规定一并填报相关信息。填报的信息，纳税人需仔细核对，确保真实、准确、完整。

纳税人以及代办年度汇算清缴的扣缴义务人，需将年度汇算清缴申报表以及与纳税人综合所得收入、扣除、已缴税额或税收优惠等相关资料，自年度汇算期结束之日起留存 5 年，如：2019 年度汇算的相关资料，自 2020 年 7 月 1 日起留存至 2025 年 6 月 30 日。

（6）退（补）税的办理

纳税人申请年度汇算退税，应当提供其在中国境内开设的符合条件的银行账户。税务机关按规定审核后，按照国库管理有关规定，由接受年度汇算清缴申报的税务机关所在地（即汇算清缴地）就地办理税款退库。纳税人未提供本人有效银行账户，或者提供的信息资料有误的，税务机关将通知纳税人更正，纳税人按要求更正后依法办理退税。

为方便纳税人获取退税，纳税人 2019 年度综合所得收入额不超过 6 万元且已预缴个人所得税的，税务机关在网上税务局（包括手机个人所得税 App）提供便捷退税功能，纳税人可以在 2020 年 3 月 1 日至 5 月 31 日期间，通过简易申报表办理年度汇算退税。

纳税人办理年度汇算补税的，可以通过网上银行、办税服务厅 POS 机刷卡、银行柜台、非银行支付机构等方式缴纳。

扣缴义务人未将扣缴的税款解缴入库的，不影响纳税人按照规定申请退税，税务机关应当凭纳税人提供的有关资料办理退税。

11.1.4　做好2019年度汇算清缴的注意事项

（1）纳税人的"八项注意"

①纳税身份识别

只有居民个人才可能需要综合所得汇算清缴。判定个人是居民个人纳税人还是非居民个人纳税人，需要从"是否在中国境内有住所"、以及"在中国境内无住所且在一个纳税年度内在中国境内居住是否满183天"两个维度进行。绝大多数土生土长的中国人，都是《个人所得税法》规定的有住所的居民个人。而无住所个人，则需要通过确认2019年度在中国境内的居住天数，来判定是否居民个人，是否需要综合所得汇算清缴。

②盘点年度收入

综合所得汇算清缴涉及居民个人的工资薪金所得、劳务报酬所得、稿酬所得、特许权使用费所得这四项劳动性所得。2019年度结束后，需要对2019年一年的收入情况进行一次盘点。这对于准确进行汇算清缴申报，十分重要。纳税人也可以登录个人所得税App，查询扣缴义务人支付所得、代扣税款的情况。

③纳税义务判断

《个人所得税法》并不是要求每一个取得四项综合所得的居民个人都要进行汇算清缴。纳税人判定自己是不是需要汇算清缴，需要对照《个人所得税法》《个人所得税法实施条例》《财政部　税务总局关于个人所得税综合所得汇算清缴涉及有关政策问题的公告》（财政部　税务总局公告2019年第94号），依序回答三个问题：

一是有没有在两处以上（含两处）取得收入，或者取得两项以上（含两项）收入？

二是全年综合所得收入有没有超过12万元？对于没有超过12万元，但综合所得年收入额扣除专项扣除后的余额超过6万元的，2019年、2020年度可以暂免汇算清缴义务。

三是按照汇算清缴要求计算一下年度应纳税额，扣除已预缴税额后需要补缴的税额是不是超过400元？

对上述问题全部答"是"的，基本就需要汇算清缴了。

即便是对于上述问题不是全部答"是"的,居民个人也有可能因为劳务报酬所得、稿酬所得和特许权使用费所得这三项所得,出现预扣预缴与汇算清缴税款计算上的差异,因此需要汇算清缴退税。

特别要注意的是,取得综合所得时如果扣缴义务人没有依法足额预扣预缴税款的,那就一定需要进行汇算清缴申报。

④汇算清缴地点

在哪里进行汇算清缴,这个问题很重要。对于只在一处有任职受雇关系,取得工资薪金所得的纳税人来说,汇算清缴只能在任职受雇单位所在地进行;在两处以上(含两处)有任职受雇关系的,可以选择其中一处任职受雇单位所在地进行;没有任职受雇单位的,只取得劳务报酬所得、稿酬所得、特许权使用费所得一项或多项所得的,在户籍所在地或是经常居住地进行。

⑤预缴信息索取

税法规定扣缴义务人需要在规定的时间内,将支付所得和扣缴税款情况告知纳税人。工资薪金是在年后两个月内告知,除工资薪金外的其他项目所得,则是需要及时提供。对于扣缴义务人没有在规定时间内提供支付所得和扣缴税款信息的,纳税人,尤其是需要汇算清缴的纳税人,要记得向其索取相关的情况。

⑥事前准备充分

确定需要综合所得汇算清缴的纳税人,应当提前做好各项资料的收集与准备,对收入、专项扣除(居民个人按照国家规定的范围和标准缴纳的基本养老保险、基本医疗保险、失业保险和住房公积金)、专项附加扣除(子女教育、继续教育、大病医疗、住房贷款利息或住房租金、赡养老人等支出)、依法确定的其他扣除、捐赠、享受税收优惠等相关的资料,按规定归集、整理、报送和归档,并依法自汇算清缴期限最后一日的次日起,留存备查五年。同时还要做好个人所得税 App、自然人电子税务局、个人所得税扣缴客户端、开户账号等相关申报方法途径的应用设置,了解邮寄申报的收件地点、确保正常使用。

⑦优先代理服务

综合所得个人所得税汇算清缴,是纳税人自身的申报义务。纳税人可以委托扣缴义务人或是其他的单位和个人,代为填报申报表、办理汇算清缴。综合所得汇算清缴涉及大量的个人隐私、且税法专业性较强,在选择委托代理人的时候,可得擦亮眼睛选准。优选综合能力强、专业水平高、保密规范到位的单位和个人,委托其代办汇算清缴申报。当然,也可以"一事不烦二主",选择扣缴义务人委托代办汇缴申报,这也不失是一种较好选择。

需要特别注意的是,无论委托谁代办申报,都需要书面签订委托协议,约定委托人保密责任和相关资料留存备查的义务,最大限度确保个人信息安全。

⑧用足用好优惠

优惠政策中,最重要的就是全年一次性奖金政策的使用。《财政部 国家税务总局关于个人所得税法修改后有关优惠政策衔接问题的通知》(财税〔2018〕164号)规定,居民个人取得符合规定的全年一次性奖金,在2021年12月31日前,不并入当年综合所得,单独计算纳税。纳税人已经在纳税年度中选择使用全年一次性奖金的,在汇算清缴时可以选择放弃使用,并入综合所得计税。全年一次性奖金优惠,每个纳税人每年只有一次选择的机会,在奖金的选择上,也只能选择一次发放的奖励,不得跨月累加计算。

(2)扣缴义务人的"五个事项"

对于扣缴义务人来说,代办职工个人综合所得汇算清缴也是一件非常复杂、艰巨的任务。其实,扣缴义务人只需要做好以下五件事,履行好自身的扣缴义务,就可以轻松应对首次综合所得汇算清缴。

①重新检视完全扣缴义务的履行情况

新《个人所得税法》配合综合与分类相结合的税收制度,规定了扣缴义务人的完全扣缴义务,要求扣缴义务人对所有支付给个人的除"经营所得"以外的各项所得,均要依法扣缴个人所得税税款,并向税务机关报送其支付所得的所有个人的有关信息、支付所得数额、扣除事项和数额、扣缴税款的具体数额和总额以及其他相关涉税信息资料。因此,在个人所得税汇算清缴到来前,扣缴义务人需要对照《个人所得税法》的规定,对个人所得税扣缴义务的履行情况进行一次自检,确保及时、足额地扣缴并申报。尤其是要注意对单位全部员工支付的工资薪金,以及其他自然人在本单位取得的劳务报酬所得、稿酬所得和特许权使用费所得,要充分履行扣缴义务。

2019年12月中旬,财政部、国家税务总局印发《关于个人所得税综合所得汇算清缴涉及有关政策问题的公告》(财政部 税务总局公告2019年第94号,以下简称2019年第94号公告),规定在2019年1月1日至2020年12月31日两年内,居民个人取得的综合所得,年度综合所得收入不超过12万元且需要汇算清缴补税的,或者年度汇算清缴补税金额不超过400元的,可免于办理个人所得税综合所得汇算清缴。这只是免除了部分纳税人汇算清缴义务,并没有免除扣缴义务人的扣缴义务。2019年第94号公告同时明确"居民个人取得综合所得时存在扣缴义务人未依法预扣预缴税款的情形除外",即该情形不免除汇算清缴义务。也就是说,无论居民个人纳税人取得的 4 项综合所得的金额是多少、有无应预扣税款,扣缴义务人都需要依法扣缴个人所得税税款,并依法进行全员全额纳税申报。

②依法告知纳税人支付所得和扣缴税款情况

《国家税务总局关于发布〈个人所得税扣缴申报管理办法(试行)〉的公告》(国家税务总局公告 2018 年第 61 号)规定,支付工资、薪金所得的扣缴义务人应当于年度终了后两个月内,向纳税人提供其个人所得和已扣缴税款等信息。因此,扣缴义务人应当在 2020 年 2 月 29 日前,向本单位员工提供其 2019 年度取得的全部工资、薪金所得的金额和已扣缴税款等信息;向其他人员支付"除工资、薪金所得以外"的其他所得,应当在扣缴税款后,及时向纳税人提供其个人所得和已扣缴税款等信息。这个"其他所得"不仅包括支付的劳务报酬所得、稿酬所得、特许权使用费所得等综合所得,也包括支付的利息、股息红利所得、财产租赁所得、财产转让所得和偶然所得。

扣缴义务人需要告知扣缴税款相关情况,这是扣缴义务人一项重要的义务事项,扣缴义务人向员工提供的信息,要与其在全员扣缴申报中的个人所得和税款信息一致。纳税人在取得扣缴义务人提供的信息后,可以通过"个人所得税"App 或各省自然人电子税务局查询并核实相关信息是否准确,为汇算清缴做好前期准备。

在核实过程中,纳税人如果发现扣缴义务人提供的个人信息、支付所得、扣缴税款等信息不准确的,应当要求扣缴义务人修改;发现扣缴申报信息不准确的,应当要求扣缴义务人修改并重新申报。如果扣缴义务人拒绝修改的,纳税人应当报告税务机关。

③做好专项附加扣除信息资料的核实、留存和保密

居民个人在首次享受专项附加扣除时,应当按照规定提交相关信息,既可以提交给扣缴义务人,由扣缴义务人及时报送税务机关,也可以通过个人所得税 App 或自然人电子税务局直接报送给税务机关。

对于纳税人报送的专项附加扣除信息,尽管是纳税人对其真实性、准确性、完整性负责,但扣缴义务人也要注意对信息的核实、留存和保密。

在信息核实上,扣缴义务人要结合本单位职工 2020 年专项附加扣除信息的申报,做好 2019 年相关信息的核实工作。扣缴义务人如果发现纳税人提供的信息与实际情况不符,可以要求纳税人修改。纳税人拒绝修改的,扣缴义

务人应当向主管税务机关报告。

在信息保存上，纳税人需要依法将留存备查的资料留存5年，扣缴义务人同样也需要按规定保存与专项附加扣除相关资料5年。扣缴义务人要在汇算清缴期间内，将职工报送的专项附加扣除信息，做好收集并归档管理。5年的期限，应当自年度综合所得汇算清缴期限最后一日的次日起算。举例来说，2019年需要留存备查的专项附加扣除相关资料，其"留存5年"，是从2020年7月1日到2025年6月30日。

需要扣缴义务人注意的是，纳税人提供的专项附加扣除信息属于个人隐私，应依法严格保密。建议扣缴义务人对纳税人提交的各种相关信息资料，专人收集、专人审核、专柜存放，个人所得税扣缴系统也需要指定专人使用，确保信息安全。

④接受委托集中办理汇算清缴

一是确认汇算清缴对象。纳税人2019年度已预缴税额大于年度应纳税额且申请退税的，或者2019年度综合所得年收入超过12万元且补税金额超过400元的，需要办理综合所得汇算清缴的，可以依法委托扣缴义务人或者其他单位和个人办理汇算清缴。扣缴义务人应在2020年首次综合所得汇算清缴开始前，帮助本单位职工逐一确认是否需要办理汇算清缴。

二是依法接受纳税人委托。扣缴义务人与本单位需要办理汇算清缴的职工，就其是否选择本单位为职工办理汇算清缴进行确认，签订委托书。对未委托扣缴义务人代办汇算清缴，由纳税人自行选择其他方式进行。接受委托后，扣缴义务人因特殊原因确实无法及时为居民个人办理汇算清缴的，应提前告知，由纳税人自行办理。

三是受托代办汇算清缴。扣缴义务人受托代办汇算清缴的，应当按照《个人所得税法》的规定，要求纳税人真实、完整地提供与办理汇算清缴相关的全部综合所得收入、扣除、优惠、纳税等信息，依法计算并交纳税人确认后，代办汇算清缴申报。涉及退、补税款的，可以由纳税人自行办理退税、补税手续，也可以委托扣缴义务人集中办理。

⑤了解自身的法律责任

《税收征管法》赋予了扣缴义务人各种税收法律责任，需要每一个扣缴义务人了解、掌握。

A. 依法设置账簿。

扣缴义务人应按照有关法律、行政法规和国务院财政、税务主管部门的规定设置账簿,根据合法、有效凭证记账,进行核算。扣缴义务人未按照规定设置、保管代扣代缴、代收代缴税款账簿或者保管代扣代缴、代收代缴税款记账凭证及有关资料的,由税务机关责令限期改正,可以处2千元以下的罚款;情节严重的,处2千元以上5千元以下的罚款。

B. 依法按期申报。

扣缴义务人必须依照法律、行政法规规定或者税务机关依照法律、行政法规的规定确定的申报期限、申报内容,如实报送代扣代缴、代收代缴税款报告表以及税务机关根据实际需要要求扣缴义务人报送的其他有关资料。扣缴义务人未按照规定的期限向税务机关报送代扣代缴、代收代缴税款报告表和有关资料的,由税务机关责令限期改正,可以处2千元以下的罚款;情节严重的,可以处2千元以上1万元以下的罚款。

C. 依法接受检查。

扣缴义务人必须接受税务机关依法进行的税务检查,如实反映情况,提供有关资料,不得拒绝、隐瞒。扣缴义务人有提供虚假资料,不如实反映情况,或者拒绝提供有关资料的;拒绝或者阻止税务机关记录、录音、录像、照相和复制与案件有关的情况和资料的;在检查期间转移、隐匿、销毁有关资料等情形,逃避、拒绝或者以其他方式阻挠税务机关检查的,由税务机关责令改正,可以处1万元以下的罚款;情节严重的,处1万元以上5万元以下的罚款。

D. 依法接受处罚。

扣缴义务人采取伪造、变造、隐匿、擅自销毁帐簿、记帐凭证,或者在帐簿上多列支出或者不列、少列收入,或者经税务机关通知申报而拒不申报或者进行虚假的纳税申报,不缴或者少缴已扣、已收税款,由税务机关追缴其不缴或者少缴的税款、滞纳金,并处不缴或者少缴的税款50%以上5倍以下的罚款;构成犯罪的,依法追究刑事责任。

扣缴义务人编造虚假计税依据的,由税务机关责令限期改正,并处5万元以下的罚款。

扣缴义务人在规定期限内不缴或者少缴应解缴的税款,经税务机关责令限期缴纳,逾期仍未缴纳的,税务机关除依法采取强制执行措施追缴其不缴或者少缴的税款外,可以处不缴或者少缴的税款50%以上5倍以下的罚款。

扣缴义务人应扣未扣、应收而不收税款的,由税务机关向纳税人追缴税款,对扣缴义务人处应扣未扣、应收未收税款50%以上3倍以下的罚款。

11.2 纳税人取得经营所得汇算清缴

新《个人所得税法》规定，个体工商户业主、个人独资企业投资者、合伙企业个人合伙人、承包承租经营者个人以及其他从事生产、经营活动的个人取得经营所得，按年计算个人所得税，由纳税人在月度或者季度终了后15日内向税务机关报送纳税申报表，并预缴税款；在取得所得的次年3月31日前办理汇算清缴。

11.2.1 汇算清缴的情形

和居民个人取得综合所得汇算清缴不同，个体工商户业主、个人独资企业投资者、合伙企业个人合伙人、承包承租经营者个人以及其他从事生产、经营活动的个人取得经营所得，都应当依法进行汇算清缴。

具体包括：

(1) 个体工商户从事生产、经营活动取得的所得，个人独资企业投资人、合伙企业的个人合伙人来源于境内注册的个人独资企业、合伙企业生产、经营的所得；

(2) 个人依法从事办学、医疗、咨询以及其他有偿服务活动取得的所得；

(3) 个人对企业、事业单位承包经营、承租经营以及转包、转租取得的所得；

(4) 个人从事其他生产、经营活动取得的所得。

11.2.2 经营所得的核算

《税收征管法》规定，纳税人要按照有关法律、行政法规和国务院财政、税务主管部门的规定设置账簿，根据合法、有效凭证记账，进行核算。个体工商户业主、个人独资企业投资者、合伙企业个人合伙人、承包承租经营者个人以及其他从事生产、经营活动的个人有固定生产、经营场所，从事生产、经营活动，并取得经营所得的，都应当按照法律、行政法规的规定设置、使用和保管账簿及凭证，并根据合法、有效凭证依法进行会计核算。

纳税人取得经营所得，依据会计核算和税法规定，以每一纳税年度的收入总额减除成本、费用以及损失后的余额，为应纳税所得额，进行汇算清缴申报。成本、费用，是指生产、经营活动中发生的各项直接支出和分配计入成本的间接费用以及销售费用、管理费用、财务费用；损失，是指生产、经营活动中发生的固定资产和存货的盘亏、毁损、报废损失，转让财产损失，坏账损失，自然灾害等不可抗力因素造成的损失以及其他损失。

《个体工商户建账管理暂行办法》（国家税务总局令第17号印发，2018年修正）规定，个体工商户注册资金在20万元以上的；或者销售增值税应税劳务的纳税人或营业税纳税人月销售（营业）额在40000元以上，从事货物生产的增值税纳税人月销售额在60000元以上，从事货物批发或零售的增值税纳税人月销售额在80000元以上的；以及省税务机关确定应设置复式账的其他情形的，应当设置复式账。

个体工商户，注册资金在10万元以上20万元以下的；销售增值税应税劳务的纳税人或营业税纳税人月销售（营业）额在15000元至40000元，从事货物生产的增值税纳税人月销售额在30000元至60000元，从事货物批发或零售的增值税纳税人月销售额在40000元至80000元的；以及省税务机关确定应当设置简易账的其他情形。应当设置简易账，并积极创造条件设置复式账。

达不到上述建账标准的个体工商户，经县以上税务机关批准，可按照税收征管法的规定，建立收支凭证粘贴簿、进货销货登记簿或者使用税控装置。

纳税人从事生产经营活动未提供完整、准确的纳税资料，不能正确计算应纳税所得额的，主管税务机关可以核定其应纳税所得额或者应纳税额。

第三十五条 纳税人有下列情形之一的，税务机关有权核定其应纳税额：

（一）依照法律、行政法规的规定可以不设置帐簿的；

（二）依照法律、行政法规的规定应当设置帐簿但未设置的；

（三）擅自销毁帐簿或者拒不提供纳税资料的；

（四）虽设置账簿，但帐目混乱或者成本资料、收入凭证、费用凭证残缺不全，难以查账的；

（五）发生纳税义务，未按照规定的期限办理纳税申报，经税务机关责令限期申报，逾期仍不申报的；

（六）纳税人申报的计税依据明显偏低，又无正当理由的。

税务机关核定应纳税额的具体程序和方法由国务院税务主管部门规定。

——《税收征管法》

第七条 有下列情形之一的，主管税务机关应采取核定征收方式征收个人所得税：

（一）企业依照国家有关规定应当设置但未设置账簿的；

（二）企业虽设置账簿，但账目混乱或者成本资料、收入凭证、费用凭证残缺不全，难以查账的；

（三）纳税人发生纳税义务，未按照规定的期限办理纳税申报，经税务机关责令限期申报，逾期仍不申报的。

——《财政部 国家税务总局关于个人独资企业和合伙企业投资者征收个人所得税的规定》（财税〔2000〕91号）

但是，对于一些特定的行业，税法规定不得进行核定征收。《国家税务总局关于切实加强高收入者个人所得税征管的通知》（国税发〔2011〕50号）规定，重点加强规模较大的个人独资、合伙企业和个体工商户的生产经营所得的查账征收管理；难以实行查账征收的，依法严格实行核定征收。对律师事务所、会计师事务所、税务师事务所、资产评估和房地产估价等鉴证类中介机构，不得实行核定征收个人所得税。

11.2.3 合伙企业个人合伙人经营所得的确定

合伙企业以每一个合伙人为纳税义务人。合伙企业合伙人是自然人的，缴纳个人所得税；合伙人是法人和其他组织的，缴纳企业所得税。

合伙企业生产经营所得和其他所得采取"先分后税"的原则。具体应纳税所得额的计算按照《关于个人独资企业和合伙企业投资者征收个人所得税的规定》(财税〔2000〕91号)及《财政部 国家税务总局关于调整个体工商户个人独资企业和合伙企业个人所得税税前扣除标准有关问题的通知》(财税〔2008〕65号)的有关规定执行。

合伙企业生产经营所得和其他所得，包括合伙企业分配给所有合伙人的所得和企业当年留存的所得（利润）。《国家税务总局关于切实加强高收入者个人所得税征管的通知》(国税发〔2011〕50号)规定，对个人独资企业和合伙企业从事股权（票）、期货、基金、债券、外汇、贵重金属、资源开采权及其他投资品交易取得的所得，应全部纳入生产经营所得，依法征收个人所得税。

《财政部 国家税务总局关于合伙企业合伙人所得税问题的通知》(财税〔2008〕159号)规定，合伙企业的合伙人按照下列原则确定应纳税所得额：

（1）合伙企业的合伙人以合伙企业的生产经营所得和其他所得，按照合伙协议约定的分配比例确定应纳税所得额。

（2）合伙协议未约定或者约定不明确的，以全部生产经营所得和其他所得，按照合伙人协商决定的分配比例确定应纳税所得额。

（3）协商不成的，以全部生产经营所得和其他所得，按照合伙人实缴出资比例确定应纳税所得额。

（4）无法确定出资比例的，以全部生产经营所得和其他所得，按照合伙人数量平均计算每个合伙人的应纳税所得额。

合伙协议不得约定将全部利润分配给部分合伙人。

11.2.4 纳税人取得经营所得汇算清缴的办理

（1）汇算清缴的时间。

新《个人所得税法》规定，纳税人取得经营所得，按年计算个人所得税，由纳税人在月度或者季度终了后15日内向税务机关报送纳税申报表，并预缴税款；在取得所得的次年3月31日前办理汇算清缴。

（2）汇算清缴的地点。

纳税人取得经营所得，按年计算个人所得税，由纳税人在月度或季度终了后15日内，向经营管理所在地主管税务机关办理预缴纳税申报，并报送《个人所得税经营所得纳税申报表（A表）》。在取得所得的次年3月31日前，向经营管理所在地主管税务机关办理汇算清缴，并报送《个人所得税经营所得纳税申报表（B表)》。从两处以上取得经营所得的，选择向其中一处经营管理所在地主管税务机关办理年度汇总申报，并报送《个人所得税经营所得纳税申报表（C表)》。

（3）汇算清缴的准备。

新《个人所得税法实施条例》规定，取得经营所得的个人，没有综合所得的，计算其每一纳税年度的应纳税所得额时，应当减除费用6万元、专项扣除、专项附加扣除以及依法确定的其他扣除。专项附加扣除在办理汇算清缴时减除。

纳税人取得经营所得汇算清缴时，一般不需要特别准备相关资料。但是，对于纳税人取得经营所得没有综合所得的，在汇算清缴时，应当准备与收入、专项扣除、专项附加扣除、依法确定的其他扣除、捐赠、享受税收优惠等相关的资料，并按规定留存备查或报送。

（4）汇算清缴的申报。

纳税人取得经营所得，没有扣缴义务人，不需要由"支付所得的单位和个人"代扣代缴经营所得个人所得税。其经营所得的个人所得税，均由纳税人依法自行申报。依据《税收征管法》的规定，其相应的税务事项，可以委托税务代理人代为办理。

（5）汇算清缴申报表。

只有一处经营所得的，报送《个人所得税经营所得纳税申报表（B表)》；两处以上经营所得的，不仅需要报送《个人所得税经营所得纳税申报表（B表)》汇算清缴，还要报送《个人所得税经营所得纳税申报表（C表)》汇总申报。

11.2.5 一个经营所得个人所得税汇算清缴的案例

【案例11-2-1】 A合伙企业系自然人王某和李某2018年共同投资成立，王某出资100万元，占A合伙企业全部出资（370万元）的27.03%，李某出资270万元，占A合伙企业全部出资（370万元）的72.97%，合伙协议中约定王某在A合伙企业工作，每月取得固定工资8000元（不考虑专项扣除），剩余经营所得的王某和李某的分配比例分别为40%和60%。2019年，A合伙企业共实现销售收入500万元，允许扣除的成本、费用400万元（含王某工资），A合伙企业无其他收入及支付项目。

【问题】 假定王某2019年无综合所得，年度专项附加扣除金额30000元，2019年王某应纳个人所得税多少？

【解析】 计算王某个人所得税款，需要弄清楚四个方面的问题：

(1) 谁是个人所得税纳税义务人？

新《个人所得税法实施条例》规定，合伙企业的个人合伙人来源于境内注册的个人独资企业、合伙企业生产、经营的所得，按照"经营所得"项目计算并征收个人所得税。案例中，王某和李某是A合伙企业的个人合伙人，应当就其从A企业取得的经营所得缴纳个人所得税。

(2) 如何计算个人所得税？

在计算税款时，合伙企业的自然人合伙人全部生产经营所得，包括企业分配给投资者个人的所得和企业当年留存的利润。《财政部 国家税务总局关于个人独资企业和合伙企业投资者征收个人所得税的规定》（财税〔2000〕91号印发）规定，合伙企业凡实行查账征税办法的，其个人合伙人生产经营所得比照《个体工商户个人所得税计税办法》（国家税务总局令第35号公布，第44号令修订）的规定确定。但"投资者的工资不得在税前扣除"，只允许扣除其他从业人员工资。

新《个人所得税法》取消了原个人工商户生产经营所得中业主费用的扣除项目，《个人所得税法实施条例》规定，个体工商户业主、个人独资企业投资人、合伙企业个人合伙人，取得经营所得的纳税年度内没有综合所得的，在计算个人所得税应纳税所得额时，才可以扣除基本减除费用6万元。因此，案例中王某虽然在合伙协议中约定在A合伙企业工作，但取得的工资也应当认定为王某从该企业取得的经营所得。该项所得金额 = 8000×12 = 96000（元）。

(3) 王某年度应纳税所得额是多少？

《财政部 国家税务总局关于合伙企业合伙人所得税问题的通知》（财税〔2008〕159号）进一步规定，合伙企业生产经营所得和其他所得应"先分后税"，合伙人按照"协议约定、协商决定、出资比例、合伙人数"四个原则依序分配并确定应纳税所得额。案例中，王某、李某在合伙成立A合伙企业时，就有明确的约定"王某在A合伙企业工作，每月取得固定工资8000元（不考虑专项扣除），剩余经营所得的王某和李某的分配比例分别为40%和60%"，因此对于王某取得的经营所得，应包括两个方面：

一是按照约定比例从 A 企业当年经营利润中分配的所得 400000 元。由于合伙企业存在多少合伙人的特点，如果在合伙协议中约定按照企业利润分配所得，则每个个人合伙人在计算企业利润前取得的符合会计准则核算的工资支出，尽管按照税法规定需要并入每个合伙人应纳税所得额，按照"经营所得"缴纳个人所得税，但是却不需要在计算企业利润时先行调整。待企业按照约定分配好"生产经营所得和其他所得"后，再对每个个人合伙人进行所得调整。

二是按照约定从 A 企业取得的全年"工资"收入 96000 元。

综上，案例中 2019 年王某从 A 企业取得的经营所得 =（500-400）×40%+9.6=49.6（万元）。因王某当年没有综合所得，年度专项附加扣除 3 万元，不考虑专项扣除，王某 2019 年个人所得税"经营所得"应纳税所得额=49.6-6-3=40.6（万元），应纳税额=40.6×30%-4.05=8.13（万元）。

(4) 王某该如何进行年度申报？

新《个人所得税法》规定，纳税人取得经营所得，按年计算个人所得税，由纳税人在月度或者季度终了后 15 日内向税务机关报送纳税申报表，并预缴税款；在取得所得的次年 3 月 31 日前办理汇算清缴。合伙企业个人合伙人申报年度税款时，应当使用《国家税务总局关于修订个人所得税申报表的公告》(国家税务总局公告 2019 年第 7 号) 印发的修订后的《个人所得税经营所得纳税申报表（B 表）》。

案例中，由于王某、李某约定的合伙企业所得分配方式，与申报表的结构设计有差异，在填表时，需要依据税款计算方式进行相应的调整填报（以王某为例），其中：

第 1 行"收入总额"：填写本年度从事生产经营以及与生产经营有关的活动取得的货币形式和非货币形式的各项收入总金额。包括：销售货物收入、提供劳务收入、转让财产收入、利息收入、租金收入、接受捐赠收入、其他收入。案例中，应填报 500 万元。

第 3~10 行"成本费用"：填写本年度实际发生的成本、费用、税金、损失及其他支出的总额。案例中，第 3 行应填报 400 万元。第 4~10 行相应填写。

第 11 行"利润总额"：根据相关行次计算填报。第 11 行=第 1 行-第 2 行-第 3 行。案例中，应当填列 100 万元。

第 12 行"纳税调整增加额"：根据相关行次计算填报。第 12 行 = 第 13 行 + 第 27 行，案例中此处填报 9.6 万元。其中，第 27 行"不允许扣除的项目金额"：填写按规定不允许扣除但被投资单位已将其扣除的各项成本、费用和损失，应予调增应纳税所得额的部分。案例中，应填写 9.6 万元，此处需按照《财政部 国家税务总局关于个人独资企业和合伙企业投资者征收个人所得税的规定》（财税〔2000〕91 号印发）规定，对"投资者的工资不得在税前扣除"，予以调整。

第 38 行"纳税调整后所得"：根据相关行次计算填报。第 38 行 = 第 11 行 + 第 12 行 - 第 37 行。本案例中填写 109.6 万元。

第 40 行"合伙企业个人合伙人分配比例"：纳税人为合伙企业个人合伙人的，填写本栏；其他则不填。分配比例按照合伙协议约定的比例填写；合伙协议未约定或不明确的，按合伙人协商决定的比例填写；协商不成的，按合伙人实缴出资比例填写；无法确定出资比例的，按合伙人平均分配。在本案例中，由于合伙人的约定包括利润分配比例和王某工资支出两个部分，需要按照王某实际应纳税所得占"纳税调整后所得"的比例填报，即：49.6÷109.6 = 45.36%。

第 41 行"允许扣除的个人费用及其他扣除"：填写按税法规定可以税前扣除的各项费用、支出，本案例中应填报 9 万元，其中，第 42 行"投资者减除费用"：填写按税法规定的减除费用金额，即王某纳税年度内没有综合所得而扣除的基本减除费用 6 万元。第 48~54 行"专项附加扣除"：分别填写本年度纳税人按规定可享受的子女教育、继续教育、大病医疗、住房贷款利息、住房租金、赡养老人等专项附加扣除的合计金额，本案例中应填报 3 万元。

第 62 行"应纳税所得额"：根据相关行次计算填报。本案例为 40.6 万元。

第 63~64 行"税率""速算扣除数"：填写按规定适用的税率和速算扣除数。本案例中"税率"为 30%，"速算扣除数" 4.05 万元。

第 65 行"应纳税额"：根据相关行次计算填报。第 65 行 = 第 62 行 × 第 63 行 - 第 64 行。本案例为 8.13 万元。

王某填报的《个人所得税经营所得纳税申报表（B 表）》具体如表 11-1 所示。

表 11-1　　个人所得税经营所得纳税申报表（B 表）

税款所属期：2019 年 1 月 1 日至 2019 年 12 月 31 日
纳税人姓名：
纳税人识别号：□□□□□□□□□□□□□□□□□□　　金额单位：人民币元（列至角分）

被投资单位信息	名称		纳税人识别号 （统一社会信用代码）		
		项目		行次	金额/比例
一、收入总额				1	5000000
其中：国债利息收入				2	
二、成本费用（3＝4＋5＋6＋7＋8＋9＋10）				3	4000000
"4～10 行相应填写"				4～10	
三、利润总额（11＝1－2－3）				11	1000000
四、纳税调整增加额（12＝13＋27）				12	
（一）超过规定标准的扣除项目金额（13＝14＋15＋16＋17＋18＋19＋20＋21＋22＋23＋24＋25＋26）				13	
（二）不允许扣除的项目金额（27＝28＋29＋30＋31＋32＋33＋34＋35＋36）				27	96000
8. 投资者工资薪金支出				35	96000
9. 其他不允许扣除的支出				36	
五、纳税调整减少额				37	
六、纳税调整后所得（38＝11＋12－37）				38	1096000
七、弥补以前年度亏损				39	
八、合伙企业个人合伙人分配比例（%）				40	45.2556%
九、允许扣除的个人费用及其他扣除（41＝42＋43＋48＋55）				41	90000
（一）投资者减除费用				42	60000
（二）专项扣除（43＝44＋45＋46＋47）				43	
（三）专项附加扣除（48＝49＋50＋51＋52＋53＋54）				48	30000
（四）依法确定的其他扣除（55＝56＋57＋58＋59）				55	
十、投资抵扣				60	
十一、准予扣除的个人捐赠支出				61	
十二、应纳税所得额（62＝38－39－41－60－61）或［62＝（38－39）×40－41－60－61］				62	406000
十三、税率（%）				63	30%
十四、速算扣除数				64	40500

续表

项目	行次	金额/比例
十五、应纳税额（65＝62×63－64）	65	81300
十六、减免税额（附报《个人所得税减免税事项报告表》）	66	
十七、已缴税额	67	
十八、应补/退税额（68＝65－66－67）	68	

谨声明：本表是根据国家税收法律法规及相关规定填报的，是真实的、可靠的、完整的。

纳税人签字：　　　　年　　月　　日

经办人： 经办人身份证件号码： 代理机构签章： 代理机构统一社会信用代码：	受理人： 受理税务机关（章）： 受理日期：　　年　　月　　日

11.3　两类汇算清缴的差异

居民个人取得综合所得的汇算清缴和纳税人取得经营所得的汇算清缴，尽管都是个人所得税的汇算清缴，但是两者在纳税主体、汇算清缴时间、应税所得项目、代扣代缴、应纳税所得额计算等方面存在较大的差异，具体见表11-2。

表11-2　综合所得汇算清缴与经营所得汇算清缴的差异

项目异同	综合所得汇算清缴	经营所得汇算清缴
纳税人	符合条件的居民个人。不符合汇算清缴四个条件的居民个人，可不进行汇算清缴	个体工商户业主、个人独资企业投资者、合伙企业个人合伙人、承包承租经营者个人以及其他从事生产、经营活动的个人，应当依法汇算清缴
汇算清缴时间	次年3月1日至6月30日	次年3月31日前

续表

项目异同	综合所得汇算清缴	经营所得汇算清缴
所得项目	工资薪金所得、劳务报酬所得、稿酬所得、特许权使用费所得	经营所得
代扣代缴	有扣缴义务人。居民个人取得综合所得需要按月或按次预扣预缴个人所得税	无扣缴义务人。个人取得经营所得需要按月或按季申报,预缴税款
应纳税所得额计算方式	年收入额—60000元—专项扣除—专项附加扣除—其他扣除	收入—成本—费用—损失
能否结转以后扣除	专项扣除、专项附加扣除和依法确定的其他扣除,以居民个人一个纳税年度的应纳税所得额为限额;一个纳税年度扣除不完的,不结转以后年度扣除	上年亏损,准予结转以后年度弥补,最长5年
费用6万元、专项扣除、专项附加扣除以及依法确定的其他扣除	可以	取得经营所得的个人,没有综合所得的,计算其每一纳税年度的应纳税所得额时,应当减除。同时有综合所得的,不得减除。经营所得中不得扣除业主费用

12 征收管理

新《个人所得税法》的施行，不仅仅是个人所得税税收制度的修订，还涉及征管制度的联动。尤其是居民个人综合所得实行按年综合征税、增设专项附加扣除、增加反避税条款、实行全球征税制度，对个人所得税的征收管理提出了更高的要求。在税收征管制度上，新《个人所得税法》通过建立纳税人识别号制度、完善纳税申报制度、推进社会综合制度，带动整个税收征管制度体系的变革。

12.1 纳税人识别号制度

纳税人识别号制度，是税收基本征管制度之一。纳税人识别号是纳税人、扣缴义务人被赋予全国唯一的纳税识别代码，该代码是税务机关办理业务，以及进行数据信息内外部交换和共享的基础，在办理相应登记时确定。

在《国家税务总局关于发布纳税人识别号代码标准的通知》（税总发〔2013〕41号）中，就规定了在办理代扣代缴或代收代缴及自行缴纳时对自然人登记的纳税人在办理相应登记时，赋予纳税人识别号。

新《个人所得税法》适应未来个人所得税征收管理的需要，建立了纳税人识别号制度，对每一个个人所得税纳税人，都赋予一个全国唯一的纳税人识别号，作为个人所得税税收征收管理的基础、前提和重要手段。

新《个人所得税法》第九条规定，个人所得税以所得人为纳税人，以支付所得的单位或者个人为扣缴义务人。纳税人有中国公民身份号码的，以中国公民身份号码为纳税人识别号；纳税人没有中国公民身份号码的，由税务机关赋予其纳税人识别号。扣缴义务人扣缴税款时，纳税人应当向扣缴义务人提供纳税人识别号。

扣缴义务人扣缴税款时，纳税人应当向扣缴义务人提供纳税人识别号。扣缴义务人首次向纳税人支付所得时，应当按照纳税人提供的纳税人识别号等基础信息，填写《个人所得税基础信息表（A表）》，并于次月扣缴申报时向税务机关报送。《国家税务总局关于自然人纳税人识别号有关事项的公告》（国家税务总局公告2018年第59号）规定，每个中国个人所得税的纳税人，在首次办理涉税事项时，都应当向税务机关或者扣缴义务人出示有效身份证件，并报送相关基础信息。

有效身份证件，是指：

（1）纳税人为中国公民且持有有效《中华人民共和国居民身份证》（以下简称"居民身份证"）的，为居民身份证。

（2）纳税人为华侨且没有居民身份证的，为有效的《中华人民共和国护照》和华侨身份证明。

（3）纳税人为港澳居民的，为有效的《港澳居民来往内地通行证》或《中华人民共和国港澳居民居住证》。

（4）纳税人为台湾居民的，为有效的《台湾居民来往大陆通行证》或《中华人民共和国台湾居民居住证》。

（5）纳税人为持有有效《中华人民共和国外国人永久居留身份证》（以下简称永久居留证）的外籍个人的，为永久居留证和外国护照；未持有永久居留证但持有有效《中华人民共和国外国人工作许可证》（以下简称工作许可证）的，为工作许可证和外国护照；其他外籍个人，为有效的外国护照。

税务机关应当在赋予自然人纳税人识别号后告知或者通过扣缴义务人告知纳税人其纳税人识别号，并为自然人纳税人查询本人纳税人识别号提供便利。

自然人纳税人识别号，是自然人纳税人办理各类涉税事项的唯一代码标识。自然人纳税人办理纳税申报、税款缴纳、申请退税、开具完税凭证、纳税查询等涉税事项时应当向税务机关或扣缴义务人提供纳税人识别号。

在纳税人识别号制度下，纳税人通过扣缴义务人预扣预缴、代扣代缴或者通过自行申报缴纳的税款、申报的专项附加扣除信息等，所有的涉税信息都通过纳税人识别号在税务信息系统中准确、有效、统一归集。居民个人取得综合所得办理汇算清缴补退税款时，纳税人能够通过纳税人识别号，准确计算自己全年的收入情况，准确抵扣已预扣预缴的税款、享受专项附加扣除。

12.2　综合治税与税收前置

12.2.1　综合治税

新《个人所得税法》第十五条第一款规定，公安、人民银行、金融监督管理等相关部门应当协助税务机关确认纳税人的身份、金融账户信息。教育、卫生、医疗保障、民政、人力资源社会保障、住房城乡建设、公安、人民银行、金融监督管理等相关部门应当向税务机关提供纳税人子女教育、继续教育、大病医疗、住房贷款利息、住房租金、赡养老人等专项附加扣除信息。

《个人所得税专项附加扣除暂行办法》（国发〔2018〕41号印发）进一步规定了各部门和单位提供信息的内容、义务和责任：

有关部门和单位有责任和义务向税务部门提供或者协助核实以下与专项附加扣除有关的信息：

（1）公安部门有关户籍人口基本信息、户成员关系信息、出入境证件信息、相关出国人员信息、户籍人口死亡标识等信息；

（2）卫生健康部门有关出生医学证明信息、独生子女信息；

（3）民政部门、外交部门、法院有关婚姻状况信息；

（4）教育部门有关学生学籍信息（包括学历继续教育学生学籍、考籍信息）、在相关部门备案的境外教育机构资质信息；

（5）人力资源社会保障等部门有关技工院校学生学籍信息、技能人员职业资格继续教育信息、专业技术人员职业资格继续教育信息；

（6）住房城乡建设部门有关房屋（含公租房）租赁信息、住房公积金管理机构有关住房公积金贷款还款支出信息；

（7）自然资源部门有关不动产登记信息；

（8）人民银行、金融监督管理部门有关住房商业贷款还款支出信息；

（9）医疗保障部门有关在医疗保障信息系统记录的个人负担的医药费用信息；

（10）国务院税务主管部门确定需要提供的其他涉税信息。

上述数据信息的格式、标准、共享方式，由国务院税务主管部门及各省、自治区、直辖市和计划单列市税务局商有关部门确定。

有关部门和单位拥有专项附加扣除涉税信息，但未按规定要求向税务部门提供的，拥有涉税信息的部门或者单位的主要负责人及相关人员承担相应责任。

税务机关核查专项附加扣除情况时，纳税人任职受雇单位所在地、经常居住地、户籍所在地的公安派出所、居民委员会或者村民委员会等有关单位和个人应当协助核查。

12.2.2 税收前置

新《个人所得税法》第十五条第二款规定，个人转让不动产的，税务机关应当根据不动产登记等相关信息核验应缴的个人所得税，登记机构办理转移登记时，应当查验与该不动产转让相关的个人所得税的完税凭证。个人转让股权办理变更登记的，市场主体登记机关应当查验与该股权交易相关的个人所得税的完税凭证。

对于个人转让不动产、转让股权税收前置，是各级税务机关行之有效的征收管理经验，能够较好地化解个人转让不动产、转让股权较大的税收风险。新《个人所得税法》明确了个人在转让不动产、转让股权的登记的过程中，需要提供与交易相关的个人所得税完税凭证，对于促进纳税公平，推动各部门协同有着重要的意义。

12.2.3 实施联合惩戒

新《个人所得税法》第十五条第三款规定，有关部门依法将纳税人、扣缴义务人遵守该法的情况纳入信用信息系统，并实施联合激励或者惩戒。

完善自然人税收征管制度，建立自然人纳税信用体系，发挥税收信用在国家诚信体系中的作用，是建设诚信中国的重要内容。自2014年以来，国家对不同领域里的诚信人员实施联合奖励，对失信人员实施多部门联合惩戒。2016年，18个部委联合印发《关于对纳税信用A级纳税人实施联合激励措施的合作备忘录》（发改财金〔2016〕1467号），对税务机关公告发布的纳税信用A级纳税人实施18类41项联合激励；2016年，35个部委联合印发《关于对重大税收违法案件当事人实施联合惩戒措施的合作备忘录（2016年版）》（发改财金〔2016〕2798号），在2014年上述部分单位联合签署的《关于对重大税收违法案件当事人实施联合惩戒措施的合作备忘录》（发改财金〔2014〕3062号）的基础上进行完善，对税务机关依法对外公布的重大税收违法案件信息中所列明的当事人实施28项联合惩戒。同时税务机关作为重要的执行部门，参与其他领域内的各项联合奖惩事项。

12.3 纳税申报制度

新《个人所得税法》规定，个人所得税以所得人为纳税人。和其他税种不同，个人所得税的纳税人是千千万万的自然人。为了让每个纳税人办好税，依法享受到各项税收优惠政策，个人所得税的税款征收采取纳税人自行申报与扣缴义务人代扣代缴两种基本形式，并配套新《个人所得税法》，制定了《国家税务总局关于个人所得税自行纳税申报有关问题的公告》（国家税务总局公告 2018 年第 62 号）和《个人所得税扣缴申报管理办法（试行）》（国家税务总局公告 2018 年第 61 号印发），完善纳税申报和代扣代缴制度。

12.3.1 代扣代缴

《税收征管法》规定，法律、行政法规规定负有代扣代缴、代收代缴税款义务的单位和个人为扣缴义务人。扣缴义务人必须依照法律、行政法规的规定缴纳税款、代扣代缴、代收代缴税款。

新《个人所得税法》规定，支付所得的单位和个人为个人所得税的扣缴义务人。个人所得税的扣缴义务主要有两种：代扣代缴和预扣预缴。无论是代扣代缴还是预扣预缴，扣缴义务人都应当依法办理全员全额扣缴申报，向主管税务机关报送其支付所得的所有个人的有关信息、支付所得数额、扣除事项和数额、扣缴税款的具体数额和总额以及其他相关涉税信息资料，并向纳税人提供其个人所得和已扣缴税款等信息。

也就是说，扣缴义务人向个人支付应税收入时，不论其是不是本单位人员、支付的应税收入是否达到纳税标准，均应在依法履行代扣代缴税款义务，即便没有税款，也需要填报被支付人的基础信息、支付金额、扣除事项等相关涉税信息。

但是并不是所有的应税所得项目都要代扣代缴个人所得税。在新《个人所得税法》9 个应税所得项目中，扣缴义务人在支付其中除经营所得以外的其他应税所得项目时，应当全员全额扣缴申报税款。其中：对居民个人取得工资薪金所得、劳务报酬所得、稿酬所得、特许权使用费所得等综合所得，依法预扣预缴个人所得税，年终需要汇算清缴的，由纳税人本人或是委托扣缴义务人、其他单位和个人办理汇算清缴。对非居民个人取得工资薪金所得、劳务报酬所得、稿酬所得、特许权使用费所得，以及对纳税人取得利息股息红利所得、财产租赁所得、财产转让所得和偶然所得的，代扣代缴个人所得税。

预扣预缴和代扣代缴的区别在于，预扣预缴是在纳税期限未到期的情况下，按照税法规定予以计算并提前预征税款。代扣代缴是扣缴义务人将纳税人依法计算的应缴税款，予以扣缴的行为。预扣预缴的税款是不确定的，汇算清缴时可能会出现补（退）税款的情况。代扣代缴的税款是确定的，不需要进行汇算清缴进行退补。

对于非居民个人取得工资薪金所得、劳务报酬所得、稿酬所得、特许权使用费所得等综合所得代扣代缴个人所得税后，在一个纳税年度内达到居民个人条件时，其纳税方式也会发生较大的变化。纳税人在年度终了后按照居民个人有关规定办理汇算清缴予以退补税款。这种对代扣代缴税款的调整，并不是否定代扣代缴税款的确定性，而是因计税方式调整而带来的税款调整。

新《个人所得法》规定，对扣缴按照所扣缴的税款，付给2%的手续费。《个人所得税法实施条例》进一步规定，纳税申报税务机关按照个人所得税法规定付给扣缴义务人手续费，应当填开退还书；扣缴义务人凭退还书，按照国库管理有关规定办理退库手续。扣缴义务人领取的扣缴手续费可用于提升办税能力、奖励办税人员。

但是对扣缴义务人按照规定扣缴的税款，按年付给2%的手续费。不包括税务机关、司法机关等查补或者责令补扣的税款。

关于代扣代缴的更多内容，请参阅本书"7 个人所得税的预扣预缴、代扣代缴"。

12.3.2 纳税申报

个人所得税的纳税申报包括两种：一种是代扣代缴税款申报，一种是纳税人自行申报。

> 第十条 有下列情形之一的，纳税人应当依法办理纳税申报：
> （一）取得综合所得需要办理汇算清缴；

（二）取得应税所得没有扣缴义务人；
（三）取得应税所得，扣缴义务人未扣缴税款；
（四）取得境外所得；
（五）因移居境外注销中国户籍；
（六）非居民个人在中国境内从两处以上取得工资、薪金所得；
（七）国务院规定的其他情形。

扣缴义务人应当按照国家规定办理全员全额扣缴申报，并向纳税人提供其个人所得和已扣缴税款等信息。

——新《个人所得税法》

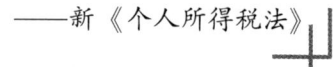

《国家税务总局关于个人所得税自行纳税申报有关问题的公告》（国家税务总局公告 2018 年第 62 号）规定，纳税人可以采用远程办税端、邮寄等方式申报，也可以直接到主管税务机关申报。

纳税人办理自行纳税申报时，应当一并报送税务机关要求报送的其他有关资料。首次申报或者个人基础信息发生变化的，还应报送《个人所得税基础信息表（B 表）》。

纳税人在办理纳税申报时需要享受税收协定待遇的，按照享受税收协定待遇有关办法办理。

(1) 综合所得汇算清缴申报。

①汇算清缴申报情形。

新《个人所得税法实施条例》第二十五条规定，居民个人取得综合所得，符合：从两处以上取得综合所得，且综合所得年收入额减除专项扣除后的余额超过 6 万元；取得劳务报酬所得、稿酬所得、特许权使用费所得中一项或者多项所得，且综合所得年收入额减除专项扣除的余额超过 6 万元；纳税年度内预缴税额低于应纳税额；纳税人申请退税的，应当依法办理汇算清缴。居民个人取得综合所得不符合应汇算清缴条件的，是否汇算清缴，由居民个人自行决定。

②汇算清缴申报时间。

新《个人所得税法》第十一条第一款规定，居民个人取得综合所得，按年计算个人所得税；有扣缴义务人的，由扣缴义务人按月或者按次预扣预缴税款；需要办理汇算清缴的，应当在取得所得的次年 3 月 1 日至 6 月 30 日内办理汇算清缴。

③汇算清缴申报地点。

《国家税务总局关于个人所得税自行纳税申报有关问题的公告》（国家税务总局公告 2018 年第 62 号）规定，需要办理汇算清缴的纳税人，应当在取得所得的次年 3 月 1 日至 6 月 30 日内，向任职、受雇单位所在地主管税务机关办理纳税申报，并报送《个人所得税年度自行纳税申报表》。纳税人有两处以上任职、受雇单位的，选择向其中一处任职、受雇单位所在地主管税务机关办理纳税申报；纳税人没有任职、受雇单位的，向户籍所在地或经常居住地主管税务机关办理纳税申报。

纳税人申请退税，应当提供其在中国境内开设的银行账户，并在汇算清缴地就地办理税款退库。

④相关资料管理。

纳税人办理综合所得汇算清缴，应当准备与收入、专项扣除、专项附加扣除、依法确定的其他扣除、捐赠、享受税收优惠等相关的资料，并按规定留存备查或报送。

（2）取得经营所得纳税申报。

新《个人所得税法》第十三条第一款规定，纳税人取得应税所得没有扣缴义务人的，应当在取得所得的次月 15 日内向税务机关报送纳税申报表，并缴纳税款。在《个人所得税扣缴申报管理办法（试行）》（国家税务总局公告 2018 年第 61 号印发）中，经营所得不是扣缴申报范围，属于取得应税所得没有扣缴义务人的情形。

①纳税申报情形。

《国家税务总局关于个人所得税自行纳税申报有关问题的公告》（国家税务总局公告 2018 年第 62 号）规定，个体工商户从事生产、经营活动取得的所得，个人独资企业投资人、合伙企业的个人合伙人来源于境内注册的个人独资企业、合伙企业生产、经营的所得；个人依法从事办学、医疗、咨询以及其他有偿服务活动取得的所得；个人对企业、事业单位承包经营、承租经营以及转包、转租取得的所得；个人从事其他生产、经营活动取得的所得的，应当依法办理纳税申报。

②纳税申报时间。

经营所得纳税申报有两项，一是每月或每季终了后进行的按月（季）纳税申报，二是年度终了后进行年度汇算清缴申报。

新《个人所得税法》第十二条第一款规定，纳税人取得经营所得，按年计算个人所得税，由纳税人在月度或者季度终了后 15 日内向税务机关报送纳税申报表，并预缴税款；在取得所得的次年 3 月 31 日前办理汇算清缴。

③纳税申报地点。

《国家税务总局关于个人所得税自行纳税申报有关问题的公告》（国家税务总局公告 2018 年第 62 号）规定，纳税人取得经营所得，按年计算个人所得税，由纳税人在月度或季度终了后 15 日内，向经营管理所在地主管税务机关办理预缴纳税申报，并报送《个人所得税经营所得纳税申报表（A 表）》。在取得所得的次年 3 月 31 日前，向经营管理所在地主管税务机关办理汇算清缴，并报送《个人所得税经营所得纳税申报表（B 表）》；从两处以上取得经营所得的，选择向其中一处经营管理所在地主管税务机关办理年度汇总申报，并报送《个人所得税经营所得纳税申报表（C 表）》。

（3）扣缴义务人未扣缴税款纳税申报。

在实务中，经常会出现扣缴义务人没有履行代扣代缴义务，对应代扣代缴税款没有依法扣缴，对于这种应扣未扣税款的行为，新《个人所得税法》明确规定，应当由纳税人在规定期限内办理纳税申报，而扣缴义务人却需要承担《税收征管法》规定的法律责任。

①扣缴义务人的范围。

《税收征管法》对扣缴义务人，有以下三个方面的基本规定：

一是法律、行政法规规定负有代扣代缴、代收代缴税款义务的单位和个人为扣缴义务人。扣缴义务人必须依照法律、行政法规的规定代扣代缴、代收代缴税款。

二是扣缴义务人按照有关法律、行政法规和国务院财政、税务主管部门的规定设置账簿，根据合法、有效凭证记账，进行核算。扣缴义务人的财务、会计制度或者财务、会计处理办法与国务院或者国务院财政、税务主管部门有关税收的规定抵触的，依照国务院或者国务院财政、税务主管部门有关税收的规定计算应纳税款、代扣代缴和代收代缴税款。

三是扣缴义务人应当自扣缴义务发生之日起 30 日内，向所在地的主管税务机关申报办理扣缴税款登记，领取扣缴税款登记证件；税务机关对已办理税务登记的扣缴义务人，可以只在其税务登记证件上登记扣缴税款事项，不再发给扣缴税款登记证件。

《税收征管法》规定，扣缴义务人应扣未扣、应收而不收税款的，由税务机关向纳税人追缴税款，对扣缴义务人处应扣未扣、应收未收税款50%以上3倍以下的罚款。

扣缴义务人依法履行代扣代缴义务，纳税人不得拒绝。纳税人拒绝的，扣缴义务人应当及时报告税务机关。扣缴义务人及时报告的，不承担未履行代扣代缴义务的法律责任。

②未扣缴税款纳税申报期限。

新《个人所得税法》第十三条第二款规定，纳税人取得应税所得，扣缴义务人未扣缴税款的，纳税人应当在取得所得的次年6月30日前，缴纳税款；税务机关通知限期缴纳的，纳税人应当按照期限缴纳税款。

具体包括三个含义：一是纳税人取得应税所得，扣缴义务人未扣缴税款的，由纳税人办理纳税申报。二是纳税人办理纳税申报的期限，税务机关没有限期缴纳的，为从取得应税所得开始到次年的6月30日内，在这个期限内办理纳税申报的，都是符合《税收征管法》规定，在税法规定的纳税期限内办理纳税申报的行为，不承担法律责任，不加收滞纳金。三是纳税人取得应税所得，扣缴义务人未扣缴税款的，税务机关发现后依法追缴税款的，纳税人应按照税务机关《税务事项通知书（责令限期缴纳税款通知）》的期限缴纳税款，期限内缴纳的不承担法律责任，不加收滞纳金。

③未扣缴税款纳税申报地点。

《国家税务总局关于个人所得税自行纳税申报有关问题的公告》（国家税务总局公告2018年第62号）规定，纳税人取得应税所得，扣缴义务人未扣缴税款的，应当区别以下情形办理纳税申报：

——居民个人取得综合所得的，按照居民个人取得综合所得需要汇算清缴纳税申报办理。

——非居民个人取得工资、薪金所得，劳务报酬所得，稿酬所得，特许权使用费所得的，应当在取得所得的次年6月30日前，向扣缴义务人所在地主管税务机关办理纳税申报，并报送《个人所得税自行纳税申报表（A表）》。有两个以上扣缴义务人均未扣缴税款的，选择向其中一处扣缴义务人所在地主管税务机关办理纳税申报。

非居民个人在次年6月30日前离境（临时离境除外）的，应当在离境前办理纳税申报。

——纳税人取得利息、股息、红利所得，财产租赁所得，财产转让所得和偶然所得的，应当在取得所得的次年6月30日前，按相关规定向主管税务机关办理纳税申报,并报送《个人所得税自行纳税申报表(A 表)》。

税务机关通知限期缴纳的,纳税人应当按照期限缴纳税款。

④扣缴义务人补扣补缴。

《国家税务总局关于贯彻〈中华人民共和国税收征收管理法〉及其实施细则若干具体问题的通知》(国税发〔2003〕47 号)规定:

负有代扣代缴义务的单位和个人,在支付款项时应按照《税收征管法》及其实施细则的规定,将取得款项的纳税人应缴纳的税款代为扣缴,对纳税人拒绝扣缴税款的,扣缴义务人应暂停支付相当于纳税人应纳税款的款项,并在一日之内报告主管税务机关。

负有代收代缴义务的单位和个人,在收取款项时应按照《税收征管法》及其实施细则的规定,将支付款项的纳税人应缴纳的税款代为收缴,对纳税人拒绝给付的,扣缴义务人应在一日之内报告主管税务机关。

扣缴义务人违反《税收征管法》及其实施细则规定应扣未扣、应收未收税款的,税务机关除按《税收征管法》及其实施细则的有关规定对其给予处罚外,应当责成扣缴义务人限期将应扣未扣、应收未收的税款补扣或补收。

那么,扣缴义务人补扣补缴税款,要不要加收滞纳金呢?

《国家税务总局关于行政机关应扣未扣个人所得税问题的批复》(国税函〔2004〕1199 号)按照《税收征管法》规定的原则,扣缴义务人应扣未扣税款,无论适用修订前还是修订后的《税收征管法》,均不得向纳税人或扣缴义务人加收滞纳金。

2019 年新《个人所得税法》施行后,对于纳税人取得应税所得,扣缴义务人未扣缴税款的,扣缴义务人补扣补缴的,在补扣补缴次月 15 日内申报解缴的,不加收滞纳金。对纳税人补交税的,税法已明确规定了纳税人于次年 6 月 30 日前自行申报的义务,纳税人超过限期补缴税款的,依法加收滞纳金。

(4)取得境外所得的纳税申报。

新《个人所得税法》第十三条第三款规定,居民个人从中国境外取得所得的,应当在取得所得的次年 3 月 1 日至 6 月 30 日内申报纳税。

《国家税务总局关于个人所得税自行纳税申报有关问题的公告》(国家税务总局公告 2018 年第 62 号)规定,居民个人从中国境外取得所得的,应当在取得所得的次年 3 月 1 日至 6 月 30 日内,向中国境内任职、受雇单位所在地主管税务机关办理纳税申报;在中国境内没有任职、受雇单位的,向户籍所在地或中国境内经常居住地主管税务机关办理纳税申报;户籍所在地与中国境内经常居住地不一致的,选择其中一地主管税务机关办理纳税申报;在中国境内没有户籍的,向中国境内经常居住地主管税务机关办理纳税申报。

(5)因移居境外注销中国户籍的纳税申报。

新《个人所得税法》第十三条第五款规定,纳税人因移居境外注销中国户籍的,应当在注销中国户籍前办理税款清算。

《国家税务总局关于个人所得税自行纳税申报有关问题的公告》(国家税务总局公告2018年第62号)第五条规定,纳税人因移居境外注销中国户籍的,应当在申请注销中国户籍前,向户籍所在地主管税务机关办理纳税申报,进行税款清算。

具体包括:

①纳税人在注销户籍年度取得综合所得的,应当在注销户籍前,办理当年综合所得的汇算清缴,并报送《个人所得税年度自行纳税申报表》。尚未办理上一年度综合所得汇算清缴的,应当在办理注销户籍纳税申报时一并办理。

②纳税人在注销户籍年度取得经营所得的,应当在注销户籍前,办理当年经营所得的汇算清缴,并报送《个人所得税经营所得纳税申报表(B表)》。从两处以上取得经营所得的,还应当一并报送《个人所得税经营所得纳税申报表(C表)》。尚未办理上一年度经营所得汇算清缴的,应当在办理注销户籍纳税申报时一并办理。

③纳税人在注销户籍当年取得利息、股息、红利所得,财产租赁所得,财产转让所得和偶然所得的,应当在注销户籍前,申报当年上述所得的完税情况,并报送《个人所得税自行纳税申报表(A表)》。

④纳税人有未缴或者少缴税款的,应当在注销户籍前,结清欠缴或未缴的税款。纳税人存在分期缴税且未缴纳完毕的,应当在注销户籍前,结清尚未缴纳的税款。

⑤纳税人办理注销户籍纳税申报时,需要办理专项附加扣除、依法确定的其他扣除的,应当向税务机关报送《个人所得税专项附加扣除信息表》《商业健康保险税前扣除情况明细表》《个人税收递延型商业养老保险税前扣除情况明细表》等。

(6)非居民个人在中国境内从两处以上取得工资、薪金所得的纳税申报。

新《个人所得税法》第十三条第四款规定,非居民个人在中国境内从两处以上取得工资、薪金所得的,应当在取得所得的次月15日内申报纳税。

《国家税务总局关于个人所得税自行纳税申报有关问题的公告》（国家税务总局公告2018年第62号）第六条规定，非居民个人在中国境内从两处以上取得工资、薪金所得的，应当在取得所得的次月15日内，向其中一处任职、受雇单位所在地主管税务机关办理纳税申报，并报送《个人所得税自行纳税申报表（A表）》。

(7) 其他需要自行申报的情形。

①《国家税务总局关于个人股权转让过程中取得违约金收入征收个人所得税问题的批复》（国税函〔2006〕866号）规定，股权成功转让后，转让方个人因受让方个人未按规定期限支付价款而取得的违约金收入，属于因财产转让而产生的收入。转让方个人取得的该违约金应并入财产转让收入，按照"财产转让所得"项目计算缴纳个人所得税，税款由取得所得的转让方个人向主管税务机关自行申报缴纳。

②《国家税务总局关于个人非货币性资产投资有关个人所得税征管问题的公告》（国家税务总局公告2015年第20号）规定，非货币性资产投资个人所得税以发生非货币性资产投资行为并取得被投资企业股权的个人为纳税人，由纳税人向主管税务机关自行申报缴纳。

③国家税务总局批复广东省地方税务局《关于个人取得房屋拍卖收入征收个人所得税问题的批复》（国税函〔2007〕1145号）规定，为方便纳税人依法履行纳税义务和税务机关加强税收征管，纳税人应比照《国家税务总局关于个人住房转让所得征收个人所得税有关问题的通知》（国税发〔2006〕108号）第四条的有关规定，在房屋拍卖后缴纳营业税、契税、土地增值税等税收的同时，一并申报缴纳个人所得税。

④《国家税务总局关于个人住房转让所得征收个人所得税有关问题的通知》（国税发〔2006〕108号）规定，各级税务机关要严格执行《国家税务总局关于进一步加强房地产税收管理的通知》（国税发〔2005〕82号）和《国家税务总局关于实施房地产税收一体化管理若干具体问题的通知》（国税发〔2005〕156号）的规定。为方便出售住房的个人依法履行纳税义务，加强税收征管，主管税务机关要在房地产交易场所设置税收征收窗口，个人转让住房应缴纳的个人所得税，应与转让环节应缴纳的营业税、契税、土地增值税等税收一并办理；地方税务机关暂没有条件在房地产交易场所设置税收征收窗口的，应委托契税征收部门一并征收个人所得税等税收。

12.4 个人所得税纳税申报制度简表

12.4.1 纳税申报主体、期限一览表

表 12-1　　　　　　　　纳税申报主体、期限一览表

申报方式	申报人	申报期限
扣缴申报	扣缴义务人	次月 15 日内
居民个人汇算清缴	纳税人	次年 3 月 1 日至 6 月 30 日内
经营所得纳税申报	纳税人	月度或者季度终了后 15 日内
经营所得汇算清缴	纳税人	次年 3 月 31 日前
没有扣缴人申报	纳税人	取得所得的次月 15 日内
扣缴义务人未扣缴申报（无通知的）	纳税人	次年 6 月 30 日前
扣缴义务人未扣缴申报（有通知的）	纳税人	在通知期限内
境外所得申报	纳税人	次年 3 月 1 日至 6 月 30 日内
销户清算申报	纳税人	注销中国户籍前
非居民取得两处以上工资薪金所得的	纳税人	次月 15 日内

12.4.2 申报纳税地点一览表

表 12-2　　　　　　　　申报纳税地点一览表

申报类型		地点	申报表	申报时间
居民个人汇算清缴	只有一处任职、受雇单位	任职、受雇单位所在地主管税务机关	《个人所得税年度自行纳税申报表（A 表）》	在取得所得的次年 3 月 1 日至 6 月 30 日内
	有两处以上任职、受雇单位	选择向其中一处任职、受雇单位所在地主管税务机关		

续表

申报类型		地点	申报表	申报时间
居民个人汇算清缴	没有任职、受雇单位	向户籍所在地或经常居住地主管税务机关	《个人所得税年度自行纳税申报表（A表）》	在取得所得的次年3月1日至6月30日内
经营所得预缴申报	仅一处取得经营所得	向经营管理所在地主管税务机关	《个人所得税经营所得纳税申报表（A表）》	月度或季度终了后15日内
经营所得汇算清缴申报	仅一处取得经营所得	向经营管理所在地主管税务机关	《个人所得税经营所得纳税申报表（B表）》	次年3月31日前
	两处以上取得经营所得的	向经营管理所在地主管税务机关汇算清缴申报	《个人所得税经营所得纳税申报表（B表）》	
		选择一处经营管理所在地主管税务机关合并申报	《个人所得税经营所得纳税申报表（C表）》	
取得应税所得，扣缴义务人未扣缴税款	居民个人取得综合所得未申报	同居民个人汇算清缴	《个人所得税年度自行纳税申报表》	次年6月30日前
	非居民个人取得工资、薪金所得，劳务报酬所得，稿酬所得，特许权使用费所得的	向扣缴义务人所在地主管税务机关	《个人所得税自行纳税申报表（A表）》	次年6月30日前，在次年6月30日前离境（临时离境除外）的，应当在离境前办理纳税申报
	有两个以上扣缴义务人均未扣缴税款的	选择向其中一处扣缴义务人所在地主管税务机关		
	取得利息、股息、红利所得，财产租赁所得，财产转让所得和偶然所得的	按相关规定向主管税务机关办理	《个人所得税自行纳税申报表（A表）》	次年6月30日前

续表

申报类型		地点	申报表	申报时间
取得境外所得	境内有任职、受雇单位	向中国境内任职、受雇单位所在地主管税务机关办理	《个人所得税年度自行纳税申报表（B表）》《境外所得个人所得税抵免明细表》	在取得所得的次年3月1日至6月30日内
	境内没有任职、受雇单位	向户籍所在地或中国境内经常居住地主管税务机关		在取得所得的次年3月1日至6月30日内
	户籍所在地与中国境内经常居住地不一致的	选择其中一地主管税务机关		在取得所得的次年3月1日至6月30日内
	在中国境内没有户籍	向中国境内经常居住地主管税务机关		在取得所得的次年3月1日至6月30日内
移居境外销户清税	在注销户籍年度取得综合所得		向户籍所在地主管税务机关	《个人所得税年度自行纳税申报表》	尚未办理上一年度综合所得汇算清缴的，注销户籍纳税申报时一并办理
	在注销户籍年度取得经营所得的	一处经营所得	经营机构所在地	《个人所得税经营所得纳税申报表（B表）》	在注销户籍前
		两处以上所得	选择一处机构所在地	《个人所得税经营所得纳税申报表（C表）》	尚未办理上一年度经营所得汇算清缴的，应当在办理注销户籍纳税申报时一并办理
	取得利息、股息、红利所得，财产租赁所得，财产转让所得和偶然所得的		申报当年上述所得的完税情况	《个人所得税自行纳税申报表（A表）》	在注销户籍前
	有未缴或者少缴税款		税款所在地	相关申报表	在注销户籍前

续表

申报类型		地点	申报表	申报时间
移居境外销户清税	需要办理专项附加扣除、依法确定的其他扣除的	户籍所在地	《个人所得税专项附加扣除信息表》《商业健康保险税前扣除情况明细表》《个人税收递延型商业养老保险税前扣除情况明细表》	在注销户籍前
非居民个人在中国境内从两处以上取得工资、薪金所得		向其中一处任职、受雇单位所在地主管税务机关	《个人所得税自行纳税申报表（A表）》	取得所得的次月15日内

12.5 纳税申报表

《国家税务总局关于修订个人所得税申报表的公告》（国家税务总局公告2019年第7号），修订发布了个人所得税有关申报表，自2019年1月1日起施行。

2019年底，国家税务总局印发关于修订部分个人所得税申报表的公告》（国家税务总局公告2019年第46号），对部分个人所得税申报表进行了修订。

现行个人所得税纳税申报表种类包括：

① 《个人所得税基础信息表（A表）》

② 《个人所得税基础信息表（B表）》

③ 《个人所得税扣缴申报表》

④ 《个人所得税自行纳税申报表（A表）》

⑤ 《个人所得税年度自行纳税申报表（A表）》

⑥《个人所得税年度自行纳税申报表（简易版）》
⑦《个人所得税年度自行纳税申报表（问答版）》
⑧《个人所得税年度自行纳税申报表（B表）》
⑨《境外所得个人所得税抵免明细表》
⑩《个人所得税经营所得纳税申报表（A表）》
⑪《个人所得税经营所得纳税申报表（B表）》
⑫《个人所得税经营所得纳税申报表（C表）》
⑬《合伙制创业投资企业单一投资基金核算方式备案表》
⑭《单一投资基金核算的合伙制创业投资企业个人所得税扣缴申报表》
⑮《个人所得税减免税事项报告表》
⑯《代扣代缴手续费申请表》

12.5.1 个人所得税基础信息表

（1）个人所得税基础信息表（A表）。

表12-3 个人所得税基础信息表（A表）
（适用于扣缴义务人填报）

扣缴义务人名称：
扣缴义务人纳税人识别号（统一社会信用代码）：□□□□□□□□□□□□□□□□□□

序号	纳税人基本信息						任职受雇从业信息				联系方式					银行账户		投资信息		其他信息		华侨、港澳台、外籍个人信息（带*必填）				备注
	*纳税人姓名	*身份证件类型	*身份证件号码	*出生日期	*国籍/地区	类型	职务	学历	任职受雇日期	离职日期	手机号码	户籍所在地	经常居住地	联系地址	电子邮箱	开户银行	银行账号	投资额（元）	投资比例	是否残疾/孤老/烈属	残疾/烈属证号	*出生地	*性别	*首次入境时间	*预计离境时间	*涉税事由
1	2	3	4	5	6	7	8	9	10	11	12	13	14	15	16	17	18	19	20	21	22	23	24	25	26	27	28	29

谨声明：本表是根据国家税收法律法规及相关规定填报的，是真实的、可靠的、完整的。

经办人签字：　　　　　　　　　　　　　　　　　　　　　　　　　　扣缴义务人（签章）：
经办人身份证件号码：
代理机构签章：　　　　　　　　　　　　　　　　　　　　　　　　　受理人：
代理机构统一社会信用代码：　　　　　　　　　　　　　　　　　　　受理税务机关（章）：
　　　　　　　　　　　　　　　　　　　　　　　　　　　　　　　　受理日期：　　年　月　日

　　　　　　　　　　　年　月　日

国家税务总局监制

《个人所得税基础信息表（A 表）》填表说明

一、适用范围

本表由扣缴义务人填报。适用于扣缴义务人办理全员全额扣缴申报时，填报其支付所得的纳税人的基础信息。

二、报送期限

扣缴义务人首次向纳税人支付所得，或者纳税人相关基础信息发生变化的，应当填写本表，并于次月扣缴申报时向税务机关报送。

三、本表各栏填写

本表带"*"项目分为必填和条件必填，其余项目为选填。

（一）表头项目

1. 扣缴义务人名称：填写扣缴义务人的法定名称全称。

2. 扣缴义务人纳税人识别号（统一社会信用代码）：填写扣缴义务人的纳税人识别号或者统一社会信用代码。

（二）表内各栏

1. 第 2~7 列"纳税人基本信息"：填写纳税人姓名、证件等基本信息。

（1）第 2 列"纳税人识别号"：有中国公民身份号码的，填写中华人民共和国居民身份证上载明的"公民身份号码"；没有中国公民身份号码的，填写税务机关赋予的纳税人识别号。

（2）第 3 列"纳税人姓名"：填写纳税人姓名。外籍个人英文姓名按照"先姓（surname）后名（given name）"的顺序填写，确实无法区分姓和名的，按照证件上的姓名顺序填写。

（3）第 4 列"身份证件类型"：根据纳税人实际情况填写。

①有中国公民身份号码的，应当填写《中华人民共和国居民身份证》（简称"居民身份证"）。

②华侨应当填写《中华人民共和国护照》（简称"中国护照"）。

③港澳居民可选择填写《港澳居民来往内地通行证》（简称"港澳居民通行证"）或者《中华人民共和国港澳居民居住证》（简称"港澳居民居住证"）；台湾居民可选择填写《台湾居民来往大陆通行证》（简称"台湾居民通行证"）或者《中华人民共和国台湾居民居住证》（简称"台湾居民居住证"）。

④外籍人员可选择填写《中华人民共和国外国人永久居留身份证》（简称"外国人永久居留证"）、《中华人民共和国外国人工作许可证》（简称"外国人工作许可证"）或者"外国护照"。

⑤其他符合规定的情形填写"其他证件"。

身份证件类型选择"港澳居民居住证"的，应当同时填写"港澳居民通行证"；身份证件类型选择"台湾居民居住证"的，应当同时填写"台湾居民通行证"；身份证件类型选择"外国人永久居留证"或者"外国人工作许可证"的,应当同时填写"外国护照"。

(4) 第5~6列"身份证件号码""出生日期":根据纳税人身份证件上的信息填写。

(5) 第7列"国籍/地区":填写纳税人所属的国籍或者地区。

2. 第8~12列"任职受雇从业信息":填写纳税人与扣缴义务人之间的任职受雇从业信息。

(1) 第8列"类型":根据实际情况填写"雇员""保险营销员""证券经纪人"或者"其他"。

(2) 第9~12列"职务""学历""任职受雇从业日期""离职日期":其中,当第9列"类型"选择"雇员""保险营销员"或者"证券经纪人"时,填写纳税人与扣缴义务人建立或者解除相应劳动或者劳务关系的日期。

3. 第13~17列"联系方式":

(1) 第13列"手机号码":填写纳税人境内有效手机号码。

(2) 第14~16列"户籍所在地""经常居住地""联系地址":填写纳税人境内有效户籍所在地、经常居住地或者联系地址,按以下格式填写(具体到门牌号): 省(区、市) 市 区(县) 街道(乡、镇)。

(3) 第17列"电子邮箱":填写有效的电子邮箱。

4. 第18~19列"银行账户":填写个人境内有效银行账户信息,开户银行填写到银行总行。

5. 第20~21列"投资信息":纳税人为扣缴单位的股东、投资者的,填写本栏。

6. 第22~23列"其他信息":如纳税人有"残疾、孤老、烈属"情况的,填写本栏。

7. 第24~28列"华侨、港澳台、外籍个人信息":纳税人为华侨、港澳台居民、外籍个人的填写本栏。

(1) 第24列"出生地":填写华侨、港澳台居民、外籍个人的出生地,具体到国家或者地区。

(2) 第26~27列"首次入境时间""预计离境时间":填写华侨、港澳台居民、外籍个人首次入境和预计离境的时间,具体到年月日。预计离境时间发生变化的,应及时进行变更。

(3) 第28列"涉税事由":填写华侨、港澳台居民、外籍个人在境内涉税的具体事由,包括"任职受雇""提供临时劳务""转让财产""从事投资和经营活动""其他"。如有多项事由的,应同时填写。

四、其他事项说明

以纸质方式报送本表的,应当一式两份,扣缴义务人、税务机关各留存一份。

（2）个人所得税基础信息表（B表）。

表12-4　　　　　　　　个人所得税基础信息表（B表）
（适用于自然人填报）

纳税人识别号：□□□□□□□□□□□□□□□□□□

基本信息（带*必填）				
基本信息	*纳税人姓名	中文名	英文名	
	*身份证件	证件类型一	证件号码	
		证件类型二	证件号码	
	*国籍/地区		*出生日期	年　月　日
联系方式	户籍所在地	省（区、市）　　市　　区（县）　　街道（乡、镇）＿＿＿			
	经常居住地	省（区、市）　　市　　区（县）　　街道（乡、镇）＿＿＿			
	联系地址	省（区、市）　　市　　区（县）　　街道（乡、镇）＿＿＿			
	*手机号码		电子邮箱	
其他信息	开户银行		银行账号	
	学历	□研究生　□大学本科　□大学本科以下			
	特殊情形	□残疾　残疾证号＿＿＿　□烈属　烈属证号＿＿＿　□孤老			
任职、受雇、从业信息				
任职受雇从业单位一	名称		国家/地区	
	纳税人识别号（统一社会信用代码）		任职受雇从业日期	年月	离职日期	年月
	类型	□雇员　□保险营销员 □证券经纪人　□其他	职务	□高层　□其他
任职受雇从业单位二	名称		国家/地区	
	纳税人识别号（统一社会信用代码）		任职受雇从业日期	年月	离职日期	年月
	类型	□雇员　□保险营销员 □证券经纪人　□其他	职务	□高层　□其他

续表

该栏仅由投资者纳税人填写					
被投资单位一	名称		国家/地区		
	纳税人识别号（统一社会信用代码）		投资额（元）		投资比例
被投资单位二	名称		国家/地区		
	纳税人识别号（统一社会信用代码）		投资额（元）		投资比例
该栏仅由华侨、港澳台、外籍个人填写（带 * 必填）					
*出生地			*首次入境时间		年　月　日
*性别			*预计离境时间		年　月　日
*涉税事由	□任职受雇　□提供临时劳务　□转让财产　□从事投资和经营活动　□其他				
谨声明：本表是根据国家税收法律法规及相关规定填报的，是真实的、可靠的、完整的。 纳税人（签字）：　　　　年　月　日					
经办人签字： 经办人身份证件号码： 代理机构签章： 代理机构统一社会信用代码：			受理人： 受理税务机关（章）： 受理日期：　　年　月　日		

国家税务总局监制

《个人所得税基础信息表（B表）》填表说明

一、适用范围

本表适用于自然人纳税人基础信息的填报。

二、报送期限

自然人纳税人初次向税务机关办理相关涉税事宜时填报本表；初次申报后，以后仅需在信息发生变化时填报。

三、本表各栏填写

本表带"*"的项目为必填或者条件必填，其余项目为选填。

（一）表头项目

纳税人识别号：有中国公民身份号码的，填写中华人民共和国居民身份证上载明的"公民身份号码"；没有中国公民身份号码的，填写税务机关赋予的纳税人识别号。

（二）表内各栏

1. 基本信息：

（1）纳税人姓名：填写纳税人姓名。外籍个人英文姓名按照"先姓（surname）后名（given name）"的顺序填写，确实无法区分姓和名的，按照证件上的姓名顺序填写。

（2）身份证件：填写纳税人有效的身份证件类型及号码。

"证件类型一"按以下原则填写：

①有中国公民身份号码的，应当填写《中华人民共和国居民身份证》（简称"居民身份证"）。

②华侨应当填写《中华人民共和国护照》（简称"中国护照"）。

③港澳居民可选择填写《港澳居民来往内地通行证》（简称"港澳居民通行证"）或者《中华人民共和国港澳居民居住证》（简称"港澳居民居住证"）；台湾居民可选择填写《台湾居民来往大陆通行证》（简称"台湾居民通行证"）或者《中华人民共和国台湾居民居住证》（简称"台湾居民居住证"）。

④外籍个人可选择填写《中华人民共和国外国人永久居留身份证》（简称"外国人永久居留证"）、《中华人民共和国外国人工作许可证》（简称"外国人工作许可证"）或者"外国护照"。

⑤其他符合规定的情形填写"其他证件"。

"证件类型二"按以下原则填写：证件类型一选择"港澳居民居住证"的，证件类型二应当填写"港澳居民通行证"；证件类型一选择"台湾居民居住证"的，证件类型二应当填写"台湾居民通行证"；证件类型一选择"外国人永久居留证"或者"外国人工作许可证"的，证件类型二应当填写"外国护照"。证件类型一已选择"居民身份证""中国护照""港澳居民通行证""台湾居民通行证"或"外国护照"，证件类型二可不填。

（3）国籍/地区：填写纳税人所属的国籍或地区。

（4）出生日期：根据纳税人身份证件上的信息填写。

（5）户籍所在地、经常居住地、联系地址：填写境内地址信息，至少填写一项。有居民身份证的，"户籍所在地""经常居住地"必须填写其中之一。

（6）手机号码、电子邮箱：填写境内有效手机号码，港澳台、外籍个人可以选择境内有效手机号码或电子邮箱中的一项填写。

(7) 开户银行、银行账号：填写有效的个人银行账户信息，开户银行填写到银行总行。

(8) 特殊情形：纳税人为残疾、烈属、孤老的，填写本栏。残疾、烈属人员还需填写残疾/烈属证件号码。

2. 任职、受雇、从业信息：填写纳税人任职受雇从业的有关信息。其中，中国境内无住所个人有境外派遣单位的，应在本栏除填写境内任职受雇从业单位、境内受聘签约单位情况外，还应一并填写境外派遣单位相关信息。填写境外派遣单位时，其纳税人识别号（社会统一信用代码）可不填。

3. 投资者纳税人填写栏：由自然人股东、投资者填写。没有，则不填。

(1) 名称：填写被投资单位名称全称。

(2) 纳税人识别号（统一社会信用代码）：填写被投资单位纳税人识别号或者统一社会信用代码。

(3) 投资额：填写自然人股东、投资者在被投资单位投资的投资额（股本）。

(4) 投资比例：填写自然人股东、投资者的投资额占被投资单位投资（股本）的比例。

4. 华侨、港澳台、外籍个人信息：华侨、港澳台居民、外籍个人填写本栏。

(1) 出生地：填写华侨、港澳台居民、外籍个人的出生地，具体到国家或者地区。

(2) 首次入境时间、预计离境时间：填写华侨、港澳台居民、外籍个人首次入境和预计离境的时间，具体到年月日。预计离境时间发生变化的，应及时进行变更。

(3) 涉税事由：填写华侨、港澳台居民、外籍个人在境内涉税的具体事由，在相应事由处画"√"。如有多项事由的，同时勾选。

四、其他事项说明

以纸质方式报送本表的，应当一式两份，纳税人、税务机关各留存一份。

12.5.2　个人所得税扣缴申报表

表 12-5 个人所得税扣缴申报表

税款所属期： 年 月 日 至 年 月 日

扣缴义务人名称：

扣缴义务人纳税人识别号（统一社会信用代码）：□□□□□□□□□□□□□□□□□□

金额单位：人民币元（列至角分）

序号	姓名	身份证件类型	身份证件号码	纳税人识别号	是否为非居民个人	所得项目	收入额计算			专项扣除				其他扣除				累计预扣预缴应纳税所得额计算								税款计算					备注
							收入	费用	免税收入	减除费用	基本养老保险费	基本医疗保险费	失业保险费	住房公积金	年金	商业健康保险	税延养老保险	财产原值	允许扣除的税费	其他	累计收入额	累计减除费用	累计专项扣除	累计专项附加扣除				累计其他扣除	减按计税比例	准予扣除的捐赠额	应纳税所得额	税率/预扣率	速算扣除数	应纳税额	减免税额	已缴税额	应补/退税额	
																								子女教育	赡养老人	住房贷款利息	住房租金	继续教育											
1	2	3	4	5	6	7	8	9	10	11	12	13	14	15	16	17	18	19	20	21	22	23	24	25	26	27	28	29	30	31	32	33	34	35	36	37	38	39	40

合计合计

谨声明：本表是根据国家税收法律法规及相关规定填报的，是真实的、可靠的、完整的。

扣缴义务人（签章）： 年 月 日

经办人签字：
经办人身份证件号码：
代理机构签章：
代理机构统一社会信用代码：

受理人：
受理税务机关（章）： 年 月 日
受理日期：

国家税务总局监制

《个人所得税扣缴申报表》填表说明

一、适用范围

本表适用于扣缴义务人向居民个人支付工资、薪金所得,劳务报酬所得,稿酬所得和特许权使用费所得的个人所得税全员全额预扣预缴申报;向非居民个人支付工资、薪金所得,劳务报酬所得,稿酬所得和特许权使用费所得的个人所得税全员全额扣缴申报;以及向纳税人(居民个人和非居民个人)支付利息、股息、红利所得,财产租赁所得,财产转让所得和偶然所得的个人所得税全员全额扣缴申报。

二、报送期限

扣缴义务人应当在每月或者每次预扣、代扣税款的次月15日内,将已扣税款缴入国库,并向税务机关报送本表。

三、本表各栏填写

(一)表头项目

1. 税款所属期:填写扣缴义务人预扣、代扣税款当月的第1日至最后1日。如:2019年3月20日发放工资时代扣的税款,税款所属期填写"2019年3月1日至2019年3月31日"。

2. 扣缴义务人名称:填写扣缴义务人的法定名称全称。

3. 扣缴义务人纳税人识别号(统一社会信用代码):填写扣缴义务人的纳税人识别号或者统一社会信用代码。

(二)表内各栏

1. 第2列"姓名":填写纳税人姓名。

2. 第3列"身份证件类型":填写纳税人有效的身份证件名称。中国公民有中华人民共和国居民身份证的,填写居民身份证;没有居民身份证的,填写中华人民共和国护照、港澳居民来往内地通行证或者港澳居民居住证、台湾居民通行证或者台湾居民居住证、外国人永久居留身份证、外国人工作许可证或者护照等。

3. 第4列"身份证件号码":填写纳税人有效身份证件上载明的证件号码。

4. 第5列"纳税人识别号":有中国公民身份号码的,填写中华人民共和国居民身份证上载明的"公民身份号码";没有中国公民身份号码的,填写税务机关赋予的纳税人识别号。

5. 第6列"是否为非居民个人":纳税人为居民个人的填"否"。为非居民个人的,根据合同、任职期限、预期工作时间等不同情况,填写"是,且不超过90天"或者"是,且超过90天不超过183天"。不填默认为"否"。

其中,纳税人为非居民个人的,填写"是,且不超过90天"的,当年在境内实际居住超过90天的次月15日内,填写"是,且超过90天不超过183天"。

6. 第7列"所得项目":填写纳税人取得的个人所得税法第二条规定的应税所得项目名称。同一纳税人取得多项或者多次所得的,应分行填写。

7. 第8~21列"本月(次)情况":填写扣缴义务人当月(次)支付给纳税人的所得,以及按规定各所得项目当月(次)可扣除的减除费用、专项扣除、其他扣除等。其中,工资、薪金所得预扣预缴个人所得税时扣除的专项附加扣除,按照纳税年度内纳税人在该任职受雇单位截至当月可享受的各专项附加扣除项目的扣除总额,填写至"累计情况"中第25~29列相应栏,本月情况中则无须填写。

(1)"收入额计算":包含"收入""费用""免税收入"。收入额=第8列-第9列-第10列。

①第8列"收入":填写当月(次)扣缴义务人支付给纳税人所得的总额。

②第9列"费用":取得劳务报酬所得、稿酬所得、特许权使用费所得时填写,取得其他各项所得时无须填写本列。居民个人取得上述所得,每次收入不超过4000元的,费用填写"800"元;每次收入4000元以上的,费用按收入的20%填写。非居民个人取得劳务报酬所得、稿酬所得、特许权使用费所得,费用按收入的20%填写。

③第10列"免税收入":填写纳税人各所得项目收入总额中,包含的税法规定的免税收入金额。其中,税法规定"稿酬所得的收入额减按70%计算",对稿酬所得的收入额减计的30%部分,填入本列。

(2)第11列"减除费用":按税法规定的减除费用标准填写。如,2019年纳税人取得工资、薪金所得按月申报时,填写5000元。纳税人取得财产租赁所得,每次收入不超过4000元的,填写800元;每次收入4000元以上的,按收入的20%填写。

(3)第12~15列"专项扣除":分别填写按规定允许扣除的基本养老保险费、基本医疗保险费、失业保险费、住房公积金(以下简称"三险一金")的金额。

(4)第16~21列"其他扣除":分别填写按规定允许扣除的项目金额。

8. 第22~30列"累计情况":本栏适用于居民个人取得工资、薪金所得,保险营销员、证券经纪人取得佣金收入等按规定采取累计预扣法预扣预缴税款时填报。

(1)第22列"累计收入额":填写本纳税年度截至当前月份,扣缴义务人支付给纳税人的工资、薪金所得,或者支付给保险营销员、证券经纪人的劳务报酬所得的累计收入额。

(2)第23列"累计减除费用":按照5000元/月乘以纳税人当年在本单位的任职受雇或者从业的月份数计算。

(3)第24列"累计专项扣除":填写本年度截至当前月份,按规定允许扣除的"三险一金"的累计金额。

(4)第25~29列"累计专项附加扣除":分别填写截至当前月份,纳税人按规定可享受的子女教育、赡养老人、住房贷款利息或者住房租金、继续教育扣除的累计金额。大病医疗扣除由纳税人在年度汇算清缴时办理,此处无须填报。

(5)第30列"累计其他扣除":填写本年度截至当前月份,按规定允许扣除的年金(包括企业年金、职业年金)、商业健康保险、税延养老保险及其他扣除项目的累计金额。

9. 第31列"减按计税比例":填写按规定实行应纳税所得额减计税收优惠的减计比例。无减计规定的,可不填,系统默认为100%。如,某项税收政策实行减按60%计入应纳税所得额,则本列填60%。

10. 第32列"准予扣除的捐赠额":是指按照税法及相关法规、政策规定,可以在税前扣除的捐赠额。

11. 第33~39列"税款计算"：填写扣缴义务人当月扣缴个人所得税款的计算情况。

（1）第33列"应纳税所得额"：根据相关列次计算填报。

①居民个人取得工资、薪金所得，填写累计收入额减除累计减除费用、累计专项扣除、累计专项附加扣除、累计其他扣除后的余额。

②非居民个人取得工资、薪金所得，填写收入额减去减除费用后的余额。

③居民个人或者非居民个人取得劳务报酬所得、稿酬所得、特许权使用费所得，填写本月（次）收入额减除其他扣除后的余额。

保险营销员、证券经纪人取得的佣金收入，填写累计收入额减除累计减除费用、累计其他扣除后的余额。

④居民个人或者非居民个人取得利息、股息、红利所得和偶然所得，填写本月（次）收入额。

⑤居民个人或者非居民个人取得财产租赁所得，填写本月（次）收入额减去减除费用、其他扣除后的余额。

⑥居民个人或者非居民个人取得财产转让所得，填写本月（次）收入额减除财产原值、允许扣除的税费后的余额。

其中，适用"减按计税比例"的所得项目，其应纳税所得额按上述方法计算后乘以减按计税比例的金额填报。

按照税法及相关法规、政策规定，可以在税前扣除的捐赠额，可以按上述方法计算后从应纳税所得额中扣除。

（2）第34~35列"税率/预扣率""速算扣除数"：填写各所得项目按规定适用的税率（或预扣率）和速算扣除数。没有速算扣除数的，则不填。

（3）第36列"应纳税额"：根据相关列次计算填报。第36列＝第33列×第34列－第35列。

（4）第37列"减免税额"：填写符合税法规定可减免的税额，并附报《个人所得税减免税事项报告表》。居民个人工资、薪金所得，以及保险营销员、证券经纪人取得佣金收入，填写本年度累计减免税额；居民个人取得工资、薪金以外的所得或非居民个人取得各项所得，填写本月（次）减免税额。

（5）第38列"已缴税额"：填写本年或本月（次）纳税人同一所得项目，已由扣缴义务人实际扣缴的税款金额。

（6）第39列"应补/退税额"：根据相关列次计算填报。第39列＝第36列－第37列－第38列。

四、其他事项说明

以纸质方式报送本表的，应当一式两份，扣缴义务人、税务机关各留存一份。

12.5.3　个人所得税自行纳税申报表（A表）

表12-6

个人所得税自行纳税申报表（A表）

税款所属期：　　　年　月　日至　　　年　月　日

纳税人姓名：

纳税人识别号：□□□□□□□□□□□□□□□□□□

金额单位：人民币元（列至角分）

自行申报情形	□居民个人取得应税所得，扣缴义务人未扣缴税款 □非居民个人取得应税所得，扣缴义务人未扣缴税款 □非居民个人在中国境内从两处以上取得工资、薪金所得　□其他_____														是否为非居民个人 □是　□否	非居民个人本年度境内居住天数 □不超过90天 □超过90天不超过183天					
	收入额计算					专项扣除				其他扣除			减按计税比例	准予扣除的捐赠额	税款计算						备注
序号	所得项目	收入	费用	免税收入	减除费用	基本养老保险费	基本医疗保险费	失业保险费	住房公积金	财产原值	允许扣除的税费	其他			应纳税所得额	税率	速算扣除数	应纳税额	减免税额	已缴税额	应补/退税额
1	2	3	4	5	6	7	8	9	10	11	12	13	14	15	16	17	18	19	20	21	22	23

谨声明：本表是根据国家税收法律法规及相关规定填报的，是真实的、可靠的、完整的。

经办人签字：　　　　　　　　　　　　　　　　　　　　　　纳税人签字：

经办人身份证件号码：

代理机构签章：

代理机构统一社会信用代码：

受理人：

受理税务机关（章）：　　　　　　　　　　　　　　　　　　　　　　　　　年　月　日

受理日期：　　　　年　月　日

国家税务总局监制

《个人所得税自行纳税申报表（A表）》填表说明

一、适用范围

本表适用于居民个人取得应税所得，扣缴义务人未扣缴税款，非居民个人取得应税所得扣缴义务人未扣缴税款，非居民个人在中国境内从两处以上取得工资、薪金所得等情形在办理自行纳税申报时，向税务机关报送。

二、报送期限

（一）居民个人取得应税所得扣缴义务人未扣缴税款，应当在取得所得的次年6月30日前办理纳税申报。税务机关通知限期缴纳的，纳税人应当按照期限缴纳税款。

（二）非居民个人取得应税所得，扣缴义务人未扣缴税款的，应当在取得所得的次年6月30日前办理纳税申报。非居民个人在次年6月30日前离境（临时离境除外）的，应当在离境前办理纳税申报。

（三）非居民个人在中国境内从两处以上取得工资、薪金所得的，应当在取得所得的次月15日内办理纳税申报。

（四）其他需要纳税人办理自行申报的情形，按规定的申报期限办理。

三、本表各栏填写

（一）表头项目

1. 税款所属期：填写纳税人取得所得应纳个人所得税款的所属期间，填写具体的起止年月日。

2. 纳税人姓名：填写自然人纳税人姓名。

3. 纳税人识别号：有中国公民身份号码的，填写中华人民共和国居民身份证上载明的"公民身份号码"；没有中国公民身份号码的，填写税务机关赋予的纳税人识别号。

（二）表内各栏

1. "自行申报情形"：纳税人根据自身情况在对应框内打"√"。选择"其他"的，应当填写具体自行申报情形。

2. "是否为非居民个人"：非居民个人选"是"，居民个人选"否"。不填默认为"否"。

3. "非居民个人本年度境内居住天数"：非居民个人根据合同、任职期限、预期工作时间等不同情况，填写"不超过90天"或者"超过90天不超过183天"。

4. 第2列"所得项目"：按照个人所得税法第二条规定的项目填写。纳税人取得多项所得或者多次取得所得的，分行填写。

5. 第3~5列"收入额计算"：包含"收入""费用""免税收入"。收入额=第3列-第4列-第5列。

（1）第3列"收入"：填写纳税人实际取得所得的收入总额。

（2）第4列"费用"：取得劳务报酬所得、稿酬所得、特许权使用费所得时填写，取得其他各项所得时无须填写本列。非居民个人取得劳务报酬所得、稿酬所得、特许权使用费所得，费用按收入的20%填写。

（3）第5列"免税收入"：填写符合税法规定的免税收入金额。其中，税法规定"稿酬所得的收入额减按70%计算"，对减计的30%部分，填入本列。

6. 第6列"减除费用"：按税法规定的减除费用标准填写。

7. 第7~10列"专项扣除"：分别填写按规定允许扣除的基本养老保险费、基本医疗保险费、失业保险费、住房公积金的金额。

8. 第11~13列"其他扣除"：包含"财产原值""允许扣除的税费""其他"，分别填写按照税法规定当月（次）允许扣除的金额。

（1）第11列"财产原值"：纳税人取得财产转让所得时填写本栏。

（2）第12列"允许扣除的税费"：填写按规定可以在税前扣除的税费。

①纳税人取得劳务报酬所得时，填写劳务发生过程中实际缴纳的可依法扣除的税费。

②纳税人取得特许权使用费所得时，填写提供特许权过程中发生的中介费和实际缴纳的可依法扣除的税费。

③纳税人取得财产租赁所得时，填写修缮费和出租财产过程中实际缴纳的可依法扣除的税费。

④纳税人取得财产转让所得时，填写转让财产过程中实际缴纳的可依法扣除的税费。

（3）第13列"其他"：填写按规定其他可以在税前扣除的项目。

9. 第14列"减按计税比例"：填写按规定实行应纳税所得额减计税收优惠的减计比例。无减计规定的，则不填，系统默认为100%。如，某项税收政策实行减按60%计入应纳税所得额，则本列填60%。

10. 第15列"准予扣除的捐赠额"：是指按照税法及相关法规、政策规定，可以在税前扣除的捐赠额。

11. 第16列"应纳税所得额"：根据相关列次计算填报。

12. 第17~18列"税率""速算扣除数"：填写所得项目按规定适用的税率和速算扣除数。所得项目没有速算扣除数的，则不填。

13. 第19列"应纳税额"：根据相关列次计算填报。第19列=第16列×第17列－第18列。

14. 第20列"减免税额"：填写符合税法规定的可以减免的税额，并附报《个人所得税减免税事项报告表》。

15. 第21列"已缴税额"：填写纳税人当期已实际缴纳或者被扣缴的个人所得税税款。

16. 第22列"应补/退税额"：根据相关列次计算填报。第22列=第19列－第20列－第21列。

四、其他事项说明

以纸质方式报送本表的，应当一式两份，纳税人、税务机关各留存一份。

12.5.4 个人所得税年度自行纳税申报表

（1）个人所得税年度自行纳税申报表（A 表）

表 12-7　　**个人所得税年度自行纳税申报表（A 表）**

（仅取得境内综合所得年度汇算适用）

税款所属期：　　年　月　日至　　年　月　日

纳税人姓名：

纳税人识别号：□□□□□□□□□□□□□□□□□-□□　　金额单位：人民币元（列至角分）

基本情况						
手机号码		电子邮箱		邮政编码	□□□□□□	
联系地址	____省（区、市）____市____区（县）_____街道（乡、镇）____					
纳税地点（单选）						
1.有任职受雇单位的，需选本项并填写"任职受雇单位信息"：				□任职受雇单位所在地		
任职受雇单位信息	名称					
	纳税人识别号	□□□□□□□□□□□□□□□□□				
2.没有任职受雇单位的，可以从本栏次选择一地：				□户籍所在地	□经常居住地	
户籍所在地/经常居住地	____省（区、市）_____市_____区（县）_____街道（乡、镇）____					
申报类型（单选）						
□首次申报				□更正申报		
综合所得个人所得税计算						
项目					行次	金额
一、收入合计（第1行=第2行+第3行+第4行+第5行）					1	
（一）工资、薪金					2	
（二）劳务报酬					3	
（三）稿酬					4	
（四）特许权使用费					5	
二、费用合计［第6行=（第3行+第4行+第5行）×20%］					6	
三、免税收入合计（第7行=第8行+第9行）					7	
（一）稿酬所得免税部分［第8行=第4行×（1-20%）×30%］					8	
（二）其他免税收入（附报《个人所得税减免税事项报告表》）					9	
四、减除费用					10	

续表

项目	行次	金额
五、专项扣除合计（第 11 行=第 12 行+第 13 行+第 14 行+第 15 行）	11	
（一）基本养老保险费	12	
（二）基本医疗保险费	13	
（三）失业保险费	14	
（四）住房公积金	15	
六、专项附加扣除合计（附报《个人所得税专项附加扣除信息表》） （第 16 行=第 17 行+第 18 行+第 19 行+第 20 行+第 21 行+第 22 行）	16	
（一）子女教育	17	
（二）继续教育	18	
（三）大病医疗	19	
（四）住房贷款利息	20	
（五）住房租金	21	
（六）赡养老人	22	
七、其他扣除合计（第 23 行=第 24 行+第 25 行+第 26 行+第 27 行+第 28 行）	23	
（一）年金	24	
（二）商业健康保险（附报《商业健康保险税前扣除情况明细表》）	25	
（三）税延养老保险（附报《个人税收递延型商业养老保险税前扣除情况明细表》）	26	
（四）允许扣除的税费	27	
（五）其他	28	
八、准予扣除的捐赠额（附报《个人所得税公益慈善事业捐赠扣除明细表》）	29	
九、应纳税所得额 （第 30 行=第 1 行-第 6 行-第 7 行-第 10 行-第 11 行-第 16 行-第 23 行-第 29 行）	30	
十、税率（%）	31	
十一、速算扣除数	32	
十二、应纳税额（第 33 行=第 30 行×第 31 行-第 32 行）	33	
全年一次性奖金个人所得税计算 （无住所居民个人预判为非居民个人取得的数月奖金，选择按全年一次性奖金计税的填写本部分）		
一、全年一次性奖金收入	34	
二、准予扣除的捐赠额（附报《个人所得税公益慈善事业捐赠扣除明细表》）	35	
三、税率（%）	36	
四、速算扣除数	37	

续表

项目	行次	金额
五、应纳税额 [第38行 = (第34行-第35行) ×第36行-第37行]	38	
税额调整		
一、综合所得收入调整额（需在"备注"栏说明调整具体原因、计算方式等）	39	
二、应纳税额调整额	40	
应补/退个人所得税计算		
一、应纳税额合计（第41行=第33行+第38行+第40行）	41	
二、减免税额（附报《个人所得税减免税事项报告表》）	42	
三、已缴税额	43	
四、应补/退税额（第44行=第41行-第42行-第43行）	44	

无住所个人附报信息			
纳税年度内在中国境内居住天数		已在中国境内居住年数	

退税申请

（应补/退税额小于0的填写本部分）

□申请退税（需填写"开户银行名称""开户银行省份""银行账号"）		□放弃退税
开户银行名称		开户银行省份	
银行账号			

备注

谨声明：本表是根据国家税收法律法规及相关规定填报的，本人对填报内容（附带资料）的真实性、可靠性、完整性负责。

纳税人签字：　　　　　　　　年　月　日

经办人签字：	受理人：
经办人身份证件类型：	
经办人身份证件号码：	受理税务机关（章）：
代理机构签章：	
代理机构统一社会信用代码：	受理日期：　　　年　月　日

国家税务总局监制

《个人所得税年度自行纳税申报表》（A 表）填表说明
（仅取得境内综合所得年度汇算适用）

一、适用范围

本表适用于居民个人纳税年度内仅从中国境内取得工资薪金所得、劳务报酬所得、稿酬所得、特许权使用费所得（以下称"综合所得"），按照税法规定进行个人所得税综合所得汇算清缴。居民个人纳税年度内取得境外所得的，不适用本表。

二、报送期限

居民个人取得综合所得需要办理汇算清缴的，应当在取得所得的次年3月1日至6月30日内，向主管税务机关办理个人所得税综合所得汇算清缴申报，并报送本表。

三、本表各栏填写

（一）表头项目

1. 税款所属期：填写居民个人取得综合所得当年的第1日至最后1日。如：2019年1月1日至2019年12月31日。

2. 纳税人姓名：填写居民个人姓名。

3. 纳税人识别号：有中国公民身份号码的，填写中华人民共和国居民身份证上载明的"公民身份号码"；没有中国公民身份号码的，填写税务机关赋予的纳税人识别号。

（二）基本情况

1. 手机号码：填写居民个人中国境内的有效手机号码。

2. 电子邮箱：填写居民个人有效电子邮箱地址。

3. 联系地址：填写居民个人能够接收信件的有效地址。

4. 邮政编码：填写居民个人"联系地址"对应的邮政编码。

（三）纳税地点

居民个人根据任职受雇情况，在选项1和选项2之间选择其一，并填写相应信息。若居民个人逾期办理汇算清缴申报被指定主管税务机关的，无需填写本部分。

1. 任职受雇单位信息：勾选"任职受雇单位所在地"并填写相关信息。

（1）名称：填写任职受雇单位的法定名称全称。

（2）纳税人识别号：填写任职受雇单位的纳税人识别号或者统一社会信用代码。

2. 户籍所在地/经常居住地：勾选"户籍所在地"的，填写居民户口簿中登记的住址。勾选"经常居住地"的，填写居民个人申领居住证上登记的居住地址；没有申领居住证的，填写居民个人实际居住地；实际居住地不在中国境内的，填写支付或者实际负担综合所得的境内单位或个人所在地。

（四）申报类型

未曾办理过年度汇算申报，勾选"首次申报"；已办理过年度汇算申报，但有误需要更正的，勾选"更正申报"。

（五）综合所得个人所得税计算

1. 第1行"收入合计":填写居民个人取得的综合所得收入合计金额。

第1行=第2行+第3行+第4行+第5行。

2. 第2~5行"工资、薪金""劳务报酬""稿酬""特许权使用费":填写居民个人取得的需要并入综合所得计税的"工资、薪金""劳务报酬""稿酬""特许权使用费"所得收入金额。

3. 第6行"费用合计":根据相关行次计算填报。

第6行=(第3行+第4行+第5行)×20%。

4. 第7行"免税收入合计":填写居民个人取得的符合税法规定的免税收入合计金额。

第7行=第8行+第9行。

5. 第8行"稿酬所得免税部分":根据相关行次计算填报。

第8行=第4行×(1-20%)×30%。

6. 第9行"其他免税收入":填写居民个人取得的除第8行以外的符合税法规定的免税收入合计,并按规定附报《个人所得税减免税事项报告表》。

7. 第10行"减除费用":填写税法规定的减除费用。

8. 第11行"专项扣除合计":根据相关行次计算填报。

第11行=第12行+第13行+第14行+第15行。

9. 第12~15行"基本养老保险费""基本医疗保险费""失业保险费""住房公积金":填写居民个人按规定可以在税前扣除的基本养老保险费、基本医疗保险费、失业保险费、住房公积金金额。

10. 第16行"专项附加扣除合计":根据相关行次计算填报,并按规定附报《个人所得税专项附加扣除信息表》。

第16行=第17行+第18行+第19行+第20行+第21行+第22行。

11. 第17~22行"子女教育""继续教育""大病医疗""住房贷款利息""住房租金""赡养老人":填写居民个人按规定可以在税前扣除的子女教育、继续教育、大病医疗、住房贷款利息、住房租金、赡养老人等专项附加扣除的金额。

12. 第23行"其他扣除合计":根据相关行次计算填报。

第23行=第24行+第25行+第26行+第27行+第28行。

13. 第24~28行"年金""商业健康保险""税延养老保险""允许扣除的税费""其他":填写居民个人按规定可在税前扣除的年金、商业健康保险、税延养老保险、允许扣除的税费和其他扣除项目的金额。其中,填写商业健康保险的,应当按规定附报《商业健康保险税前扣除情况明细表》;填写税延养老保险的,应当按规定附报《个人税收递延型商业养老保险税前扣除情况明细表》。

14. 第29行"准予扣除的捐赠额":填写居民个人按规定准予在税前扣除的公益慈善事业捐赠金额,并按规定附报《个人所得税公益慈善事业捐赠扣除明细表》。

15. 第30行"应纳税所得额":根据相关行次计算填报。

第 30 行＝第 1 行－第 6 行－第 7 行－第 10 行－第 11 行－第 16 行－第 23 行－第 29 行。

16. 第 31、32 行"税率""速算扣除数"：填写按规定适用的税率和速算扣除数。

17. 第 33 行"应纳税额"：按照相关行次计算填报。

第 33 行＝第 30 行×第 31 行－第 32 行。

（六）全年一次性奖金个人所得税计算

无住所居民个人预缴时因预判为非居民个人而按取得数月奖金计算缴税的，汇缴时可以根据自身情况，将一笔数月奖金按照全年一次性奖金单独计算。

1. 第 34 行"全年一次性奖金收入"：填写无住所的居民个人纳税年度内预判为非居民个人时取得的一笔数月奖金收入金额。

2. 第 35 行"准予扣除的捐赠额"：填写无住所的居民个人按规定准予在税前扣除的公益慈善事业捐赠金额，并按规定附报《个人所得税公益慈善事业捐赠扣除明细表》。

3. 第 36、37 行"税率""速算扣除数"：填写按照全年一次性奖金政策规定适用的税率和速算扣除数。

4. 第 38 行"应纳税额"：按照相关行次计算填报。

第 38 行＝（第 34 行－第 35 行）×第 36 行－第 37 行。

（七）税额调整

1. 第 39 行"综合所得收入调整额"：填写居民个人按照税法规定可以办理的除第 39 行之前所填报内容之外的其他可以进行调整的综合所得收入的调整金额，并在"备注"栏说明调整的具体原因、计算方式等信息。

2. 第 40 行"应纳税额调整额"：填写居民个人按照税法规定调整综合所得收入后所应调整的应纳税额。

（八）应补/退个人所得税计算

1. 第 41 行"应纳税额合计"：根据相关行次计算填报。

第 41 行＝第 33 行＋第 38 行＋第 40 行。

2. 第 42 行"减免税额"：填写符合税法规定的可以减免的税额，并按规定附报《个人所得税减免税事项报告表》。

3. 第 43 行"已缴税额"：填写居民个人取得在本表中已填报的收入对应的已经缴纳或者被扣缴的个人所得税。

4. 第 44 行"应补/退税额"：根据相关行次计算填报。

第 44 行＝第 41 行－第 42 行－第 43 行。

（九）无住所个人附报信息

本部分由无住所居民个人填写。不是，则不填。

1."纳税年度内在中国境内居住天数"：填写纳税年度内，无住所居民个人在中国境内居住的天数。

2."已在中国境内居住年数"：填写无住所居民个人已在中国境内连续居住的年份数。其中,年份数自2019年(含)开始计算且不包含本纳税年度。

(十)退税申请

本部分由应补/退税额小于0且勾选"申请退税"的居民个人填写。

1."开户银行名称":填写居民个人在中国境内开立银行账户的银行名称。

2."开户银行省份":填写居民个人在中国境内开立的银行账户的开户银行所在省、自治区、直辖市或者计划单列市。

3."银行账号":填写居民个人在中国境内开立的银行账户的银行账号。

(十一)备注

填写居民个人认为需要特别说明的或者按照有关规定需要说明的事项。

四、其他事项说明

以纸质方式报送本表的,建议通过计算机填写打印,一式两份,纳税人、税务机关各留存一份。

(2)个人所得税年度自行纳税申报表(简易版)

表 12-8　　　　个人所得税年度自行纳税申报表(简易版)

(纳税年度:20＿＿＿)

一、填表须知

填写本表前,请仔细阅读以下内容: 1. 如果您年综合所得收入额不超过6万元且在纳税年度内未取得境外所得的,可以填写本表; 2. 您可以在纳税年度的次年3月1日至5月31日使用本表办理汇算清缴申报,并在该期限内申请退税; 3. 建议您下载并登录个人所得税APP,或者直接登录税务机关官方网站在线办理汇算清缴申报,体验更加便捷的申报方式; 4. 如果您对于申报填写的内容有疑问,您可以参考相关办税指引,咨询您的扣缴单位、专业人士,或者拨打12366纳税服务热线。 5. 以纸质方式报送本表的,建议通过计算机填写打印,一式两份,纳税人、税务机关各留存一份。

二、个人基本情况

1. 姓名	
2. 公民身份号码/纳税人识别号	□□□□□□□□□□□□□□□□-□□ (无校验码不填后两位)
说明:有中国公民身份号码的,填写中华人民共和国居民身份证上载明的"公民身份号码";没有中国公民身份号码的,填写税务机关赋予的纳税人识别号。	
3. 手机号码	□□□□□□□□□□□
提示:中国境内有效手机号码,请准确填写,以方便与您联系。	

续表

4. 电子邮箱	
5. 联系地址	____省（区、市）____市____区（县）_____街道（乡、镇）_____
提示：能够接收信件的有效通讯地址。	
6. 邮政编码	□□□□□□

三、纳税地点（单选）

1. 有任职受雇单位的，需选本项并填写"任职受雇单位信息"：		□任职受雇单位所在地
任职受雇单位信息	名称	
	纳税人识别号	□□□□□□□□□□□□□□□
2. 没有任职受雇单位的，可以从本栏次选择一地：		□户籍所在地 □经常居住地
户籍所在地/经常居住地		____省（区、市）____市____区（县）_____街道（乡、镇）_____

四、申报类型

请您选择本次申报类型，未曾办理过年度汇算申报，勾选"首次申报"；已办理过年度汇算申报，但有误需要更正的，勾选"更正申报"：
□首次申报　　　　　　　　　　□更正申报

五、纳税情况

已缴税额	□□，□□□.□□（元）
纳税年度内取得综合所得时，扣缴义务人预扣预缴以及个人自行申报缴纳的个人所得税。	

六、退税申请

1. 是否申请退税？	□申请退税【选择此项的，填写个人账户信息】 □放弃退税
2. 个人账户信息	开户银行名称：_____ 开户银行省份：_____ 银行账号：_____
说明：开户银行名称填写居民个人在中国境内开立银行账户的银行名称。	

七、备注

如果您有需要特别说明或者税务机关要求说明的事项，请在本栏填写：

续表

八、承诺及申报受理

谨声明：	
1. 本人纳税年度内取得的综合所得收入额合计不超过 6 万元。 2. 本表是根据国家税收法律法规及相关规定填报的，本人对填报内容（附带资料）的真实性、可靠性、完整性负责。 　　　　　　　　　　　　　　　　　　　　　纳税人签名：　　　年　月　日	
经办人签字： 经办人身份证件类型： 经办人身份证件号码： 代理机构签章： 代理机构统一社会信用代码：	受理人： 受理税务机关（章）： 受理日期：　　　年　月　日

国家税务总局监制

（3）个人所得税年度自行纳税申报表（问答版）

表 12-9　　　个人所得税年度自行纳税申报表（问答版）

（纳税年度：20＿＿＿）

一、填表须知

填写本表前，请仔细阅读以下内容： 1. 如果您需要办理个人所得税综合所得汇算清缴，并且未在纳税年度内取得境外所得的，可以填写本表； 2. 您需要在纳税年度的次年 3 月 1 日至 6 月 30 日办理汇算清缴申报，并在该期限内补缴税款或者申请退税； 3. 建议您下载并登录个人所得税 APP，或者直接登录税务机关官方网站在线办理汇算清缴申报，体验更加便捷的申报方式； 4. 如果您对于申报填写的内容有疑问，您可以参考相关办税指引，咨询您的扣缴单位、专业人士，或者拨打 12366 纳税服务热线。 5. 以纸质方式报送本表的，建议通过计算机填写打印，一式两份，纳税人、税务机关各留存一份。

二、基本情况

1. 姓　　名	
2. 公民身份号码/纳税人识别号	□□□□□□□□□□□□□□□□-□□（无校验码不填后两位）

续表

说明：有中国公民身份号码的，填写中华人民共和国居民身份证上载明的"公民身份号码"；没有中国公民身份号码的，填写税务机关赋予的纳税人识别号。	
3. 手机号码	□□□□□□□□□□□
提示：中国境内有效手机号码，请准确填写，以方便与您联系。	
4. 电子邮箱	
5. 联系地址	_____省（区、市）_____市_____区（县）_____街道（乡、镇）_____
提示：能够接收信件的有效通讯地址。	
6. 邮政编码	□□□□□□

三、纳税地点

7. 您是否有任职受雇单位，并取得工资薪金？（单选）
□有任职受雇单位（需要回答问题8）　　□没有任职受雇单位（需要回答问题9）

8. 如果您有任职受雇单位，您可以选择一处任职受雇单位所在地办理汇算清缴，请提供该任职受雇单位的具体情况：
任职受雇单位名称（全称）：_____
任职受雇单位纳税人识别号：□□□□□□□□□□□□□□□□□□

9. 如果您没有任职受雇单位，您可以选择在以下地点办理汇算清缴：（单选）
□户籍所在地　　　　　　　　□经常居住地
具体地址：_____省（区、市）_____市_____区（县）_____街道（乡、镇）_____

说明：1. 户籍所在地是指居民户口簿中登记的地址。
2. 经常居住地是指居民个人申领居住证上登载的居住地址，若没有申领居住证，指居民个人当前实际居住的地址；若居民个人不在中国境内的，指支付或者实际负担综合所得的境内单位或个人所在地。

四、申报类型

10. 未曾办理过年度汇算申报，勾选"首次申报"；已办理过年度汇算申报，但有误需要更正的，勾选"更正申报"：
□首次申报　　　　　　　　□更正申报

五、收入-A（工资薪金）

11. 您在纳税年度内取得的工资薪金收入有多少？
（A1）工资薪金收入（包括并入综合所得计算的全年一次性奖金）：□□，□□□，□□□，□□□.□□（元）　　□无此类收入

续表

说明：
(1) 工资薪金是指，个人因任职或者受雇，取得的工资薪金收入。包括工资、薪金、奖金、年终加薪、劳动分红、津贴、补贴以及与任职或者受雇有关的其他收入。全年一次性奖金是指，行政机关、企事业单位等扣缴义务人根据其全年经济效益和对雇员全年工作业绩的综合考核情况，向雇员发放的一次性奖金。包括年终加薪、实行年薪制和绩效工资办法的单位根据考核情况兑现的年薪和绩效工资。
(2) 全年一次性奖金可以单独计税，也可以并入综合所得计税。具体方法请查阅财税〔2018〕164号文件规定。选择何种方式计税对您更为有利，可以咨询专业人士。
(3) 工资薪金收入不包括单独计税的全年一次性奖金。

六、收入-A（劳务报酬）

12. 您在纳税年度内取得的劳务报酬收入有多少？
(A2) 劳务报酬收入：□□，□□□，□□□，□□□.□□（元）　　　　□无此类收入
说明：劳务报酬收入是指，个人从事设计、装潢、安装、制图、化验、测试、医疗、法律、会计、咨询、讲学、翻译、审稿、书画、雕刻、影视、录音、录像、演出、表演、广告、展览、技术服务、介绍服务、经纪服务、代办服务以及其他劳务取得的收入。

七、收入-A（稿酬）

13. 您在纳税年度内取得的稿酬收入有多少？
(A3) 稿酬收入：□□，□□□，□□□，□□□.□□（元）　　　　　　□无此类收入
说明：稿酬收入是指，个人作品以图书、报刊等形式出版、发表而取得的收入。

八、收入-A（特许权使用费）

14. 您在纳税年度内取得的特许权使用费收入有多少？
(A4) 特许权使用费收入：□□，□□□，□□□，□□□.□□（元）　　□无此类收入
说明：特许权使用费收入是指，个人提供专利权、商标权、著作权、非专利技术以及其他特许权的使用权取得的收入。

九、免税收入-B

15. 您在纳税年度内取得的综合所得收入中，免税收入有多少？（需附报《个人所得税减免税事项报告表》）
(B1) 免税收入：□□，□□□，□□□，□□□.□□（元）　　　　　　□无此类收入
提示：免税收入是指按照税法规定免征个人所得税的收入。其中，税法规定"稿酬所得的收入额减按70%计算"，对稿酬所得的收入额减计30%的部分无需填入本项，将在后续计算中扣减该部分。

十、专项扣除-C

16. 您在纳税年度内个人负担的，按规定可以在税前扣除的基本养老保险费、基本医疗保险费、失业保险费、住房公积金是多少？
(C1) 基本养老保险费：□□□，□□□.□□（元）　　　　　　　　　□无此类扣除

续表

（C2）基本医疗保险费：□□□,□□□.□□（元）	□无此类扣除
（C3）失业保险费：　　□□□,□□□.□□（元）	□无此类扣除
（C4）住房公积金：　　□□□,□□□.□□（元）	□无此类扣除
说明：个人实际负担的三险一金可以扣除。	

十一、专项附加扣除-D

17. 您在纳税年度内可以扣除的子女教育支出是多少？（需附报《个人所得税专项附加扣除信息表》）

（D1）子女教育：□□□,□□□.□□（元）　　　　　　　　　□无此类扣除

说明：
子女教育支出可扣除金额（D1）＝每一子女可扣除金额合计；
每一子女可扣除金额＝纳税年度内符合条件的扣除月份数×1000元×扣除比例。
纳税年度内符合条件的扣除月份数包括子女年满3周岁当月起至受教育前一月、实际受教育月份以及寒暑假休假月份等。
扣除比例：由夫妻双方协商确定，每一子女可以在本人或配偶处按照100%扣除，也可由双方分别按照50%扣除。

18. 您在纳税年度内可以扣除的继续教育支出是多少？（需附报《个人所得税专项附加扣除信息表》）

（D2）继续教育：□□□,□□□.□□（元）　　　　　　　　　□无此类扣除

说明：
继续教育支出可扣除金额（D2）＝学历（学位）继续教育可扣除金额＋职业资格继续教育可扣除金额；
学历（学位）继续教育可扣除金额＝纳税年度内符合条件的扣除月份数×400元；
纳税年度内符合条件的扣除月份数包括受教育月份、寒暑假休假月份等，但同一学历（学位）教育扣除期限不能超过48个月。
纳税年度内，个人取得符合条件的技能人员、专业技术人员相关职业资格证书的，职业资格继续教育可扣除金额＝3600元。

19. 您在纳税年度内可以扣除的大病医疗支出是多少？（需附报《个人所得税专项附加扣除信息表》）

（D3）大病医疗：□,□□□,□□□.□□（元）　　　　　　　　□无此类扣除

说明：
大病医疗支出可扣除金额（D3）＝选择由您扣除的每一家庭成员的大病医疗可扣除金额合计；
某一家庭成员的大病医疗可扣除金额（不超过80000元）＝纳税年度内医保目录范围内的自付部分－15000元；
家庭成员包括个人本人、配偶、未成年子女。

续表

20. 您在纳税年度内可以扣除的住房贷款利息支出是多少？（需附报《个人所得税专项附加扣除信息表》）
（D4）住房贷款利息：□□，□□□.□□（元）   □无此类扣除
说明：
住房贷款利息支出可扣除金额（D4）= 符合条件的扣除月份数×扣除定额。
符合条件的扣除月份数为纳税年度内实际贷款月份数。
扣除定额：正常情况下，由夫妻双方协商确定，由其中1人扣除1000元/月；婚前各自购房，均符合扣除条件的，婚后可选择由其中1人扣除1000元/月，也可以选择各自扣除500元/月。
21. 您在纳税年度内可以扣除的住房租金支出是多少？（需附报《个人所得税专项附加扣除信息表》）
（D5）住房租金：□□，□□□.□□（元）   □无此类扣除
说明：
住房租金支出可扣除金额（D5）= 纳税年度内租房月份的月扣除定额之和
月扣除定额：直辖市、省会（首府）城市、计划单列市以及国务院确定的其他城市，扣除标准为1500元/月；市辖区户籍人口超过100万的城市，扣除标准为1100元/月；市辖区户籍人口不超过100万的城市，扣除标准为800元/月。
22. 您在纳税年度内可以扣除的赡养老人支出是多少？（需附报《个人所得税专项附加扣除信息表》）
（D6）赡养老人：□□，□□□.□□（元）   □无此类扣除
说明：
赡养老人支出可扣除金额（D6）= 纳税年度内符合条件的月份数×月扣除定额
符合条件的月份数：纳税年度内满60岁的老人，自满60岁当月起至12月份计算；纳税年度前满60岁的老人，按照12个月计算。
月扣除定额：独生子女，月扣除定额2000元/月；非独生子女，月扣除定额由被赡养人指定分摊，也可由赡养人均摊或约定分摊，但每月不超过1000元/月。

十二、其他扣除-E

23. 您在纳税年度内可以扣除的企业年金、职业年金是多少？
（E1）年金：□□□，□□□.□□（元）   □无此类扣除
24. 您在纳税年度内可以扣除的商业健康保险是多少？（需附报《商业健康保险税前扣除情况明细表》）
（E2）商业健康保险：□，□□□.□□（元）   □无此类扣除
25. 您在纳税年度内可以扣除的税收递延型商业养老保险是多少？（需附报《个人税收递延型商业养老保险税前扣除情况明细表》）
（E3）税延养老保险：□□，□□□.□□（元）   □无此类扣除

续表

26. 您在纳税年度内可以扣除的税费是多少？ （E4）允许扣除的税费：□□，□□□，□□□，□□□.□□（元） 说明：允许扣除的税费是指，个人取得劳务报酬、稿酬、特许权使用费收入时，发生的合理税费支出。	□无此类扣除
27. 您在纳税年度内发生的除上述扣除以外的其他扣除是多少？ （E5）其他扣除：□□，□□□，□□□，□□□.□□（元） 提示：其他扣除（其他）包括保险营销员、证券经纪人佣金收入的展业成本。	□无此类扣除

十三、捐赠-F

28. 您在纳税年度内可以扣除的捐赠支出是多少？（需附报《个人所得税公益慈善事业捐赠扣除明细表》） （F1）准予扣除的捐赠额：□□，□□□，□□□，□□□.□□（元）	□无此类扣除

十四、全年一次性奖金-G

29. 您在纳税年度内取得的一笔要转换为全年一次性奖金的数月奖金是多少？ （G1）全年一次性奖金：□□，□□□，□□□，□□□.□□（元） （G2）全年一次性奖金应纳个人所得税＝G1×适用税率－速算扣除数＝□□，□□□，□□□.□□（元） 说明：仅适用于无住所居民个人预缴时因预判为非居民个人而按取得数月奖金计算缴税，汇缴时可以根据自身情况，将一笔数月奖金按照全年一次性奖金单独计算。	□无此类情况

十五、税额计算-H（使用纸质申报的居民个人需要自行计算填写本项）

30. 综合所得应纳个人所得税计算
（H1）综合所得应纳个人所得税＝［（A1＋A2×80%＋A3×80%×70%＋A4×80%）－B1－60000－（C1＋C2＋C3＋C4）－（D1＋D2＋D3＋D4＋D5＋D6）－（E1＋E2＋E3＋E4＋E5）－F1］×适用税率－速算扣除数＝□□，□□□，□□□，□□□.□□（元）
说明：适用税率和速算扣除数如下

级数	全年应纳税所得额	税率（%）	速算扣除数
1	不超过 36000 元的	3	0
2	超过 36000 元至 144000 元的	10	2520
3	超过 144000 元至 300000 元的	20	16920
4	超过 300000 元至 420000 元的	25	31920
5	超过 420000 元至 660000 元的	30	52920
6	超过 660000 元至 960000 元的	35	85920
7	超过 960000 元的	45	181920

续表

十六、减免税额-J

31. 您可以享受的减免税类型有哪些？
□残疾□孤老□烈属□其他（需附报《个人所得税减免税事项报告表》） □无此类情况

32. 您可以享受的减免税金额是多少？
（J1）减免税额：□□,□□□,□□□,□□□.□□（元） □无此类情况

十七、已缴税额-K

33. 您在纳税年度内取得本表填报的各项收入时，已经缴纳的个人所得税是多少？
（K1）已纳额：□□,□□□,□□□,□□□.□□（元） □无此类情况

十八、应补/退税额-L（使用纸质申报的居民个人需要自行计算填写本项）

34. 您本次汇算清缴应补/退的个人所得税税额是：
（L1）应补/退税额=G2+H1-J1-K1=□□,□□□,□□□,□□□.□□（元）

十九、无住所个人附报信息（有住所个人无需填写本项）

35. 您在纳税年度内，在中国境内的居住天数是多少？
纳税年度内在中国境内居住天数：____天。

36. 您在中国境内的居住年数是多少？
中国境内居住年数：____年。
说明：境内居住年数自2019年（含）以后年度开始计算。境内居住天数和年数的具体计算方法参见财政部、税务总局公告2019年第34号。

二十、退税申请（应补/退税额小于0的填写本项）

37. 您是否申请退税？
□申请退税□放弃退税

38. 如果您申请退税，请提供您的有效银行账户。
开户银行名称：_____ 开户银行省份：_____
银行账号：_____
说明：开户银行名称填写居民个人在中国境内开立银行账户的银行名称。

二十一、备注

如果您有需要特别说明或者税务机关要求说明的事项，请在本栏填写：

续表

二十二、申报受理

谨声明：本表是根据国家税收法律法规及相关规定填报的，本人对填报内容（附带资料）的真实性、可靠性、完整性负责。 个人签名：＿＿＿＿＿＿＿＿＿＿　　　　　　　　　　　　＿＿＿年＿＿月＿＿日	
经办人签字： 经办人身份证件类型： 经办人身份证件号码： 代理机构签章： 代理机构统一社会信用代码：	受理人： 受理税务机关（章）： 受理日期：　　年　　月　　日

国家税务总局监制

（4）个人所得税年度自行纳税申报表（B表）

表12-10　　个人所得税年度自行纳税申报表（B表）
（居民个人取得境外所得适用）

税款所属期：　　年　　月　　日至　　年　　月　　日

纳税人姓名：＿＿＿＿＿＿＿＿＿＿

纳税人识别号：□□□□□□□□□□□□□□□□□-□□　　金额单位：人民币元（列至角分）

基本情况						
手机号码		电子邮箱		邮政编码	□□□□□□	
联系地址	＿＿＿省（区、市）＿＿＿市＿＿＿区（县）＿＿＿街道（乡、镇）＿＿＿					
纳税地点（单选）						
1.有任职受雇单位的，需选本项并填写"任职受雇单位信息"：				□任职受雇单位所在地		
任职受雇单位信息	名称					
	纳税人识别号	□□□□□□□□□□□□□□□□□				
2.没有任职受雇单位的，可以从本栏次选择一地：				□户籍所在地	□经常居住地	
户籍所在地/经常居住地	＿＿＿省（区、市）＿＿＿市＿＿＿区（县）＿＿＿街道（乡、镇）＿＿＿					
申报类型（单选）						
□首次申报				□更正申报		
综合所得个人所得税计算						

续表

项目	行次	金额
一、境内收入合计（第1行=第2行+第3行+第4行+第5行）	1	
（一）工资、薪金	2	
（二）劳务报酬	3	
（三）稿酬	4	
（四）特许权使用费	5	
二、境外收入合计（附报《境外所得个人所得税抵免明细表》） （第6行=第7行+第8行+第9行+第10行）	6	
（一）工资、薪金	7	
（二）劳务报酬	8	
（三）稿酬	9	
（四）特许权使用费	10	
三、费用合计［第11行=（第3行+第4行+第5行+第8行+第9行+第10行）×20%］	11	
四、免税收入合计（第12行=第13行+第14行）	12	
（一）稿酬所得免税部分［第13行=（第4行+第9行）×（1-20%）×30%］	13	
（二）其他免税收入（附报《个人所得税减免税事项报告表》）	14	
五、减除费用	15	
六、专项扣除合计（第16行=第17行+第18行+第19行+第20行）	16	
（一）基本养老保险费	17	
（二）基本医疗保险费	18	
（三）失业保险费	19	
（四）住房公积金	20	
七、专项附加扣除合计（附报《个人所得税专项附加扣除信息表》） （第21行=第22行+第23行+第24行+第25行+第26行+第27行）	21	
（一）子女教育	22	
（二）继续教育	23	
（三）大病医疗	24	
（四）住房贷款利息	25	

续表

项目	行次	金额
（五）住房租金	26	
（六）赡养老人	27	
八、其他扣除合计（第28行＝第29行＋第30行＋第31行＋第32行＋第33行）	28	
（一）年金	29	
（二）商业健康保险（附报《商业健康保险税前扣除情况明细表》）	30	
（三）税延养老保险（附报《个人税收递延型商业养老保险税前扣除情况明细表》）	31	
（四）允许扣除的税费	32	
（五）其他	33	
九、准予扣除的捐赠额（附报《个人所得税公益慈善事业捐赠扣除明细表》）	34	
十、应纳税所得额 （第35行＝第1行＋第6行－第11行－第12行－第15行－第16行－第21行－第28行－第34行）	35	
十一、税率（%）	36	
十二、速算扣除数	37	
十三、应纳税额（第38行＝第35行×第36行－第37行）	38	
除综合所得外其他境外所得个人所得税计算 （无相应所得不填本部分，有相应所得另需附报《境外所得个人所得税抵免明细表》）		
一、经营所得	（一）经营所得应纳税所得额（第39行＝第40行＋第41行）	39	
	其中：境内经营所得应纳税所得额	40	
	境外经营所得应纳税所得额	41	
	（二）税率（%）	42	
	（三）速算扣除数	43	
	（四）应纳税额（第44行＝第39行×第42行－第43行）	44	
二、利息、股息、红利所得	（一）境外利息、股息、红利所得应纳税所得额	45	
	（二）税率（%）	46	
	（三）应纳税额（第47行＝第45行×第46行）	47	
三、财产租赁所得	（一）境外财产租赁所得应纳税所得额	48	
	（二）税率（%）	49	
	（三）应纳税额（第50行＝第48行×第49行）	50	

续表

项目		行次	金额
四、财产转让所得	（一）境外财产转让所得应纳税所得额	51	
	（二）税率（%）	52	
	（三）应纳税额（第53行=第51行×第52行）	53	
五、偶然所得	（一）境外偶然所得应纳税所得额	54	
	（二）税率（%）	55	
	（三）应纳税额（第56行=第54行×第55行）	56	
六、其他所得	（一）其他境内、境外所得应纳税所得额合计（需在"备注"栏说明具体项目）	57	
	（二）应纳税额	58	
股权激励个人所得税计算			
（无境外股权激励所得不填本部分，有相应所得另需附报《境外所得个人所得税抵免明细表》）			
一、境内、境外单独计税的股权激励收入合计		59	
二、税率（%）		60	
三、速算扣除数		61	
四、应纳税额（第62行=第59行×第60行-第61行）		62	
全年一次性奖金个人所得税计算			
（无住所个人预判为非居民个人取得的数月奖金，选择按全年一次性奖金计税的填写本部分）			
一、全年一次性奖金收入		63	
二、准予扣除的捐赠额（附报《个人所得税公益慈善事业捐赠扣除明细表》）		64	
三、税率（%）		65	
四、速算扣除数		66	
五、应纳税额［第67行=（第63行-第64行）×第65行-第66行］		67	
税额调整			
一、综合所得收入调整额（需在"备注"栏说明调整具体原因、计算方法等）		68	
二、应纳税额调整额		69	
应补/退个人所得税计算			
一、应纳税额合计 （第70行=第38行+第44行+第47行+第50行+第53行+第56行+第58行+第62行+第67行+第69行）		70	

续表

项目	行次	金额
二、减免税额（附报《个人所得税减免税事项报告表》）	71	
三、已缴税额（境内）	72	
其中：境外所得境内支付部分已缴税额	73	
境外所得境外支付部分预缴税额	74	
四、境外所得已纳所得税抵免额（附报《境外所得个人所得税抵免明细表》）	75	
五、应补/退税额（第76行＝第70行-第71行-第72行-第75行）	76	

无住所个人附报信息			
纳税年度内在中国境内居住天数		已在中国境内居住年数	

退税申请

（应补/退税额小于0的填写本部分）

□申请退税（需填写"开户银行名称""开户银行省份""银行账号"） □放弃退税

开户银行名称		开户银行省份	
银行账号			

备注

谨声明：本表是根据国家税收法律法规及相关规定填报的，本人对填报内容（附带资料）的真实性、可靠性、完整性负责。

纳税人签字：　　　　　　　年　月　日

经办人签字： 经办人身份证件类型： 经办人身份证件号码： 代理机构签章： 代理机构统一社会信用代码：	受理人： 受理税务机关（章）： 受理日期：　　　　年　月　日

国家税务总局监制

《个人所得税年度自行纳税申报表》(B表) 填表说明
(居民个人取得境外所得适用)

一、适用范围

本表适用于居民个人纳税年度内取得境外所得,按照税法规定办理取得境外所得个人所得税自行申报。申报本表时应当一并附报《境外所得个人所得税抵免明细表》。

二、报送期限

居民个人取得境外所得需要办理自行申报的,应当在取得所得的次年3月1日至6月30日内,向主管税务机关办理纳税申报,并报送本表。

三、本表各栏填写

(一) 表头项目

1.税款所属期:填写居民个人取得所得当年的第1日至最后1日。如:2019年1月1日至2019年12月31日。

2.纳税人姓名:填写居民个人姓名。

3.纳税人识别号:有中国公民身份号码的,填写中华人民共和国居民身份证上载明的"公民身份号码";没有中国公民身份号码的,填写税务机关赋予的纳税人识别号。

(二) 基本情况

1.手机号码:填写居民个人中国境内的有效手机号码。

2.电子邮箱:填写居民个人有效电子邮箱地址。

3.联系地址:填写居民个人能够接收信件的有效地址。

4.邮政编码:填写居民个人"联系地址"所对应的邮政编码。

(三) 纳税地点

居民个人根据任职受雇情况,在选项1和选项2之间选择其一,并填写相应信息。若居民个人逾期办理汇算清缴申报被指定主管税务机关的,无需填写本部分。

1.任职受雇单位信息:勾选"任职受雇单位所在地"并填写相关信息。

(1) 名称:填写任职受雇单位的法定名称全称。

(2) 纳税人识别号:填写任职受雇单位的纳税人识别号或者统一社会信用代码。

2.户籍所在地/经常居住地:勾选"户籍所在地"的,填写居民户口簿中登记的住址。勾选"经常居住地"的,填写居民个人申领居住证上登载的居住地址;没有申领居住证的,填写居民个人实际居住地;实际居住地不在中国境内的,填写支付或者实际负担综合所得的境内单位或个人所在地。

(四) 申报类型

未曾办理过年度汇算申报,勾选"首次申报";已办理过年度汇算申报,但有误需要更正的,勾选"更正申报"。

(五) 综合所得个人所得税计算

1.第1行"境内收入合计":填写居民个人取得的境内综合所得收入合计金额。

第 1 行=第 2 行+第 3 行+第 4 行+第 5 行。

2. 第 2~5 行"工资、薪金""劳务报酬""稿酬""特许权使用费":填写居民个人取得的需要并入境内综合所得计税的"工资、薪金""劳务报酬""稿酬""特许权使用费"所得收入金额。

3. 第 6 行"境外收入合计":填写居民个人取得的境外综合所得收入合计金额,并按规定附报《境外所得个人所得税抵免明细表》。

第 6 行=第 7 行+第 8 行+第 9 行+第 10 行。

4. 第 7~10 行"工资、薪金""劳务报酬""稿酬""特许权使用费":填写居民个人取得的需要并入境外综合所得计税的"工资、薪金""劳务报酬""稿酬""特许权使用费"所得收入金额。

5. 第 11 行"费用合计":根据相关行次计算填报。

第 11 行=(第 3 行+第 4 行+第 5 行+第 8 行+第 9 行+第 10 行)×20%

6. 第 12 行"免税收入合计":填写居民个人取得的符合税法规定的免税收入合计金额。

第 12 行=第 13 行+第 14 行。

7. 第 13 行"稿酬所得免税部分":根据相关行次计算填报。

第 13 行=(第 4 行+第 9 行)×(1-20%)×30%。

8. 第 14 行"其他免税收入":填写居民个人取得的除第 13 行以外的符合税法规定的免税收入合计,并按规定附报《个人所得税减免税事项报告表》。

9. 第 15 行"减除费用":填写税法规定的减除费用。

10. 第 16 行"专项扣除合计":根据相关行次计算填报。

第 16 行=第 17 行+第 18 行+第 19 行+第 20 行。

11. 第 17~20 行"基本养老保险费""基本医疗保险费""失业保险费""住房公积金":填写居民个人按规定可以在税前扣除的基本养老保险费、基本医疗保险费、失业保险费、住房公积金金额。

12. 第 21 行"专项附加扣除合计":根据相关行次计算填报,并按规定附报《个人所得税专项附加扣除信息表》。

第 21 行=第 22 行+第 23 行+第 24 行+第 25 行+第 26 行+第 27 行。

13. 第 22~27 行"子女教育""继续教育""大病医疗""住房贷款利息""住房租金""赡养老人":填写居民个人按规定可以在税前扣除的子女教育、继续教育、大病医疗、住房贷款利息、住房租金、赡养老人等专项附加扣除的金额。

14. 第 28 行"其他扣除合计":根据相关行次计算填报。

第 28 行=第 29 行+第 30 行+第 31 行+第 32 行+第 33 行。

15. 第 29~33 行"年金""商业健康保险""税延养老保险""允许扣除的税费""其他":填写居民个人按规定可在税前扣除的年金、商业健康保险、税延养老保险、允许扣除的税费和其他扣除项目的金额。其中,填写商业健康保险的,应当按规定附报《商业健康保险税前扣除情况明细表》;填写税延养老保险的,应当按规定附报《个人税收递延型商业养老保险税前扣除情况明细表》。

16. 第34行"准予扣除的捐赠额":填写居民个人按规定准予在税前扣除的公益慈善事业捐赠金额,并按规定附报《个人所得税公益慈善事业捐赠扣除明细表》。

17. 第35行"应纳税所得额":根据相应行次计算填报。

第35行=第1行+第6行-第11行-第12行-第15行-第16行-第21行-第28行-第34行。

18. 第36、37行"税率""速算扣除数":填写按规定适用的税率和速算扣除数。

19. 第38行"应纳税额":按照相关行次计算填报。

第38行=第35行×第36行-第37行。

(六)除综合所得外其他境外所得个人所得税计算

居民个人取得除综合所得外其他境外所得的,填写本部分,并按规定附报《境外所得个人所得税抵免明细表》。

1. 第39行"经营所得应纳税所得额":根据相应行次计算填报。

第39行=第40行+第41行。

2. 第40行"境内经营所得应纳税所得额":填写居民个人取得的境内经营所得应纳税所得额合计金额。

3. 第41行"境外经营所得应纳税所得额":填写居民个人取得的境外经营所得应纳税所得额合计金额。

4. 第42、43行"税率""速算扣除数":填写按规定适用的税率和速算扣除数。

5. 第44行"应纳税额":按照相关行次计算填报。

第44行=第39行×第42行-第43行。

6. 第45行"境外利息、股息、红利所得应纳税所得额":填写居民个人取得的境外利息、股息、红利所得应纳税所得额合计金额。

7. 第46行"税率":填写按规定适用的税率。

8. 第47行"应纳税额":按照相关行次计算填报。

第47行=第45行×第46行。

9. 第48行"境外财产租赁所得应纳税所得额":填写居民个人取得的境外财产租赁所得应纳税所得额合计金额。

10. 第49行"税率":填写按规定适用的税率。

11. 第50行"应纳税额":按照相关行次计算填报。

第50行=第48行×第49行。

12. 第51行"境外财产转让所得应纳税所得额":填写居民个人取得的境外财产转让所得应纳税所得额合计金额。

13. 第52行"税率"：填写按规定适用的税率。

14. 第53行"应纳税额"：按照相关行次计算填报。

第53行＝第51行×第52行。

15. 第54行"境外偶然所得应纳税所得额"：填写居民个人取得的境外偶然所得应纳税所得额合计金额。

16. 第55行"税率"：填写按规定适用的税率。

17. 第56行"应纳税额"：按照相关行次计算填报。

第56行＝第54行×第55行。

18. 第57行"其他境内、境外所得应纳税所得额"：填写居民个人取得的其他境内、境外所得应纳税所得额合计金额，并在"备注"栏说明具体项目、计算方法等信息。

19. 第58行"应纳税额"：根据适用的税率计算填报。

（七）境外股权激励个人所得税计算

居民个人取得境外股权激励，填写本部分，并按规定附报《境外所得个人所得税抵免明细表》。

1. 第59行"境内、境外单独计税的股权激励收入合计"：填写居民个人取得的境内、境外单独计税的股权激励收入合计金额。

2. 第60、61行"税率""速算扣除数"：根据单独计税的股权激励政策规定适用的税率和速算扣除数。

3. 第62行"应纳税额"：按照相关行次计算填报。

第62行＝第59行×第60行－第61行。

（八）全年一次性奖金个人所得税计算

无住所居民个人预缴时因预判为非居民个人而按取得数月奖金计算缴税的，汇缴时可以根据自身情况，将一笔数月奖金按照全年一次性奖金单独计算。

1. 第63行"全年一次性奖金收入"：填写无住所的居民个人纳税年度内预判为非居民个人时取得的一笔数月奖金收入金额。

2. 第64行"准予扣除的捐赠额"：填写无住所的居民个人按规定准予在税前扣除的公益慈善事业捐赠金额，并按规定附报《个人所得税公益慈善事业捐赠扣除明细表》。

3. 第65、66行"税率""速算扣除数"：填写按照全年一次性奖金政策规定适用的税率和速算扣除数。

4. 第67行"应纳税额"：按照相关行次计算填报。

第67行＝（第63行－第64行）×第65行－第66行。

（九）税额调整

1. 第68行"综合所得收入调整额"：填写居民个人按照税法规定可以办理的除第68行之前所填报内容之外的其他可以进行调整的综合所得收入的调整金额，并在"备注"栏说明调整的具体原因、计算方式等信息。

2. 第 69 行"应纳税额调整额"：填写居民个人按照税法规定调整综合所得收入后所应调整的应纳税额。

（十）应补/退个人所得税计算

1. 第 70 行"应纳税额合计"：根据相关行次计算填报。

第 70 行＝第 38 行＋第 44 行＋第 47 行＋第 50 行＋第 53 行＋第 56 行＋第 58 行＋第 62 行＋第 67 行＋第 69 行。

2. 第 71 行"减免税额"：填写符合税法规定的可以减免的税额，并按规定附报《个人所得税减免税事项报告表》。

3. 第 72 行"已缴税额（境内）"：填写居民个人取得在本表中已填报的收入对应的在境内已经缴纳或者被扣缴的个人所得税。

4. 第 75 行"境外所得已纳所得税抵免额"：根据《境外所得个人所得税抵免明细表》计算填写居民个人符合税法规定的个人所得税本年抵免额。

5. 第 76 行"应补/退税额"：根据相关行次计算填报。

第 76 行＝第 70 行－第 71 行－第 72 行－第 75 行。

（十一）无住所个人附报信息

本部分由无住所个人填写。不是，则不填。

1. 纳税年度内在中国境内居住天数：填写本纳税年度内，无住所居民个人在中国境内居住的天数。

2. 已在中国境内居住年数：填写无住所个人已在中国境内连续居住的年份数。其中，年份数自 2019 年（含）开始计算且不包含本纳税年度。

（十二）退税申请

本部分由应补/退税额小于 0 且勾选"申请退税"的居民个人填写。

1. "开户银行名称"：填写居民个人在中国境内开立银行账户的银行名称。

2. "开户银行省份"：填写居民个人在中国境内开立的银行账户的开户银行所在省、自治区、直辖市或者计划单列市。

3. "银行账号"：填写居民个人在中国境内开立的银行账户的银行账号。

（十三）备注

填写居民个人认为需要特别说明的或者按照有关规定需要说明的事项。

四、其他事项说明

以纸质方式报送本表的，建议通过计算机填写打印，一式两份，纳税人、税务机关各留存一份。

（5）境外所得个人所得税抵免明细表

表 12-11　　　　　　　　**境外所得个人所得税抵免明细表**

税款所属期：　　　年　月　日至　　年　月　日
纳税人姓名：
纳税人识别号：□□□□□□□□□□□□□□□□□-□□　金额单位：人民币元（列至角分）

本期境外所得抵免限额计算			A	B	C	D	E
项目		行次	金额			
国家（地区）		1	境内	境外			合计
一、综合所得	（一）收入	2					
	其中：工资、薪金	3					
	劳务报酬	4					
	稿酬	5					
	特许权使用费	6					
	（二）费用	7					
	（三）收入额	8					
	（四）应纳税额	9	–	–	–	–	
	（五）减免税额	10	–	–	–	–	
	（六）抵免限额	11					
二、经营所得	（一）收入总额	12	–				
	（二）成本费用	13	–				
	（三）应纳税所得额	14					
	（四）应纳税额	15	–	–	–	–	
	（五）减免税额	16	–				
	（六）抵免限额	17	–				
三、利息、股息、红利所得	（一）应纳税所得额	18	–				
	（二）应纳税额	19	–				
	（三）减免税额	20	–				
	（四）抵免限额	21	–				
四、财产租赁所得	（一）应纳税所得额	22	–				
	（二）应纳税额	23	–				
	（三）减免税额	24	–				
	（四）抵免限额	25	–				

续表

项目		行次	金额				
国家（地区）		1	境内	境外			合计
五、财产转让所得	（一）收入	26	—				
	（二）财产原值	27	—				
	（三）合理税费	28	—				
	（四）应纳税所得额	29					
	（五）应纳税额	30	—				
	（六）减免税额	31					
	（七）抵免限额	32					
六、偶然所得	（一）应纳税所得额	33	—				
	（二）应纳税额	34					
	（三）减免税额	35					
	（四）抵免限额	36					
七、股权激励	（一）应纳税所得额	37					
	（二）应纳税额	38	—	—	—	—	
	（三）减免税额	39	—	—	—	—	
	（四）抵免限额	40					
八、其他境内、境外所得	（一）应纳税所得额	41					
	（二）应纳税额	42					
	（三）减免税额	43					
	（四）抵免限额	44	—				
九、本年可抵免限额合计 （第45行=第11行+第17行+第21行+第25行+第32行+第36行+第40行+第44行）		45	—				
本期实际可抵免额计算							
一、以前年度结转抵免额 （第46行=第47行+第48行+第49行+第50行+第51行）		46	—				
其中：前5年		47	—				
前4年		48	—				

续表

项目	行次	金额			
国家（地区）	1	境内	境外		合计
前3年	49	-			
前2年	50	-			
前1年	51	-			
二、本年境外已纳税额	52				
其中：享受税收饶让抵免税额（视同境外已纳）	53	-			
三、本年抵免额（境外所得已纳所得税抵免额）	54	-			
四、可结转以后年度抵免额 （第55行＝第56行+第57行+第58行+第59行+第60行）	55	-			-
其中：前4年	56	-			-
前3年	57	-			-
前2年	58	-			-
前1年	59	-			-
本年	60	-			
备注					

　　谨声明：本表是根据国家税收法律法规及相关规定填报的，本人对填报内容（附带资料）的真实性、可靠性、完整性负责。

　　　　　　　　　　　　　　　　纳税人签字：　　　　　　年　月　日

经办人签字： 经办人身份证件类型： 经办人身份证件号码： 代理机构签章： 代理机构统一社会信用代码：	受理人： 受理税务机关（章）： 受理日期：　　年　月　日

国家税务总局监制

《境外所得个人所得税抵免明细表》填表说明

一、适用范围

本表适用于居民个人纳税年度内取得境外所得，并按税法规定进行年度自行纳税申报时，应填报本表，计算其本年抵免额。

二、报送期限

本表随《个人所得税年度自行纳税申报表（B表）》一并报送。

三、本表各栏填写

（一）表头项目

1. 税款所属期：填写居民个人取得境外所得当年的第1日至最后1日。如2019年1月1日至2019年12月31日。

2. 纳税人姓名：填写居民个人姓名。

3. 纳税人识别号：有中国公民身份号码的，填写中华人民共和国居民身份证上载明的"公民身份号码"；没有中国公民身份号码的，填写税务机关赋予的纳税人识别号。

（二）第A、B、C、D、E列次

1. 第A列"境内"：填写个人取得境内所得相关内容。

2. 第B~D列"境外"：填写个人取得境外所得相关内容。

3. 第E列"合计"：按照相关列次计算填报。

第E列=第A列+第B列+第C列+第D列

（三）本期境外所得抵免限额计算

1. 第1行"国家（地区）"：按"境外"列分别填写居民个人取得的境外收入来源国家（地区）名称。

2. 第2行"收入"：按列分别填写居民个人取得的综合所得收入合计金额。

3. 第3~6行"工资、薪金""劳务报酬""稿酬""特许权使用费"：按列分别填写居民个人取得的需要并入综合所得计税的"工资、薪金""劳务报酬""稿酬""特许权使用费"所得收入金额。

4. 第7行"费用"：根据相关行次计算填报。

第7行=（第4行+第5行+第6行）×20%。

5. 第8行"收入额"：根据相关行次计算填报。

第8行=第2行-第7行-第5行×80%×30%。

6. 第9行"应纳税额"：按我国法律法规计算应纳税额，并填报本行"合计"列。

7. 第10行"减免税额"：填写符合税法规定的可以减免的税额，并按规定附报《个人所得税减免税事项报告表》。

8. 第11行"抵免限额"：根据相应行次按列分别计算填报。

第11行"境外"列=（第9行"合计"列-第10行"合计"列）×第8行"境外"列÷第8行"合计"列。

第 11 行"合计列"=∑第 11 行"境外"列。

9. 第 12、13、14 行"收入总额""成本费用""应纳税所得额":按列分别填写居民个人取得的经营所得收入、成本费用及应纳税所得额合计金额。

10. 第 15 行"应纳税额":根据相关行次计算填报"合计"列。

第 15 行=第 14 行×适用税率-速算扣除数。

11. 第 16 行"减免税额":填写符合税法规定的可以减免的税额,并按规定附报《个人所得税减免税事项报告表》。

12. 第 17 行"抵免限额":根据相应行次按列分别计算填报。

第 17 行"境外"列=(第 15 行"合计"列-第 16 行"合计"列)×第 14 行"境外"列÷第 14 行"合计"列。

第 17 行"合计列"=∑第 17 行"境外"列。

13. 第 18、22、33、41 行"应纳税所得额":按列分别填写居民个人取得的利息、股息、红利所得,财产租赁所得,偶然所得,其他境内、境外所得应纳税所得额合计金额。

14. 第 19、23、34、42 行"应纳税额":按列分别计算填报。

第 19 行=第 18 行×适用税率;

第 23 行=第 22 行×适用税率;

第 34 行=第 33 行×适用税率;

第 42 行=第 41 行×适用税率。

15. 第 20、24、35、43 行"减免税额":填写符合税法规定的可以减免的税额,并附报《个人所得税减免税事项报告表》。

16. 第 21、25、36、44 行"抵免限额":根据相应行次按列分别计算填报。

第 21 行=第 19 行-第 20 行;

第 25 行=第 23 行-第 24 行;

第 36 行=第 34 行-第 35 行;

第 44 行=第 42 行-第 43 行。

17. 第 26 行"收入":按列分别填写居民个人取得的财产转让所得收入合计金额。

18. 第 27 行"财产原值":按列分别填写居民个人取得的财产转让所得对应的财产原值合计金额。

19. 第 28 行"合理税费":按列分别填写居民个人取得财产转让所得对应的合理税费合计金额。

20. 第 29 行"应纳税所得额":按列分别填写居民个人取得的财产转让所得应纳税所得额合计金额。

第 29 行=第 26 行-第 27 行-第 28 行。

21. 第 30 行"应纳税额":根据相应行按列分别计算填报。

第 30 行=第 29 行×适用税率。

22. 第31行"减免税额"：填写符合税法规定的可以减免的税额，并按规定附报《个人所得税减免税事项报告表》。

23. 第32行"抵免限额"：根据相应行次按列分别计算填报。

第32行＝第30行－第31行。

24. 第37行"应纳税所得额"：按列分别填写居民个人取得的股权激励应纳税所得额合计金额。

25. 第38行"应纳税额"：按我国法律法规计算应纳税额填报本行"合计"列。

第38行＝第37行×适用税率－速算扣除数

26. 第39行"减免税额"：填写符合税法规定的可以减免的税额，并附报《个人所得税减免税事项报告表》。

27. 第40行"抵免限额"：根据相应行次按列分别计算填报。

第40行"境外"列＝（第38行"合计"列－第39行"合计"列）×第37行"境外"列÷第37行"合计"列。

28. 第45行"本年可抵免限额合计"：根据相应行次按列分别计算填报。

第45行＝第11行＋第17行＋第21行＋第25行＋第32行＋第36行＋第40行＋第44行。

（四）本期实际可抵免额计算

1. 第46行"以前年度结转抵免额"：根据相应行次按列分别计算填报。

第46行＝第47列＋第48列＋第49列＋第50列＋第51列。

2. 第52行"本年境外已纳税额"：按列分别填写居民个人在境外已经缴纳或者被扣缴的税款合计金额，包括第53行"享受税收饶让抵免税额"。

3. 第53行"享受税收饶让抵免税额"：按列分别填写居民个人享受税收饶让政策而视同境外已缴纳而实际未缴纳的税款合计金额。

4. 第54行"本年抵免额"：按"境外"列分别计算填写可抵免税额。

第54行"合计"列＝∑第54行"境外"列。

5. 第55行"可结转以后年度抵免额"：根据相应行次按列分别计算填报。

第55行＝第56列＋第57列＋第58列＋第59列＋第60列。

（五）备注

填写居民个人认为需要特别说明的或者税务机关要求说明的事项。

四、其他事项说明

以纸质方式报送本表的，建议通过计算机填写打印，一式两份，纳税人、税务机关各留存一份。

12.5.5 个人所得税经营所得纳税申报表

（1）个人所得税经营所得纳税申报表（A表）。

表 12–12　　　　　个人所得税经营所得纳税申报表（A 表）

税款所属期：　　年　月　日至　　年　月　日

纳税人姓名：

纳税人识别号：□□□□□□□□□□□□□□□□□□　金额单位：人民币元（列至角分）

被投资单位信息		
名称		
纳税人识别号（统一社会信用代码）	□□□□□□□□□□□□□□□□□□	
征收方式（单选）		
□查账征收（据实预缴）　　□查账征收（按上年应纳税所得额预缴）　　□核定应税所得率征收 □核定应纳税所得额征收　　□税务机关认可的其他方式		
个人所得税计算		
项目	行次	金额/比例
一、收入总额	1	
二、成本费用	2	
三、利润总额（第 3 行 = 第 1 行 – 第 2 行）	3	
四、弥补以前年度亏损	4	
五、应税所得率（%）	5	
六、合伙企业个人合伙人分配比例（%）	6	
七、允许扣除的个人费用及其他扣除（第 7 行 = 第 8 行 + 第 9 行 + 第 14 行）	7	
（一）投资者减除费用	8	
（二）专项扣除（第 9 行 = 第 10 行 + 第 11 行 + 第 12 行 + 第 13 行）	9	
1. 基本养老保险费	10	
2. 基本医疗保险费	11	
3. 失业保险费	12	
4. 住房公积金	13	
（三）依法确定的其他扣除（第 14 行 = 第 15 行 + 第 16 行 + 第 17 行）	14	
1.	15	
2.	16	
3.	17	
八、准予扣除的捐赠额（附报《个人所得税公益慈善事业捐赠扣除明细表》）	18	
九、应纳税所得额	19	
十、税率（%）	20	

续表

项目	行次	金额/比例
十一、速算扣除数	21	
十二、应纳税额（第22行＝第19行×第20行－第21行）	22	
十三、减免税额（附报《个人所得税减免税事项报告表》）	23	
十四、已缴税额	24	
十五、应补/退税额（第25行＝第22行－第23行－第24行）	25	
备注		

谨声明：本表是根据国家税收法律法规及相关规定填报的，本人对填报内容（附带资料）的真实性、可靠性、完整性负责。

纳税人签字： 　　　　年　月　日

经办人签字： 经办人身份证件类型： 经办人身份证件号码： 代理机构签章： 代理机构统一社会信用代码：	受理人： 受理税务机关（章）： 受理日期：　　年　月　日

国家税务总局监制

《个人所得税经营所得纳税申报表（A表）》填表说明

一、适用范围

本表适用于查账征收和核定征收的个体工商户业主、个人独资企业投资人、合伙企业个人合伙人、承包承租经营者个人以及其他从事生产、经营活动的个人在中国境内取得经营所得，办理个人所得税预缴纳税申报时，向税务机关报送。

合伙企业有两个或者两个以上个人合伙人的，应分别填报本表。

二、报送期限

纳税人取得经营所得，应当在月度或者季度终了后15日内，向税务机关办理预缴纳税申报。

三、本表各栏填写

（一）表头项目

1. 税款所属期：填写纳税人取得经营所得应纳个人所得税款的所属期间，应填写具体的起止年月日。

2. 纳税人姓名：填写自然人纳税人姓名。

3. 纳税人识别号：有中国公民身份号码的，填写中华人民共和国居民身份证上载明的"公民身份号码"；没有中国公民身份号码的，填写税务机关赋予的纳税人识别号。

（二）被投资单位信息

1. 名称：填写被投资单位法定名称的全称。

2. 纳税人识别号（统一社会信用代码）：填写被投资单位的纳税人识别号或者统一社会信用代码。

（三）征收方式

根据税务机关核定的征收方式，在对应框内打"√"。采用税务机关认可的其他方式的，应在下划线填写具体征收方式。

（四）个人所得税计算

1. 第1行"收入总额"：填写本年度开始经营月份起截至本期从事经营以及与经营有关的活动取得的货币形式和非货币形式的各项收入总额。包括：销售货物收入、提供劳务收入、转让财产收入、利息收入、租金收入、接受捐赠收入、其他收入。

2. 第2行"成本费用"：填写本年度开始经营月份起截至本期实际发生的成本、费用、税金、损失及其他支出的总额。

3. 第3行"利润总额"：填写本年度开始经营月份起截至本期的利润总额。

4. 第4行"弥补以前年度亏损"：填写可在税前弥补的以前年度尚未弥补的亏损额。

5. 第5行"应税所得率"：按核定应税所得率方式纳税的纳税人，填写税务机关确定的核定征收应税所得率。按其他方式纳税的纳税人不填本行。

6. 第6行"合伙企业个人合伙人分配比例"：纳税人为合伙企业个人合伙人的，填写本行；其他则不填。分配比例按照合伙协议约定的比例填写；合伙协议未约定或不明确的，按合伙人协商决定的比例填写；协商不成的，按合伙人实缴出资比例填写；无法确定出资比例的，按合伙人平均分配。

7. 第7~17行"允许扣除的个人费用及其他扣除"：

（1）第8行"投资者减除费用"：填写根据本年实际经营月份数计算的可在税前扣除的投资者本人每月5000元减除费用的合计金额。

（2）第9~13行"专项扣除"：填写按规定允许扣除的基本养老保险费、基本医疗保险费、失业保险费、住房公积金的金额。

（3）第14~17行"依法确定的其他扣除"：填写商业健康保险、税延养老保险以及其他按规定允许扣除项目的金额。

8. 第18行"准予扣除的捐赠额"：填写按照税法及相关法规、政策规定，可以在税前扣除的捐赠额,并按规定附报《个人所得税公益慈善事业捐赠扣除明细表》。

9. 第19行"应纳税所得额":根据相关行次计算填报。

(1) 查账征收(据实预缴):第19行=(第3行-第4行)×第6行-第7行-第18行。

(2) 查账征收(按上年应纳税所得额预缴):第19行=上年度的应纳税所得额÷12×月份数。

(3) 核定应税所得率征收(能准确核算收入总额的):第19行=第1行×第5行×第6行。

(4) 核定应税所得率征收(能准确核算成本费用的):第19行=第2行÷(1-第5行)×第5行×第6行。

(5) 核定应纳税所得额征收:直接填写应纳税所得额;

(6) 税务机关认可的其他方式:直接填写应纳税所得额。

10. 第20~21行"税率"和"速算扣除数":填写按规定适用的税率和速算扣除数。

11. 第22行"应纳税额":根据相关行次计算填报。第22行=第19行×第20行-第21行。

12. 第23行"减免税额":填写符合税法规定可以减免的税额,并附报《个人所得税减免税事项报告表》。

13. 第24行"已缴税额":填写本年度在月(季)度申报中累计已预缴的经营所得个人所得税的金额。

14. 第25行"应补/退税额":根据相关行次计算填报。第25行=第22行-第23行-第24行。

(五) 备注

填写个人认为需要特别说明的或者税务机关要求说明的事项。

四、其他事项说明

以纸质方式报送本表的,建议通过计算机填写打印,一式两份,纳税人、税务机关各留存一份。

(2) 个人所得税经营所得纳税申报表(B表)。

表 12-13　　个人所得税经营所得纳税申报表(B表)

税款所属期:　　年　月　日至　　年　月　日

纳税人姓名:

纳税人识别号:□□□□□□□□□□□□□□□□□□　　金额单位:人民币元(列至角分)

被投资单位信息	名称		纳税人识别号(统一社会信用代码)	
项目			行次	金额/比例
一、收入总额			1	
其中:国债利息收入			2	

续表

项目	行次	金额/比例
二、成本费用（3＝4+5+6+7+8+9+10）	3	
（一）营业成本	4	
（二）营业费用	5	
（三）管理费用	6	
（四）财务费用	7	
（五）税金	8	
（六）损失	9	
（七）其他支出	10	
三、利润总额（11＝1-2-3）	11	
四、纳税调整增加额（12＝13+27）	12	
（一）超过规定标准的扣除项目金额（13＝14+15+16+17+18+19+20+21+22+23+24+25+26）	13	
1. 职工福利费	14	
2. 职工教育经费	15	
3. 工会经费	16	
4. 利息支出	17	
5. 业务招待费	18	
6. 广告费和业务宣传费	19	
7. 教育和公益事业捐赠	20	
8. 住房公积金	21	
9. 社会保险费	22	
10. 折旧费用	23	
11. 无形资产摊销	24	
12. 资产损失	25	
13. 其他	26	
（二）不允许扣除的项目金额（27＝28+29+30+31+32+33+34+35+36）	27	
1. 个人所得税税款	28	
2. 税收滞纳金	29	
3. 罚金、罚款和被没收财物的损失	30	

续表

项目	行次	金额/比例
4. 不符合扣除规定的捐赠支出	31	
5. 赞助支出	32	
6. 用于个人和家庭的支出	33	
7. 与取得生产经营收入无关的其他支出	34	
8. 投资者工资薪金支出	35	
9. 其他不允许扣除的支出	36	
五、纳税调整减少额	37	
六、纳税调整后所得（38＝11＋12－37）	38	
七、弥补以前年度亏损	39	
八、合伙企业个人合伙人分配比例（%）	40	
九、允许扣除的个人费用及其他扣除（41＝42＋43＋48＋55）	41	
（一）投资者减除费用	42	
（二）专项扣除（43＝44＋45＋46＋47）	43	
1. 基本养老保险费	44	
2. 基本医疗保险费	45	
3. 失业保险费	46	
4. 住房公积金	47	
（三）专项附加扣除（48＝49＋50＋51＋52＋53＋54）	48	
1. 子女教育	49	
2. 继续教育	50	
3. 大病医疗	51	
4. 住房贷款利息	52	
5. 住房租金	53	
6. 赡养老人	54	
（四）依法确定的其他扣除（55＝56＋57＋58＋59）	55	
1. 商业健康保险	56	
2. 税延养老保险	57	
3.	58	
4.	59	

续表

项目	行次	金额/比例
十、投资抵扣	60	
十一、准予扣除的个人捐赠支出	61	
十二、应纳税所得额（62＝38-39-41-60-61）或［62＝(38-39)×40-41-60-61］	62	
十三、税率（%）	63	
十四、速算扣除数	64	
十五、应纳税额（65＝62×63-64）	65	
十六、减免税额（附报《个人所得税减免税事项报告表》)	66	
十七、已缴税额	67	
十八、应补/退税额（68＝65-66-67）	68	

谨声明：本表是根据国家税收法律法规及相关规定填报的，是真实的、可靠的、完整的。 纳税人签字： 年 月 日	
经办人： 经办人身份证件号码： 代理机构签章： 代理机构统一社会信用代码：	受理人： 受理税务机关（章）： 受理日期： 年 月 日

国家税务总局监制

《个人所得税经营所得纳税申报表（B表）》填表说明

一、适用范围

本表适用于个体工商户业主、个人独资企业投资人、合伙企业个人合伙人、承包承租经营者个人以及其他从事生产、经营活动的个人在中国境内取得经营所得，且实行查账征收的，在办理个人所得税汇算清缴纳税申报时，向税务机关报送。

合伙企业有两个或者两个以上个人合伙人的，应分别填报本表。

二、报送期限

纳税人在取得经营所得的次年3月31日前，向税务机关办理汇算清缴。

三、本表各栏填写

(一) 表头项目

1. 税款所属期：填写纳税人取得经营所得应纳个人所得税款的所属期间，应填写具体的起止年月日。

2. 纳税人姓名：填写自然人纳税人姓名。

3. 纳税人识别号：有中国公民身份号码的，填写中华人民共和国居民身份证上载明的"公民身份号码"；没有中国公民身份号码的，填写税务机关赋予的纳税人识别号。

（二）被投资单位信息

1. 名称：填写被投资单位法定名称的全称。

2. 纳税人识别号（统一社会信用代码）：填写被投资单位的纳税人识别号或统一社会信用代码。

（三）表内各行填写

1. 第1行"收入总额"：填写本年度从事生产经营以及与生产经营有关的活动取得的货币形式和非货币形式的各项收入总金额。包括：销售货物收入、提供劳务收入、转让财产收入、利息收入、租金收入、接受捐赠收入、其他收入。

2. 第2行"国债利息收入"：填写本年度已计入收入的因购买国债而取得的应予免税的利息金额。

3. 第3~10行"成本费用"：填写本年度实际发生的成本、费用、税金、损失及其他支出的总额。

（1）第4行"营业成本"：填写在生产经营活动中发生的销售成本、销货成本、业务支出以及其他耗费的金额。

（2）第5行"营业费用"：填写在销售商品和材料、提供劳务的过程中发生的各种费用。

（3）第6行"管理费用"：填写为组织和管理企业生产经营发生的管理费用。

（4）第7行"财务费用"：填写为筹集生产经营所需资金等发生的筹资费用。

（5）第8行"税金"：填写在生产经营活动中发生的除个人所得税和允许抵扣的增值税以外的各项税金及其附加。

（6）第9行"损失"：填写生产经营活动中发生的固定资产和存货的盘亏、毁损、报废损失，转让财产损失，坏账损失，自然灾害等不可抗力因素造成的损失以及其他损失。

（7）第10行"其他支出"：填写除成本、费用、税金、损失外，生产经营活动中发生的与之有关的、合理的支出。

4. 第11行"利润总额"：根据相关行次计算填报。第11行=第1行-第2行-第3行。

5. 第12行"纳税调整增加额"：根据相关行次计算填报。第12行=第13行+第27行。

6. 第13行"超过规定标准的扣除项目金额"：填写扣除的成本、费用和损失中，超过税法规定的扣除标准应予调增的应纳税所得额。

7. 第27行"不允许扣除的项目金额"：填写按规定不允许扣除但被投资单位已将其扣除的各项成本、费用和损失，应予调增应纳税所得额的部分。

8. 第37行"纳税调整减少额"：填写在计算利润总额时已计入收入或未列入成本费用，但在计算应纳税所得额时应予扣除的项目金额。

9. 第38行"纳税调整后所得"：根据相关行次计算填报。第38行=第11行+第12行-

第 37 行。

10. 第 39 行"弥补以前年度亏损":填写本年度可在税前弥补的以前年度亏损额。

11. 第 40 行"合伙企业个人合伙人分配比例":纳税人为合伙企业个人合伙人的,填写本栏;其他则不填。分配比例按照合伙协议约定的比例填写;合伙协议未约定或不明确的,按合伙人协商决定的比例填写;协商不成的,按合伙人实缴出资比例填写;无法确定出资比例的,按合伙人平均分配。

12. 第 41 行"允许扣除的个人费用及其他扣除":填写按税法规定可以税前扣除的各项费用、支出,包括:

(1) 第 42 行"投资者减除费用":填写按税法规定的减除费用金额。

(2) 第 43~47 行"专项扣除":分别填写本年度按规定允许扣除的基本养老保险费、基本医疗保险费、失业保险费、住房公积金的合计金额。

(3) 第 48~54 行"专项附加扣除":分别填写本年度纳税人按规定可享受的子女教育、继续教育、大病医疗、住房贷款利息、住房租金、赡养老人等专项附加扣除的合计金额。

(4) 第 55~59 行"依法确定的其他扣除":分别填写按规定允许扣除的商业健康保险、税延养老保险,以及国务院规定其他可以扣除项目的合计金额。

13. 第 60 行"投资抵扣":填写按照税法规定可以税前抵扣的投资金额。

14. 第 61 行"准予扣除的个人捐赠支出":填写本年度按照税法及相关法规、政策规定,可以在税前扣除的个人捐赠合计额。

15. 第 62 行"应纳税所得额":根据相关行次计算填报。

(1) 纳税人为非合伙企业个人合伙人的:第 62 行 = 第 38 行 - 第 39 行 - 第 41 行 - 第 60 行 - 第 61 行。

(2) 纳税人为合伙企业个人合伙人的:第 62 行 = (第 38 行 - 第 39 行)×第 40 行 - 第 41 行 - 第 60 行 - 第 61 行。

16. 第 63~64 行"税率""速算扣除数":填写按规定适用的税率和速算扣除数。

17. 第 65 行"应纳税额":根据相关行次计算填报。第 65 行 = 第 62 行×第 63 行 - 第 64 行。

18. 第 66 行"减免税额":填写符合税法规定可以减免的税额,并附报《个人所得税减免税事项报告表》。

19. 第 67 行"已缴税额":填写本年度累计已预缴的经营所得个人所得税金额。

20. 第 68 行"应补/退税额":根据相关行次计算填报。第 68 行 = 第 65 行 - 第 66 行 - 第 67 行。

四、其他事项说明

以纸质方式报送本表的,应当一式两份,纳税人、税务机关各留存一份。

(3) 个人所得税经营所得纳税申报表（C 表）。

表 12-14　　　　个人所得税经营所得纳税申报表（C 表）

税款所属期：　　年　月　日至　　年　月　日
纳税人姓名：
纳税人识别号：□□□□□□□□□□□□□□□□□□　　金额单位：人民币元（列至角分）

被投资单位信息	单位名称		纳税人识别号（统一社会信用代码）	投资者应纳税所得额
	汇总地			
	非汇总地	1		
		2		
		3		
		4		
		5		

项目	行次	金额/比例
一、投资者应纳税所得额合计	1	
二、应调整的个人费用及其他扣除（2=3+4+5+6）	2	
（一）投资者减除费用	3	
（二）专项扣除	4	
（三）专项附加扣除	5	
（四）依法确定的其他扣除	6	
三、应调整的其他项目	7	
四、调整后应纳税所得额（8=1+2+7）	8	
五、税率（%）	9	
六、速算扣除数	10	
七、应纳税额（11=8×9-10）	11	
八、减免税额（附报《个人所得税减免事项报告表》）	12	
九、已缴税额	13	
十、应补/退税额（14=11-12-13）	14	

谨声明：本表是根据国家税收法律法规及相关规定填报的，是真实的、可靠的、完整的。

纳税人签字：　　年　月　日

经办人：	受理人：
经办人身份证件号码：	
代理机构签章	受理税务机关（章）：
代理机构统一社会信用代码：	受理日期：　　年　月　日

国家税务总局监制

《个人所得税经营所得纳税申报表（C表）》填表说明

一、适用范围

本表适用于个体工商户业主、个人独资企业投资人、合伙企业个人合伙人、承包承租经营者个人以及其他从事生产、经营活动的个人在中国境内两处以上取得经营所得，办理合并计算个人所得税的年度汇总纳税申报时，向税务机关报送。

二、报送期限

纳税人从两处以上取得经营所得，应当于取得所得的次年3月31日前办理年度汇总纳税申报。

三、本表各栏填写

（一）表头项目

1. 税款所属期：填写纳税人取得经营所得应纳个人所得税款的所属期间，应填写具体的起止年月日。

2. 纳税人姓名：填写自然人纳税人姓名。

3. 纳税人识别号：有中国公民身份号码的，填写中华人民共和国居民身份证上载明的"公民身份号码"；没有中国公民身份号码的，填写税务机关赋予的纳税人识别号。

（二）被投资单位信息

1. 名称：填写被投资单位法定名称的全称。

2. 纳税人识别号（统一社会信用代码）：填写被投资单位的纳税人识别号或者统一社会信用代码。

3. 投资者应纳税所得额：填写投资者从其各投资单位取得的年度应纳税所得额。

（三）表内各行填写

1. 第1行"投资者应纳税所得额合计"：填写投资者从其各投资单位取得的年度应纳税所得额的合计金额。

2. 第2~6行"应调整的个人费用及其他扣除"：填写按规定需调整增加或者减少应纳税所得额的项目金额。调整减少应纳税所得额的，用负数表示。

（1）第3行"投资者减除费用"：填写需调整增加或者减少应纳税所得额的投资者减除费用的金额。

（2）第4行"专项扣除"：填写需调整增加或者减少应纳税所得额的"三险一金"（基本养老保险费、基本医疗保险费、失业保险费、住房公积金）的合计金额。

（3）第5行"专项附加扣除"：填写需调整增加或者减少应纳税所得额的专项附加扣除（子女教育、继续教育、大病医疗、住房贷款利息、住房租金、赡养老人）的合计金额。

（4）第6行"依法确定的其他扣除"：填写需调整增加或者减少应纳税所得额的商业健康保险、税延养老保险以及国务院规定其他可以扣除项目的合计金额。

3. 第7行"应调整的其他项目"：填写按规定应予调整的其他项目的合计金额。调整减少应纳税所得额的,用负数表示。

4.第8行"调整后应纳税所得额":根据相关行次计算填报。第8行=第1行+第2行+第7行。

5.第9~10行"税率""速算扣除数":填写按规定适用的税率和速算扣除数。

6.第11行"应纳税额":根据相关行次计算填报。第11行=第8行×第9行-第10行。

7.第12行"减免税额":填写符合税法规定可以减免的税额,并附报《个人所得税减免税事项报告表》。

8.第13行"已缴税额":填写纳税人本年度累计已缴纳的经营所得个人所得税的金额。

9.第14行"应补/退税额":按相关行次计算填报。第14行=第11行-第12行-第13行。

四、其他事项说明

以纸质方式报送本表的,应当一式两份,纳税人、税务机关各留存一份。

12.5.6　合伙制创业投资企业单一投资基金核算方式备案表

表12-15　　合伙制创业投资企业单一投资基金核算方式备案表

(＿＿＿＿＿＿至＿＿＿＿＿＿年度)

备案编号(主管税务机关填写):

创投企业(基金)名称	
纳税人识别号(统一社会信用代码)	
创投企业(基金)备案管理机构	□发展改革部门　□证券监管部门
管理机构备案编号	
管理机构备案时间	
谨声明:本表是根据国家税收法律法规及相关规定填报的,是真实的、可靠的、完整的。 　　　　　　　　　　　　　创投企业(基金)印章:　　　年　　月　　日	
经办人签字: 经办人身份证件号码: 代理机构签章: 代理机构统一社会信用代码:	受理人: 受理税务机关(章): 受理日期:　　　年　　月　　日

国家税务总局监制

《合伙制创业投资企业单一投资基金核算方式备案表》填表说明

一、适用范围

本表适用于合伙制创业投资企业（含创投基金，以下统称创投企业）选择按单一投资基金核算，按规定向主管税务机关进行核算类型备案。

二、报送期限

选择按单一投资基金核算的创投企业，应当在管理机构完成备案的 30 日内，向主管税务机关进行核算方式备案，报送本表。

创投企业选择一种核算方式满 3 年需要调整的，应当在满 3 年的次年 1 月 31 日前，重新向主管税务机关备案，报送本表。

三、本表各栏填写

1. 创投企业（基金）名称：填写创投企业的法定名称全称。

2. 纳税人识别号（统一社会信用代码）：填写创投企业的纳税人识别号或统一社会信用代码。

3. 创投企业（基金）备案管理机构：选择创投企业备案的机构名称，在"发展改革部门"或"证券监管部门"备案的，分别在对应框中打"√"。

4. 管理机构备案编号：填写创投企业在国家发展和改革委员会或中国证券投资基金业协会备案的编号。

5. 管理机构备案时间：填写创投企业在国家发展和改革委员会或中国证券投资基金业协会备案的时间。

四、其他事项说明

以纸质方式报送本表的，应当一式两份，扣缴义务人、税务机关各留存一份。

12.5.7 单一投资基金核算的合伙制创业投资企业个人所得税扣缴申报表

表12-16　单一投资基金核算的合伙制创业投资企业个人所得税扣缴申报表

税款所属期：　　年　　月　　日至　　年　　月　　日

扣缴义务人名称：

扣缴义务人纳税人识别号（统一社会信用代码）：□□□□□□□□□□□□□□□□□□

税务机关备案编号：

金额单位：人民币元（列至角分）

序号	被投资企业名称	被投资企业纳税人识别号（统一社会信用代码）	创投企业投资项目所得情况					纳税年度内股权转让所得额合计
			投资股权份数	转让后股权份数	股权转让时间	股权转让收入	股权原值	合理费用	股权转让所得额
			4	5	6	7	8	9	10	11
1	2	3								

序号	个人合伙人姓名	身份证件类型	身份证件号码	个人合伙人纳税人识别号	分配比例（%）	创投企业股权转让所得额	创投企业个人合伙人所得分配情况				其中：投资初创科技型企业情况		应纳税所得额	税率	应纳税额	减免税额	已缴税额	应补/退税额
							分配所得额				创投企业符合条件的投资额	当年按个人投资额70%计算的实际抵扣额						
							19				20	21	22	23	24	25	26	27	28
12	13	14	15	16	17	18												
合计																		

谨声明：本表是根据国家税收法律法规及相关规定填报的，是真实的、可靠的、完整的。

经办人签字：

经办人身份证件号码：

代理机构签章：

代理机构统一社会信用代码：

受理人：

受理税务机关（章）：

受理日期：　　年　　月　　日

创投企业（基金）印章：　　年　　月　　日

国家税务总局监制

《单一投资基金核算的合伙制创业投资企业个人所得税扣缴申报表》填表说明

一、适用范围

本表适用于选择按单一投资基金核算的合伙制创业投资企业（含创投基金，以下统称创投企业）按规定办理年度股权转让所得扣缴申报时，向主管税务机关报送。

二、申报期限

创投企业取得所得的次年3月31日前报送。

三、本表各栏填写

（一）表头项目

1. 税款所属期：填写创投企业申报股权转让所得的所属期间，应填写具体的起止年月日。

2. 扣缴义务人名称：填写扣缴义务人（即创投企业）的法定名称全称。

3. 扣缴义务人纳税人识别号（统一社会信用代码）：填写扣缴义务人（即创投企业）的纳税人识别号或者统一社会信用代码。

4. 税务机关备案编号：填写创投企业在主管税务机关进行核算方式备案的编号。

（二）表内各栏

1. 创投企业投资项目所得情况

（1）第2列"被投资企业名称"：填写被投资企业的法定名称。

（2）第3列"被投资企业纳税人识别号（统一社会信用代码）"：填写被投资企业的纳税人识别号或者统一社会信用代码。

（3）第4列"投资股权份数"：填写创投企业在发生股权转让前持有被投资企业的股权份数。

（4）第5列"转让股权份数"：填写创投企业纳税年度内转让被投资企业股权的份数，一年内发生多次转让的，应分行填写。

（5）第6列"转让后股权份数"：填写创投企业发生股权转让后持有被投资企业的股权份数。

（6）第7列"股权转让时间"：填写创投企业转让被投资企业股权的具体时间，一年内发生多次转让的，应分行填写。

（7）第8列"股权转让收入"：填写创投企业发生股权转让收入额，一年内发生多次转让的，应分行填写。

（8）第9列"股权原值"：填写创投企业转让股权的原值，一年内发生多次转让的，应分行填写。

（9）第10列"合理费用"：填写转让股权过程中发生的按规定可以扣除的合理税费。

（10）第11列"股权转让所得额"：按相关列次计算填报。第11列＝第8列－第9列－

第10列。

（11）"纳税年度内股权转让所得额合计"：填写纳税年度内股权转让所得的合计金额，即所得与损失相互抵减后的余额。如余额为负数的，填写0。

2.创投企业个人合伙人所得分配情况

（1）第13列"个人合伙人姓名"：填写个人合伙人姓名。

（2）第14列"身份证件类型"：填写纳税人有效的身份证件名称。中国公民有中华人民共和国居民身份证的，填写居民身份证；没有居民身份证的，填写中华人民共和国护照、港澳居民来往内地通行证或港澳居民居住证、台湾居民通行证或台湾居民居住证、外国人永久居留身份证、外国人工作许可证或护照等。

（3）第15列"身份证件号码"：填写纳税人有效身份证件上载明的证件号码。

（4）第16列"个人合伙人纳税人识别号"：有中国公民身份号码的，填写中华人民共和国居民身份证上载明的"公民身份号码"；没有中国公民身份号码的，填写税务机关赋予的纳税人识别号。

（5）第17列"分配比例（%）"：分配比例按照合伙协议约定的比例填写；合伙协议未约定或不明确的，按合伙人协商决定的比例填写；协商不成的，按合伙人实缴出资比例填写；无法确定出资比例的，按合伙人平均分配。

（6）第18列"创投企业股权转让所得额"：填写创投企业纳税年度内取得的股权转让所得总额，即本表"创投企业投资项目所得情况"中"纳税年度内股权转让所得额合计"的金额。

（7）第19列"分配所得额"：填写个人合伙人按比例分得的股权转让所得额。第19列＝第18列×第17列。

（8）第20列"创投企业符合条件的投资额"：填写合伙创投企业对种子期、初创期科技型企业符合投资抵扣条件的投资额。

（9）第21列"个人出资比例"：填写个人合伙人对创投企业的出资比例。

（10）第22列"当年按个人投资额70%计算的实际抵扣额"：根据相关列次计算填报。第22列＝第20列×第21列×70%。

（11）第23列"应纳税所得额"：填写个人合伙人纳税年度内取得股权转让所得的应纳税所得额。第23列＝第19列－第22列。

（12）第24列"税率"：填写所得项目按规定适用的税率。

（13）第25列"应纳税额"：根据相关列次计算填报。第25列＝第23列×第24列。

（14）第26列"减免税额"：填写符合税法规定的可以减免的税额，并附报《个人所得税减免税事项报告表》。

（15）第27列"已缴税额"：填写纳税人当期已实际缴纳或者被扣缴的个人所得税税款。

12 征收管理 397

(16) 第 28 列"应补/退税额": 根据相关列次计算填报。第 28 列 = 第 25 列 – 第 26 列 – 第 27 列。

四、其他事项说明

以纸质方式报送本表的,应当一式两份,扣缴义务人、税务机关各留存一份。

12.5.8 个人所得税减免税事项报告表

表 12-17　　　　　　　个人所得税减免税事项报告表

税款所属期：　　年　月　日至　　年　月　日
纳税人姓名：
纳税人识别号：□□□□□□□□□□□□□□□□□-□□
扣缴义务人名称：
扣缴义务人纳税人识别号：□□□□□□□□□□□□□□□□□　金额单位：人民币元（列至角分）

减免税情况						
编号	勾选	减免税事项	减免人数	免税收入	减免税额	备注
1	□	残疾、孤老、烈属减征个人所得税				
2	□	个人转让 5 年以上唯一住房免征个人所得税		–		
3	□	随军家属从事个体经营免征个人所得税		–		
4	□	军转干部从事个体经营免征个人所得税		–		
5	□	退役士兵从事个体经营免征个人所得税		–		
6	□	建档立卡贫困人口从事个体经营扣减个人所得税		–		
7	□	登记失业半年以上人员，零就业家庭、享受城市低保登记失业人员，毕业年度内高校毕业生从事个体经营扣减个人所得税		–		
8	□	取消农业税从事"四业"所得暂免征收个人所得税		–		
9	□	符合条件的房屋赠与免征个人所得税		–		

续表

编号	勾选	减免税事项		减免人数	免税收入	减免税额	备注
10	☐	科技人员取得职务科技成果转化现金奖励				-	
11	☐	外籍个人出差补贴、探亲费、语言训练费、子女教育费等津补贴				-	
12	☐	税收协定	股息 税收协定名称及条款：			-	
13	☐		利息 税收协定名称及条款：			-	
14	☐		特许权使用费 税收协定名称及条款：			-	
15	☐		财产收益 税收协定名称及条款：			-	
16	☐		受雇所得 税收协定名称及条款：			-	
17	☐		其他 税收协定名称及条款：			-	
18		其他	减免税事项名称及减免性质代码：				
19	☐		减免税事项名称及减免性质代码：				
20			减免税事项名称及减免性质代码：				
合计							

减免税人员名单

序号	姓名	纳税人识别号	减免税事项（编号或减免性质代码）	所得项目	免税收入	减免税额	备注

续表

序号	姓名	纳税人识别号	减免税事项（编号或减免性质代码）	所得项目	免税收入	减免税额	备注

谨声明：本表是根据国家税收法律法规及相关规定填报的，本人（单位）对填报内容（附带资料）的真实性、可靠性、完整性负责。

纳税人或扣缴单位负责人签字：　　　　　　年　　月　　日

经办人签字： 经办人身份证件类型： 经办人身份证件号码： 代理机构签章： 代理机构统一社会信用代码：	受理人： 受理税务机关（章）： 受理日期：　　年　　月　　日

国家税务总局监制

《个人所得税减免税事项报告表》填表说明

一、适用范围

本表适用于个人纳税年度内发生减免税事项，需要在纳税申报时享受的，向税务机关报送。

二、报送期限

1. 个人需要享受减免税事项的，应当及时向扣缴义务人提交本表做信息采集。

2. 扣缴义务人扣缴申报时，个人需要享受减免税事项的，扣缴义务人应当一并报送本表。

3. 个人需要享受减免税事项并采取自行纳税申报方式的，应按照税法规定的自行纳税申报时间，在自行纳税申报时一并报送本表。

三、本表各栏填写

（一）表头项目

1. 税款所属期：填写个人发生减免税事项的所属期间，应填写具体的起止年月日。

2. 纳税人姓名：个人自行申报并报送本表或向扣缴义务人提交本表做信息采集的，由个人填写纳税人姓名。

3. 纳税人识别号：个人自行申报并报送本表或向扣缴义务人提交本表做信息采集的，由个人填写纳税人识别号。纳税人识别号为个人有中国公民身份号码的，填写中华人民共和国居民身份证上载明的"公民身份号码"；没有中国公民身份号码的，填写税务机关赋予的纳税人识别号。

4. 扣缴义务人名称：扣缴义务人扣缴申报并报送本表的，由扣缴义务人填写扣缴义务人名称。

5. 扣缴义务人纳税人识别号：扣缴义务人扣缴申报并报送本表的，由扣缴义务人填写扣缴义务人统一社会信用代码。

（二）减免税情况

1. "减免税事项"：个人或扣缴义务人勾选享受的减免税事项。

个人享受税收协定待遇的，应勾选"税收协定"项目，并填写具体税收协定名称及条款。

个人享受列示项目以外的减免税事项的，应勾选"其他"项目，并填写减免税事项名称及减免性质代码。

2. "减免人数"：填写享受该行次减免税政策的人数。

3. "免税收入"：填写享受该行次减免税政策的免税收入合计金额。

4. "减免税额"：填写享受该行次减免税政策的减免税额合计金额。

5. "备注"：填写个人或扣缴义务人需要特别说明的或者税务机关要求说明的事项。

（三）减免税人员名单栏

1. "姓名"：填写个人姓名。

2. "纳税人识别号"：填写个人的纳税人识别号。

3. "减免税事项（编号或减免性质代码）"：填写"减免税情况栏"列示的减免税事项对应的编号或税务机关要求填报的其他信息。

4. "所得项目"：填写适用减免税事项的所得项目名称。例如：工资、薪金所得。

5. "免税收入"：填写个人享受减免税政策的免税收入金额。

6. "减免税额"：填写个人享受减免税政策的减免税额金额。

7. "备注"：填写个人或扣缴义务人需要特别说明的或者税务机关要求说明的事项。

四、其他事项说明

以纸质方式报送本表的，建议通过计算机填写打印，一式两份，纳税人（扣缴义务人）、税务机关各留存一份。

12.5.9 代扣代缴手续费申请表

表 12-18　　　　　　　　　代扣代缴手续费申请表

金额单位：人民币元（列至角分）

扣缴义务人名称		统一社会信用代码（纳税人识别号）	
联系人姓名		联系电话	
原完税情况	品目名称	税款所属时期	税票号码	实缴金额
	合计（小写）			
申请手续费金额（小写）				
声明	此表是根据国家税收法律法规及相关规定填写的，本人（单位）对填报内容（附带资料）的真实性、可靠性、完整性负责。 　　　　　　　　　　　　　　　　　　　　　扣缴义务人签章：			
授权声明	如果您已委托代理人申请，请填写下列资料： 为代理个人所得税扣缴手续费申请相关事宜，现授权_____（地址）_____为代理申请人，任何与本申请有关的往来文件，都可寄于此人。 授权人签章：	税务机关填写	受理人： 受理税务机关（章）： 受理日期：	

《代扣代缴手续费申请表》填表说明

一、本表适用于申请个人所得税扣缴手续费的办理。

二、扣缴义务人退付账户与原缴税账户不一致的，须另行提交资料，并经税务机关确认。

三、本表一式四联，扣缴义务人一联、税务机关三联。

四、扣缴义务人名称：填写扣缴义务人法定名称的全称。

五、统一社会信用代码（纳税人识别号）：填写扣缴义务人的统一社会信用代码或者纳税人识别号。

六、联系人名称：填写联系人姓名。

七、联系电话：填写联系人固定电话号码或手机号码。

八、品目名称：填写扣缴个人所得税的各项应税所得名称。如：工资、薪金所得。

九、原完税情况：填写退个人所得税代扣代缴手续费相关信息。分品目名称、税款所属时期、税票号码、实缴金额等项目，填写申请办理的已入库信息，上述信息应与完税费（缴款）凭证或完税电子信息一致。

十、申请手续费金额：填写申请年度计算的手续费金额。填写金额按照申请年度代扣代缴（含预扣预缴）个人所得税实际入库税额的2%计算。

13

自然人股权转让政策解析

随着经济社会的发展，自然人以各种形式参与股权转让、股权激励、技术入股、创业投资业务层出不穷。涉及股权的个人所得税政策很多，关于股权转让的个人所得税政策，除新《个人所得税法》和新《个人所得税法实施条例》外，还包括《国家税务总局关于发布〈股权转让所得个人所得税管理办法（试行）〉的公告》（国家税务总局公告2014年第67号）、《国家税务总局关于股权奖励和转增股本个人所得税征管问题的公告》（国家税务总局公告2015年第80号）、《国家税务总局关于个人非货币性资产投资有关个人所得税征管问题的公告》（国家税务总局公告2015年第20号）、《国家税务总局关于个人投资者收购企业股权后将原盈余积累转增股本个人所得税问题的公告》（国家税务总局公告2013年第23号）、《财政部 国家税务总局关于将国家自主创新示范区有关税收试点政策推广到全国范围实施的通知》（财税〔2015〕116号）、《财政部 国家税务总局关于个人转让股票所得继续暂免征收个人所得税的通知》（财税字〔1998〕61号）、《国家税务总局关于个人非货币性资产投资有关个人所得税政策的通知》（财税〔2015〕41号）、《国家税务总局关于资产评估增值计征个人所得税问题的通知》（国税发〔2008〕115号）、《国家税务总局关于个人股权转让过程中取得违约金收入征收个人所得税问题的批复》（国税函〔2006〕866号）等。

13.1 股权转让的相关方

要弄清自然人转让股权的个人所得税问题，首先要知道个人转让股权都会涉及哪些相关方，这些相关方又各自承担哪些税收义务。

【案例13-1-1】 某公司由甲、乙两人各投资100万元成立。公司成立以来，一直经营性亏损。2017年8月，甲将其持有的公司股权转让给丙，转让价格100万元。转让时公司净资产价值150万元。（假定公司没有土地使用权、房屋、知识产权、探矿权、采矿权、股权等资产）

【问题】 甲的股权转让行为，需要缴纳个人所得税吗？

【解析】 甲转让收入100万元，其投资成本也是100万元，并没有转让所得，因此无须纳税。这是一个经常遇到也经常出错的案例，很多会计人、税务人都认为甲的股权转让行为应当纳税，认为甲将净资产75万元的股权，卖了 100 万元的价格，赚了 25 万元，这个 25 万元就是股权转让所得，应缴纳个人所得税。但是，实际上在这个案例中，甲的股权转让行为是不需要缴纳个人所得税的。因为，股权转让所得，不是转让价格与净资产的差额，而是转让价格与投资成本的差额。

13.1.1 个人股权转让的内涵

个人股权转让，是指自然人股东（也就是个人股东），将投资于在中国境内成立的企业或组织的股权或股份，转让给其他个人或法人的行为。

这里包括五个要点：一是被转让股权或股份的单位，只能是中国境内企业或组织，且不包括个人独资企业和合伙企业。二是转让人是自然人，也就是股权转让企业的自然人股东（持股人）。企业的股东可以是个人也可以是单位，但是只有企业或组织的自然人股东转让股权，才需要申报缴纳个人所得税。三是受让人是其他的个人或法人。"其他"指的是转让人以外的个人或法人。从税收实务上看，个人股权转让的受让人可以是自然人，也可以是企业或组织（这个企业和组织应当包括个人独资企业、合伙企业）。四是自然人可以是中国公民，也可以是外国公民。五是转让的标的是股份或股权，而不是上市公司股票。

13.1.2 股权转让行为

《股权转让所得个人所得税管理办法（试行）》（国家税务总局公告 2014 年第 67 号印发）第三条列举了股权转让的 7 项行为，具体包括：

（1）出售股权；

（2）公司回购股权；

（3）发行人首次公开发行新股时，被投资企业股东将其持有的股份以公开发行方式一并向投资者发售；

（4）股权被司法或行政机关强制过户；

（5）以股权对外投资或进行其他非货币性交易；

（6）以股权抵偿债务；

（7）其他股权转移行为。

需要注意的是：在《公司法》中，回购公司股份一般有四种情形：①减少公司注册资本；②与持有本公司股份的其他公司合并；③将股份奖励给本公司职工；④股东因对股东大会做出的公司合并、分立决议持异议，要求公司收购其股份的。公司回购股份，无论是出于怎么样的目的，其回购的行为，对于被回购的原股东来说，就是股权转让的行为。《首次公开发行股票时公司股东公开发售股份暂行规定》规定，公司股东公开发售股份是指发行人首次公开发行新股时，公司股东将其持有的股份以公开发行方式一并向投资者发售的行为（即老股转让）。根据《财政部　国家税务总局关于个人非货币性资产投资有关个人所得税政策的通知》（财税〔2015〕41号）和《国家税务总局关于个人非货币性资产投资有关个人所得税征管问题的公告》（国家税务总局公告2015年第20号），个人以非货币性资产投资，属于个人转让非货币性资产和投资同时发生。对个人转让非货币性资产的所得，应按照"财产转让所得"项目，依法计算缴纳个人所得税。

对照个人股权转让的五个要点来看，都是境内企业股权，转让人是个人，被转让人可以是其他的个人，也可能是企业，所有的都有一个明显的特征：股权的所有人发生了变动。从一个自然人股东变动到另外一个或多个单位或个人股东。

13.1.3　个人股权转让的涉事各方

新《个人所得税法》第九条第一款规定，个人所得税以所得人为纳税义务人，以支付所得的单位或者个人为扣缴义务人。《股权转让所得个人所得税管理办法（试行）》（国家税务总局公告2014年第67号印发）第五条规定，个人股权转让所得个人所得税，以股权转让方为纳税人，以受让方为扣缴义务人。因此，在个人股权转让中，基本的涉事各方有三个：纳税人、扣缴义务人和被转让股权的投资企业。

三者具有不同的涉税义务：

扣缴义务人应当在支付所得的同时代扣代缴纳税人应纳税额，应当依法在次月15日内缴入国库，并向税务机关报送扣缴个人所得税申报表。在向主管税务机关办理股权转让纳税（扣缴）申报时，应当依法报送相关资料。扣缴义务人应于股权转让相关协议签订后5个工作日内，将股权转让的有关情况报告主管税务机关。

被投资企业应当详细记录股东持有本企业股权的相关成本，如实向税务机关提供与股权转让有关的信息,协助税务机关依法执行公务。被投资企业应当在董事会或股东会结束后5个工作日内,向主管税务机关报送与股权变动事项相关的董事会或股东会决议、会议纪要等资料。被投资企业发生个人股东变动或者个人股东所持股权变动的,应当在次月15日内向主管税务机关报送含有股东变动信息的《个人所得税基础信息表(A表)》及股东变更情况说明。

13.1.4 个人股权转让个人所得税计算

(1) 公式。

依据《个人所得税法》,《股权转让所得个人所得税管理办法(试行)》(国家税务总局公告2014年第67号印发)第四条规定,个人转让股权,以股权转让收入减除股权原值和合理费用后的余额为应纳税所得额,按"财产转让所得"缴纳个人所得税。计算公式为:

$$应纳税所得额=股权转让收入-股权原值-合理费用$$

$$应纳个人所得税=应纳税所得额\times 20\%$$

对于个人转让上市公司股票,依据《财政部 国家税务总局 证监会关于个人转让上市公司限售股所得征收个人所得税有关问题的通知》(财税〔2009〕167号)第八条规定,对个人在上海证券交易所、深圳证券交易所转让从上市公司公开发行和转让市场取得的上市公司股票所得,继续免征个人所得税。

合伙企业个人合伙人转让其在合伙企业中的全部或者部分财产份额,新《个人所得税法实施条例》规定,个人转让合伙企业中的财产份额取得的所得,按财产转让所得纳税。但在计算中,需要考虑企业已"先分后税"由合伙人纳税后的留存收益,应当视同为投资成本予以扣除。但合伙份额不是股权,此财产转让不同于彼财产转让,个人转让股权按《股权转让所得个人所得税管理办法(试行)》的规定计算并纳税,个人合伙人转让合伙企业份额财产,按非货币性财产转让规则计算并纳税。

合伙企业作为持股人,转让所投资企业股权所得,合伙企业的个人合伙人分回的股权转让所得,按"经营所得"缴纳个人所得税。但是,依据《财政部 税务总局 发展改革委 证监会关于创业投资企业个人合伙人所得税政策问题的通知》(财税〔2019〕8号)第二条,合伙制创投企业转让对外投资的股权，在 2019 年 1 月 1 日到 2023 年 12 月 31 日期间，创投企业选择按单一投资基金核算的，其个人合伙人从该基金应分得的股权转让所得和股息红利所得，按照 20%税率计算缴纳个人所得税。创投企业选择按年度所得整体核算的，其个人合伙人应从创投企业取得的所得，按照"经营所得"项目、5%~35%的超额累进税率计算缴纳个人所得税。

（2）要素。

从股权转让个人所得税计算公式中，可以看出，计算股权转让的个人所得税有三个要素：

一是股权转让收入：转让方因股权转让而获得的现金、实物、有价证券和其他形式的经济利益。

二是转让股权原值（或者说是成本）：转让股权的原值或税务机关合理确认的股权原值。

三是合理费用：股权转让时按照规定支付的有关税费。

13.2 股权转让收入的确认

13.2.1 股权转让收入的组成

《股权转让所得个人所得税管理办法（试行）》规定，股权转让收入是指转让方因股权转让而获得的现金、实物、有价证券和其他形式的经济利益。转让方取得与股权转让相关的各种款项，包括违约金、补偿金以及其他名目的款项、资产、权益等，均应当并入股权转让收入。纳税人按照合同约定，在满足约定条件后取得的后续收入，应当作为股权转让收入。

可知，股权转让收入，一般由三个要素组成——转让价款、相关款项，以及或有利益。

（1）转让价款。股权转让收入是指转让方因股权转让而获得的现金、实物、有价证券和其他形式的经济利益。不同形式的价款有不同的计量、计价方式，其中最简单的形式是——现金交易。

（2）相关款项。转让方取得的，与股权转让相关的各种款项，包括违约金、补偿金以及其他名目的款项、资产、权益等，均应当并入股权转让收入。

（3）或有利益。纳税人按照合同约定，在满足约定条件后取得的后续收入，应当作为股权转让收入。这个主要常见于对赌协议中。

13.2.2 公平交易原则

《股权转让所得个人所得税管理办法（试行）》第十条规定，股权转让收入应当按照公平交易原则确定。

公平交易原则不同于《税收征管法》的独立交易原则，独立交易原则是指：关联企业间的业务往来，应当按照独立企业之间的业务往来收取或者支付价款、费用。对于公平交易原则来说，虽然也有一定的独立交易原则的意思，但更多的是出于公平、公正的社会预期而进行的股权交易，交易的金额可大可小，可盈利可亏损，但是其交易的价格和过程应当是公平且公正，交易金额应当合理且有效。

《股权转让所得个人所得税管理办法（试行）》规定，申报的股权转让收入明显偏低且无正当理由的，主管税务机关可以核定股权转让收入。对于"申报的股权转让收入明显偏低且无正当理由的"，必须同时具备"收入明显偏低"和"无正当理由"两个条件，两点俱备就是"未按照公平原则交易"。即对交易价格显失公平的，税务机关可以依法进行纳税调整，符合新《个人所得税法》规定"个人实施其他不具有合理商业目的的安排而获取不当税收利益"的反避税规定。

其中，"收入明显偏低"是指：

（1）申报的股权转让收入低于股权对应的净资产份额的。其中，被投资企业拥有土地使用权、房屋、房地产企业未销售房产、知识产权、探矿权、采矿权、股权等资产的，申报的股权转让收入低于股权对应的净资产公允价值份额的；

（2）申报的股权转让收入低于初始投资成本或低于取得该股权所支付的价款及相关税费的；

（3）申报的股权转让收入低于相同或类似条件下同一企业同一股东或其他股东股权转让收入的；

（4）申报的股权转让收入低于相同或类似条件下同类行业的企业股权转让收入的；

（5）不具合理性的无偿让渡股权或股份；

（6）主管税务机关认定的其他情形。

"正当理由"是指：

（1）能出具有效文件，证明被投资企业因国家政策调整，生产经营受到重大影响，导致低价转让股权；

（2）继承或将股权转让给其能提供具有法律效力身份关系证明的配偶、父母、子女、祖父母、外祖父母、孙子女、外孙子女、兄弟姐妹以及对转让人承担直接抚养或者赡养义务的抚养人或者赡养人；

（3）相关法律、政府文件或企业章程规定，并有相关资料充分证明转让价格合理且真实的本企业员工持有的不能对外转让股权的内部转让；

（4）股权转让双方能够提供有效证据证明其合理性的其他合理情形。

13.2.3 股权转让收入的核定

《股权转让所得个人所得税管理办法（试行）》规定，除"申报的股权转让收入明显偏低且无正当理由的"外，个人转让股权有"未按照规定期限办理纳税申报，经税务机关责令限期申报，逾期仍不申报的""转让方无法提供或拒不提供股权转让收入的有关资料"，以及"其他应核定股权转让收入的"情形之一的，主管税务机关可以核定股权转让收入，应依次按照下列方法核定股权转让收入：

（1）净资产核定法。

股权转让收入按照每股净资产或股权对应的净资产份额核定。

被投资企业的土地使用权、房屋、房地产企业未销售房产、知识产权、探矿权、采矿权、股权等资产占企业总资产比例超过20%的，主管税务机关可参照纳税人提供的具有法定资质的中介机构出具的资产评估报告核定股权转让收入。

6个月内再次发生股权转让且被投资企业净资产未发生重大变化的，主管税务机关可参照上一次股权转让时被投资企业的资产评估报告核定此次股权转让收入。

有两个注意事项：第一，不是只有不动产、知识产权、探矿权、采矿权、股权超过总资产20%的才需要核定，而是低于单位股权净资产份额的，都需要按净资产金额核定。对有不动产、等资产的，需要进行评估，参考评估结果核定。第二，6个月内再次发生股权转让且被投资企业净资产未发生重大变化的，主管税务机关可参照上一次股权转让时被投资企业的资产评估报告核定此次股权转让收入。这指的是资产超过20%的企业，可以按上一次资产评估报告核定，也可以再做一次评估。

（2）类比法。

①参照相同或类似条件下同一企业同一股东或其他股东股权转让收入核定；

②参照相同或类似条件下同类行业企业股权转让收入核定。

（3）其他合理方法。

主管税务机关采用以上方法核定股权转让收入存在困难的，可以采取其他合理方法核定。在各省的规定中，主要有：股权成本法，实际回收法和市场价格法。

转让股权采用其他合理方法核定股权转让收入的，原则由主管税务机关根据公平交易原则和实际情况选择确定。可采用的其他合理方法：

①股权成本法。

对于股权转让企业账证不全，企业报表不能真实反映企业净资产，实行核定征收企业所得税的企业，由纳税人提供相关证据，经主管税务机关确认后，可按以下方法核定收入：

股权转让收入＝股权原值＋持有时应获益－持有时实际净获益＋转让时按照规定支付的有关税费

其中：

持有时应获益＝∑[（股权取得当期至股权转让当期企业所得税应纳税所得额－应交企业所得税）×转让股东的股权比例]

企业所得税应纳税所得额＝企业销售（营业）收入×应税所得率

或：

企业所得税应纳税所得额＝成本（费用）支出额÷（1－应税所得率）×应税所得率

持有时实际净获益＝股权取得当期至股权转让当期实际已分配给转让股东的个人所得税税后利息、股息、红利所得（利润分配）

如果持有时实际净获益超过持有应获益时，按持有时应获益计算。

②实际回收法。

个人因各种原因终止投资、联营、经营合作等行为，从被投资企业或合作项目、被投资企业的其他投资者以及合作项目的经营合作人取得股权转让收入确认公式为：

股权转让收入＝回收股本收入＋违约金＋补偿金＋赔偿金＋其他名目收回款项

③ 市场价格法。

个人转让收入中包括以非货币性资产和其他经济利益等为对价支付的，可按照取得非货币资产和其他经济利益等的凭证上所注明的价格计算；凭证上所注明的价格明显偏低或无凭证的，由主管税务机关按当地市场价格核定；无法确定市场价格的，按具有法定资质的中介机构出具的评估价格确定。

13.3 股权原值的确认与计价

在个人股权转让交易中，股权原值是指持有人取得股权时实际支付的价款和与取得股权直接相关的合理税费。除初始投资和增资入股外，对取得股权的再转让时，取得股权时的实际支付的价款和合理税费，就构成再转让股权的原值。

《股权转让所得个人所得税管理办法（试行）》中，股权原值的确认有五种形式：

（1）现金取得的。以现金出资方式取得的股权，按照实际支付的价款与取得股权直接相关的合理税费之和确认股权原值。

（2）非货币资产出资。以非货币性资产出资方式取得的股权，按照税务机关认可或核定的投资入股时的，非货币性资产价格与取得股权直接相关的合理税费之和确认股权原值。

以非货币资产出资购买股权的，可能会涉及交易双方的个人所得税，一个是购买方以非货币资产投资的个人所得税。一个是转让方转让股权的个人所得税。

> 四、纳税人非货币性资产投资应纳税所得额为非货币性资产转让收入减除该资产原值及合理税费后的余额。
>
> 五、非货币性资产原值为纳税人取得该项资产时实际发生的支出。纳税人无法提供完整、准确的非货币性资产原值凭证，不能正

确计算非货币性资产原值的，主管税务机关可依法核定其非货币性资产原值。

六、合理税费是指纳税人在非货币性资产投资过程中发生的与资产转移相关的税金及合理费用。

——《国家税务总局关于个人非货币性资产投资有关个人所得税征管问题的公告》（国家税务总局公告2015年第20号）

(3) 特定无偿受让的。通过无偿让渡方式取得股权，具备《股权转让所得个人所得税管理办法（试行）》第十三条第二款所列情形的，按取得股权发生的合理税费与原持有人的股权原值之和确认股权原值；

《股权转让所得个人所得税管理办法（试行）》规定，继承或将股权转让给其能提供具有法律效力身份关系证明的配偶、父母、子女、祖父母、外祖父母、孙子女、外孙子女、兄弟姐妹以及对转让人承担直接抚养或者赡养义务的抚养人或者赡养人；

原值=前任原值+取得时的合理税费

前任原值=取得价款+取得时的合理税费

所有的支出，都需要相关资料予以证明。

其他的无偿受让的股权，不适用该条。

(4) 转增股本的。被投资企业以资本公积、盈余公积、未分配利润转增股本，个人股东已依法缴纳个人所得税的，以转增额和相关税费之和确认其新转增股本的股权原值。

转增股本有几种情形，增资扩股时记入"资本公积"的股权溢价部分，转增股本不需要纳税。

取得股权时，买受价款中包含的净资产中"未分配利润""盈余公积""资本公积"部分。这部分在购买股权时，已由前任股东转让时纳税，也不需要纳税。

生产经营过程中，以"未分配利润""盈余公积""资本公积"转增资本，其按比例属于个人股东的部分，应当在转增资本时，按"利息、股息、红利所得"征税。

(5) 除以上情形外，由主管税务机关按照避免重复征收个人所得税的原则合理确认股权原值。

股权转让人已被主管税务机关核定股权转让收入并依法征收个人所得税的，该股权受让人再次转让股权时，其股权原值以取得股权时发生的合理税费与上次股权转让人被主管税务机关核定的股权转让收入之和确认。公式如下：

二次转让股权原值＝上次股权转让人被主管税务机关核定的股权转让收入＋取得股权时发生的合理税费

《股权转让所得个人所得税管理办法（试行）》第四条第二款规定，合理费用是指股权转让时按照规定支付的有关税费。因此，能够扣除的合理税费有两个条件：一是转让人支出的。二是与股权转让相关的。

个人转让股权过程中，一般会涉及印花税、个人所得税，涉及非货币资产支付的，还可能会有：不动产登记费用、契税、评估费以及其他的一些费用。在这些税费项目中，只有个人所得税不得扣除。

13.4 个人股权转让纳税申报

13.4.1 纳税申报的四个注意事项

一是主管税务机关是被投资企业所在地税务机关。换句话说，就是纳税地点应当在被投资企业所在地。无论税款是由受让人代扣代缴，还是转让人自行申报，都需要在被投资企业所在地纳税。这一点与个人所得税其他的纳税地点的规定有所差异。但是在被投资企业所在地纳税，仅仅是个人转让股权涉及的个人所得税，对于企业或组织的投资人，其企业所得税的纳税地点不是被投资企业所在地。

二是申报资料。纳税人、扣缴义务人向主管税务机关办理股权转让纳税（扣缴）申报时，需要提供的五种资料。

（1）股权转让合同（协议）；

（2）股权转让双方身份证明；

（3）按规定需要进行资产评估的，需提供具有法定资质的中介机构出具的净资产或土地房产等资产价值评估报告；

（4）计税依据明显偏低但有正当理由的证明材料；

（5）主管税务机关要求报送的其他材料。

三是被投资企业报告义务履行。被投资企业应当在董事会或股东会结束后5个工作日内，向主管税务机关报送与股权变动事项相关的董事会或股东会决议、会议纪要等资料。

被投资企业发生个人股东变动或者个人股东所持股权变动的，应当在次月15日内向主管税务机关报送含有股东变动信息的《个人所得税基础信息表（A表）》及股东变更情况说明。

四是汇率。外币结算的，按结算日汇率中间价折算，折算成人民币计算应纳税所得额。

$$汇率中间价 = （现汇买入价+卖出价）\div 2$$

中国人民银行于每个工作日闭市后公布当日银行间外汇市场美元等交易货币对人民币的收盘价，作为下一个工作日该货币对人民币交易的中间价。

13.4.2 税款计算的五个通用步骤

一是了解情况。了解股权转让基本情况，企业净资产，以及有无不动产、知识产权、探矿权、采矿权、股权等资产。判断是否需要进行资产评估。

二是价格判断。判断股权转让收入是否低于股权净资产份额。对于低于净资产份额的，要按照净资产核定法、类比法、以及其他合理方法核定股权转让价格和。

三是扣除核实。核实被转让股权的原值，以及合理税费。

四是税款计算。计算股权转让所得应纳个人所得税。按照"收入-原值-合理税费"计算所得额，然后再按20%税率计算应纳个人所得税。

五是申报缴纳。次月代扣代缴并申报缴纳。

扣缴义务人、纳税人应当依法在次月15日内向主管税务机关申报纳税。

纳税人、扣缴义务人及被投资企业未按照规定期限办理纳税（扣缴）申报和报送相关资料的，依照《税收征管法》及其实施细则有关规定处理。

《国家税务总局关于加强股权转让所得征收个人所得税管理的通知》（国税函〔2009〕285号）2014年12月31日废止后，取消了工商部门办理变更登记时需要提供完税证明的前置条件。纳税人的变更登记变得简单易行了，从另一个方面来看，纳税人主动申报的意识却在淡化了。2019年1月1日起施行的新《个人所得税法》明确规定了个人转让股权登记的税收前置，有效加强了个人转让股权的税收征管。纳税人、扣缴义务人、被投资企业未履行申报、报告义务的，要依法进行处理。

13.4.3 纳税义务确定时间

一是受让方已支付或部分支付股权转让价款的；

二是股权转让协议已签订生效的；

三是受让方已经实际履行股东职责或者享受股东权益的；

四是国家有关部门判决、登记或公告生效的；

五是股权被司法或行政机关强制过户、以股权对外投资或进行其他非货币性交易、以股权抵偿债务、其他股权转移行为已完成的；

六是税务机关认定的其他有证据表明股权已发生转移的情形。

以上六种情形纳税义务的确定时间：股权变更登记时间。

【案例13-4-1】 2015年，甲、乙两人投资成立有限责任公司A公司，成立时约定双方各出资300万元，各占50%股权，其中甲实际出资40万元，认缴260万元；乙实际出资60万元，认缴240万元。甲、乙认缴资金一直未到位。2017年5月，A公司原股东甲转让其持有的全部公司股份。公司4月财务报表显示，实收资本100万元，未分配利润40万元，资本公积10万元。约定股权转让价格85万元。

【问题】 股权转让应纳多少个人所得税？（假定公司没有不动产、知识产权、探矿权、采矿权、股权等资产）股权转让时，公司账上还有的未分配利润要不要分配？未分配利润中隐含的个人所得税哪去了？

【解析】 （1）首先需要判断股权转让收入是否低于股权净资产份额？

那么，甲股东股权对应的净资产份额是多少？

我们来看净资产的组成。在没有土地使用权、房屋、房地产企业未销售房产、知识产权、探矿权、采矿权、股权等资产的情况下，

净资产＝总资产−总负债＝所有者权益＝实收资本+资本公积+盈余公积+未分配利益

总净资产＝100+40+10＝150（万元）

在出资不足的情况下，甲股东股权对应的净资产份额

＝(公司总净资产−全部实收资本)×约定股利分配比例+股东出资

=(150-100)×50%+40=65（万元）

65万元小于85万元，合理。按85万元计算转让价格

应纳个人所得税=(85-40)×20%=9（万元）

（2）在计算股权转让个人所得税时，受让股权应分配未分配的利润已经计入了股权转让收入中，无须再行计算。

接【案例13-4-1】，假设新来的股东是丙，也是一个自然人。丙在一年后又将取得的A公司股权进行了转让。其间，在2018年初，公司分配了股利，将2017年末公司未分配利润100万元中的80万元按照股权比例进行了分配，并依法扣缴了利息股息红利所得个人所得税。余下20万元转增股本。2018年6月，丙将股份以300万元的价格转让给丁，其间，甲和丙均未履行认缴的资本义务。

【问题】 1.丙转让股权，该如何纳税？（其他条件不变）

2.以未分配利润转增股本，要不要纳税，如何纳税？

3.丙的转让行为，要不要纳税，如何纳税？

【解析】（1）丙在购买甲的股权时，支付了"不低于净资产价格"的股权交易价格，参照《国家税务总局关于个人投资者收购企业股权后将原盈余积累转增股本个人所得税问题的公告》（国家税务总局公告2013年第23号）"新股东以不低于净资产价格收购股权的，企业原盈余积累已全部计入股权交易价格，新股东取得盈余积累转增股本的部分，不征收个人所得税"的规定。对于企业在股权转让时，原应按股权比重属于甲的非"股份制企业股票溢价发行收入所形成的"资本公积、盈余公积和未分配利润所得已经全部计算并缴纳的个人所得税（甲）。丙股东取得盈余积累转增股本的部分，不征收个人所得税。

（2）在转增股本的过程中，原股东乙按照股权比例所属的非"股份制企业股票溢价发行收入所形成的"资本公积、盈余公积和未分配利润所得转增股本的，应当按照"利息、股息、红利所得"项目计征个人所得税。

20×50%×20%=2（万元）

《国家税务总局关于股份制企业转增股本和派发红股征免个人所得税的通知》（国税发〔1997〕198号），股份制企业用盈余公积金派发红股属于股息、红利性质的分配，对个人取得的红股数额，应作为个人所得征税。

《国家税务总局关于原城市信用社在转制为城市合作银行过程中个人股增

值所得应纳个人所得税的批复》(国税函〔1998〕289号)进一步规定,《国家税务总局关于股份制企业转增股本和派发红股征免个人所得税的通知》(国税发〔1997〕198号)中所表述的"资本公积金"是指股份制企业股票溢价发行收入所形成的资本公积金。将此转增股本由个人取得的数额,不作为应税所得征收个人所得税。而与此不相符合的其他资本公积金分配个人所得部分,应当依法征收个人所得税。

《国家税务总局关于盈余公积金转增注册资本征收个人所得税问题的批复》(国税函〔1998〕333号)规定,该问题中的公司将从税后利润中提取的法定公积金和任意公积金转增注册资本,实际上是该公司将盈余公积金向股东分配了股息、红利,股东再以分得的股息、红利增加注册资本。因此,依据《国家税务总局关于股份制企业转增股本和派发红股征免个人所得税的通知》(国税发〔1997〕198号)精神,对属于个人股东分得并再投入公司(转增注册资本)的部分应按照"利息、股息、红利所得"项目征收个人所得税,税款由股份有限公司在有关部门批准增资、公司股东会议通过后代扣代缴。

《财政部 国家税务总局关于将国家自主创新示范区有关税收试点政策推广到全国范围实施的通知》(财税〔2015〕116号)规定,个人股东获得转增的股本,应按照"利息、股息、红利所得"项目,适用20%税率征收个人所得税。

(3) 丙的转让行为,需要进行两项确认:一是股权转让收入是否偏低。二是确定股权原值。

一是判定丙的转让收入是否偏低。

判定丙的转让收入是否偏低,需要计算转让时丙股东股权对应的净资产份额。

转让时丙股东股权对应的净资产份额

=(公司总净资产−全部实收资本)×约定股利分配比例+股东出资

=(120+10−120)×50%+股东出资

丙的股东出资如何确定?

甲股东转让股票,收到85万元转让收入。丙受让价值65万元的股权,支付了85万元。转让行为完成后,企业的资本情况并没有发生变动,仍然是实收资本(股本)100万元,资本公积10万元,未分配利润40万元。丙在A公司企业账上记载的出资金额仍然是甲股东在转让股权时对应的公司净资产份额,而不是实际的出资85万元。

那么:

甲股东股权对应的净资产份额=(150-100)×50%+40=65（万元）

丙股东股权对应的净资产份额=(120+10-120)×50%+50=55（万元）

丙股东出资50万元=（受让甲股权40万元+转增股本10万元），小于300万元。所以该股权转让收入按300万元计。

二是确定转让股权原值。

丙的转让股权原值可不是A企业账上记载的受让时的股权净资产价值65万元。《股权转让所得个人所得税管理办法（试行）》规定，以现金出资方式取得的股权，按照实际支付的价款与取得股权直接相关的合理税费之和确认股权原值。因此，丙的转让股权原值是其受让时实际支付的价款为85万元。

丙转让股权的个人所得税=(300-85)×20%=43（万元）

13.5 几类特殊转让的个人所得税案例

股权转让形式非常多、参与主体复杂、支付方式多样，是一项个性化非常强的业务事项，有时候，两个大体相同的转让业务，只是其中一个小小不同，在涉税义务确认上就会出现较大的差异。因此对于每一项股权转让的业务，都需要具体问题具体对待，结合政策规定抽丝剥茧，每一个股权转让的业务都需要慎重对待。

【案例13-5-1】 A公司是国有股份公司，国家持股100%；B公司的全部股东均为自然人。2017年A公司并购企业，合并后B公司解散。合并前A公司净资产1.5亿元，B公司股本500万元，公允价值净资产1亿元。合并后A公司净资产2.5亿元，B公司原股东成为合并后的A公司股东，合计占股40%。合并全部为股权支付，没有现金。假定合并后的A公司股本2.5亿元。

【问题】 B公司股东变为A公司股东这一转换需要缴纳个人所得税吗（假定合理税费100万元）？征管规定是什么？

【解析】 一看到A公司并购B公司，大家第一反应就是，这是一个企业重组的合并事项。需要按照《财政部 国家税务总局关于企业重组业务企业所得税处理若干问题的通知》（财税〔2009〕59号）、《财政部 国家税务总局关于促进企业重组有关企业所得税处理问题的通知》（财税〔2014〕109号），以及《国家税务总局关于企业重组业务企业所得税征收管理若干问题的公告》(国家税务总局公告 2015 年第 48 号) 等关于企业改制重组的政策执行。

然而,《国家税务总局关于企业重组业务企业所得税征收管理若干问题的公告》(国家税务总局公告 2015 年第 48 号) 规定,重组交易中,股权收购中转让方、合并中被合并企业股东和分立中被分立企业股东,可以是自然人。当事各方中的自然人应按个人所得税的相关规定进行税务处理。

对于企业重组业务中,涉及自然人股东的,其个人所得税的处理应当依据《财政部 国家税务总局关于个人非货币性资产投资有关个人所得税政策的通知》(财税〔2015〕41 号)、《国家税务总局关于资产评估增值计征个人所得税问题的通知》(国税发〔2008〕115 号)、《国家税务总局关于个人非货币性资产投资有关个人所得税征管问题的公告》(国家税务总局公告 2015 年第 20 号) 等文件规定处理。

(1) A、B 公司的并购,对于 B 公司来说,可以有两种方案:一种是先评估增资清算,再合并。一种是直接合并。

第一种方案:先评估增资再合并。

B 公司先评估清算增资后再合并。即在转让前,将全部净资产转成 B 企业股本的。然后以 100% 的股权并入 A 公司。《国家税务总局关于资产评估增值计征个人所得税问题的通知》(国税发〔2008〕115 号) 规定,个人(自然人,下同) 股东从被投资企业取得的、以企业资产评估增值转增个人股本的部分,属于企业对个人股东股息、红利性质的分配,按照"利息、股息、红利所得"项目计征个人所得税。税款由企业在转增个人股本时代扣代缴。

对于 B 公司的自然人股东来说,就是将企业的各项资产按照公允价值的净资产 1 亿元,与原股本 500 万元的差额部分,全部转增了股本。按照"利息、股息、红利所得"项目缴纳个人所得税。

应纳税额 = (10000−500)×20% = 1900 (万元)

第二种方案:直接合并。

直接合并中,B 公司自然人股东的涉税问题,需要解决以下几个方面的问题。

一是如何确认股权转让收入、股权原值,计算股权转让个人所得税。

二是纳税义务发生时间、纳税地点、扣缴义务人、被投资企业(A 公司) 义务等税收征管规定。

《财政部 国家税务总局关于个人非货币性资产投资有关个人所得税政策的通知》(财税〔2015〕41号)规定,非货币性资产投资,包括以非货币性资产出资设立新的企业,以及以非货币性资产出资参与企业增资扩股、定向增发股票、股权置换、重组改制等投资行为。

所称非货币性资产,是指现金、银行存款等货币性资产以外的资产,包括股权、不动产、技术发明成果以及其他形式的非货币性资产。

个人以非货币性资产投资,属于个人转让非货币性资产和投资同时发生。对个人转让非货币性资产的所得,应按照"财产转让所得"项目,依法计算缴纳个人所得税。

在A、B公司合并业务中,B公司自然人股东持有的B公司的股权,就是这个自然人股东的非货币性资产。A、B公司的合并,实质上就是B公司全体自然人股东,拿自己在B公司的股权,向A公司投资,取得A公司的对等公允价值的股权,投资完成后,B公司就是A公司的全资子公司,然后进行合并重组。

《国家税务总局关于个人非货币性资产投资有关个人所得税征管问题的公告》(国家税务总局公告2015年第20号)第一条规定,非货币性资产投资个人所得税以发生非货币性资产投资行为并取得被投资企业股权的个人为纳税人。

在转让收入的确定上,个人以非货币性资产投资,应按评估后的公允价值确认非货币性资产转让收入。非货币性资产转让收入减除该资产原值及合理税费后的余额为应纳税所得额。(类同于股权转让所得公式)

非货币性资产原值为纳税人取得该项资产时实际发生的支出。纳税人以股权投资的,该股权原值确认等相关问题依照《股权转让所得个人所得税管理办法(试行)》(国家税务总局公告2014年第67号印发)的五种方式确认股权原值。

股权转让收入所得应纳税额=(10000−500−100)×20%=1880(万元)

(2)在A、B公司合并中,对于B公司的自然人股东的个人所得税的纳税义务,具体的征管规定如下:

①纳税义务发生时间。

《财政部 国家税务总局关于个人非货币性资产投资有关个人所得税政策的通知》(财税〔2015〕41号)第二条第二款规定,个人以非货币性资产投资,应于非货币性资产转让、取得被投资企业股权时,确认非货币性资产转让收入的实现。

具体到该案例，就是A企业股权重新登记日。

但是该项个人所得税的缴纳上，可以分期纳税。《财政部　国家税务总局关于个人非货币性资产投资有关个人所得税政策的通知》（财税〔2015〕41号）第三条规定，个人应在发生应税行为的次月15日内向主管税务机关申报纳税。纳税人一次性缴税有困难的，可合理确定分期缴纳计划并报主管税务机关备案后，自发生应税行为之日起不超过5个公历年度内（含）分期缴纳个人所得税。

《国家税务总局关于个人非货币性资产投资有关个人所得税征管问题的公告》（国家税务总局公告2015年第20号）第八条规定，纳税人非货币性资产投资需要分期缴纳个人所得税的，应于取得被投资企业股权之日的次月15日内，自行制定缴税计划并向主管税务机关报送《非货币性资产投资分期缴纳个人所得税备案表》、纳税人身份证明、投资协议、非货币性资产评估价格证明材料、能够证明非货币性资产原值及合理税费的相关资料。

②纳税地点和扣缴义务人。

《国家税务总局关于个人非货币性资产投资有关个人所得税征管问题的公告》（国家税务总局公告2015年第20号）规定，纳税人以其持有的企业股权对外投资的，以该企业所在地税务机关为主管税务机关；非货币性资产投资个人所得税由纳税人向主管税务机关自行申报缴纳。

③被投资企业（A公司）义务。

被投资企业应将纳税人以非货币性资产投入本企业取得股权和分期缴税期间纳税人股权变动情况，分别于相关事项发生后15日内向主管税务机关报告，并协助税务机关执行公务。

纳税人和被投资企业未按规定备案、缴税和报送资料的，按照《税收征管法》及有关规定处理。

【案例13-5-2】 甲公司成立于2010年，注册资本3000万元。两名自然人股东，A股东出资2850万元占95%股权，B股东出资150万元，占5%股权。2017年初，C公司与A、B签订股权转让框架协议，C公司收购A股东持有的甲公司80%的股权，并签订以下股权转让条款：

（1）A股东将持有的甲公司80%股权转让给C公司。转让完成后，甲公司股权结构如下：C公司占股80%；A股东占股15%，B股东占股5%。

（2）股权变更后，新公司股东按照出资比例行使表决权。在2017—2020

年期间，新公司总经理由 A 股东提名人选担任，其他高管人员由总经理提名聘任。

（3）C 公司受让甲公司 80% 股权，在甲公司完成约定的经营业绩目标前提下，股权转让价格为 15000 万元。按下列时间和规模支付：

协议签订后 10 日内，C 公司向 A 股东支付 1500 万元。

股权登记后 10 日内，C 公司向 A 股东支付 7500 万元。

完成每一年经营目标后，下一年 4 月 30 日前支付 10% 的股权转让款 1500 万元。

（4）A 股东承诺甲公司完成约定的经营业绩目标，约定的甲公司 2017—2020 年的经营业绩目标如下：

2017 年销售收入不低于 4 亿元，经营性利润不低于 1500 万元；

2018 年销售收入不低于 5 亿元，经营性利润不低于 1700 万元；

2019 年销售收入不低于 6 亿元，经营性利润不低于 2100 万元；

2020 年销售收入不低于 7 亿元，经营性利润不低于 2600 万元。

（5）新公司由 C 公司聘用具有会计师事务所进行年度审计。

如经 C 公司审计，甲公司经营性利润低于约定目标，A 股东同意按差额部分的 8 倍补偿 C 公司。补偿款首先从 C 公司未付的股权转让款中扣除，不足部分由 A 股东以现金补偿。现金补偿限额为 A 累计收到的股权转让款和 2 倍银行同期贷款利息（假定 6%）之和。

（6）如果甲公司连续 2 年未能完成经营业绩目标的 80%，C 公司有权要求 A 股东回购 C 公司持有的甲公司股权，回购价格为 C 公司投入的权益性投资资金总额，同时加上该资金按单利 12% 的年化收益（如有分红、补偿款，应扣除分红、补偿款及按单利 12% 的年化收益率），或按 C 公司所持股权比例所计算的甲公司净资产增值部分两者之间较高者。

合同履行及甲公司经营情况：

（1）2017 年 5 月 10 日前 C 公司支付自然人 A 转让金额的 10%，1500 万元。

（2）2017 年 9 月办理股权变更登记，股权转让时，双方共同认定的甲公司净资产 3800 万元，其中实收资本 3000 万元，未分配利润 800 万元。

（3）9 月 10 日，C 公司再支付转让金额的 50%，7500 万元。

（4）2018 年 4 月，经 C 公司审计，甲公司 2017 年销售收入 4.2 亿元，经营性利润 1600 万元。

【问题】 该项股权转让，A股东应如何计算并申报个人所得税？

【解析】 这是一个带有对赌条款或有收益的股权转让的案例，对于A股东转让甲公司股权的个人所得税计缴和申报，需要解决几个问题：

案例中C公司受让股权分期支付情况如表13-1。

表13-1　　　　　　C公司受让股权分期支付情况

协议时间	约定支付转让款	实际支付（万元）	备注
协议签订10日内	1500万元	1500	5月10日
转让登记10日内	7500万元	7500	9月10日
2018年4月30日前	目标完成1500万元，未完成按协议扣减	1500	销售收入4.2亿元，经营性利润1600万元

第一个问题：纳税义务时间如何确定？

对于分期收款的股权转让，个人所得税纳税义务时间是一次确定还是分次确定，是一个重大的问题，尤其是对像案例中的包括对赌条款或有收益的来说，更是如此。总的来说，存在两种意见，一种认为应当在首次符合纳税义务时，应一次性计算缴纳个人所得税，一种认为应当分期缴纳个人所得税。那么哪一种方法更加符合税法的规定呢？我们对照税法来分析。

新《个人所得税法》规定，个人所得税，以所得人为纳税义务人，以支付所得的单位或者个人为扣缴义务人。纳税人取得利息、股息、红利所得，财产租赁所得，财产转让所得和偶然所得，按月或者按次计算个人所得税，有扣缴义务人的，由扣缴义务人按月或者按次代扣代缴税款。个人取得新《个人所得税法》规定项目的所得时，应纳个人所得税。其中就包括"财产转让所得"。新《个人所得税法实施条例》规定，个人所得的形式，包括现金、实物、有价证券和其他形式的经济利益；所得为实物的，应当按照取得的凭证上所注明的价格计算应纳税所得额，无凭证的实物或者凭证上所注明的价格明显偏低的，参照市场价格核定应纳税所得额；所得为有价证券的，根据票面价格和市场价格核定应纳税所得额；所得为其他形式的经济利益的，参照市场价格核定应纳税所得额。

扣缴个人所得税是扣缴义务人的法定义务，股权转让涉及个人所得税的事项，应由扣缴义务人于支付款项时扣缴并向税务机关申报纳税，而且每月将扣收的税款于次月15日内缴入国库。

财产转让所得，按照一次转让财产的收入额减除财产原值和合理费用后的余额，计算纳税。"一次"是一个个人所得税款计税方法的概念而不是一次申报概念，指的是财产转让所得计税时，对于同一财产的转让的全部收入（无论是一次性收入，还是多次收入），要归集起来合并为一次，计算纳税。而不是说，只能进行一次性申报的意思。

新《个人所得税法》规定，扣缴义务人每月或者每次预扣、代扣的税款，应当在次月15日内缴入国库，并向税务机关报送扣缴个人所得税申报表。新《个人所得税法实施条例》规定，扣缴义务人向个人支付应税款项时，应当依照个人所得税法规定预扣或者代扣税款，按时缴库，并专项记载备查。支付，包括现金支付、汇拨支付、转账支付和以有价证券、实物以及其他形式的支付。

《股权转让所得个人所得税管理办法（试行）》（国家税务总局公告2014年第67号印发）第二十条规定，股权转让个人所得税的纳税义务有六个确定时间，扣缴义务人、纳税人应当依法在次月15日内向主管税务机关申报纳税：

（1）受让方已支付或部分支付股权转让价款的；

（2）股权转让协议已签订生效的；

（3）受让方已经实际履行股东职责或者享受股东权益的；

（4）国家有关部门判决、登记或公告生效的；

（5）股权被司法或行政机关强制过户；以股权对外投资或进行其他非货币性交易；以股权抵偿债务；其他股权转移等行为已完成的；

（6）税务机关认定的其他有证据表明股权已发生转移的情形。

这里的义务发生时间，从严格意义上说，更是一个申报义务时间的确定，同时也暗含着一种顺序。支付款项了，按支付款项的时间确认；没有支付款项的，按协议时间确认；协议没有生效，但是已实际履行股东职责或者享受股东权益的，按实际履行股东职责或者享受股东权益的时间确认。

对于分期收款，纳税义务时间的确认的问题，很多人认为以分期收款方式转让股权的，个人所得税按照分期收款时间分期发生纳税义务，这才符合个人所得税收付实现制的原则。但是，从《股权转让所得个人所得税管理办法（试行）》来看，股权转让协议生效时就发生纳税义务，此时在一般情形下，转让方根本未收到转让款，但已发生纳税义务。同样在《财政部　国家税务总局关于个人非货币性资产投资有关个人所得税政策的通知》（财税

〔2015〕41号）中，取得被投资企业股权时，发生纳税义务，而取得股权前收到股权转让款并不发生纳税义务，另一方面，取得股权但未收到任何股权转让款，照样发生纳税义务。因此，个人所得税按照分期收款时间分期发生纳税义务的说法并不成立。

第二个问题：股权转让收入如何确认？

对于同一项股权转让行为，全部所得分期实现的，应当将全部分期所得累计为一次财产转让所得，予以课税。对于分期收款期间，确认的纳税义务，实际上是对截至支付期间累计所得作为预收款项，按照财产转产所得的计算方式，予以累计预缴。而不能按照分期，分别确认为多次转让所得。案例中分期累计所得情况如表13-2。

表13-2　　　　　　　　分期累计所得情况

协议时间	约定支付转让款	实际支付（万元）	备注	申报累计收入（万元）
协议签订10日内	1500万元	1500	5月10日	1500
转让登记10日内	7500万元	7500	9月10日	9000
2018年4月30日前	目标完成1500万元，未完成按协议扣减	1500	销售收入4.2亿元，经营性利润1600万元	10500

第三个问题：有收益就会有损失，收益要征税，损失呢？能退税吗？

有收益就会有损失，对于收益征税是有规定的，但是对于或有损失，未支付的部分是可以不计入收入，但是对于已支付需要退回的损失部分，能不能扣除，没有明确的规定。

新《个人所得税法实施条例》规定，个人转让股权取得的所得是财产转让所得。财产转让所得，按照一次转让财产的收入额减除财产原值和合理费用后的余额计算纳税。既然是一个财产转让的收益都作为一次来计税，其或有损失实际发生的部分，是可以调减收入的，对以前多缴的税款，可以在全部的协议执行完毕后，全额计算出应纳税款后，依据《税收征管法》的规定申报退税。

但是，需要注意的是，退税一定是纳税人申请的，扣缴义务人是不能申请退税的。

《税收征管法》第五十一条规定，纳税人超过应纳税额缴纳的税款，税务机关发现后应当立即退还；纳税人自结算缴纳税款之日起 3 年内发现的，可以向税务机关要求退还多缴的税款并加算银行同期存款利息，税务机关及时查实后应当立即退还；涉及从国库中退库的，依照法律、行政法规有关国库管理的规定退还。

第四个问题：股权转让个人所得税的计算。

股权转让个人所得税的计算有五个通用步骤：了解情况、价格判断、扣除核实、税款计税、申报缴纳。

A 股东转让的股权原值是：2850×80%÷95%＝2400（万元）

A 股东转让股权的净资产价值。A 股东转让的甲公司股权时，双方共同认定的甲公司净资产 3800 万元，其中实收资本 3000 万元，未分配利润 800 万元。但是，A 股东并不是转让其全部的股权，其持有甲公司 95% 的股权，转让其中的 80%。

股东净资产价值
＝（公司总净资产－全部实收资本）×约定股利分配比例＋股东出资
＝[（公司总净资产－全部实收资本）×约定股利分配比例＋股东出资]×80%÷95%
＝[（3800－3000）×95%＋3000×95%]×(80%÷95%) ＝ 3040（万元）

分期应纳税款如表 13-3 所示。

表 13-3　　　　　　　　分期应纳税款情况　　　　　　单位：万元

义务时间	实际支付	股权原值	应扣税	申报扣缴税款	申报日期
5 月 10 日	1500		0	0	6 月 15 日前
9 月 10 日	7500	2400	1320	1320	10 月 15 日前
2018 年 4 月 30 日	10500		1620	300	2018 年 5 月 15 日前

接【案例 13-5-2】，假定收购甲公司股权的不是 C 公司，而是自然人 C，其他条件不变。2017—2019 年经 C 股东派员审计，甲公司连续两年未完成经营业绩目标的 80%，C 股东要求 A 股东全部回购甲公司股权，2020 年 3 月，回购完成。

【问题】　该项股权回购，需要计算并申报个人所得税吗？

【解析】　2005 年，国家税务总局批复四川省地方税务局《关于纳税人收回转让的股权征收个人所得税问题的批复》（国税函〔2005〕130 号）规定，转让行为结束后，当事人双方签订并执行解除原股权转让合同、退回股权的协议，是另一次股权转让行为，对前次转让行为征收的个人所得税款不予退回。股权转让合同未履行完毕，因执行仲裁委员会作出的解除股权转让合同及补充协议的裁决、停止执行原股权转让合同，并原价收回已转让股权的，由于其股权转让行为尚未完成、收入未完全实现，随着股权转让关系的解除，股权收益不复存在，根据个人所得税法和征管法的有关规定，以及从行政行为合理性原则出发，纳税人不应缴纳个人所得税。

股权转让，以股权登记为行为完成的标准。对于股权回购，又是另一次转让行为，需要按照新的股权转让进行个人所得税计算。

14

股权激励政策解析

对核心员工、高级管理人员进行股权激励，是企业一项重要的管理手段，在现阶段也是一项常见的员工激励手段。大多数创业公司能够给员工开出的工资有限，股票期权是他们吸引和留住核心员工的关键。为进一步推进"大众创业、万众创新"，财政部、国家税务总局对于不同类型企业实施的不同形式的股权激励，也修订出台了个人所得税的税收优惠政策。

在 2016 年 9 月 1 日以前，很多非上市公司企业进行股权激励、一些技术成果拥有人将技术成果投资入股，按照当时的税收制度，企业给予员工的股票（权）期权、限制性股票、股权奖励或者以技术成果投资入股等，员工有有两次缴税环节。在行权环节，员工要按照"工资、薪金所得"项目，适用 3%~45% 的 7 级超额累进税率征税，或是按"财产转让所得"预先支付一笔税金。之后，员工在转让股权时获得的增值收益，再按照"财产转让所得"项目，适用 20% 的税率征税。这就形成了一个悖论，一方面被激励人员存在大量的应税利得，另一方面又在无现金收入的情况支付税款。

2016 年 9 月，《财政部 国家税务总局关于完善股权激励和技术入股有关所得税政策的通知》（财税〔2016〕101 号，以下简称财税〔2016〕101 号文件），国家税务总局同步印发《关于股权激励和技术入股所得税征管问题的公告》（国家税务总局公告 2016 年第 62 号，以下简称国家税务总局 2016 年第 62 号公告），对符合条件的完善股权激励和技术入股实行递延纳税优惠。

14.1 股权激励个人所得税政策的源起与历程

一直以来股权激励个人所得税相关政策与我国股权激励政策环境配套产生，大概可以分三个阶段。

14.1.1 2002 年以前

自 20 世纪 90 年代末期，国有企业启动改制，国家税务总局印发了我国针对股权激励的第一个个人所得税文件，即《关于个人认购股票等有价证券而从雇主取得折扣或补贴收入有关征收个人所得税问题的通知》（国税发〔1998〕9号），文件中还未对股权激励形式进行定义，仅表述为低价购买股票，可分期计算纳税。这是对股权激励的第一项优惠政策。

一些中国境内的公司、企业作为吸收、稳定人才的手段，按照有关法律规定及本公司规定，向其雇员发放（内部职工）认股权证，并承诺雇员在公司达到一定工作年限或满足其他条件，可凭该认股权证按事先约定价格（一般低于当期股票发行价格或市场价格）认购公司股票；或者向达到一定工作年限或满足其他条件的雇员，按当期市场价格的一定折价转让本企业持有的其他公司（包括外国公司）的股票等有价证券；或者按一定比例为该雇员负担其进行股票等有价证券的投资。现将雇员以上述不同方式认购股票等有价证券而从雇主取得各类折扣或补贴有关征收个人所得税的问题通知如下：

一、关于所得性质认定问题

在中国负有纳税义务的个人（包括在中国境内有住所和无住所的个人）认购股票等有价证券，因其受雇期间的表现或业绩，从其雇主以不同形式取得的折扣或补贴（指雇员实际支付的股票等有价证券的认购价格低于当期发行价格或市场价格的数额），属于该个人因受雇而取得的工资、薪金所得，应在雇员实际认购股票等有价证券时，按照《中华人民共和国个人所得税法》（以下称税法）及其实施条例和其他有关规定计算缴纳个人所得税。

上述个人在认购股票等有价证券后再行转让所取得的所得，属于税法及其实施条例规定的股票等有价证券转让所得，适用有关对股票等有价证券转让所得征收个人所得税的规定。

二、关于计税方法问题

上述个人认购股票等有价证券而从雇主取得的折扣或补贴，在计算缴纳个人所得税时，因一次收入较多，全部计入当月工资、薪金所得计算缴纳个人所得有困难的，可在报经当地主管税务机关批准后，自其实际认购股票等有价证券的当月起，在不超过 6 个月的期限内平均分月计入工资、薪金所得计算缴纳个人所得税。

——《国家税务总局关于个人认购股票等有价证券而从雇主取得折扣或补贴收入有关征收个人所得税问题的通知》（国税发〔1998〕9 号）①

14.1.2　2002—2014 年

2002—2014 年期间国家相关部门下发了大量的关于上市公司股权激励的法规文件，为配合上市企业推动股权激励，税收政策上也同步出台了相关优惠政策，其中最重要的是《财政部　国家税务总局关于个人股票期权所得征收个人所得税问题的通知》（财税〔2005〕35 号，以下简称财税〔2005〕35 号文件）。但是这些税收政策仅适用于上市公司，非上市公司仍需正常申报纳税。后期，围绕财税〔2005〕35 号文件，国家税务总局一直不断进行完善，但并没有对原先政策进行较大突破。

14.1.3　2015 年以来

为支持大众创业、万众创新战略的实施，促进我国经济结构转型升级，财政部、国家税务总局发布《关于将国家自主创新示范区有关税收试点政策推广到全国范围实施的通知》（财税〔2015〕116 号）开始全面推动股权激励个人所得税政策的完善。2016 年经国务院批准，财政部、国家税务总局印发《关于完善股权激励和技术入股有关所得税政策的通知》（财税〔2016〕101 号，进一步完善股权激励和技术入股有关所得税政策，实现了对各类企业全覆盖。

---

① 根据《国家税务总局关于 3 项个人所得税事项取消审批实施后续管理的公告》（国家税务总局公告 2016 年第 5 号），国税发〔1998〕9 号文件第二条关于"可在报经当地主管税务机关批准后"的规定和第三条自 2016 年 2 月 1 日起废止；根据《财政部　国家税务总局关于个人所得税法修改后有关优惠政策衔接问题的通知》（财税〔2018〕164 号），国税发〔1998〕9 号文件自 2019 年 1 月 1 日起废止。

14.2 股权激励的形式和种类

企业不同的组织方式的股权激励政策规定和要求、税目选择和所得计算是不同的。

股权激励的类型较多，比较常见的有：股票期权（上市公司）、股票（权）期权（非上市公司）、股票增值税（上市公司）、限制性股票（上市公司、非上市公司）、储蓄-股票计划（上市公司）、利润分享计划（上市公司、非上市公司）、大股东赠予股权（非上市公司）、股东回购（非上市公司）、股权奖励（上市公司、非上市公司）等。

在股权激励中，员工作为被激励人，其获取的股权激励所得，需要作为工资薪金所得依法缴纳个人所得税。《财政部 税务总局关于完善股权激励和技术入股有关所得税政策的通知》（财税〔2016〕101号，以下简称财税〔2016〕101号文件）印发后，对于符合条件的上市公司、非上市公司的股票期权、股权期权、限制性股票和股权奖励等形式的股权激励，实行递延纳税或延期纳税政策。

按照上市公司和非上市公司来划分，主要激励方式如图14-1所示。

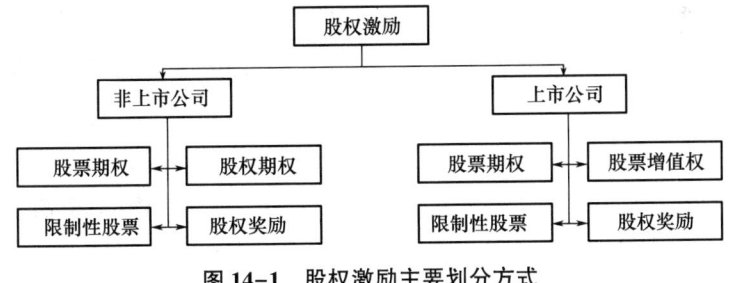

图14-1 股权激励主要划分方式

财税〔2016〕101号文件中规定的可以适用递延纳税的只有非上市公司实施的符合条件的股票期权、股权期权、限制性股票和股权奖励等股权激励模式，不在这个范围内的股权激励模式原则上不能够适用递延纳税政策规定，在员工取得权益时就应该按照"工资、薪金所得"项目来计算完税。

了解股权激励个人所得税政策，还需要先了解以下几个概念。

上市公司：财税〔2016〕101号文件规定的上市公司仅是指其股票在上海证券交易所、深圳证券交易所上市交易的股份有限公司。

非上市公司：按照《公司法》设立的，没有在上海证券交易所、深圳证券交易所上市交易的公司制企业。根据财税〔2016〕101号文件规定，全国中小企业股份转让系统挂牌公司按照非上市公司规定执行。

股票（权）期权：指公司给予激励对象在一定期限内以事先约定的价格购买本公司股票（权）的权利。

限制性股票：指公司按照预先确定的条件授予激励对象一定数量的本公司股权（限制性股票需要特别注意处置条件），激励对象只有工作年限或业绩目标符合股权激励计划规定条件的才可以处置该股权。

股权奖励：指企业无偿授予激励对象一定份额的股权或一定数量的股份。

14.3 非上市公司股权激励递延纳税政策

财税〔2016〕101号文件规定：非上市公司授予本公司员工的股票期权、股权期权、限制性股票和股权奖励，符合规定条件的，经向主管税务机关备案，可实行递延纳税政策，即员工在取得股权激励时可暂不纳税，递延至转让该股权时纳税；股权转让时，按照股权转让收入减除股权取得成本以及合理税费后的差额，适用"财产转让所得"项目，按照20%的税率计算缴纳个人所得税。

财税〔2016〕101号文件规定了在满足一定条件的股权激励，员工在取得股权激励时可暂不纳税，递延至转让该股权时纳税。既有效解决了纳税必要资金问题和潜在的重复缴纳个人所得税问题，也在一定程度上解决了创新创业企业股权激励员工个人所得税负担较重的问题，降低了个人税收负担。

14.3.1 股权激励递延纳税的7个条件

享受递延纳税政策的非上市公司股权激励（包括股票期权、股权期权、限制性股票和股权奖励）须同时满足七个条件。

享受递延纳税政策的非上市公司股权激励（包括股票期权、股权期权、限制性股票和股权奖励，下同）须同时满足以下条件：

1. 属于境内居民企业的股权激励计划。

2. 股权激励计划经公司董事会、股东（大）会审议通过。未设股东（大）会的国有单位，经上级主管部门审核批准。股权激励计划应列明激励目的、对象、标的、有效期、各类价格的确定方法、激励对象获取权益的条件、程序等。

3. 激励标的应为境内居民企业的本公司股权。股权奖励的标的可以是技术成果投资入股到其他境内居民企业所取得的股权。激励标的股票（权）包括通过增发、大股东直接让渡以及法律法规允许的其他合理方式授予激励对象的股票（权）。

4. 激励对象应为公司董事会或股东（大）会决定的技术骨干和高级管理人员，激励对象人数累计不得超过本公司最近6个月在职职工平均人数的30%。

5. 股票（权）期权自授予日起应持有满3年，且自行权日起持有满1年；限制性股票自授予日起应持有满3年，且解禁后持有满1年；股权奖励自获得奖励之日起应持有满3年。上述时间条件须在股权激励计划中列明。

6. 股票（权）期权自授予日至行权日的时间不得超过10年。

7. 实施股权奖励的公司及其奖励股权标的公司所属行业均不属于《股权奖励税收优惠政策限制性行业目录》范围（见附件）。公司所属行业按公司上一纳税年度主营业务收入占比最高的行业确定。

——《财政部　国家税务总局关于完善股权激励和技术入股有关所得税政策的通知》（财税〔2016〕101号）

其中有三个是所有激励方式的共性条件，另有四个非共性条件。

14.3.1.1　共性条件

（1）属于境内居民企业的股权激励计划。这是对股权激励计划的实施主体的限制性规定，只有境内居民企业实施的股权激励计划才可能适用递延纳税优惠，非居民企业实施的股权激励计划员工则无法适用此项政策。

（2）股权激励计划经公司董事会、股东（大）会审议通过。未设股东（大）会的国有单位，经上级主管部门审核批准。股权激励计划应列明激励目的、对象、标的、有效期、各类价格的确定方法、激励对象获取权益的条件、程序等。

（3）激励对象应为公司董事会或股东（大）会决定的技术骨干和高级管理人员，激励对象人数累计不得超过本公司最近6个月在职职工平均人数的30%。本公司最近6个月在职职工平均人数中，"最近6个月"，对应于四个不同的激励形式，分按以"股票（权）期权行权"日、"限制性股票解禁"日、"股权奖励获得"日的上月起前6个月"工资、薪金所得"项目全员全额扣缴明细申报的平均人数确定（6个月人数之和除以6）。

激励对象限制为两类，技术骨干和高级管理人员，注意原文没有"等"字，这意味着除了这两类人员之外的其他人原则上不能作为激励对象，这里主要有五个方面的内涵：

一是"高级管理人员"范围。按照《公司法》第二百一十六条规定，"高级管理人员，是指公司的经理、副经理、财务负责人，上市公司董事会秘书和公司章程规定的其他人员"。这个名单一般会在股权激励计划中给予明确，并且会对激励对象的情况做详细的介绍，在现在的新三板企业股权激励中基本大部分都是可以满足的，属于企业自然形成的证据资料。

二是没有居民个人限制。政策中对于激励对象的税收居民身份上并没有限制，只是对实施主体规定为我国的居民企业，而激励对象没有限制，自2019年1月1日后，既可以是中国个人所得税居民个人纳税人，也可以是非居民个人纳税人。

三是除高级管理人员或技术骨干外不得递延。激励对象对董事或者股东的，若不在实施主体担任高级管理人员或者技术骨干则不能满足递延纳税的要求；激励对象为独立董事和监事的，由于其并不属于《公司法》中列举的高级管理人员的范围，并且其在公司也不从事具体的管理工作，因此，在税收处理上也不能享受递延纳税的规定。

四是人数比例限制是动态总量标准。公司可以多次进行股权激励，但累计激励对象人数不得超过本公司最近6个月在职职工平均人数的30%，人数比例的判定是一个总量的动态标准，而不是单次激励人数标准。

五是计算人数的数据来源有限制。只能是股票（权）期权行权、限制性股票解禁、股权奖励获得之上月起向前 6 个月 "工资、薪金所得" 项目全员全额扣缴申报的平均人数。如某公司实施一批股票期权并于 2019 年 1 月行权，则按照该公司 2018 年 7 月、8 月、9 月、10 月、11 月、12 月 "工资、薪金所得" 项目全员全额扣缴明细申报的平均人数计算，计算结果按四舍五入取整。

14.3.1.2 非共性条件

（1）激励标的有差异。

激励标的应为境内居民企业的本公司股权。激励标的股票（权）包括通过增发、大股东直接让渡以及法律法规允许的其他合理方式授予激励对象的股票（权）。但是，对于股权奖励，其标的还可以是技术成果投资入股到其他境内居民企业所取得的股权。

股权激励标的的取得方式不同，其涉及各方也各有差异。

对于增发，涉及各方包括：实施股权激励的境内居民企业本身和被激励个人。

对于大股东直接让渡，涉及各方包括：实施股权激励的境内居民企业本身、被激励个人，以及让渡股权的大股东（可以是个人，也可以是企业或其他组织）。

对于奖励技术入股的其他境内居民企业股权，其涉及各方包括：实施股权激励的境内居民企业本身和被激励个人。

涉及各方在其税收征管过程中，也承担着不同的税收义务。

（2）股票、股权的持有期间各不相同。

股票（权）期权自授予日起应持有满 3 年，且自行权日起持有满 1 年。限制性股票自授予日起应持有满 3 年，且解禁后持有满 1 年；股权奖励自获得奖励之日起应持有满 3 年。上述时间条件须在股权激励计划中列明。

（3）股票（权）期权行权时限有限定。

股票（权）期权自授予日至行权日的时间不得超过 10 年。

（4）股权奖励有行业限制。

这是股权奖励特有的限制条件。包括两个方面的内涵：一是实施股权奖励的公司及其奖励股权标的公司所属行业均不属于《股权奖励税收优惠政策限制性行业目录》范围（见表 14-1）。二是公司所属行业按公司上一纳税年度主营业务收入占比最高的行业确定。

表 14-1　　　　　　　股权奖励税收优惠政策限制性行业目录

门类代码	类别名称
A 农、林、牧、渔业	(1) 03 畜牧业（科学研究、籽种繁育性质项目除外） (2) 04 渔业（科学研究、籽种繁育性质项目除外）
B 采矿业	(3) 采矿业（除第 11 类开采辅助活动）
C 制造业	(4) 16 烟草制品业 (5) 17 纺织业（除第 178 类非家用纺织制成品制造） (6) 19 皮革、毛皮、羽毛及其制品和制鞋业 (7) 20 木材加工和木、竹、藤、棕、草制品业 (8) 22 造纸和纸制品业（除第 223 类纸制品制造） (9) 31 黑色金属冶炼和压延加工业（除第 314 类钢压延加工）
F 批发和零售业	(10) 批发和零售业
G 交通运输、仓储和邮政业	(11) 交通运输、仓储和邮政业
H 住宿和餐饮业	(12) 住宿和餐饮业
J 金融业	(13) 66 货币金融服务 (14) 68 保险业
K 房地产业	(15) 房地产业
L 租赁和商务服务业	(16) 租赁和商务服务业
O 居民服务、修理和其他服务业	(17) 79 居民服务业
Q 卫生和社会工作	(18) 84 社会工作
R 文化、体育和娱乐业	(19) 88 体育 (20) 89 娱乐业
S 公共管理、社会保障和社会组织	(21) 公共管理、社会保障和社会组织（除第 9421 类专业性团体和 9422 类行业性团体）
T 国际组织	(22) 国际组织

说明：以上目录按照《国民经济行业分类》（GB/T 4754—2011）编制。

14.3.2　递延纳税优惠备案

根据国家税务总局 2016 年第 62 号公告规定，非上市公司实施符合条件的股权激励，个人选择递延纳税的，非上市公司应于股票（权）期权行权、限制性股票解禁、股权奖励获得之次月 15 日内，向主管税务机关报送《非上市公司股权激励个人所得税递延纳税备案表》（见表 14-2）、股权激励计划、董事会或股东大会决议、激励对象任职或从事技术工作情况说明等。实施股权奖励的企业同时报送本企业及其奖励股权标的企业上一纳税年度主营业务收入构成情况说明。

对股权激励或技术成果投资入股选择适用递延纳税政策的，企业应在规定期限内到主管税务机关办理备案手续。未办理备案手续的，不得享受此项递延纳税优惠政策。

该项信息只要登记，就会被共享，即便是没有共享系统。工商部门应将企业股权变更信息及时与税务部门共享，暂不具备联网实时共享信息条件的，工商部门应在股权变更登记3个工作日内将信息与税务部门共享。

表14-2　非上市公司股权激励个人所得税递延纳税备案表

备案编号（主管税务机关填写）：

单位：股，%，人民币元（列至角分）

<table>
<tr><th colspan="2">公司基本情况</th><th colspan="5"></th></tr>
<tr><td>公司名称</td><td></td><td>纳税人识别号</td><td colspan="2"></td><td>联系人</td><td>联系电话</td></tr>
<tr><td colspan="7">股权激励基本情况</td></tr>
<tr><td>股权激励形式</td><td colspan="3">□股票（权）期权　□限制性股票　□股权奖励</td><td>股权激励人数</td><td colspan="2"></td></tr>
<tr><td>该栏仅由实施股权奖励的公司填写</td><td colspan="3">本公司是否为限制性行业　□是　□否
标的公司是否为限制性行业　□是　□否</td><td>标的公司名称</td><td colspan="2"></td></tr>
<tr><td colspan="3"></td><td colspan="4">标的公司纳税人识别号</td></tr>
<tr><td colspan="7">股权激励明细情况</td></tr>
<tr><td rowspan="2">序号</td><td rowspan="2">姓名</td><td rowspan="2">身份证照类型</td><td rowspan="2">身份证照号码</td><td colspan="4">股票（权）期权</td></tr>
<tr><td>授予日</td><td>可出售日</td><td>行权日</td><td>取得成本</td></tr>
</table>

<table>
<tr><th colspan="4">股票（权）期权</th><th colspan="4">限制性股票</th><th colspan="3">股权奖励</th></tr>
<tr><td>股数</td><td>持股比例</td><td colspan="2"></td><td>授予日</td><td>解禁日</td><td>可出售日</td><td>取得成本</td><td>股数</td><td>持股比例</td><td>授予日</td><td>可出售日</td><td>股数</td><td>持股比例</td></tr>
<tr><td colspan="14"></td></tr>
<tr><td colspan="14"></td></tr>
<tr><td colspan="14"></td></tr>
</table>

谨声明：此表是根据《中华人民共和国个人所得税法》及有关法律法规规定填写的，是真实的、完整的、可靠的。

实施股权激励公司法定代表人签章：

年　月　日

公司签章：	代理申报机构（人）签章：	主管税务机关印章：
经办人：	经办人：	受理人：
填报日期：　年　月　日	经办人执业证件号码：	受理日期：　年　月　日
	代理申报日期：　年　月　日	

国家税务总局监制

《非上市公司股权激励个人所得税递延纳税备案表》填报说明

一、适用范围

本表适用于实施符合条件股权激励的非上市公司向主管税务机关办理个人所得税递延缴纳备案事宜时填报。

二、报送期限

企业应于符合条件的股票（权）期权行权、限制性股票解禁、股权奖励获得之次月15日内报送。

三、表内各栏

（一）公司基本情况

1. 公司名称：填写实施股权激励的非上市公司法定名称全称。

2. 纳税人识别号：填写纳税人识别号或统一社会信用代码。

3. 联系人、联系电话：填写非上市公司负责办理股权激励及相关涉税事项人员的相关情况。

（二）股权激励基本情况

1. 股权激励形式：根据实施股权激励的形式勾选。

2. 股权激励人数：填写股权激励计划中被激励对象的总人数。

3. 近6个月平均人数：填写股票（权）期权行权、限制性股票解禁、股权奖励获得之上月起向前6个月"工资、薪金所得"项目全员全额扣缴明细申报的平均人数。如，某公司实施一批股票期权并于2017年1月行权，则按照该公司2016年7月、8月、9月、10月、11月、12月"工资、薪金所得"项目全员全额扣缴明细申报的平均人数计算。计算结果按四舍五入取整。

4. 实施股权奖励公司填写栏：填写实施股权奖励企业的有关情况。

（1）本公司是否为限制性行业：实施股权奖励公司根据本公司上一纳税年度主营业务收入占比最高的行业，确定是否属于《财政部 国家税务总局关于完善股权激励和技术入股有关所得税政策的通知》（财税〔2016〕101号）附件《股权奖励税收优惠政策限制性行业目录》所列行业。属于所列行业选"是"，不属于所列行业选"否"。

（2）标的公司名称、标的公司是否为限制性行业、标的公司纳税人识别号：以技术成果投资入股到其他境内居民企业所取得的股权实施股权奖励的，填写本栏。以本公司股权为股权奖励标的，无须填报本栏。

①标的公司名称：以其他境内居民企业股权实施股权奖励的，填写用以实施股权奖励的股权标的公司法定名称全称。

②标的公司纳税人识别号：以其他境内居民企业股权实施股权奖励的，填写用以实施股权奖励的股权标的公司的纳税人识别号或统一社会信用代码。

③标的公司是否限制性行业：以其他境内居民企业股权实施股权奖励的，根据标的公司上一纳税年度主营业务收入占比最高的行业，确定是否属于《财政部 国家税务总局关

于完善股权激励和技术入股有关所得税政策的通知》(财税〔2016〕101号)附件《股权奖励税收优惠政策限制性行业目录》所列行业。属于所列行业选"是",不属于所列行业选"否"。

(三)股权激励明细情况

1. 姓名:填写纳税人姓名。中国境内无住所个人,其姓名应当用中、外文同时填写。

2. 身份证照类型:填写能识别纳税人唯一身份的身份证、军官证、士兵证、护照、港澳居民来往内地通行证、台湾居民来往大陆通行证等有效证照名称。

3. 身份证照号码:填写能识别纳税人唯一身份的号码。

4. 股票(权)期权栏:以股票(权)期权形式实施激励的企业填写本栏。没有则不填。

①授予日:填写股票(权)期权计划中,授予被激励对象股票(权)期权的实际日期。

②行权日:填写根据股票(权)期权计划,行权购买股票(权)的实际日期。

③可出售日:填写根据股票(权)期权计划,股票(权)期权同时满足自授予日起持有满3年、且自行权日起持有满1年条件后,实际可以对外出售的日期。

④取得成本:填写被激励对象股票(权)期权行权时,按行权价实际出资的金额。

⑤股数、持股比例:填写被激励对象实际取得的股数以及对应的持股比例。若非上市公司因公司注册类型限制,难以用股数体现被激励对象股权激励权益的,可只填写持股比例,持股比例按照保留小数点后两位填写。

5. 限制性股票栏:以限制性股票形式实施激励的企业填写本栏。没有则不填。

①授予日:填写限制性股票计划中,授予被激励对象限制性股票的实际日期。

②解禁日:填写根据限制性股票计划,被激励对象取得限制性股票达到规定条件而解除出售限制的具体日期。

③可出售日:填写根据限制性股票计划,限制性股票同时满足自授予日起持有满3年、且解禁后持有满1年条件后,实际可以对外出售的日期。

④取得成本:填写被激励对象取得限制性股票时的实际出资金额。

⑤股数、持股比例:填写被激励对象实际取得的股数以及对应的持股比例。若非上市公司因公司注册类型限制,难以用股数体现被激励对象股权激励权益的,可只填写持股比例,持股比例按照保留小数点后两位填写。

6. 股权奖励栏:以股权奖励形式实施激励的企业填写本栏。没有则不填。

①授予日:填写授予被激励对象股权奖励的实际日期。

②可出售日:填写根据股权奖励计划,自获得奖励之日起持有满3年后,实际可以对外出售的日期。

③股数、持股比例:填写被激励对象实际取得的股数以及对应的持股比例。若非上市公司因公司注册类型限制,难以用股数体现被激励对象股权激励权益的,可只填写持股比例,持股比例按照保留小数点后两位填写。

四、本表一式二份。主管税务机关受理后,由非上市公司和主管税务机关分别留存。

对于纳税人提交税务机关的备案资料，依据《税收征管法实施细则》关于"账簿、记账凭证、报表、完税凭证、发票、出口凭证以及其他有关涉税资料应当保存10年"的规定，都要予以留存备查10年。

税务机关在纳税人首次减免税备案或者变更减免税备案后，应及时开展后续管理工作，对纳税人减免税政策适用的准确性进行审核。对政策适用错误的告知纳税人变更备案，对不应当享受减免税的，追缴已享受的减免税款，并依照税收征管法的有关规定处理。

14.3.3　激励股权取得成本和合理税费的确定

根据财税〔2016〕101号文件规定，符合条件备案递延纳税的股权激励，被激励人转让激励股权时，按照股权转让收入减除股权取得成本以及合理税费后的差额，适用"财产转让所得"项目，按照20%的税率计算缴纳个人所得税。

2011年《个人所得税法》规定，计算股权转让所得时，转让财产的收入额可以减除财产是有价证券的，财产原值为买入价以及买入时按照规定缴纳的有关费用。

不同的股权激励方式，股权取得成本确价不同。根据财税〔2016〕101号文件规定，股权转让时，股票（权）期权取得成本按行权价确定，限制性股票取得成本按实际出资额确定，股权奖励取得成本为零。

个人在取得股权［期权行权，或是取得限售股和奖励股票（权）］时，缴纳的印花税，是取得财产时按规定缴纳的有关费用，构成财产原值的组成部分，予以减除。

2011年《个人所得税法实施条例》规定，转让财产可减除合理费用，是指卖出财产时按照规定支付的有关税费。对于个人在转让股权时，实际缴纳的印花税和其他与转让相关的费用，可以作为合理费用予以扣除。但是转让时缴纳的个人所得税，不能扣除。

14.3.4　纳税申报的办理

14.3.4.1　符合递延条件的申报

股权激励的个人所得税扣缴义务人和股权转让的扣缴义务人不同。企业实施股权激励或个人以技术成果投资入股，以实施股权激励或取得技术成果的企业为个人所得税扣缴义务人。而个人股权转让所得缴纳个人所得税，以股权转让方为纳税人，以受让方为扣缴义务人。

递延纳税期间，扣缴义务人应在每个纳税年度终了后向主管税务机关报告递延纳税有关情况。

扣缴义务人应在年度终了30日内递延纳税申报。个人因非上市公司实施股权激励或以技术成果投资入股取得的股票（权），实行递延纳税期间，扣缴义务人应于每个纳税年度终了后30日内，向主管税务机关报送《个人所得税递延纳税情况年度报告表》（见表14-3）。

递延纳税股票（权）转让、办理纳税申报时，扣缴义务人、个人应向主管税务机关一并报送能够证明股票（权）转让价格、递延纳税股票（权）原值、合理税费的有关资料，具体包括转让协议、评估报告和相关票据等。资料不全或无法充分证明有关情况，造成计税依据偏低，又无正当理由的，主管税务机关可依据税收征管法有关规定进行核定。

14.3.4.2 不符合递延条件的申报

股权激励计划所列内容不同时满足全部7个条件中的任意一条，或是递延纳税期间公司情况发生变化，不再符合激励对象人数累计比例不超过30%、股票（权）期权持有期限的规定、授予日至行权日的时间不得超过10年等条件的，不得享受递延纳税优惠，应按规定计算缴纳个人所得税。

递延纳税期间，非上市公司情况发生上述变化的，应于情况发生变化之次月15日内，对获得股票（权）时，实际出资额低于公平市场价格的差额，自2019年1月1日起，按照《财政部　国家税务总局关于个人所得税法修改后有关优惠政策衔接问题的通知》（财税〔2018〕164号，以下简称财税〔2018〕164号文件）有关规定计算缴纳个人所得税。

表14-3 个人所得税递延纳税情况年度报告表

报告所属期：　　　年

单位：股，%，人民币元（列至角分）

公司基本情况

| 公司名称 | | 纳税人识别号 | | 联系人 | | 联系电话 | |

递延纳税有关情况

递延纳税股票（权）形式：□股票（权）期权　□限制性股票　□股权奖励　□技术成果投资入股

递延纳税明细情况

序号	姓名	身份证照类型	身份证照号码	扣缴个人所得税	递延纳税股票（权）期权				限制性股票				股权奖励				技术成果投资入股				总体情况			
					转让情况		剩余情况		转让情况		剩余情况		转让情况		剩余情况		转让情况		剩余情况		转让情况		剩余情况	
					股数	持股比例	股数	持股比例	股数	持股比例	股数	持股比例	股数	持股比例	股数	持股比例	股数	持股比例	股数	持股比例	股数	持股比例	股数	持股比例

谨声明：此表是根据《中华人民共和国个人所得税法》及有关法律法规规定填写的，是真实的、完整的、可靠的。

公司盖章：　　　　　　　　　　　　　　　　　　　　　　　　　公司法定代表人签章：

经办人：

填报日期：　　　年　　月　　日

代理申报机构（人）签章：	主管税务机关印章：
经办人：	受理人：
经办人执业证件号码：	
代理申报日期：　　年　　月　　日	受理日期：　　年　　月　　日

国家税务总局监制

《个人所得税递延纳税情况年度报告表》填报说明

一、适用范围

本表适用于实施符合条件股权激励的非上市公司和取得个人技术成果的境内公司,在递延纳税期间向主管税务机关报告个人相关股权持有和转让情况。

二、报送期限

实施股权激励的非上市公司和取得个人技术成果的境内公司,应于每个纳税年度终了30日内报送本表。

三、表内各栏

(一)公司基本情况

1.公司名称:填写实施股权激励的非上市公司,或者取得个人技术成果的境内公司的法定名称全称。

2.纳税人识别号:填写纳税人识别号或统一社会信用代码。

3.联系人、联系电话:填写负责办理股权激励或技术成果投资入股相关涉税事项人员的相关情况。

(二)递延纳税有关情况

递延纳税股票(权)形式:根据递延纳税的股票(权)形式勾选。

(三)递延纳税明细情况

1.姓名:填写纳税人姓名。中国境内无住所个人,其姓名应当用中、外文同时填写。

2.身份证照类型:填写能识别纳税人唯一身份的身份证、军官证、士兵证、护照、港澳居民来往内地通行证、台湾居民来往大陆通行证等有效证照名称。

3.身份证照号码:填写能识别纳税人唯一身份的号码。

4.总体情况、股票(权)期权、限制性股票、股权奖励、技术成果投资入股栏:填写个人转让和剩余享受递延纳税优惠的股票(权)相关情况。

①股数、持股比例:填写个人实际转让或剩余的享受递延纳税优惠的股票(权)数以及对应的持股比例。若非上市公司因公司注册类型限制,难以用股票(权)数体现个人相关权益的,可只填列持股比例,持股比例按照保留小数点后两位填写。

②扣缴个人所得税:填写个人转让递延纳税的股权,扣缴义务人实际扣缴的个人所得税。

四、本表一式二份。主管税务机关受理后,由扣缴义务人和主管税务机关分别留存。

14.3.5 高新技术企业成果转化股权奖励

依据财税〔2015〕116号文件、财税〔2018〕164号文件规定,对于实行查账征收、经省级高新技术企业认定管理机构认定的高新技术企业转化科技成果,无偿授予相关技术人员一定份额的股权或一定数量股份的股权奖励,即便不符合财税〔2016〕101号文件递延纳税的7个条件的,也可以在5年内分期纳税。具体规定如下：

（1）一次纳税困难可在5年内分期缴纳。自2016年1月1日起，全国范围内的高新技术企业转化科技成果，给予本企业相关技术人员的股权奖励，个人一次缴纳税款有困难的，可根据实际情况自行制定分期缴税计划，在不超过5个公历年度（含）内分期缴纳，并将有关资料报主管税务机关备案。

（2）税款计算2019年有新变化。自2019年1月1日起，按照财税〔2018〕164号文件有关规定计算缴纳个人所得税。

（3）转让奖励股权优先清缴税款。技术人员转让奖励的股权（含奖励股权孳生的送、转股）并取得现金收入的，该现金收入应优先用于缴纳尚未缴清的税款。

（4）破产资产不足清缴股权激励个人所得税部分不予追征。技术人员在转让奖励的股权之前企业依法宣告破产，技术人员进行相关权益处置后没有取得收益或资产，或取得的收益和资产不足以缴纳其取得股权尚未缴纳的应纳税款的部分，税务机关可不予追征。

（5）相关技术人员有限定是指经公司董事会和股东大会决议批准获得股权奖励的以下两类人员：

①对企业科技成果研发和产业化作出突出贡献的技术人员，包括企业内关键职务科技成果的主要完成人、重大开发项目的负责人、对主导产品或者核心技术、工艺流程作出重大创新或者改进的主要技术人员。

②对企业发展作出突出贡献的经营管理人员，包括主持企业全面生产经营工作的高级管理人员，负责企业主要产品（服务）生产经营合计占主营业务收入（或者主营业务利润）50%以上的中、高级经营管理人员。

企业面向全体员工实施的股权奖励，不得按享受延期纳税优惠政策。

（6）股权奖励，是指企业无偿授予相关技术人员一定份额的股权或一定数量的股份。

（7）高新技术企业，是指实行查账征收、经省级高新技术企业认定管理机构认定的高新技术企业。

14.3.6 案例

【案例14-3-1】非上市公司A公司，2019年1月10日公司董事会决定，授予本公司高级管理人员20人股票期权，高级管理人员可于2017年6月底之前，按照每股4元的价格，购买本公司2%的股权合计2000股。所有员工都于2017年6月购买了公司股权。该公司2018年12月到2019年5月，分月全员全额扣缴个人所得税员工分别是100、112、130、128、140、126人。公司2018年末净资产每股10元，2018年12月新入职的高管甲取得0.15%股权合计1500股，A公司于2019年7月10日向主管税务机关备案，实行递延纳税政策。高管甲2019年8月依法转让A公司股权，每股价格40元。

【问题】 不考虑转让税费，高管甲的股权激励个人所得税如何计算？如何缴纳？何时缴纳？

【解析】 第一，看备案时条件是否符合。

人数限额=(100+112+130+128+140+126)÷6×30%=36.8≈37（人）

激励人数为20人，小于37人，符合条件。

第二，甲转让时条件是否符合。

甲于2个月后转让，不符合"股票（权）期权自授予日起应持有满3年，且自行权日起持有满1年"的规定。应分别按工资薪金和财产转让缴纳个人所得税。

（1）应将行权日的实际出资额低于公平市场价格的差额，按照财税〔2018〕164号文件规定，全额单独适用综合所得税率表，计算纳税。

(10-4)×1500×3%=270（元）

（2）股票转让时，应按财产转让所得缴纳个人所得税。员工将行权后的股票再转让时获得的高于购买日公平市场价的差额，是因个人在证券二级市场上转让股票等有价证券而获得的所得，应按照"财产转让所得"适用的征免规定计算缴纳个人所得税。

(40-10)×1500×20%=9000（元）

个人所得税由A公司代扣代缴，并于2019年9月15日前申报缴纳。

【案例14-3-2】 在【案例14-3-1】中，假设甲于2021年8月10日转让。

【问题】 甲该如何纳税？

【解析】 到2021年8月10日，甲自2019年1月10日起持有期间2年半，不满足应持有满3年的条件，还是按上述规定计算纳税，由A公司代扣代缴，在2021年9月15日申报缴纳。

【案例14-3-3】 在【案例14-3-1】中，假设甲于2022年1月10日转让。

【问题】甲该如何纳税？

【解析】到 2022 年 1 月 10 日，甲持有满 3 年，行权日起持有满 1 年，符合递延条件，按财产转让所得缴纳个人所得税。

（40-4）×1500×20% = 10800（元）

14.4 上市公司股权激励个人所得税

上市公司股权激励的种类也有四种，除股票期权、限制性股票和股权奖励外，还有股票增值权。上市公司股权激励政策中，没有股权期权的形式。

根据财税〔2016〕101 号文件规定，上市公司授予个人的股票期权、限制性股票和股权奖励，经向主管税务机关备案，个人可自股票期权行权、限制性股票解禁或取得股权奖励之日起，在不超过 12 个月的期限内缴纳个人所得税。《财政部 国家税务总局关于上市公司高管人员股票期权所得缴纳个人所得税有关问题的通知》（财税〔2009〕40 号）自财税〔2016〕101 号文件施行之日起废止。

上市公司股票期权、限制性股票应纳税款的计算，自 2019 年 1 月 1 日起，按照财税〔2018〕164 号文件有关规定计算缴纳个人所得税（具体参见"8 税收优惠"）。股权奖励应纳税款的计算比照上述规定执行。

14.4.1 上市公司股权激励形式和基本概念

股票期权，是指上市公司按照规定的程序授予本公司及其控股企业员工的一项权利，该权利允许被授权员工在未来时间内以某一特定价格购买本公司一定数量的股票。

股票增值权，是指上市公司授予公司员工在未来一定时期和约定条件下，获得规定数量的股票价格上升所带来收益的权利。被授权人在约定条件下行权，上市公司按照行权日与授权日二级市场股票差价乘以授权股票数量，发放给被授权人现金。股票增值权只有收益权，没有股票期权、所有权等。

股票期权中"某一特定价格"被称为授予价或施权价,即根据股票期权计划可以购买股票的价格,一般为股票期权授予日的市场价格或该价格的折扣价格,也可以是按照事先设定的计算方法约定的价格。

14.4.2 上市公司股权激励税款的计算

上市公司股权激励一般有四个时点:授权日、行权日、行权后转让股权日、参与股利分配日。

授权日,也称授予日,是指公司授予员工上述权利的日期。

行权,也称执行,是指员工根据股票期权计划选择购买股票的过程;员工行使上述权利的当日为行权日,也称购买日。

在这四个时点里,被激励人可能会取得五种收入,即:行权取得收入、行权前转让期权收入、股票增值额收入、行权后转让股权收入、企业分配利润收入。

不同的时点,收入不同,计税不同。

14.4.2.1 接受期权时,不计税

财税〔2005〕35号文件规定,员工接受实施股票期权计划企业授予的股票期权时,除另有规定外,一般不作为应税所得征税。但是对于一些股票期权计划规定的,在授权时即约定可以转让的,也就是授权的时候,还没有行权,就可以转让的。这种情形下,就不适用"不作为应税所得"的规定。

根据《国家税务总局关于个人股票期权所得缴纳个人所得税有关问题的补充通知》(国税函〔2006〕902号)规定,部分股票期权在授权时即约定可以转让,且在境内或境外存在公开市场及挂牌价格。员工接受该可公开交易的股票期权时,应按以下规定进行税务处理:

(1) 授权日即计算所得。

员工取得可公开交易的股票期权,属于员工已实际取得有确定价值的财产,应按授权日股票期权的市场价格,作为员工授权日所在月份的工资薪金所得,自2019年1月1日起,根据财税〔2018〕164号文件有关规定计算缴纳个人所得税。如果员工以折价购入方式取得股票期权的,可以授权日股票期权的市场价格扣除折价购入股票期权时实际支付的价款后的余额,作为授权日所在月份的工资薪金所得。

（2）授权日后转让期权依法征税。

员工取得可公开交易的股票期权后，转让该股票期权所取得的所得，属于财产转让所得，按现行税法和政策规定征免个人所得税。即：个人将行权后的境内上市公司股票再行转让而取得的所得，暂不征收个人所得税；个人转让境外上市公司的股票而取得的所得，应按税法的规定计算应纳税所得额和应纳税额，依法缴纳税款。

（3）实际行权时不再计算缴纳个人所得税。

员工取得该项可公开交易的股票期权后，实际行使该股票期权购买股票时，不再计算缴纳个人所得税。

14.4.2.2 行权取得股票时，全额单独计算纳税

第一种，员工行权时，其从企业取得股票的实际购买价（施权价）低于购买日公平市场价（指该股票当日的收盘价）的差额，是因员工在企业的表现和业绩情况而取得的与任职、受雇有关的所得。2019年1月1日起，在2021年12月31日前，不并入当年综合所得，全额单独适用个人所得税综合所得税率表，计算纳税。计算公式为：

$$应纳税额 = 股权激励收入 \times 适用税率 - 速算扣除数$$

第二种，对因特殊情况，员工在行权日之前将股票期权转让的，以股票期权的转让净收入，作为当月工资薪金所得，2019年1月1日起，依据新《个人所得税法》预征个人所得税。

第三种，凡取得股票期权的员工在行权日不实际买卖股票，而按行权日股票期权所指定股票的市场价与施权价之间的差额，直接从授权企业取得价差收益的，该项价差收益应作为员工取得的股票期权形式的工资薪金所得，2019年1月1日起，在2021年12月31日前，不并入当年综合所得，全额单独适用个人所得税综合所得税率表，计算纳税。计算公式为：

$$应纳税额 = 股权激励收入 \times 适用税率 - 速算扣除数$$

14.4.2.3 行权后转让股票，视情况纳税

员工将行权后的股票再转让时获得的高于购买日公平市场价的差额，是因个人在证券二级市场上转让股票等有价证券而获得的所得，应按照"财产转让所得"适用的征免规定计算缴纳个人所得税。

对于员工转让股票等有价证券取得的所得，应按现行税法和政策规定征

免个人所得税。即：个人将行权后的境内上市公司股票再行转让而取得的所得，暂不征收个人所得税；个人转让境外上市公司的股票而取得的所得，应按税法的规定计算应纳税所得额和应纳税额，依法缴纳税款。

14.4.2.4　参与分配时，按股利所得征税

员工因拥有股权而参与企业税后利润分配取得的所得，应按照"利息、股息、红利所得"适用的规定计算缴纳个人所得税。个人从公开发行和转让市场取得的上市公司股票，持股期限超过1年的，股息红利所得暂免征收个人所得税。个人从公开发行和转让市场取得的上市公司股票，持股期限在1个月以内（含1个月）的，其股息红利所得全额计入应纳税所得额；持股期限在1个月以上至1年（含1年）的，暂减按50%计入应纳税所得额；上述所得统一适用20%的税率计征个人所得税。

14.4.3　三个特别问题

14.4.3.1　如果取得股票期权计划的员工是在中国境内无住所的个人，如何纳税

对于取得股权激励的员工是在中国境内无住所的个人，2019年1月1日后，需要进行两个方面的判断：一是判断员工是居民个人还是非居民个人。二是判断员工取得的工资金所得是境内所得还是境外所得。

（1）居民个人的计税。

对于在中国境内无住所的员工在一个纳税年度内是中国个人所得税居民个人纳税人的，自2019年1月1日起，其纳税年度内取得的全部境内、境外的工资薪金所得、劳务报酬所得、稿酬所得、特许权使用费所得等综合所得应合并计算应纳税额，并对其依据境外国家（地区）税法缴纳的所得税依法抵免。对其2019年1月1日后取得的股票期权计划的员工，符合在中国境内无住所的员工在一个纳税年度内是中国个人所得税居民个人纳税人的，其取得的股票期权所得应区分境内所得和境外所得，按照财税〔2018〕164号文件的规定，在2021年12月31日前，不并入当年综合所得，全额单独适用=个人所得税综合所得税率表，计算纳税。对该项所得属于境外所得的部分，在境外国家（地区）缴纳的所得税款，按单独项目所

得予以限额抵免。

（2）非居民个人的计税。

对于在中国境内无住所的员工在一个纳税年度内是中国个人所得税非居民个人纳税人的，自2019年1月1日后，对其境内取得的工资薪金所得依据新《个人所得税法》规定按月计算并缴纳个人所得税。非居民个人一个月内取得股权激励所得，单独按照《财政部 税务总局关于非居民个人和无住所居民个人有关个人所得税政策的公告》（财政部、税务总局公告2019年第35号）第二条规定计算当月收入额，不与当月其他工资薪金合并，按6个月分摊计税（一个公历年度内的股权激励所得应合并计算），不减除费用，适应月度税率表计算应纳税额（具体参见"8 税收优惠"）。

14.4.3.2 员工在一个纳税年度中多次取得不符合递延纳税条件的股票（权）形式工资薪金所得的，如何计税

在2019年1月1日前，员工在一个纳税年度中多次取得不符合递延纳税条件的股票（权）形式工资薪金所得的，依据国家税务总局2016年第62号公告规定，员工以在一个公历月份中取得的股票（权）形式工资薪金所得为一次，参照《国家税务总局关于个人股票期权所得缴纳个人所得税有关问题的补充通知》（国税函〔2006〕902号）规定执行。

2019年1月1日后，财税〔2018〕164号文件规定，居民个人一个纳税年度内取得两次以上（含两次）股权激励的，应合并所得，在2021年12月31日前，不并入当年综合所得，全额单独适用综合所得税率表，计算纳税。计算公式为：

$$应纳税额 = 股权激励收入 \times 适用税率 - 速算扣除数$$

14.4.3.3 限制性股票应纳税所得额如何确定

《国家税务总局关于股权激励有关个人所得税问题的通知》（国税函〔2009〕461号，以下简称国税函〔2009〕461号文件）规定，按照《个人所得税法》及其实施条例等有关规定，原则上应在限制性股票所有权归属于被激励对象时确认其限制性股票所得的应纳税所得额。即：上市公司实施限制性股票计划时，应以被激励对象限制性股票在中国证券登记结算公司（境外为证券登记托管机构）进行股票登记日期的股票市价（指当日收盘价）和本批次解禁股票当日市价（指当日收盘价）的平均价格乘以本批次解禁股票份数，减去被激

励对象本批次解禁股份数所对应的为获取限制性股票实际支付资金数额,其差额为应纳税所得额。被激励对象限制性股票应纳税所得额计算公式为:

应纳税所得额=(股票登记日股票市价+本批次解禁股票当日市价)÷2×本批次解禁股票份数-被激励对象实际支付的资金总额×(本批次解禁股票份数÷被激励对象获取的限制性股票总份数)

14.4.4 需要关注的税收征管规定

(1) 扣缴义务人。

实施股票期权计划的境内企业为个人所得税的扣缴义务人,应按税法规定履行代扣代缴个人所得税的义务。

(2) 自行申报纳税。

员工从两处或两处以上取得股票期权形式的工资薪金所得和没有扣缴义务人的,该个人应在个人所得税法规定的纳税申报期限内自行申报缴纳税款。

(3) 报送有关资料。

实施股票期权、股票增值权计划的境内企业,应在股票期权计划实施之前,将企业的股票期权计划或实施方案、股票期权协议书、授权通知书等资料报送主管税务机关;应在员工行权之前,将股票期权行权通知书和行权调整通知书等资料报送主管税务机关。

实施限制性股票计划的境内上市公司,应在中国证券登记结算公司(境外为证券登记托管机构)进行股票登记、并经上市公司公示后15日内,将本公司限制性股票计划或实施方案、协议书、授权通知书、股票登记日期及当日收盘价、禁售期限和股权激励人员名单等资料报送主管税务机关备案。

境外上市公司的境内机构,应向其主管税务机关报送境外上市公司实施股权激励计划的中(外)文资料备案。

扣缴义务人和自行申报纳税的个人在代扣代缴税款或申报纳税时,应在税法规定的纳税申报期限内,将个人接受或转让的股权以及认购的股票情况(包括种类、数量、施权价格、行权价格、市场价格、转让价格等)、股权激励人员名单、应纳税所得额、应纳税额等资料报送主管税务机关。

(4) 关于纳税义务发生时间。

根据国税函〔2009〕461号文件规定,股票增值权个人所得税纳税义务发生时间为上市公司向被授权人兑现股票增值权所得的日期；限制性股票个人所得税纳税义务发生时间为每一批次限制性股票解禁的日期。

（5）法律责任。

根据财税〔2005〕35号文件规定，实施股票期权计划的企业和因股票期权计划而取得应税所得的自行申报员工，未按规定报送上述有关报表和资料，未履行申报纳税义务或者扣缴税款义务的，按《税收征管法》及其实施细则的有关规定进行处理。

（6）备案。

上市公司实施股权激励，个人选择在不超过12个月期限内缴税的，上市公司应自股票期权行权、限制性股票解禁、股权奖励获得之次月15日内，向主管税务机关报送《上市公司股权激励个人所得税延期纳税备案表》。上市公司初次办理股权激励备案时，还应一并向主管税务机关报送股权激励计划、董事会或股东大会决议。

15

技术入股政策解析

15.1 技术入股税收优惠政策的源起与历程

1996年5月15日，第八届全国人民代表大会常务委员会第十九次会议通过了《中华人民共和国促进科技成果转化法》（以下简称《促进科技成果转化法》），2015年8月29日，第十二届全国人民代表大会常务委员会第十六次会议通过《关于修改〈中华人民共和国促进科技成果转化法〉的决定》的修正。

> 第五条　国务院和地方各级人民政府应当加强科技、财政、投资、税收、人才、产业、金融、政府采购、军民融合等政策协同，为科技成果转化创造良好环境。
> ……
> 第十六条　科技成果持有者可以采用下列方式进行科技成果转化：
> （一）自行投资实施转化；
> （二）向他人转让该科技成果；
> （三）许可他人使用该科技成果；
> （四）以该科技成果作为合作条件，与他人共同实施转化；
> （五）以该科技成果作价投资，折算股份或者出资比例；
> （六）其他协商确定的方式。
> 第十七条　国家鼓励研究开发机构、高等院校采取转让、许可或者作价投资等方式，向企业或者其他组织转移科技成果。
> ……
> 第三十四条　国家依照有关税收法律、行政法规规定对科技成果转化活动实行税收优惠。
> ——《中华人民共和国促进科技成果转化法》

《促进科技成果转化法》规定要对科技成果转化实施税收优惠。我国促进科技成果转化的税收政策可以划分为以下四个阶段。

(1) 2011年以前,暂不征税。

对技术入股,国家统一规定之前各地均有优惠政策,如江苏省曾规定"科技人员用专利、技术入股,并在其股份变现之前免征个人所得税"。《国家税务总局关于非货币性资产评估增值暂不征收个人所得税的批复》(国税函〔2005〕319号,以下简称国税函〔2005〕319号文件)中,答复福建省地方税务局《关于房地产等非货币性资产评估国家税务总局公告2011年第2号增值征收个人所得税问题的请示》中,则正式对非货币性资产投资给予递延纳税优惠,对个人将非货币性资产进行评估后投资于企业,其评估增值取得的所得在投资取得企业股权时,暂不征收个人所得税,待在投资收回、转让或清算股权时如有所得,再按规定征收个人所得税。

(2) 2005—2015年,按"财产转让所得"征税,不得递延。

2011年,《国家税务总局关于公布全文失效废止部分条款失效废止的税收规范性文件目录的公告》(国家税务总局公告2011年第2号)废止了国税函〔2005〕319号文件。同年,国家税务总局发布《国家税务总局关于个人以股权参与上市公司定向增发征收个人所得税问题的批复》(国税函〔2011〕89号)进一步明确了非货币性资产投资需按照"财产转让所得"申报缴纳个人所得税,不再享受递延纳税优惠。非货币性资产投资征收个人所得税的政策,影响了技术成果转化,在实践中很多个人由于个人所得税原因终止投资。

(3) 2015—2016年,按"财产转让所得"分期递延纳税。

2015年3月,《财政部 国家税务总局关于个人非货币性资产投资有关个人所得税政策的通知》(财税〔2015〕41号,以下简称财税〔2015〕41号文件)对非货币性投资给予了5年的分期纳税优惠,情况发生一定的好转,但在实际执行中仍存在一些困难。同年10月,《财政部 国家税务总局关于将国家自主创新示范区有关税收试点政策推广到全国范围实施的通知》(财税〔2015〕116号,以下简称财税〔2015〕116号文件)对高新技术企业转化科技成果,给予本企业相关技术人员的股权奖励,可参照财税〔2005〕35号文件计算应纳税额,个人一次缴纳税款有困难的,可在不超过5个公历年度(含)内分期缴纳。

(4) 2016年开始,有两种选择。

2016年,财政部、国家税务总局印发《关于完善股权激励和技术入股有关所得税政策的通知》(财税〔2016〕101号),对技术成果投资入股恢复了递延纳税优惠,同时赋予企业选择权,避免企业被动优惠,该文件规定"企业或个人以技术成果投资入股到境内居民企业，被投资企业支付的对价全部为股票（权）的，企业或个人可选择继续按现行有关税收政策执行，也可选择适用递延纳税优惠政策"。

该项政策的特点在于：一是适用于个人所得税和企业所得税，实现了优惠政策跨界使用；二是赋予企业自由选择权，企业可按5年内分期纳税，也可于转让时一次性纳税，对于高新技术企业而言，可能选择适用财税〔2005〕35号文件的优惠力度更大；三是要求股权支付比例达到100%；四是技术成果是指专利技术（含国防专利）、计算机软件著作权、集成电路布图设计专有权、植物新品种权、生物医药新品种，以及科技部、财政部、国家税务总局确定的其他技术成果。

15.2 现行政策与递延纳税的计税

根据《财政部 国家税务总局关于完善股权激励和技术入股有关所得税政策的通知》（财税〔2016〕101号，以下简称财税〔2016〕101号文件）规定，企业或个人以技术成果投资入股到境内居民企业，被投资企业支付的对价全部为股票（权）的，企业或个人可选择继续按现行有关税收政策执行，也可选择适用递延纳税优惠政策。

区分"现行政策"和"递延纳税政策"需要理清楚两个时间、两类对象。

15.2.1 两个时间：即投资入股时间和股权转让时间

投资入股时间，就是技术成果的持有人，在进行成果转化时，将技术成果作价投资入股到被投资企业的时间。在2016年9月前，每一个成果所有人在选择进行技术入股时，都会面临一个选择——是转让，还是投资？

股权转让时间，就是技术成果所有人以技术成果投资入股后，将成果投资换取的股权（股份或股票）对外转让的，转让股权的时间。

根据财税〔2016〕101号文件的规定，就是将原先技术成果持有人以技术入股时的"转让还是投资"的选择，变为"是分期纳税还是递延纳税"的选择上来。递延纳税政策不仅是适用个人技术成果转化，也同样适用企业技术成果转化。符合条件的企业以技术成果入股，也可以选择入股时不确认收益，递延至企业转让投资形成的股权（票）转让，合并确认为转让收益并入当期应税所得额，缴纳企业所得税。

递延纳税政策下计税公式为：

应纳税所得=股权（票）转让所得-技术成果原价-合理税费

对于个人，按"财产转让所得"计算并缴纳个人所得税；对于企业，并入当期应纳税所得额，计算并缴纳企业所得税。

【案例15-2-1】 老李以一项技术成果作价500万元，入股某企业A，取得股权20%。技术成果开发成本200万元，其中因资金不足还借了100万元。

【问题】 不考虑增值税及附加以及转让时的税费，老李该如何选择纳税方式？

【解析】 老李可选分期纳税的政策或者递延纳税的政策。

（1）在分期纳税的原政策中，两个时间都是计税时间，第一个时间，投资人需要按照非货币资产投资计算，并按"财产转让所得"纳税。第二个时间，投资人需要按照股权转让的规定计算并按"财产转让所得"纳税。

技术投资时：财产转让应纳税=(500-200)×20%=60（万元）

老李在开发时投入了200万元，资金不足还借了100万元，现在转让时成果增值到500万元，老李要纳税60万元。

股权转让时：按股权转让个人所得税规定纳税。

如果老李投资入股后，产品不能适应市场需求，公司一直亏损，可能会出现投资收益无法变现，还要负担税款的问题。

投资的目的是为了获利，从投资的本身来看，一个成本200万元的技术作价500万元，看上去利得了300万元，但是，这是投资，不是转让，取得的是股权，不是现金，股权代表的是一种权益，这种权益会在未来带来现金的收入，也可能会带来现金的支出。

（2）在递延纳税的政策中，满足条件的技术成果投资入股，经向主管税务机关备案，在投资入股时可暂不纳税。直到持有人将股权转让，则将两个时点的所得合并为一次所得予以课税。

技术投资时：满足条件的技术成果投资入股，经向主管税务机关备案，投资入股当期可暂不纳税。允许被投资方按技术成果投资入股时的评估值入账。

股权转让时：技术成果投资的股权，在存续期间按分红处理，不处理投资入股的收益。只有在股权转让的时候，才将前期投资时的技术成果转让收益与股票、股权转让，合并予以处理。

老李选择递延纳税政策后，其纳税情况和分期纳税就完全不一样了，老李技术入股后，虽然技术成果作价 500 万元，但是却不需要纳税，入股以后，还是只欠外债 100 万元，不欠税。这个技术成果的作价收益，直到老李转让 A 公司技术入股的 20% 股权时，才开始将两次转让的收益合并计算。

可能会出现以下的情形：

如果 A 公司效益不好，老李只能按 200 万元转让股权，那么，第一次转让（也就是投资入股时）的 300 万元收益，和第二次转让（股权转让时）的 300 万元损失相抵减，无须纳税。

如果老李按 300 万元转让股权，那么，两次转让抵减后，合并收益 100 万元。按 100 万元纳税 20 万元。

如果老李投资后，企业效益不错，一直保有公司股权，那么老李也一直不需要纳税，只需要对分红进行纳税。

这就是新政策，这个新政策不仅仅是面向老李这样的个人，也面向企业，企业以技术成果入股另一家企业，也可以这样，入股时不确认收益，直到将这部分股权或股票转让，才合并确认收益并入当期应税所得额，缴纳企业所得税。

15.2.2 两个被投资对象：即上市公司和非上市公司

对于被投资对象是上市公司还是非上市公司，在技术入股的投资环节，无论是选择分期纳税还是递延纳税，这个时点的处理，没有较大区别，只是选择政策的差异，而非企业类型的差异。

但是，到了股权（股份或股票）转让的时点时，就完全不一样。

（1）被投资对象是非上市公司：

企业或个人以技术成果投资入股到境内居民企业，被投资企业支付的对价全部为股票（权）的，企业或个人可选择继续按现行有关税收政策执行，也可选择适用递延纳税优惠政策。递延纳税时，合并确认收益并入当期应税所得额，缴纳企业所得税。

(2) 被投资对象是上市公司：

需要理清三个问题：

一是上市公司、非上市公司都能成为技术成果转化的被投资企业。财税〔2016〕101号文件规定，符合递延纳税条件的技术成果投资入股的对象是"境内居民企业"，没有对上市公司或非上市公司进行限制。

二是被投资企业是上市公司的，也能选择递延。被投资企业支付的对价全部为股票（权）的，企业或个人可选择继续按现行有关税收政策执行，也可选择适用递延纳税优惠政策。

三是转让股票时分段纳税。成果转化人是企业的，税法规定，企业转让上市公司股票应按转让金融产品缴纳增值税，并将转让所得并入当期应纳税所得额缴纳企业所得税。因此，企业投资入股上市公司，选择递延纳税时，可在转让股票时合并转让所得纳税。成果转化人是个人的，税法规定，个人转让上市公司股票暂不缴纳个人所得税。个人以技术成果作价入股上市公司选择递延纳税，在转让取得的股票时，按照限售股转让征税的相关规定，予以纳税。

15.2.3 个人技术入股个人所得税的计缴

【案例15-2-2】 2016年10月，王某以某项专利经评估作价2000万元入股A公司，取得公司股权200万股。过户时发生评估费、中介费等相关税费10万元，取得专利技术时发生一些成本200万元。2018年4月，王某将其中50万股转让，转让价格每股30元，转让发生税费45万元。

【问题】 （1）王某选择分期纳税如何纳税？

（2）王某选择递延纳税如何纳税？

【解析】 （1）五年分期纳税：

《财政部 国家税务总局关于个人非货币性资产投资有关个人所得税政策的通知》（财税〔2015〕41号，以下简称财税〔2015〕41号文件）规定：个人（非货币性资产投资个人所得税以发生非货币性资产投资行为并取得被投资企业股权的个人为纳税人）以技术资产投资，可以看成是"个人转让技术资产"和"投资"两笔业务同时发生。对个人转让非货币资产（包括技术资产）的所得，应按照"财产转让所得"项目，依法计算缴纳个人所得税。个人以非货币性资产投资，应按评估后的公允价值确认非货币性资产转让收入。

非货币性资产转让收入减除该资产原值及合理税费后的余额为应纳税所得额。个人以非货币性资产投资，应于非货币性资产转让、取得被投资企业股权时，确认非货币性资产转让收入的实现。公式为：

$$应纳税所得额=非货币性资产转让收入-资产原值-转让时按规定支付的合理税费$$
$$应纳税额=应纳税所得额\times 20\%$$

相关征管规定依据财税〔2015〕41号文件、《国家税务总局关于个人非货币性资产投资有关个人所得税征管问题的公告》（国家税务总局公告2015年第20号，以下简称国家税务总局2015年第20号公告），具体规定如下：

①扣缴义务人。

无扣缴义务人，非货币性资产投资个人所得税由纳税人向主管税务机关自行申报缴纳。

②纳税地点。

纳税人以不动产投资的，以不动产所在地税务机关为主管税务机关；纳税人以其持有的企业股权对外投资的，以该企业所在地税务机关为主管税务机关；纳税人以其他非货币资产投资的，以被投资企业所在地税务机关为主管税务机关。

③收入确定。

个人以非货币性资产投资，应按评估后的公允价值确认非货币性资产转让收入。

④原值确定。

非货币性资产原值为纳税人取得该项资产时实际发生的支出。纳税人无法提供完整、准确的非货币性资产原值凭证，不能正确计算非货币性资产原值的，主管税务机关可依法核定其非货币性资产原值。

⑤合理税费。

合理税费是指纳税人在非货币性资产投资过程中发生的与资产转移相关的税金及合理费用。在合理税费的确认上，要注意一个基本出发点，就是纳税人和费用负担人是投资人本人，也就是技术成果的持有人。与投资人无关的与投资有关的其他税费，不能扣除。

⑥应纳税所得额。

纳税人非货币性资产投资应纳税所得额为非货币性资产转让收入减除该资产原值及合理税费后的余额。

王某以某项专利经评估作价2000万元入股公司，取得A公司股权200万股。过户时发生评估费、中介费等相关税费10万元,取得专利技术时发生一些成本200万元,则王某以专利技术入股公司时,应缴纳个人所得税:

(2000-10-200)×20%=358(万元)

⑦申报、备案和申请分期。

个人应在发生上述应税行为的次月15日内向主管税务机关申报纳税。纳税人一次性缴税有困难的,可合理确定分期缴纳计划并报主管税务机关备案后,自发生上述应税行为之日起不超过5个公历年度内(含)分期缴纳个人所得税。

个人以非货币性资产投资交易过程中取得现金补价的,现金部分应优先用于缴税;现金不足以缴纳的部分,可分期缴纳。个人在分期缴税期间转让其持有的上述全部或部分股权,并取得现金收入的,该现金收入应优先用于缴纳尚未缴清的税款。

王某技术成果入股时,技术成果作价2000万元,只取得了200万股权,无现金对价。其投资应纳个人所得税额358万元,可全部申请5年内分期缴纳。

2018年4月,王某将其中50万股转让,转让价格每股30元,转让发生税费45万元。

每股原值:2000÷200=10(元/股)

转让应税:[50×(30-10)-45]×20%=191(万元)

⑧分期纳税的五个申报要点。

一是备案。纳税人非货币性资产投资需要分期缴纳个人所得税的,应于取得被投资企业股权之日的次月15日内,自行制定缴税计划并向主管税务机关报送《非货币性资产投资分期缴纳个人所得税备案表》、纳税人身份证明、投资协议、非货币性资产评估价格证明材料、能够证明非货币性资产原值及合理税费的相关资料。2015年4月1日之前发生的非货币性资产投资,期限未超过5年,尚未进行税收处理且需要分期缴纳个人所得税的,纳税人应于国家税务总局2015年第20号公告下发之日起30日内向主管税务机关办理分期缴税备案手续。

二是变更分期。纳税人分期缴税期间提出变更原分期缴税计划的,应重新制定分期缴税计划并向主管税务机关重新报送《非货币性资产投资分期缴纳个人所得税备案表》。

三是应按期如实填报申报表。纳税人按分期缴税计划向主管税务机关办理纳税申报时，应提供已在主管税务机关备案的《非货币性资产投资分期缴纳个人所得税备案表》和本期之前各期已缴纳个人所得税的完税凭证。

四是分期期限内提前转让的，应于转让股权之日的次月15日内向主管税务机关申报纳税。

五是被投资企业应将纳税人以非货币性资产投入本企业取得股权和分期缴税期间纳税人股权变动情况，分别于相关事项发生后15日内向主管税务机关报告，并协助税务机关执行公务。

（2）递延纳税政策。

王某选择技术成果投资入股递延纳税政策的，经向主管税务机关备案，投资入股当期可暂不纳税，允许递延至转让股权时，按股权转让收入减去技术成果原值和合理税费后的差额计算缴纳所得税。

①转让收入。

《股权转让所得个人所得税管理办法（试行）》（国家税务总局公告2014年第67号印发）规定，股权转让收入是指转让方因股权转让而获得的现金、实物、有价证券和其他形式的经济利益。转让方取得与股权转让相关的各种款项，包括违约金、补偿金以及其他名目的款项、资产、权益等，均应当并入股权转让收入。

②技术成果原值。

根据国家税务总局2015年第20号公告规定，非货币性资产原值为纳税人取得该项资产时实际发生的支出。纳税人无法提供完整、准确的非货币性资产原值凭证，不能正确计算非货币性资产原值的，主管税务机关可依法核定其非货币性资产原值。

③合理税费。

合理税费是指纳税人在非货币性资产投资过程中发生的与资产转移相关的税金及合理费用。在合理税费的确认上，要注意一个基本出发点，就是纳税人和费用负担人是投资人本人，也就是技术成果的持有人。与投资人无关的与投资有关的其他税费，不能扣除。

本案例中：

股权转让收入=30×50万股=1500（万元）

取得股票200万股，总值200万元，每股1元，50万股对应原值为50万元；投资时发生合理税费10万元，应分摊2.5[（50÷200）×10]万元；转让股权原值=50+2.5=52.5（万元）。

股权转让的税费45万元，全部记入。

纳税：（1500-52.5-45）×20%＝280.5（万元）

④申报和备案要点。

一是个人以技术成果投资入股境内公司并选择递延纳税的，被投资公司应于取得技术成果并支付股权之次月15日内，向主管税务机关报送《技术成果投资入股个人所得税递延纳税备案表》、技术成果相关证书或证明材料、技术成果投资入股协议、技术成果评估报告等资料。

二是个人因非上市公司实施股权激励或以技术成果投资入股取得的股票（权），实行递延纳税期间，扣缴义务人应于每个纳税年度终了后30日内，向主管税务机关报送《个人所得税递延纳税情况年度报告表》。

三是递延纳税股票（权）转让、办理纳税申报时，扣缴义务人、个人应向主管税务机关一并报送能够证明股票（权）转让价格、递延纳税股票（权）原值、合理税费的有关资料，具体包括转让协议、评估报告和相关票据等。资料不全或无法充分证明有关情况，造成计税依据偏低，又无正当理由的，主管税务机关可依据税收征管法有关规定进行核定。

⑤注意事项。

一是个人以技术成果投资入股，以取得技术成果的企业为个人所得税扣缴义务人。递延纳税期间，扣缴义务人应在每个纳税年度终了后向主管税务机关报告递延纳税有关情况。

二是个人因技术成果投资入股取得股权后，非上市公司在境内上市的，处置递延纳税的股权时，按照现行限售股有关征税规定执行。

三是转让优先权。特别规定个人转让股权时，视同享受递延纳税优惠政策的股权优先转让。递延纳税的股权成本按照加权平均法计算，不与其他方式取得的股权成本合并计算。

四是持有递延纳税的股权期间，因该股权产生的转增股本收入，以及以该递延纳税的股权再进行非货币性资产投资的，应在当期缴纳税款。

15.2.4　企业技术成果入股所得税的计算

企业以技术成本入股，其企业所得税的处理，可选择继续按现行有关税收政策执行，也可选择适用递延纳税优惠政策。

(1) 现行政策——5年内平均计入所得纳税

企业选择5年平均计税，涉及《财政部 国家税务总局关于非货币性资产投资企业所得税政策问题的通知》（财税〔2014〕116号，以下简称财税〔2014〕116号文件）、财税〔2015〕116号文件、《国家税务总局关于非货币性资产投资企业所得税有关征管问题的公告》（国家税务总局公告2015年第33号）三个文件。

> 一是居民企业（以下简称企业）以非货币性资产对外投资确认的非货币性资产转让所得，可在不超过5年期限内，分期均匀计入相应年度的应纳税所得额，按规定计算缴纳企业所得税。
>
> 二是企业以非货币性资产对外投资，应对非货币性资产进行评估并按评估后的公允价值扣除计税基础后的余额，计算确认非货币性资产转让所得。
>
> ——《财政部 国家税务总局关于非货币性资产投资企业所得税政策问题的通知》（财税〔2014〕116号）

> 二、关于技术转让所得企业所得税政策
>
> 1. 自2015年10月1日起，全国范围内的居民企业转让5年以上非独占许可使用权取得的技术转让所得，纳入享受企业所得税优惠的技术转让所得范围。居民企业的年度技术转让所得不超过500万元的部分，免征企业所得税；超过500万元的部分，减半征收企业所得税。
>
> 2. 本通知所称技术，包括专利（含国防专利）、计算机软件著作权、集成电路布图设计专有权、植物新品种权、生物医药新品种，以及财政部和国家税务总局确定的其他技术。其中，专利是指法律授予独占权的发明、实用新型以及非简单改变产品图案和形状的外观设计。
>
> ——《财政部 国家税务总局关于将国家自主创新示范区有关税收试点政策推广到全国范围实施的通知》（财税〔2015〕116号）

> 一、实行查账征收的居民企业（以下简称企业）以非货币性资产对外投资确认的非货币性资产转让所得，可自确认非货币性资产转让收入年度起不超过连续5个纳税年度的期间内，分期均匀计入相应年度的应纳税所得额，按规定计算缴纳企业所得税。
>
> 二、关联企业之间发生的非货币性资产投资行为，投资协议生效后12个月内尚未完成股权变更登记手续的，于投资协议生效时，确认非货币性资产转让收入的实现。
>
> ——《国家税务总局关于非货币性资产投资企业所得税有关征管问题的公告》（国家税务总局公告2015年第33号）

企业以非货币性资产对外投资，应于投资协议生效并办理股权登记手续时，确认非货币性资产转让收入的实现。

$$非货币性资产转让所得 = 公允价值 - 计税基础$$

投资企业以非货币性资产对外投资而取得被投资企业的股权，应以非货币性资产的原计税成本为计税基础，加上每年确认的非货币性资产转让所得，逐年进行调整。

被投资企业取得非货币性资产的计税基础，应按非货币性资产的公允价值确定。

关联企业之间发生的非货币性资产投资行为，投资协议生效后12个月内尚未完成股权变更登记手续的，于投资协议生效时，确认非货币性资产转让收入的实现。

财税〔2014〕116号文件规定，企业在对外投资5年内转让上述股权或投资收回的，应停止执行递延纳税政策，并就递延期内尚未确认的非货币性资产转让所得，在转让股权或投资收回当年的企业所得税年度汇算清缴时，一次性计算缴纳企业所得税。企业在计算股权转让所得时，可按规定将股权的计税基础一次调整到位。

企业在对外投资5年内注销的，应停止执行递延纳税政策，并就递延期内尚未确认的非货币性资产转让所得，在注销当年的企业所得税年度汇算清缴时，一次性计算缴纳企业所得税。

（2）递延纳税——递延到股权转让时计入所得纳税。

企业选择递延纳税的，必须符合规定的条件和要求：一是应当为实行查账征收的居民企业以技术成果所有权投资。二是应在投资完成后首次预缴申报时备案，将相关内容填入《技术成果投资入股企业所得税递延纳税备案表》。

企业接受技术成果投资入股，技术成果评估值明显不合理的，主管税务机关有权进行调整。

具体需要注意以下四点：

①备案。对股权激励或技术成果投资入股选择适用递延纳税政策的，企业应在规定期限内到主管税务机关办理备案手续。未办理备案手续的，不得享受本通知规定的递延纳税优惠政策。按照《税收征管法实施细则》的规定，企业的备案资料要注意留存10年。

②评估值入账并扣除。企业或个人选择适用任一项政策，均允许被投资企业按技术成果投资入股时的评估值入账并在企业所得税前摊销扣除。

③持有递延纳税的股权期间，因该股权产生的转增股本收入，以及以该递延纳税的股权再进行非货币性资产投资的，应在当期缴纳税款。

④扣缴义务人报告义务。企业实施股权激励或个人以技术成果投资入股，以实施股权激励或取得技术成果的企业为个人所得税扣缴义务人。递延纳税期间，扣缴义务人应在每个纳税年度终了后向主管税务机关报告递延纳税有关情况。

技术成果投资入股，对于企业来说需要综合考虑资金能力、所得规模、研发费加计扣除等一系列的问题。既可以不递延纳税政策，享受500万元以下不征税，500万元以上减半征收的优惠政策，可平均分期5年纳税。也可以选择递延纳税，入股时不确认所得，不计税，转让股权时再纳税，但因为不再是技术转让计税，不享受500万元免税，500万元以上减半的政策。

16

创业投资政策解析

2018年5月，财政部、国家税务总局印发《关于创业投资企业和天使投资个人有关税收政策的通知》（财税〔2018〕55号，以下简称财税〔2018〕55号文件），将2017年在京津冀、上海、广东、安徽、四川、武汉、西安、沈阳8个全面创新改革试验区域和苏州工业园区试点的创业投资企业和天使投资个人对初创科技型企业投资抵扣税收优惠政策，扩大到全国范围。接着，国家税务总局发布《国家税务总局关于创业投资企业和天使投资个人税收政策有关问题的公告》（国家税务总局公告2018年第43号，以下简称国家税务总局2018年第43号公告），进一步明确创投企业和天使个人税收优惠执行口径和纳税申税办理程序。

其实，创业投资企业和天使投资个人投资抵扣税收优惠政策税收优惠，早已有之。早在2008年开始施行的《企业所得税法》就明确规定"创业投资企业从事国家需要重点扶持和鼓励的创业投资，可以按投资额的一定比例抵扣应纳税所得额"，《企业所得税法实施条例》进一步明确"创业投资企业采取股权投资方式投资于未上市的中小高新技术企业2年以上的，可以按照其投资额的70%在股权持有满2年的当年抵扣该创业投资企业的应纳税所得额；当年不足抵扣的，可以在以后纳税年度结转抵扣"。

其后，财政部、国家税务总局又相继出台了一系列鼓励创业投资企业和天使投资人投资种子期、初创期等科技型企业的税收支持政策，进一步完善了创业投资企业投资抵扣税收优惠政策。

16.1　创业投资税收政策的沿革

16.1.1　2008—2012年

2008年开始实施的《企业所得税法》规定，自2008年1月1日起，创业投资企业从事国家需要重点扶持和鼓励的创业投资，可以按投资额的一定比例抵扣应纳税所得额。《企业所得税法实施条例》第九十七条规定，创业投资企业采取股权投资方式投资于未上市的中小高新技术企业2年以上的，可以按照其投资额的70%在股权持有满2年的当年抵扣该创业投资企业的应纳税所得额；当年不足抵扣的，可以在以后纳税年度结转抵扣。其后，在《国家税务总局关于实施创业投资企业所得税优惠问题的通知》（国税发〔2009〕87号，以下简称国税发〔2009〕87号文件）中，对上述创业投资企业抵扣应纳税所得额该项优惠政策具体的执行口径进行了明确。优惠对象只能是创业投资企业，是指依照《创业投资企业管理暂行办法》（国家发展和改革委员会等10部委令2005年第39号印发）和《外商投资创业投资企业管理规定》（商务部等5部委令2003年第2号印发）在中华人民共和国境内设立的专门从事创业投资活动的企业或其他经济组织。其经营范围符合《创业投资企业管理暂行办法》规定，且工商登记为"创业投资有限责任公司""创业投资股份有限公司"等专业性法人创业投资企业。

优惠政策适用于全国范围内的创业投资企业采取股权投资方式投资于未上市的中小高新技术企业。

16.1.2　2013—2016 年

2013年9月，财政部、国家税务总局印发了《关于中关村国家自主创新示范区有限合伙制创业投资企业法人合伙人企业所得税试点政策的通知》（财税〔2013〕71号），自2013年1月1日至2015年12月31日，对注册在示范区内的有限合伙制创业投资企业，采取股权投资方式投资于未上市的中小高新技术企业，符合规定条件的，该有限合伙制创业投资企业的法人合伙人，可在有限合伙制创业投资企业持有未上市中小高新技术企业股权满2年的当年，按照该法人合伙人对该未上市中小高新技术企业投资额的70%，抵扣该法人合伙人从该有限合伙制创业投资企业分得的应纳税所得额，当年不足抵扣的，可以在以后纳税年度结转抵扣。

2015年6月，财政部、国家税务总局印发《关于推广中关村国家自主创新示范区税收试点政策有关问题的通知》（财税〔2015〕62号），规定自2015年1月1日起，将中关村国家自主创新示范区有关税收试点政策推广至国家自主创新示范区、合芜蚌自主创新综合试验区和绵阳科技城实施。也就是注册在"国家自主创新示范区、合芜蚌自主创新综合试验区和绵阳科技城"地区的有限合伙制创业投资企业，采取股权投资方式投资于未上市的中小高新技术企业，符合条件的，其法人合伙人可以享受投资抵扣优惠政策。

紧接着在2015年10月底，财政部、国家税务总局再次印发《关于将国家自主创新示范区有关税收试点政策推广到全国范围实施的通知》（财税〔2015〕116 号，以下简称财税〔2015〕116 号文件），自 2015 年 10 月 1 日起，全国范围内的有限合伙制创业投资企业采取股权投资方式投资于未上市的中小高新技术企业满 2 年（24 个月）的，该有限合伙制创业投资企业的法人合伙人可按照其对未上市中小高新技术企业投资额的 70% 抵扣该法人合伙人从该有限合伙制创业投资企业分得的应纳税所得额，当年不足抵扣的，可以在以后纳税年度结转抵扣。将合伙创投企业的投资抵扣优惠政策，扩大到全国范围。2015 年 11 月，国家税务总局配套出台《关于有限合伙制创业投资企业法人合伙人企业所得税有关问题的公告》（国家税务总局公告 2015 年第 81 号），就有限合伙制创业投资企业法人合伙人企业所得税优惠政策具体的执行口径进行明确。

在这一阶段，投资抵扣优惠对象仍然是企业所得税的居民企业纳税人，只是将优惠对象的范围，从专业性法人创业投资企业，扩大到有限合伙制创业投资企业法人合伙人，且从 2013 年到 2016 年，有限合伙制创业投资企业法人合伙人也逐渐由限定区域的注册企业，扩大到全面。在投资对象上，仍然仅适用于全国范围内的创业投资企业采取股权投资方式投资于未上市的中小高新技术企业。

16.1.3　2017 年至今

2016 年 9 月，国务院发布关于促进创业投资持续健康发展的相关意见，明确对创业投资企业和创业投资管理企业实行差异化监管和行业自律，并提出培育多元创业投资主体、多渠道拓宽创业投资资金来源。明确要求相关部委进一步完善创业投资税收政策。按照税收中性、税收公平原则和税制改革方向与要求，统筹研究鼓励创业投资企业和天使投资人投资种子期、初创期等科技型企业的税收支持政策，进一步完善创业投资企业投资抵扣税收优惠政策，研究开展天使投资人个人所得税政策试点工作。

2017 年 4 月底，财政部、国家税务总局印发《关于创业投资企业和天使投资个人有关税收试点政策的通知》（财税〔2017〕38 号），落实国务院规定，将创业投资抵扣优惠政策扩大到创业投资企业和天使投资个人，其税收优惠也由企业所得税优惠，扩围到覆盖企业所得税和个人所得税优惠。将投资对象扩围到种子期、初创期科技型企业。但同时在投资方式和地域范围上进行限定：将新扩围的创业投资优惠的投资方式，限定为仅限于通过向被投资初创科技型企业直接支付现金方式取得的股权投资，不包括受让其他股东的存量股权。在地域范围上，享受税收试点政策的创业投资企业注册地须位于规定的试点地区；天使投资个人投资的初创科技型企业，其注册地须位于规定的试点地区。试点地区包括京津冀、上海、广东、安徽、四川、武汉、西安、沈阳8个全面创新改革试验区域和苏州工业园区。

其后，国家税务总局出台《关于创业投资企业和天使投资个人税收试点政策有关问题的公告》（国家税务总局公告2017年第20号），就相关政策口径进行了明确。

2018年5月，财政部、国家税务总局印发《关于创业投资企业和天使投资个人有关税收政策的通知》（财税〔2018〕55号，以下简称财税〔2018〕55号文件），将2017年在京津冀、上海、广东、安徽、四川、武汉、西安、沈阳8个全面创新改革试验区域和苏州工业园区试点的创业投资企业和天使投资个人对初创科技型企业投资抵扣税收优惠政策，扩大到全国范围。2018年7月，国家税务总局发布国家税务总局2018年第43号公告，进一步明确创投企业和天使个人税收优惠执行口径和纳税申税办理程序。

从上述发展历程可以看出，财税〔2018〕55号文件下发以后，对于创业投资企业和天使投资个人，符合条件的投资抵扣优惠政策，已覆盖全国范围。

16.2　创业投资抵扣优惠政策内容

现行有效的创业投资所得税优惠政策，概括起来有以下五种：

一是创业投资企业采取股权投资方式投资于未上市中小高新技术企业满2年（24个月）的，可按其对中小高新技术企业投资额的70%抵扣该创业投资企业的应纳税所得额。当年不足抵扣的，可以在以后纳税年度结转抵扣。享受所得税优惠政策的主体，包括公司型创业投资企业和有限合伙型创业投资企业的法人合伙人。

二是创业投资企业采取股权投资方式直接投资于种子期、初创期科技型企业（简称初创科技型企业）满2年（24个月）的，可以按照投资额的70%在股权持有满2年的当年抵扣该公司制创业投资企业的应纳税所得额；当年不足抵扣的，可以在以后纳税年度结转抵扣。享受所得税优惠政策的主体，包括公司型创业投资企业和有限合伙型创业投资企业的法人合伙人。

三是合伙制创业投资企业（简称合伙创投企业）采取股权投资方式直接投资于初创科技型企业满 2 年的，其个人合伙人可以按照对初创科技型企业投资额的 70% 抵扣个人合伙人从合伙创投企业分得的经营所得；当年不足抵扣的，可以在以后纳税年度结转抵扣。

四是天使投资个人采取股权投资方式直接投资于初创科技型企业满 2 年的，可以按照投资额的 70% 抵扣转让该初创科技型企业股权取得的应纳税所得额；当期不足抵扣的，可以在以后取得转让该初创科技型企业股权的应纳税所得额时结转抵扣。

五是天使投资个人投资多个初创科技型企业的，对其中办理注销清算的初创科技型企业，天使投资个人对其投资额的 70% 尚未抵扣完的，可自注销清算之日起 36 个月内抵扣天使投资个人转让其他初创科技型企业股权取得的应纳税所得额。

要掌握创业投资抵扣优惠政策，要记住并掌握以下四点，即：主体适格看口径；优惠政策各不同；申报备案有套路；其他事项要分明。

16.2.1 主体适格看口径

在现行的税收优惠政策中，虽然都是投资抵扣税收优惠政策，但对于不同组织形式的投资主体，其投资抵扣的优惠方式是不同的。适格享受税收优惠的投资主体，在投资主体、投资期限、投资比例等方面有着严格的条件。

（1）主体条件有差异。

按照组织形式的不同，创业投资主体包括：公司制创业投资企业、有限合伙制创业投资企业和天使投资个人。不同的投资主体，各有不同的限定条件。

创业投资企业，既可以是符合《创业投资企业管理暂行办法》规定，主要从事创业投资业务的公司制创业投资企业或有限合伙制创业投资企业。也可以是符合《私募投资基金监督管理暂行办法》（中国证券监督管理委员会令第 105 号印发）关于创业投资基金的特别规定，主要投资于未上市创业企业普通股或者依法可转换为普通股的优先股、可转换债券等权益的股权投资基金。在组织形式上，可以是公司制创业投资企业，也可以是有限合伙制创业投资企业。

公司制创业投资企业（简称公司制创投企业）还需要同时具备三个条件：一是在中国境内（不含港、澳、台地区）注册成立的居民企业；二是实行查账征收；三是不属于被投资初创科技型企业的发起人。居民企业，是指依法在中国境内成立，或者依照外国（地区）法律成立但实际管理机构在中国境内的企业。

有限合伙制创业投资企业（简称合伙创投企业）还需要同时具备两个条件：一是在中国境内（不含港、澳、台地区）依照《合伙企业法》注册成立的合伙企业；二是依法由普通合伙人和有限合伙人组成的有限合伙企业，普通合伙人对合伙企业债务承担无限连带责任，有限合伙人以其认缴的出资额为限对合伙企业债务承担责任。

天使投资个人，需要同时具备三个条件：一是个人；二是不属于被投资初创科技型企业的发起人、雇员或其直系三代以内亲属（包括配偶、父母、子女、祖父母、外祖父母、孙子女、外孙子女、兄弟姐妹）；三是与被投资初创科技型企业不存在劳务派遣等关系。

（2）投资期限满两年。

政策规定，公司制创投企业、合伙创投企业和天使投资个人采取股权投资方式直接投资于初创科技型企业；公司制创投企业、合伙创投企业采取股权投资方式投资于未上市的中小高新技术企业，享受投资抵扣税收优惠，其投资期限要求满2年（24个月）。

满2年是指上述创业投资的实缴投资满2年，投资时间从初创科技型企业接受投资并完成工商变更登记的日期算起。

对于合伙创投企业采取股权投资方式投资于未上市的中小高新技术企业满2年（24个月），对其法人合伙人的投资抵扣优惠，其法人合伙人对该合伙创投企业的实缴出资也应自2015年10月1日起满2年（24个月），其出资时间，从法人合伙人缴足出资并按照《合伙企业登记管理办法》规定完成工商变更登记的日期算起。对于合伙创投企业采取股权投资方式直接投资初创科技型企业，对其法人合伙人和个人合伙人，均没有要求在该合伙创投企业的实缴出资满2年。

（3）方式比例各不同。

在投资比例要求上，创业投资企业投资中小高新技术企业与创业投资企业和天使投资个人对中小高新技术企业、初创科技型企业投资政策不一致。

对于公司制创投企业、合伙创投企业采取股权投资方式投资于未上市的中小高新技术企业的,既没有投资比例的限制,也没有投资方式的限制,出资人可以依法采取合适的方式进行股权投资。

公司制创投企业、合伙创投企业和天使投资个人对初创科技型企业的投资,享受投资抵扣税收优惠,必须满足投资比例和投资方式的双重限制。政策明确要求:

一是在投资形式上,仅限于通过向被投资初创科技型企业直接支付现金方式取得的股权投资,不包括受让其他股东的存量股权。

二是在投资比例上,也要求投资后2年内,创业投资企业及其关联方、天使投资本人及其亲属"持有被投资初创科技型企业的股权比例合计应低于50%"。

三是在投资额确认上,按照创业投资企业或天使投资个人对初创科技型企业的实缴投资额确定。对于合伙创投企业的合伙人对未上市的中小高新技术企业、初创科技型企业的投资额,按照合伙创投企业对初创科技型企业的实缴投资额和合伙协议约定的合伙人占合伙创投企业的出资比例计算确定。为简化出资比例计算,国家税务总局2018年第43号公告规定按投资满2年当年年末各合伙人对合伙创投企业的实缴出资额占所有合伙人全部实缴出资额的比例计算。

【案例16-2-1】 A合伙创投企业由法人合伙人甲公司、乙公司和两个自然人合伙人丙、丁各出资300万元组成,2017年6月A合伙创投企业对某初创科技型企业B公司(2016年10月成立),以直接支付现金方式进行股权投资500万元,取得股权30%。假定该天使投资人其他条件均满足投资抵扣优惠政策,该初创科技型企业再无其他股权变化,2019年2月,A合伙创投企业合伙出资份额依法变更为甲公司500万元,乙公司400万元,丙个人200万元,丁个人100万元。2019年5月,A合伙创投企业直接股权投资满2年后,2020年年初进行投资所得税抵扣申报。

【问题】 申报时,A合伙创投企业各合伙人的投资额如何确认?

【解析】 申报时,A合伙创投企业各合伙人的投资额,按照2019年年末合伙人在合伙创投企业实缴出资份额比例计算,即:

甲公司投资额=500×(500÷1200)=208.33(万元)

乙公司投资额=500×(400÷1200)=166.67(万元)

丙个人投资额=500×(200÷1200)=83.33(万元)

丁个人投资额=500×（100÷1200）=41.67（万元）

A合伙创投企业各合伙人可抵扣投资额按上述计算的投资额的70%确认。

法人合伙人投资于多个符合条件的合伙创投企业，可合并计算其可抵扣的投资额和分得的所得。当年不足抵扣的，可结转以后纳税年度继续抵扣；当年抵扣后有结余的，应按照企业所得税法的规定计算缴纳企业所得税。

（4）投资对象要合规。

现行优惠政策中，只有创投企业投资未上市的中小高新企业和初创科技型企业、天使投资个人投资初创科技型企业才可以享受投资抵扣的税收优惠。税法中，对未上市的中小高新企业和初创科技型企业也有着明确的条件限制。

未上市的中小高新技术企业：根据国税发〔2009〕87号文件规定，创业投资企业投资的中小高新技术企业，除应按照科技部、财政部、国家税务总局发布的《高新技术企业认定管理办法（2016修订）》（国科发火〔2016〕32号印发）和《高新技术企业认定管理工作指引（2016修订）》（国科发火〔2016〕195号印发）的规定，通过高新技术企业认定以外，还应符合职工人数不超过500人，年销售（营业）额不超过2亿元，资产总额不超过2亿元的条件。

初创科技型企业：根据财税〔2018〕55号文件规定，初创科技型企业，应同时符合五个条件：

一是在中国境内（不包括港、澳、台地区）注册成立、实行查账征收的居民企业；

二是接受投资时，从业人数不超过200人，其中具有大学本科以上学历的从业人数不低于30%；资产总额和年销售收入均不超过3000万元；

三是接受投资时设立时间不超过5年（60个月）；

四是接受投资时以及接受投资后2年内未在境内外证券交易所上市；

五是接受投资当年及下一纳税年度，研发费用总额占成本费用支出的比例不低于20%。

2019年3月，《关于实施小微企业普惠性税收减免政策的通知》（财税〔2019〕13号）文件，就初创科技型企业条件中的"从业人数不超过200人"调整为"从业人数不超过300人"，"资产总额和年销售收入均不超过

3000万元"调整为"资产总额和年销售收入均不超过5000万元"。同时规定,2019年1月1日至2021年12月31日期间发生的投资,投资满2年且符合本通知规定和财税〔2018〕55号文件规定的其他条件的,可以适用财税〔2018〕55号文件规定的税收政策。2019年1月1日前2年内发生的投资,自2019年1月1日起投资满2年且符合本通知规定和财税〔2018〕55号文件规定的其他条件的,可以适用财税〔2018〕55号文件规定的税收政策。

《国家税务总局关于创业投资企业和天使投资个人税收政策有关问题的公告》(国家税务总局2018年第43号公告)中,进一步明确规定,研发费用总额占成本费用支出的比例,是指企业接受投资当年及下一纳税年度的研发费用总额合计占同期成本费用总额合计的比例。从业人数及资产总额指标,按照初创科技型企业接受投资前连续12个月的平均数计算,不足12个月的,按实际月数平均计算。具体计算公式如下:

月平均数=(月初数+月末数)÷2

接受投资前连续12个月平均数=接受投资前连续12个月平均数之和÷12

【案例16-2-2】 上例中初创科技型企业B公司,2016年10月成立,2017年6月接受A合伙创投企业投资时,其从开业到投资月份从业人数和资产总额的指标见下表。

月份	2016年10月	2016年11月	2016年12月	2017年1月	2017年2月	2017年3月	2017年4月	2017年5月
人数	87	113	129	109	112	115	120	123
本科	25	27	40	42	44	42	47	49
资产	870	920	950	1009	1013	1013	1100	1108

【问题】 请判定是否符合初创科技型企业指标要求。

【解析】 B公司从成立到接受投资不足12个月,从业人数和资产总额按实际月数的平均数计算,具体如下:

平均人数=(87+113+129+109+112+115+120+123)÷8=113.5(人)

本科人数=(25+27+40+42+44+42+47+49)÷8=39.5(人)

平均资产=(870+920+959+1009+1013+1100+1108)÷8=872.38(万元)

本科学历人数占比=39.5÷113.5=34.80%

B公司接受投资时，平均人数113.5人，本科学历人数占比34.8%，平均资产总额872.38万元，符合初创科技型企业人数与资产、收入指标要求。

B公司接受投资后，2017年共投入研发费用900万元，当年成本费用总额1100万元，2018年投入研发费用20万元，当年成本费用总额1500万元。

B企业研发费用总额占成本费用支出比例＝(900+20)÷(1100+1500)＝35.38%

符合初创科技型企业投资抵扣优惠规定的研发比例超过20%的规定。

根据财税〔2018〕55号文件规定，研发费用口径，按照《财政部　国家税务总局　科技部关于完善研究开发费用税前加计扣除政策的通知》（财税〔2015〕119号）等规定执行。包括：

①人员人工费用。直接从事研发活动人员的工资薪金、基本养老保险费、基本医疗保险费、失业保险费、工伤保险费、生育保险费和住房公积金，以及外聘研发人员的劳务费用。

②直接投入费用。研发活动直接消耗的材料、燃料和动力费用。用于中间试验和产品试制的模具、工艺装备开发及制造费，不构成固定资产的样品、样机及一般测试手段购置费，试制产品的检验费。用于研发活动的仪器、设备的运行维护、调整、检验、维修等费用，以及通过经营租赁方式租入的用于研发活动的仪器、设备租赁费。

③折旧费用。用于研发活动的仪器、设备的折旧费。

④无形资产摊销。用于研发活动的软件、专利权、非专利技术（包括许可证、专有技术、设计和计算方法等）的摊销费用。

⑤新产品设计费、新工艺规程制定费、新药研制的临床试验费、勘探开发技术的现场试验费。

⑥其他相关费用。与研发活动直接相关的其他费用，如技术图书资料费、资料翻译费、专家咨询费、高新科技研发保险费、研发成果的检索、分析、评议、论证、鉴定、评审、评估、验收费用，知识产权的申请费、注册费、代理费，差旅费、会议费等。此项费用总额不得超过可加计扣除研发费用总额的10%。

⑦财政部和国家税务总局规定的其他费用。

16.2.2 优惠政策各不同

《合伙企业法》规定，合伙企业的生产经营所得和其他所得，按照国家有关税收规定，由合伙人分别缴纳所得税。《财政部 国家税务总局关于合伙企业合伙人所得税问题的通知》（财税〔2008〕159号）规定，合伙企业以每一个合伙人为纳税义务人。合伙企业合伙人是自然人的，缴纳个人所得税；合伙人是法人和其他组织的，缴纳企业所得税。由于合伙企业所得税纳税主体的特殊性，投资抵扣优惠政策的优惠主体有四个：公司制创投企业、合伙创投企业法人合伙人、合伙创投企业个人合伙人、天使投资个人。不同的优惠主体、被投资对象，其税收优惠的政策也各不相同。

一是《企业所得税法》及其实施条例规定，创业投资企业采取股权投资方式投资于未上市的中小高新技术企业2年（24个月）以上，凡符合相关条件的，可以按照其对中小高新技术企业投资额的70%，在股权持有满2年的当年抵扣该创业投资企业的应纳税所得额；当年不足抵扣的，可以在以后纳税年度结转抵扣。

二是财税〔2015〕116号文件规定，合伙创投企业采取股权投资方式投资于未上市的中小高新技术企业满2年（24个月）的，其法人合伙人可按照对未上市中小高新技术企业投资额的70%抵扣该法人合伙人从该有限合伙制创业投资企业分得的应纳税所得额，当年不足抵扣的，可以在以后纳税年度结转抵扣。如果法人合伙人投资于多个符合条件的有限合伙制创业投资企业，可合并计算其可抵扣的投资额和应分得的应纳税所得额。当年不足抵扣的，可结转以后纳税年度继续抵扣；当年抵扣后有结余的，应按照企业所得税法的规定计算缴纳企业所得税。

三是财税〔2018〕55号文件规定，公司制创业投资企业采取股权投资方式直接投资于初创科技型企业满2年（24个月）的，可以按照投资额的70%在股权持有满2年的当年抵扣该公司制创业投资企业的应纳税所得额；当年不足抵扣的，可以在以后纳税年度结转抵扣。

四是财税〔2018〕55号文件规定，合伙创投企业采取股权投资方式直接投资于初创科技型企业满2年的，其法人合伙人可以按照对初创科技型企业投资额的70%抵扣法人合伙人从合伙创投企业分得的所得；当年不足抵扣的，可以在以后纳税年度结转抵扣。个人合伙人可以按照对初创科技型企业投资额的70%抵扣个人合伙人从合伙创投企业分得的经营所得；当年不足抵扣的，可以在以后纳税年度结转抵扣。

五是财税〔2018〕55号文件规定，天使投资个人采取股权投资方式直接投资于初创科技型企业满2年的，可以按照投资额的70%抵扣转让该初创科技型企业股权取得的应纳税所得额；当期不足抵扣的，可以在以后取得转让该初创科技型企业股权的应纳税所得额时结转抵扣。天使投资个人投资多个初创科技型企业的，对其中办理注销清算的初创科技型企业，天使投资个人对其投资额的70%尚未抵扣完的，可自注销清算之日起36个月内抵扣天使投资个人转让其他初创科技型企业股权取得的应纳税所得额。

表16-1　　　　　　不同投资人投资不同企业的税收优惠政策

投资人类型	投资对象	优惠方式	优惠时间	抵扣对象
公司制创投企业	未上市的中小型科技企业	投资额的70%，抵扣该创业投资企业的应纳税所得额	企业所得税汇算清缴时	企业应纳税所得额
	初创科技型企业			
合伙创投企业法人合伙人	未上市中小型科技企业	投资额的70%，抵扣法人合伙人从合伙创投企业分得的应纳税所得额	分回合伙企业利润时	分回合伙企业利润
	初创科技型企业			
合伙创投企业个人合伙人	初创科技型企业	投资额的70%抵扣个人合伙人从合伙创投企业分得的经营所得	分回合伙企业利润时	分回合伙企业利润
天使投资个人	初创科技型企业	投资额的70%抵扣转让该初创科技型企业股权取得的应纳税所得额	转让时	股权转让所得
		投资的初创科技型企业注销清算时，投资额的70%尚未抵扣完的，可自注销清算之日起36个月内抵扣天使投资个人转让其他初创科技型企业股权取得的应纳税所得额	注销清算后36个月内	转让投资的其他初创科技型企业股权所得

16.2.3 申报备案有套路

在申报备案办理程序上,不同的优惠主体同样也有着不同的办理程序。

(1) 公司制创投企业和合伙创投企业法人合伙人。

随着企业所得税优惠政策事项办理程序的变化,《企业所得税优惠政策事项办理办法(2018修订)》(国家税务总局公告2018年第23号,以下简称国家税务总局2018年第23号公告)规定,自2017年度企业所得税汇算清缴起,投资人在投资未上市的中小高新技术企业和初创科技型企业、投资满2年(24个月)等时间,无须办理相关的备案程序,采取"自行判别、申报享受、相关资料留存备查"的办理方式。企业应当根据经营情况以及相关税收规定自行判断是否符合优惠事项规定的条件,自行按照时间要求计算减免税额,并通过填报企业所得税纳税申报表享受税收优惠。同时,需要按规定归集和留存相关资料备查。在国家税务总局2018年第23号公告附表中,创投企业投资未上市中小高新技术企业的,需要留存的资料包括:

①发展改革或证监部门出具的符合创业投资企业条件的年度证明材料;

②中小高新技术企业投资合同(协议)、章程、实际出资等相关材料;

③由省、自治区、直辖市和计划单列市高新技术企业认定管理机构出具的中小高新技术企业有效的高新技术企业证书复印件(注明"与原件一致",并加盖公章);

④中小高新技术企业基本情况[包括企业职工人数、年销售(营业)额、资产总额、未上市等说明]。

投资初创科技型企业,需要留存的资料包括:

①发展改革或证监部门出具的符合创业投资企业条件的年度证明材料;

②初创科技型企业接受现金投资时的投资合同(协议)、章程、实际出资的相关证明材料;

③创业投资企业与其关联方持有初创科技型企业的股权比例的说明;

④被投资企业符合初创科技型企业条件的有关资料:接受投资时从业人数、资产总额、年销售收入和大学本科以上学历的从业人数比例的情况说明;接受投资时设立时间不超过5年的证明材料;接受投资时以及接受投资后2年内未在境内外证券交易所上市情况说明;研发费用总额占成本费用总额比例的情况说明。

其中，对于合伙创投企业的法人合伙人，合伙创投企业还需要在投资满2年的年度以及分配所得的年度企业所得的年度终了后及时向法人合伙人提供《合伙创投企业法人合伙人所得分配情况明细表》。

优惠主体在进行企业所得税年度纳税申报时，需要将本年度享受创业投资企业抵扣应纳税所得额优惠的情况和金额、以前年度结转的尚未抵扣的股权投资余额的、以前年度累计结转情况，填报《抵扣应纳税所得额明细表》（A107030）子表。

（2）合伙创投企业个人合伙人。

合伙创投企业个人合伙人是个人所得税纳税人，其符合条件的投资额的70%抵扣个人合伙人从合伙创投企业分得的经营所得，而不是抵扣从初创科技型企业分回的股息、红利所得，需要按规定备案申报和纳税申报。

备案申报。合伙创投企业应在投资初创科技型企业满2年的年度终了后3个月内，向合伙创投企业主管税务机关办理备案手续，备案时应报送《合伙创投企业个人所得税投资抵扣备案表》，同时将有关资料留存备查（备查资料同公司制创投企业）。合伙企业多次投资同一初创科技型企业的，应在每次投资满2年的年度终了后，分别备案。

纳税申报。合伙创投企业应在投资初创科技型企业满2年后的每个年度终了后3个月内，向合伙创投企业主管税务机关报送《合伙创投企业个人所得税投资抵扣情况表》。个人合伙人在个人所得税年度申报时，应将税法规定可以税前抵扣的投资金额填至《个人所得税生产经营所得纳税申报表（B表）》第60行"十、投资抵扣"。"投资抵扣"应和《合伙创投企业个人所得税投资抵扣情况表》中"当年实际抵扣投资额"一致。当年度分配的经营所得<结转上年可抵扣投资额+当年新增可抵扣投资额时，当年实际抵扣投资额=当年度分配的经营所得；当年度分配的经营所得≥结转上年可抵扣投资额+当年新增可抵扣投资额时，当年实际抵扣投资额=当年新增可抵扣投资额+结转上年可抵扣投资额。

（3）天使投资个人。

天使投资个人同样也是个人所得税纳税人，其符合条件的投资额的70%，只能在其转让投资的初创科技型企业股权取得的应纳税所得中扣除，而不是抵扣从初创科技型企业分回的股息、红利所得，同样也需要按规定备案申报和纳税申报。

①备案申报。天使投资个人应在投资初创科技型企业满24个月的次月15

日内，与初创科技型企业共同向初创科技型企业主管税务机关办理备案手续。备案时应报送《天使投资个人所得税投资抵扣备案表》。被投资企业符合初创科技型企业条件的有关资料留存企业备查，备查资料包括初创科技型企业接受现金投资时的投资合同（协议）、章程、实际出资的相关证明材料，以及被投资企业符合初创科技型企业条件的有关资料。多次投资同一初创科技型企业的，应分次备案。

②抵扣申报。天使投资个人转让未上市的初创科技型企业股权，按规定享受投资抵扣税收优惠时，应于股权转让次月15日内，向主管税务机关报送《天使投资个人所得税投资抵扣情况表》，并同时提供投资初创科技型企业后税务机关受理的《天使投资个人所得税投资抵扣备案表》。天使投资个人可以转让全部或部分股权，对转让部分股权的，当期不足抵扣全部的投资抵扣优惠的，主管税务机关应在《天使投资个人所得税投资抵扣情况表》中注明，可以在以后取得转让该初创科技型企业股权的应纳税所得额时结转抵扣。

天使投资个人采取股权投资方式直接投资初创科技型企业满2年后，企业注销清算的，天使投资个人应及时持《天使投资个人所得税投资抵扣备案表》到初创科技型企业主管税务机关办理情况登记。其投资额的70%尚未抵扣完的部分，可自注销清算之日起36个月内抵扣天使投资个人转让其他初创科技型企业股权取得的应纳税所得额。天使投资个人转让初创科技型企业股权需同时抵扣前36个月内投资其他注销清算初创科技型企业尚未抵扣完毕的投资额的，申报时应一并提供注销清算企业主管税务机关受理并注明注销清算等情况的《天使投资个人所得税投资抵扣备案表》，以及前期享受投资抵扣政策后税务机关受理的《天使投资个人所得税投资抵扣情况表》。需要注意的是，对于初创科技型企业未注销清算的，天使投资人转让其全部股票时，其投资额的70%未抵扣完的部分，不再结转到其他投资股权转让时抵减。

③扣缴税款。《股权转让所得个人所得税管理办法（试行）》（国家税务总局公告2018年第31号修订）规定，个人股权转让所得个人所得税，以股权转让方为纳税人，以受让方为扣缴义务人。扣缴义务人应于股权转让相关协议签订后5个工作日内，将股权转让的有关情况报告主管税务机关。扣缴义务人、纳税人应当在《股权转让所得个人所得税管理办法（试行）》规定的股权转让行为发生的次月15日内，依法向主管税务机关申报纳税。天使投资个人转让股权时，扣缴义务人、天使投资个人应将当年允许抵扣的投资额填至《扣缴个人所得税报告表》或《个人所得税自行纳税申报表（A表）》

"税前扣除项目"的"其他"栏,并同时标明"投资抵扣"字样。

股权转让应纳税所得额<可抵扣投资额合计-累计已抵扣投资额时,本期抵扣投资额=股权转让应纳税所得额;股权转让应纳税所得额≥可抵扣投资额合计-累计已抵扣投资额时,本期抵扣投资额=可抵扣投资额合计-累计已抵扣投资额。

④被投资企业义务。一是在天使投资个人转让股权纳税申报时,向扣缴义务人提供相关信息。二是发生个人股东变动或者个人股东所持股权变动的,应在次月15日内向主管税务机关报送含有股东变动信息的《个人所得税基础信息表(A表)》。对天使投资个人,应在备注栏标明"天使投资个人"字样。

天使投资个人投资初创科技型企业满足投资抵扣税收优惠条件后,初创科技型企业在上海证券交易所、深圳证券交易所上市的,天使投资个人在转让初创科技型企业股票时,有尚未抵扣完毕的投资额的,应向证券机构所在地主管税务机关办理限售股转让税款清算,抵扣尚未抵扣完毕的投资额。清算时,应提供投资初创科技型企业后税务机关受理的《天使投资个人所得税投资抵扣备案表》和《天使投资个人所得税投资抵扣情况表》。

16.2.4 其他事项要分明

(1) 施行时间要分明。

不同的优惠对象不同的被投资对象,投资抵扣优惠的施行时间不同。公司制创投企业投资未上市的中小高新技术企业优惠自2008年《企业所得税法》实施之日起施行。合伙创投企业投资未上市的中小高新技术企业,其法人合伙人的税收优惠自2015年起在全国施行。公司制创投企业,合伙创投企业投资初创科技型企业,其投资抵扣优惠政策自2018年1月1日起在全国范围内施行。天使投资个人投资初创科技型企业投资抵扣优惠政策自2018年7月1日起在全国范围内施行。公司制创投企业、合伙创投企业、天使投资个人在执行日期前2年内发生的投资初创科技型企业,在执行日期后投资满2年,且符合财税〔2018〕55号文件规定的其他条件的,可以追溯适用。对2017年在京津冀、上海、广东、安徽、四川、武汉、西安、沈阳8个全面创新改革试验区域和苏州工业园区试点执行的创业投资抵扣优惠政策的,符合试点政策条件的投资额可按规定继续办理抵扣。

(2) 异议处置要分明。

税务机关在公司制创投企业、合伙创投企业合伙人享受优惠政策后续管理中，对初创科技型企业是否符合规定条件有异议的，可以转请初创科技型企业主管税务机关提供相关资料，主管税务机关应积极配合。

(3) 违法责任要分明。

创业投资企业、合伙创投企业合伙人、天使投资个人、初创科技型企业和未上市的中小高新提供虚假情况、故意隐瞒已投资抵扣情况或采取其他手段骗取投资抵扣，不缴或者少缴应纳税款的，按《税收征管法》有关规定处理。并将其列入失信纳税人名单，按规定实施联合惩戒措施。

《税收征管法》规定，纳税人伪造、变造、隐匿、擅自销毁账簿、记账凭证，或者在账簿上多列支出或者不列、少列收入，或者经税务机关通知申报而拒不申报或者进行虚假的纳税申报，不缴或者少缴应纳税款的，是偷税。对纳税人偷税的，由税务机关追缴其不缴或者少缴的税款、滞纳金，并处不缴或者少缴的税款 50% 以上 5 倍以下的罚款；构成犯罪的，依法追究刑事责任。

纳税人、扣缴义务人编造虚假计税依据的，由税务机关责令限期改正，并处 50000 元以下的罚款。

纳税人不进行纳税申报，不缴或者少缴应纳税款的，由税务机关追缴其不缴或者少缴的税款、滞纳金，并处不缴或者少缴的税款 50% 以上 5 倍以下的罚款。

17

外国个人所得税制度与征管经验简介

个人所得税最早出现于 18 世纪的英国，距今已有 200 多年历史。了解其他国家个人所得税制度及征管经验，对中国个人所得税改革在税率设计、税制模式设定、税收征管确定等方面有着较大的借鉴意义。

17.1　英国个人所得税制度

17.1.1　英国个人所得税制度历史演变

英国作为个人所得税的发源地，经过两个多世纪的发展，如今已形成一套较全面、系统、成熟的体系，无论是在税收理论还是政策实践上，英国的个人所得税制度对于我国的个人所得税改革都具有重要的借鉴指导作用。一般认为，个人所得税最早产生于 1799 年的英国，征税的目的是为战争筹款。法国资产阶级革命爆发后，英国政府在 1793—1815 年间积极组织并参加反法联盟。政府此时的收入来源还是一些传统税种，如消费税、遗产税、土地税、关税等，并以此来为战争筹集经费。与此同时，英国首相小威廉·皮特（William Pitt the Younger）以议会的名义发行了国债。但是由于战争开支巨大，政府未能筹集足够的战争经费。1797 年，小威廉·皮特引入了"三重课税"（Triple Assessment），这项税收是由一系列的直接税构成的，课税对象包括房屋和奢侈品（如马车、手表等）。小威廉·皮特认为这种形式的税收是将纳税负担与个人所拥有的财产相匹配。可以看出，三重课税以消费支出作为最基本的核算依据，征税与个人收入联系到了一起。然而，小威廉·皮特很快意识到，这种施加在消费者身上的税收不合理，英国大量的财富集中在制造商身上，而非消费者。因此，到了 1798 年年底，小威廉·皮特决定废除三重征税，并引入了所得税的概念，规定于 1799 年开始，针对英国所有个人和公司征收累进的所得税。

1799 年，小威廉·皮特引入个人所得税概念，该项收入目的在于为"拿破仑战争"筹集经费。经过议会通过的税收条例规定，所得税纳税人为所有英国公民，课税对象为全部收入所得（国内和国外），以及非英国公民但从英国境内取得的收入。所得税条例共规定了四类需要缴纳税款的收入：一是不动产收入；二是商业利润和职工薪水、津贴、养老金等；三是在英国境外的所得；四是除上述以外的其余所有收入。另外，还规定仅对年收入总额60英镑以上的公民征收所得税。这就是现代累进个人所得税的雏形。

1801年小威廉·皮特离职后，由于所得税只是作为战时税种临时征收，且与法国的战争处于短暂的和平期，亨利·阿丁顿首相于1802年取消了所得税。1803年英法战争再起，亨利·阿丁顿又重新提出了所得税方案，并对所得税进行了修改和调整。一是降低了所得税的税率。二是增加了税收扣除项。三是将所得税划分为五类，并采取了按照收入来源将所得进行分类征收的方法。四是引入源泉课征法。例如，英格兰银行可在支付利息时直接扣除利息所得税。然而由于该时期的所得税仍是作为特殊情况下的临时税种开征的，因此1816年所得税被再度取消。

1842年，罗伯特·皮尔再度引入个人所得税以解决英国近100万英镑的财政赤字。罗伯特·皮尔的贡献在于，一是创立了所得税法，使个人所得税的征收和管理有了法律条文做依据。二是引入了起征点制度，并且设立的较高的起征点使得大部分居民免税。三是将处罚条例引入税法。这些措施使得所得税的永久性开征顺利通过了议会表决。

17.1.2 英国个人所得税制度简介

进入20世纪，英国的个人所得税制度一直在变化。1909年实行超额累进，1929年将分类综合课征改为综合课征方式。第二次世界大战时所得税的最高税率高达99.25%。20世纪50—60年代略有下降，约为90%。1971年所得税的最高税率被削减为75%。投资所得附加15%的额外税率，也就是90%。1974年最高税率上升至83%，投资所得实际为98%。20世纪80年代，税率开始降低。在撒切尔夫人当选后的第一个预算法案中，最高税率由83%降低到60%，基本税率从33%降到30%。在接下来的几年预算法案中，基本税率一直在下降，1986年降至29%，1987年27%，1988年25%。在同一年，最高税率降低为40%。投资所得的15%附加税率在1985年被废除。2007年基本税率降低至20%。

英国个人所得税的纳税人分为居民和非居民两大类，其判断依据主要是在英国的居住天数以及与英国的联系（见表17-1）。

表 17-1　　　　　英国个人所得税（非）居民判定标准

在英国的居住天数	过去为英国居民	过去不是英国居民
少于 16 天	非居民	非居民
16~45 天	满足 4 个及以上联系为居民	非居民
46~90 天	满足 3 个及以上联系为居民	满足 4 个联系为居民
91~120 天	满足 2 个及以上联系为居民	满足 3 个及以上联系为居民
121~182 天	满足 1 个及以上联系为居民	满足 2 个及以上联系为居民
不少于 183 天	居民	居民

按照税法规定，英国居民需要就其来源于世界范围内的全部所得缴纳个人所得税，而不论其是否汇入英国；英国的非居民仅就其来源于英国境内的所得缴纳个人所得税。英国所得税的课税对象分类表中有以下几个分类：A 类指来自英国国内土地和建筑物的收入；C 类指政府债券利息；E 类指工资、薪金所得；F 类指来自英国公司的股息；D 类则包含以下 6 种：①经营利润；②自由职业所得；③不实行源泉扣缴的利息；④外国有价证券利息；⑤外国财产所得；⑥其他所得。因为历史原因，B 类已经不再存在。

英国的个人所得税税率近几十年来一直是向下调整的，而且其简洁的三级超额累进税率已实行了十多年（见表 17-2）。

表 17-2　　　　　　　英国个人所得税税率

收入区间	2018—2019 年	2019—2020 年
基本税率：20%	0~34500 英镑	0~37500 英镑
较高税率：40%	34501~150000 英镑	37501~150000 英镑
额外税率：45%	150000 英镑以上	150000 英镑以上

英国个人所得税费用扣除分为两部分：一是成本费用扣除，指纯粹为经营目的而发生的费用；二是税收宽免（生计扣除），主要包括个人免税额、子女税收抵免、工作税收抵免、其他宽免等。成本扣除采用列举法，并且成本费用扣除要与所得来源一一对应（见表 17-3）。

表 17-3　　　　　　　　　英国个人所得税扣除项目内容

所得项目	扣除项目内容
土地、建筑物收入	服务费、维修费、租金、保险费等
经营利润	全部且完全是为了工商经营等目的而支出的费用
自由职业所得	个人养老保险费用等
外国财产所得	比照国内类似所得的费用扣除原则
其他所得	视具体情况而定
工资薪金收入	履行本职工作所发生的全部及必要的费用、个人养老保险、退休金

税收宽免（生计扣除）分为个人和已婚夫妇扣除、儿童抚养宽免扣除和赡养费扣除等。目前人均每年标准扣除金额是 11850 英镑，并且年收入在 123700 英镑及以上的人群无法享有。另外还有特殊项目扣除，主要包括：存款获得的利息，股票的分红，个体工商户经营所得的前 1000 英镑，房屋租金收入的前 1000 英镑。还有对医药费用、慈善捐赠的扣除等。英国的慈善捐赠规定比较宽松，对于捐赠渠道、捐赠形式都没有特别要求。

17.1.3　英国个人所得税征管经验与借鉴

英国的个人所得税征收模式的特征主要有以下四个方面：

（1）双向申报制度——源泉扣缴与自行申报并重。

为保证税款的入库和防止税款流失，英国一直将源泉扣缴作为个人所得税的主要征收方式，其主要对象是工资薪金所得和利息所得。其他所得主要由纳税人自行申报并缴纳。

源泉扣缴制的征税方法称为代扣代缴法，是由支付工资薪金的扣缴义务人在给职员发放工资薪金时从给职员发放的工资薪金所得中预先扣缴个人所得税的一种征税方法。这种"挣钱即付税"的征税方法有诸多优点，它改善了政府的现金流动状况，组织财政收入功能得到充分实现，因为它无须等到纳税年度终了后才征集税收。同时，也减小了税收的征收成本，因为个人所得税可以按周或按月缴纳，这样每次的税额会相对较小一些，而不是等到年末缴纳大额税款，减轻纳税人缴税之"痛"，个人缴纳税款也就变得更容易些。源泉扣缴制在实施中有两种形式，即累进制和非累进制。英国采用的是累进制。累进制，是将纳税人在本纳税年度取得的所有工资薪金所得和宽免额累计计算，任何一期的扣缴税额，取决于本纳税年度初到本期为止的收入数额。累进制可以准确地扣缴全年税款，而且纳税人在收入减少时，其纳税额随之减少，最大限度地避免了年终退税。这种扣除制度同样也能体现量能负担原则。

另外，在每一纳税年度开始时，英国税务稽查员将以书面形式发给纳税人一张或数张个人所得税申报表，并要求其在规定的时间内完成申报手续。纳税申报要求纳税人提供三个方面的信息：收入、支出和宽免额。按照个人所得来源项目复杂程度的不同，有不同类型的个人所得税纳税申报表可供纳税人选择。在填制申报表时，纳税人要计算表中有关内容。

（2）实行信息化征收管理，电子技术得到广泛应用。

高度现代化的方式，在英国起到了关键性作用。纳税人的收入、支出信息全部采集到税务机关的计算机系统中，由计算机系统自动对纳税人的收入信息进行稽核。计算机系统自动计算并统计出欠缴税款的纳税人，计算出每名纳税人拖欠税款应计的利息、罚金等，然后将纳税人欠缴税款的具体情况通过计算机传输到基层税务机关。基层税务机关负责税款追缴的工作人员根据计算机显示的本辖区纳税人欠税的详细情况，按规定的催缴程序进行催缴，工作人员无权修改纳税人拖欠税款应计的利息、罚金等。电子技术在税收领域的广泛应用，不仅大大简化了税务人员的工作量，还大大改变了税务人员的工作方式，在提高了工作效率的同时，也保证了税收政策执行的一致性。

（3）计税依据为综合所得减除指数化的费用。

英国对于成本费用扣除、个人免税扣除实行据实扣除的原则，而对于家庭生计费用扣除则实行分类别的指数化调整。英国的个人所得税法只规定了税率的级次及税率的比例，不规定税率的级距及费用扣除标准的具体数额。英国政府每年都要依据政府公布的零售物价指数对税率的级距作调整，即实现家庭生计费用扣除标准指数化。英国多年来的税收征收管理实践证明，指数化的家庭生计费用扣除标准，可以有效地避免因通货膨胀所导致的纳税人适用税率的攀升，在一定程度上消除了累进课税与长期通货膨胀之间的矛盾。

（4）税收征管高度法制化。

严格依法办税，依法处理纠纷英国政府为了促使纳税人自觉履行纳税义务，保证国家税款及时、足额征收，在税收法律中均有明确的处罚规定。处罚措施主要有罚款、加收利息或滞纳金、强制征收和处以监禁等。税务人员在税收征管活动中依法办事，对信息化征管系统中查找出的税收违法行为的处罚十分严厉。

英国的纳税人具有很强的法律意识。当纳税人对税务机关做出的估税或者处罚决定有不同意见时，可以按照一定的程序书面提出申诉。大多数纳税纠纷通过协商就可以解决，也有一部分通过专员审理解决，只有极少部分是通过高级法庭解决的。

纳税服务是税务机关重要的工作内容，在英国纳税服务是税务机关工作的重要内容。税务机关有义务告知纳税人税务机关执行的工作程序和要求，免费向社会传递各种税务法律信息，以及解答纳税人的疑问。英国政府还创立了一种特别委员会制度，委员们是税务专家，商人可以向其咨询，同时商业秘密也能得到保护。

17.2 美国个人所得税制度

17.2.1 美国个人所得税制度历史演变

美国是世界上个人所得税制最为发达的国家，美国联邦个人所得税的变迁是美国社会、经济发展变化的一个缩影，伴随着政府职能作用从弱到强的演变过程。纵观美国社会经济从邦联制到联邦制的发展历史，联邦政府的财政权限由小到大，联邦个人所得税也经历了从无到有，由临时性税种到永久性税种，直至成为主体税种发展过程。回顾美国联邦个人所得税百年的变迁史，可以清晰地把握个人所得税演变的脉络，明确个人所得税的改革趋势，为我国个人所得税改革提供极有价值的借鉴。

南北战争以前，美国联邦政府财政收入的主要来源是关税和销售税。在南北战争开始后，日益庞大的军费开支压力迫使联邦政府寻找新的财源。因而美国国会于1862年通过一部所得税法，并付诸实施，税法规定：10000美元以上的所得适用的最低税率为3%，最高为5%。直到1872年废止时，该税法共征收了大约3.76亿美元的收入，相当于同期美国国内税收的20%。

1913年，美国对宪法进行了修正，赋予国会征收个人所得税的权力。同年底，国会通过了宪法修正案后的第一个个人所得税法，从此该税种在美国迅速发展。1913年开征的个人所得税普通税率为1%，个人的起征点为3000美元，夫妇联合申报为4000美元，对500000美元以上的所得再征收额外的6%的税。当时，只有大约1%的美国人能够达到起征点缴税，共有约35万人进行了纳税申报，平均纳税额为78美元。

  第一次世界大战时期，为了筹集足够军费，美国政府通过了一系列的增税法案。1916年议会通过了一项收入法案，这项收入法案使个人所得税最低税率由1%提高到2%，最高边际税率由7%提高到15%。1917年又通过了一部收入法案。该法案降低了宽免与扣除，提高了所得税的税率，个人所得税最高边际税率高达67%。1918年，税率再次提高，最高边际税率提高到77%。这一时期的个人所得税只对较少数的高收入阶层征收，例如，在1918年，虽然所得税占到联邦税收收入的1/3，但是仅有5%的居民缴纳所得税。第一次世界大战结束后，美国经济开始恢复。

  在此后将近20年的时间里，个人所得税主要适用于少数高收入阶层，豁免范围较宽、税率累进程度也较温和。在第二次世界大战期间，美国大幅削减了豁免项目，并提高了税率档次。第二次世界大战结束后，美国进入经济发展的黄金期，其世界头号经济强国的地位得以巩固和加强，个人所得税收入也随着经济的增长而持续上升。1939年个人所得税收入大约只有10亿美元，1988年个人所得税收入达到1000亿美元，1996年个人所得税收入为6564亿美元。近年来，美国联邦预算收入来自个人所得税部分更是达到了45%，它事实上已成为联邦政府最重要的收入来源，在美国税制体系中具有举足轻重的作用。

  2017年12月23日，美国总统特朗普签署法案，特朗普税改终于落地。在个人所得税方面，此次税改一方面小幅下调税率、增加抵扣以减少个人所得税，另一方面废除部分抵扣项目以确保财政收入不至于出现锐减。因为个人所得税占美国联邦财政的比重近50%，如税率大幅度下降将大幅扩大赤字和债务规模，所以税率的下调相对温和。从税率看，美国个人所得税是七级超额累进税率，税改法案保留了七级超额累进的形式，但下调了税率，级距也做了调整。之前个人所得税的七级税率为10%、15%、25%、28%、33%、35%和39.6%；调整后，从2018—2025年，七级税率变为10%、12%、22%、24%、32%、35%和37%。同时，大幅提高标准抵扣额度，夫妻共同申报时的额度从13000美元提高至24000美元，单独申报时的额度从6500美元提高至12000美元。同时还提高了育儿税收优惠等。

17.2.2 美国个人所得税制度简介

从征收主体来看,美国税收分为三个层次,联邦、州以及地方。在多年的实践下,美国形成了联邦以所得税为主、州以销售税为主、地方以房产税为主的税收体系。征收个人所得税的任务主要在联邦政府。许多州也有本州的个人所得税,但与联邦个人所得税相比,数额显得微不足道,并且计税方法和规定与联邦大体一致。这里主要介绍联邦个人所得税。

联邦个人所得税规定的纳税人分为美国公民、居民(resident alien)和非居民(nonresident alien)。公民指的是出生在美国的个人和后来加入美国国籍的个人,居民指的是此人虽然非美国公民,但依据移民法拥有法律认可的永久居住权的人,非居民指其他人。需要注意居民与非居民的判断,有两个判断法则:①如果持有美国绿卡,即为居民;②如果纳税年度在美国领土停留超过31天,并且当年、上一年以及前年在美国领土停留时间加起来超过183天,则也为居民。

身份不同,适用的法律条款也不同。美国公民和居民以其来源于世界范围内的所得为个人所得税的课税对象,而非居民仅以其在美国居住期间来源于美国境内的所得为课税对象。另外,公民和居民可以选择以个人身份申报或家庭联合申报等,但非居民只能选择以个人身份申报。

在计算个人所得税时,首先要做扣除。美国于1954年8月引入个人宽免扣除制度,纳税人可扣除的宽免额与宽免扣除标准和抚养人数量相关,宽免扣除标准随物价指数的变化而动态调整。除此之外,还有税收扣除。税收扣除仅适用于居民纳税人,分为标准扣除和分项目扣除,纳税人可根据自身情况自行选择,但二者只能选择其一。标准扣除又分为基本标准扣除和其他标准扣除,前者适用于大多数纳税人,后者适用于特殊群体,如纳税人超过65岁或为盲人等。基本标准扣除额与纳税人申报状态相关,且随物价变化而动态调整。

选择适用分项目扣除的纳税人,可申报扣除的项目包括6类,且有严格的限制条件。具体为:①超过调整所得10%的医药费用;②州、地方以及外国缴纳的税收;③房贷利息;④慈善捐款;⑤偶然因素导致的非生产用财产损失;⑥取得经营所得而支付的费用,且不超过调整所得2%的部分。

之后,就得到了应纳税所得额。目前适用的税率有七档(见表17-4)。

表 17-4　　　　　　　　　　美国个人所得税税率

税率	个人申报	家庭联合申报
10%	0~9700 美元	0~19400 美元
12%	9701~39475 美元	19401~78950 美元
22%	39476~84200 美元	78951~168400 美元
24%	84201~160725 美元	168401~321450 美元
32%	160726~204100 美元	321451~408200 美元
35%	204101~510300 美元	408201~612350 美元
37%	510300 美元以上	612350 美元以上

另外，美国还有大量的给需要帮助的人群的福利政策，其中比较有名的是劳动所得抵免政策（earned income tax credit，EITC），也称负所得税政策，是指政府界定出一个最低收入线（通常还有其他附加条件，如家庭子女数量等），然后按一定负所得税率，根据最低收入线下贫困人员的劳动实际收入，给予其一定的现金奖励。我国在四川省某些地区也已开展了相关政策试点工作。

随着时间的变迁，美国税法的规定也越来越多，税法文件也越来越长，这也引起了很多群众的不满。由于美国的税法相当复杂，填写税表对于很多家庭来说是一种沉重的负担。根据美国国内收入局（Internal Revenue Service，IRS）的统计，2016 年每个美国人平均要花 13 个小时在报税填表上。除此之外，每个人每年平均还需要花费 210 美元请专业人士帮助报税。

17.2.3　美国个人所得税征管经验与借鉴

美国国内收入局（IRS）在制定法规的时候有很大的自主权、变相承担了不少立法职责，在执法的时候则拥有许多强制执行的手段，甚至包括属于自己的武装执法机构（IRS-CID）。在司法层面则有专门的税务法庭，美国国内收入局在税务法庭和纳税人打官司的时候，评判的法律依据很多就是美国国内收入局拟定推出的规章制度和法条解释。

美国税法相关法规比较完善，逃税的后果也十分严重。美国逃税一旦被查到，逃税人的成本非常高，不但要补足税款和利息，还要承担高额罚金，甚至受到刑事起诉。据统计，在美国税务争端的官司里面，美国国内收入局的胜诉率高达 90% 以上。就连其他执法部门对付不了的危险罪犯，有时候也要靠美国国内收入局出马进行制裁,例如20世纪初芝加哥黑帮首脑艾尔·卡彭(Al Capone),警察拿他毫无办法,后来被美国国内收入局以偷税漏税罪起诉定罪,结束了他对芝加哥黑帮的统治。

美国个人所得税征管机制的三大支柱是自我评定、代扣代缴和第三方信息报告。

(1) 自我评定。

自我评定意味着依法纳税的主体责任在纳税人,而非在美国国内收入局一方。美国《国内收入法典》第61、第62章规定,纳税人具有自我评定税收的权利和义务。它要求纳税人如实、如期申报其在纳税年度的收入、费用,依法主张法定的减、免、抵、退等税收权益,自主评定自己的税收义务并预先缴税。正是美国国内收入局执法责任的最小化,使得纳税人履行纳税义务的过程看上去如同"自愿"遵从一样。

原则上,任何美国纳税人都应在每年4月15日之前就上一年的所得报税完毕(2017年报税季1月23日起,截止日期为2017年4月18日),在某些情况下,经事先申请可延长3~6个月。例如2015年美国国内收入局实际收到报税单2.43亿份,其中个人所得税申报1.49亿份,占总数的61.1%,若合并其他对自然人征税,则占96%。

美国国内收入局提供了各种表格,用于不同情况的纳税人申报纳税。申报表格有主表、附表之分,主表即1040表,用来反映纳税人收入状况的相关信息,如姓名、住址、报税身份、社会安全号码、婚姻状态、被抚养人的姓名及社会安全号、因离婚得到的赡养费、非雇佣收入状况、学生贷款状况以及其他。1040表有许多附表,附表一般用来报告纳税人的税前分类扣除、利息股息所得、经营盈亏状况、资本利得及损失、各种补充的收入和损失,以及劳动所得的抵免额等。

免税额和标准扣除额被认为是维持个人生存和获取收入的基本费用,不应课征所得税,因此,申报纳税并不等同于实际纳税,只有应税所得超过免税额和标准扣除额之和,才有可能最终会有纳税义务。然而,由于联邦政府的重要福利项目(如低收入家庭抵免、儿童福利抵免等)一般以税式支出的方式给付,申报所得是获得这些福利的前提条件,因此,那些不需纳税的低收入家庭也会积极申报,导致美国个人所得税的申报单位数远远大于实际纳税单位数。近几年来,大约45%的申报者最终并不需要纳税。

准确填报上述表格,需要对上一年度的收支及经营状况有非常全面准确的记录，保存与自主申报相关的账册、资料、文书等资料是纳税人的法定义务。为了弥补纳税人簿记的不足，税法还要求雇主等收入提供者向纳税人提供此类信息。任何雇主只要在上一年对某雇员的支付超过600美元，都应在每年1月31日之前向该雇员寄送上一年度的收入凭据。此类表格统称为W-2表，根据收入性质的不同，亦分为几类。同样的，银行、非银行金融机构、合伙企业和各类投资公司，也应向其客户或投资人提供反映其非受雇所得的1099表。而房屋贷款、利息支出和房地产税情况，则通过1098表来反映。上述所有信息在寄送纳税人的同时，都要同时报送美国国内收入局，以供美国国内收入局进行信息比对和交叉审计，这被称为第三方信息报告制度。

（2）第三方代扣代缴。

美国的个人所得税最初是由征税官走乡串户从每个纳税人手中收取的，随着纳税人数的扩张，征税成本越来越高，这种收税方式也越发不可行。与之相比，由雇主代为扣税可以大量节约管理成本。另外，早期的征税高度分散，由国内收入局（Bureau of Internal Revenue，BIR，IRS的前身）在地方设立的分支机构独立行使职能。由于通讯工具欠发达，上述类似于专管员性质的征管机制难免出现征纳双方勾结、职务腐败等现象。

为了解决上述问题，美国在1862年颁布的收入法案中，首次引入了第三方代扣代缴制度。要求公司就利息、红利进行扣缴，联邦机构就其雇员的所得进行扣缴。同时，要求那些没有扣缴义务人的纳税人，自行申报和缴纳，可想而知，缺乏约束力的自行申报缴纳的实施效果极不理想。1913年收入法案扩大了代扣代缴的范围，要求所有的雇主（不仅仅是联邦机构）、金融机构以及其他机构，对3000美元以上的利息、工资或其他混合支付，都必须预先代扣税款，在特殊情况下，3000美元以下也应当扣税。这一做法为美国日后扩大税基、所得税制度走向现代化准备了征管条件。

但是，第三方代扣代缴制度在美国的实施并非一帆风顺，1917年曾被国会取消，并代之以第三方信息报告制度。当时的美国社会抗拒代扣代缴制度有多方面的原因，主要还是人们对个人所得税本身的接受程度较低，难以接受对其收入的预先扣缴。第二次世界大战期间，一方面受到爱国热情的激励，另一方面也由于对个人所得税渐渐适应和接纳，再加上美国经济结构的变化，工业化、公司化的发展凸显了扣缴制度在征管成本方面的规模经济优势，随着战争期间纳税人数量的直线上升，征管压力的重现，第三方扣缴制度终于被再度启用。第二次世界大战后，美国进一步拓宽了税基，借助于代扣代缴和第三方信息报告制度的支持，美国宽税基、高累进的现代个人所得税制度的基本框架稳定下来。

(3) 第三方信息报告。

第三方信息报告制度，是指雇主或其他拥有纳税人所得信息的第三方，将掌握的信息向美国国内收入局报告的法律规定。美国个人所得税作为全球税基最广、最复杂的税制，之所以能成功运行，第三方信息报告制度居功至伟。美国国内收入局对宽税基所得税的成功管理，主要依靠其从第三方收集信息的能力。美国在1917年首次引入第三方信息报告制度，以取代当时不受欢迎的代扣代缴制度。

1955年，改组后的美国国内收入局（IRS）设立"服务中心"，通过计算机系统的运用，将此前分散化的征管职能越来越多地集中运行，其中最重要的是处理申报表。税收管理自动化（计算机化）的过程是与税收管理集中化同时推进的，由对单个纳税人数据的计算机处理，逐步发展到对众多纳税人的批量数据处理。到20世纪60年代末期，美国建成了全国的数据中心。1978年，美国国内收入局实现了将纳税人自行申报信息与第三方信息的自动比对，仅对双方数据有出入的情况，才进行人工查验，此举大大缩小了人工查验的范围，节约了征管成本。到1982年，开始逐步取消人工查验，计算机系统不仅能自动批量完成申报的案头评定，并且能向纳税人自动发送评定信息的函件。

尽管是这样，直到20世纪90年代中后期，美国国内收入局的数据收集和处理能力还相当薄弱，纳税申报表上的信息仍然依赖手工录入计算机。每当纳税季来临，数万名职员录入数以亿记的纸质申报表，在这样的情况下，极容易出错，有时出错率甚至高达20%。而且，美国国内收入局在当时所使用的信息比对手段一直是相当原始的，通常只将收入水准大致相同的纳税人的申报信息进行对比，以发现可疑线索并定位重点审计对象。在局长查尔斯·O. 罗索蒂（Charles O. Rossotti）的领导下，美国国内收入局于1998年启动了大规模的再造计划和现代化工程，尤其在自动化和信息化方面取得了突破性进展，更换了新的计算机软、硬件系统，加强信息处理能力和扩大电子申报机制。新系统通常可在极短的时间内实现纳税人申报信息与第三方申报信息的比对，获取下一步用于税收评定和其他执法活动的所需信息。

(4) 高昂的违法成本。

自愿遵从制度的重点在于"遵从"，绝不意味着纳税人可以敷衍对待，恰恰相反，申报纳税过程的每个环节纳税人都要提高警惕、避免出错。美国国内收入局对于任何不遵从的行为，都采取不容忍的态度，哪怕是无心之错，一旦发生也将会受到追究。

由于美国国内收入局通过强大的自行申报和第三方信息报告系统，掌握了个人的身份、资产、交易等信息，很容易就能追查到违法者的财务状况，通过扣押财物、冻结账户、高额罚金等方式，迫其遵从。此外，诚实纳税与否作为个人信用评价体系的一部分，与其就业、贷款、社会福利等挂钩，个人也不能不忌惮三分。

虽然对税收违法行为的处罚力度越来越大，但在美国敢于挑战税法的仍大有人在，违法行为屡禁不止，又不禁使人对惩罚措施的威慑效力产生疑问。这也说明，仅仅依靠提高惩罚力度等常规措施，不可能杜绝税务违法行为。一些新近有关纳税人行为的研究建议，在传统的促进纳税遵从措施之外，应重视纳税人之间的同伴效应，让人们了解自己的邻居、同事、朋友的纳税情况，使之认可自己纳税义务的公平性，有助于提高其遵从意愿。这既对税制和征管制度的公平性提出了要求，也为税收管理机关有效和合理利用纳税人信息提出了建议。

17.3 日本个人所得税制度

17.3.1 日本个人所得税制度历史演变

日本个人所得税始于 1887 年，是世界上较早开征个人所得税的国家。日本的中央、都道府县和市町村三级政府均对个人所得征税。其中，中央征收的个人所得税属于国税，其他的属于地方税。个人所得税收入约占日本税收收入的 1/3，是日本的第一大税种。

第二次世界大战的惨败给日本带来了经济的混乱，日本财政到了崩溃的边缘。一方面税收锐减，另一方面面临巨额的公债和战时需要补偿的债务，日本政府为了挽救经济，对个人所得税进行了改革。1947 年，日本政府将原来两种税（分类所得税和综合所得税）合并为单一的综合所得税，并对资本利得进行了征税。另外，日本政府对勤劳所得按较轻的税率征收，并允许勤劳所得可扣除20%再征税，这一扣除规定一直沿用至今。

随着战后各项改革的深入开展，美国占领军当局看到所有改革都涉及税收领域，并意识到只有推进日本税制全面改革，才能推动日本经济的全面发展。1949年5月，美国请哥伦比亚大学教授肖普和另外几名专家组成了团队，来到日本，对日本的税收制度进行全面考察。经过3个月的调差研究，提出了"肖普建议"。它成为日本现代税制的起点。"肖普建议"主张以直接税为中心的税收制度，并认为为了求得社会公平，个人所得税必须在整个税制中占核心地位。建议还特别强调对所得税进行综合课征，并废除对债券和存款利息实行源泉征收制度，强调对财产转让过程中的增值进行全额征税，并将原来的20%~85%的14级累进税率简化为20%~55%的8级累进税率。由于形势的变化，1951年以后，日本对该建议进行了全面的修改，以使其更适合日本当下的国情和经济状况。

1959年，日本进入了经济的高速增长时期，综合国力不断增强，为促进经济增长，日本政府把减税作为政府政策的支柱之一。1971年"石油危机"后，日本政府根据新形势不断完善税制。1989年的税制改革中，对累进度较高的税率进行了结构性的调整，税率由1974年的10.5%~70%的15级距降低到10%~50%的5级距，同时设立了配偶的专项扣除，提高基本生活扣除和抚养扣除额，并大幅下调个人所得税和居民税税率，减轻工薪阶层的负担。

1989年，进一步将税率级数由13个减少到5个，最高税率从70%降低至37%，最低税率由10.5%降低至10%。2007年，又把最高税率从37%上升至40%，最低税率从10%下降至5%。

为鼓励国民更多投资于股票等证券市场，日本自2014年1月起对小额投资不再征税，即对个人股票、信托资产等的转让、分红所得等免征税，年度非课税额上限为100万日元。这次调整规定，自2015年起，年度非课税额上限从100万日元提高至120万日元。为了鼓励年轻人投资，允许未满20岁的未成年人开设股票等账户，对于其账户内股票等的分红所得、转让所得等免税，年度非课税额上限为80万日元。

17.3.2 日本个人所得税制度简介

日本个人所得税的纳税人为居民和非居民个人。居民指在日本国内拥有住所、居住期间满 1 年以上的个人；非居民指在日本国内没有住所、居住期间不满 1 年的个人。居民对来源全世界的所得负有纳税义务，非居民只对来源于日本国内的所得负有纳税义务。

个人所得税的课税对象是纳税人的所得。日本所得税法规定了居民纳税人和非居民纳税人的收入均按照综合课税原则纳税。将每一个纳税人一年内的各种所得加总，然后适用相应的税率课税。日本将纳税人的课税所得分为 10 大类，分别进行计算处理：①利息所得；②股息所得；③经营所得；④不动产所得；⑤工薪所得；⑥退休所得；⑦山林所得；⑧转让所得；⑨偶然所得；⑩杂项所得。

在将所有种类的所得进行加总后，还要进行各项扣除。扣除中首先是亏损类，即针对不动产所得、营业所得、山林所得、转让所得等可能出现的负所得，即亏损的处理。原则上，可以按一定程序从其他所得中扣除，称作亏损抵扣。在各类所得内部还不能全部抵扣的亏损，还可以跨类别进行抵扣。经过亏损抵扣仍不能抵扣完的亏损额，称为纯亏损，纯亏损按一定程序后可转到以后 3 个年度里抵扣，称作亏损转期。

另外，还有几种扣除是为了减轻纳税人税负，保证基本生活水平而设立的，如基本生活扣除（38 万日元/人）、配偶扣除、抚养扣除、医疗费扣除、社会保险费扣除、人寿保险费扣除、损害保险费扣除、捐赠款扣除、老年扣除、各种灾害损失扣除等。

在计算时，减除各种扣除亏损后，即得到应纳税所得额，适用当前个人所得税税率计算应纳税额。日本个人所得税在历次税制改革中税率逐渐降低，特别是 1994 年和 1999 年税制改革中，日本通过提高起征点，降低最高边际税率，缓解了中高收入阶层的税负。目前采用的是 2015 年的 5%~45% 的 7 级累进税率表（见表 17-5）。

表 17-5　　　　　　　　　日本个人所得税税率

级数	应纳税所得额（万日元）	税率
1	少于 195	5%
2	195~330	10%
3	331~695	20%
4	696~900	23%

续表

级数	应纳税所得额（万日元）	税率
5	901~1800	33%
6	1801~4000	40%
7	4000以上	45%

17.3.3　日本个人所得税征管经验与借鉴

（1）采用源泉扣缴与自我评定申报相结合制度。

日本的个人所得税是综合和分类相结合的税制，涉及对个人的十种所得征税，分别为利息所得、股息所得、经营所得、不动产所得、工薪所得、退休所得、山林所得、转让所得、偶然所得和杂项所得。其中，退休所得、山林所得属于分离课税所得项目，不作为年终综合申报所得项目。其他八项所得加总为普通所得，在年底需由纳税人加总申报。

日本的个人所得税采用纳税人自我评定制度，在该制度下，除非纳税人的纳税能够由雇佣所得的年度调整完成，否则必须根据自身税基和应纳税款进行年度申报，根据税法自行缴纳税款。个人年度纳税申报时间是每年2月16日至3月15日。税款缴纳截止日期和申报截止日一致。纳税人可以到所在地税务局、金融机构或通过银行转账的方式缴纳税款。如果纳税人在3月15日之前缴纳了半数以上的税款，那么余款允许在3月31日前缴纳，但必须在申报表上填报"税款延期支付报告"项目，延期税款按规定收取利息。

虽然日本的个人所得税是以自我评定制度为前提，但税法规定某些类型的所得如利息、股息、工资薪金、退休津贴等，支付者必须在支付所得时扣缴税款，并向国库支付，这就是个人所得税的扣缴制度。如雇佣所得的税款是按月（日）扣缴（日本工资薪金一般按月发放），年底进行必要的纳税调整。对于利息所得、股息所得和上市股转让的资本利得，实行单独扣缴制度（税款申报缴纳完全由扣缴完成）。扣缴制度下，税款计算、扣缴和支付由扣缴人完成。扣缴税款于次月10日前向税务机关缴纳。扣缴人可到银行、税务署或者通过网银等方式缴纳税款。值得注意的是，雇主在年底必须为雇员进行个人所得税年末调整，调整工作在年末最后一次支付时进行，具体内容包括计算每个雇员年度应纳个人所得税金额，将其与已扣缴金额进行比较，得出应补缴税款或应退金额，据此进行申报，最后一次申报也作为年度申报。雇员应将个人扣除费用情况的证明材料提供给雇主以便雇主正确计算其年度税款。

(2) 广泛采集涉税信息以强化税源监控。

日本税务机关认为，采集信息的行为会给人造成一种心理预期——我的申报资料会被检查，从而起到促进纳税人自愿、准确填报申报表的作用，有助于提升税法遵从水平。为有效进行检查对象的选择、开展深度检查、提高行业税法遵从水平、保障纳税人自我评定税收制度以及提高税法遵从度，日本国税厅建立了信息采集制度，设立专门机构和人员获取并有效利用信息。区域税务局设有信息与检查部门，负责国内税（酒税除外）相关信息。全日本的税务署都配备有专门人员收集各种数据和信息，并为需要提交法定信息的纳税人提供指导。

《日本所得税法》规定了44种法定信息，对于未能在规定期限内提交信息或提交虚假信息的纳税人，法律规定了相应的罚则措施。采集的信息被导入国税综合信息管理系统，并按名称和地址进行分类。

日本国税厅和地方政府实行信息共享制度，国税厅从地方政府获得纳税人家庭信息和工资薪金等支付信息、扣缴义务人信息等。税收和社会保险领域的编号系统与地方政府"基本住所登记"网络系统连接，同时也与工薪和年金的缴税记录以及扣缴记录连接，税务机关可以掌握纳税人的登记住址，方便对最终纳税申报表、法定报表等文件进行信息比对，提高所得核查的准确性。

(3) 重视纳税信用管理。

20世纪40年代起，日本开始采用蓝色申报制度。日本国税厅将所得税纳税人分为蓝色申报纳税人和白色申报纳税人。经营所得、不动产所得以及山林所得的个人和企业向主管税务署提出申请并获得批准后，可以成为蓝色申报纳税人，采用蓝色申报表缴纳税款。蓝色申报制度一方面是分类管理的形式；另一方面体现了日本的纳税信用管理。被认为可以规范记账的蓝色申报纳税人可比普通纳税人享受更多的税收优惠，如个人纳税人可享受10万~65万日元的特别扣除；在法律救济方面给予特殊待遇，可以不经异议申请直接向国税不服审判所提交审查请求。通过这种差异化待遇的制度设计，引导纳税人建立健全会计账簿，诚信申报纳税，从而鼓励征纳双方的信赖与合作。2012年，取得营业所得的自我评定纳税人大约有57%使用蓝色申报表申报。

此外，个人的所得证明和纳税证明在日本社会经济生活中使用广泛，与纳税人利益直接相关。在日本，所得证明由地方政府出具。纳税人申请抵押贷款、社会保险、公共奖学金、获取子女津贴、孩子进公立幼儿园、申请公共住房等需要出具所得证明。纳税证明由税务署出具，纳税人申请商业贷款、参加公共项目招投标需要出具所得和纳税证明。在一些特殊领域，如享受地方政府公营住宅、从事保育员职业等均以提交纳税证明为必要申请条件。

(4) 全方位的社会协作提高纳税遵从度。

日本税务机关在税收宣传和辅导方面积极与民间组织合作，通过蓝色申报纳税人协会、工商会、工商协会、日本税收协会、税理士协会和其他民间组织积极地推广蓝色申报，并全面开展税法宣传与辅导。税务署通常与地方政府、注册税理士协会、工商会、工商协会和其他一些合作的民间组织联合举办税法说明会议。纳税人可向税务署进行税收咨询，也可向上述民间组织进行税收咨询。

对于建账比较健全的蓝色申报纳税人的咨询和指引通常由税务署以外的咨询组织提供。例如，蓝色申报纳税人协会主要向其成员提供记账指导和账簿安排，工商会和工商学会主要向小规模纳税人提供该指导。另外，税务署的资深人员会参加有合作的一些民间组织，如公司协会、蓝色申报纳税人协会组织的税法说明会，并通过此类民间组织的小册子、通知来宣传相关税收事项。

(5) 严格的税理士制度。

日本是世界上最早实行税务代理制的国家。税理士制度在日本的税收征管中起着重要作用。日本的税理士必须参加税理士协会，并接受其指导和监督。税里士一方面帮助纳税人建立健全必要的财务会计制度，使纳税人正确、主动地履行纳税义务，提高自觉纳税意识，避免偷逃税等违法行为发生；另一方面可以纠正税务部门执法中可能发生的偏差，同时大幅度减少税收成本而相对增加国家的税收。日本税理士（注册成员）在 2013 年 10 月达到 7 万人。

为规范税理士的服务、保证公众对税理士制度的信任度，日本国税厅对税理士有较为严格的管理。国税厅三个层级均有管理人员，在国税厅设有税收会计监督办公室，在区域税务局有负责税收会计监督的特别官员，在税务署有负责税务会计监督的副署长。对于税理士进行偷税咨询、违反税法或《税理士法》的行为、企图伪造税收资料、作为税务代理人有不诚实的行为企图的，按照《税理士法》可以给予警告、暂停营业一年或永久取消税理士资格的处理。如提供偷税咨询涉及犯罪的行为，可以给予最长 3 年的监禁或最高 200 万日元的罚金；违反保密条款的可以给予最高 2 年的监禁或最高 100 万日元的罚金。

17.4 瑞典个人所得税制度

17.4.1 瑞典个人所得税制度历史演变

作为著名的北欧高福利高税收国家之一，瑞典的个人所得税制度在过去的 100 多年内经历了许多变化。在 19 世纪末至 20 世纪初，瑞典政府的收入主要来源包括政府开征的各种税、费，如关税、国内货物税等。其中，有一种叫做"bevillning"的税由当地行政长官直接开征，征收对象包括货物、劳务，也包括收入和财产。由于该税主要针对当地居民，且缴税与否成为是否具有投票权的决定因素，因此导致穷人的不满。后来统治者逐渐意识到，当时的收入系统无法满足瑞典将来的支出需要，强大的国防和经济发展也需要更多的收入。在这个背景下，1902 年，瑞典正式引入累进的所得税制。但在这时，累进本身主要是为了服务国家财政收入需要，调节收入分配的作用是其次。到 1911 年时，税率提高，并且个人和公司所得税分离。

在第一次世界大战期间，瑞典虽然是战争中立国，但这并没有缓解瑞典当时在国防支出问题上的压力。当局决定进一步提高所得税收入，但并没有提高税率，而是引入了一种新的附加税——国防税，采用 1%～7% 的累进税率，起征点为 5000 克朗。这种类似国防税的临时税收，是除了常规的中央税收体系外，在世界大战时期常被各国政府使用的税种。在战争后，不少临时税收名义上被废除，但实质上进入了常规税收体系。

在第二次世界大战期间，所有的瑞典政党都同意税收政策的首要目标是提高财政收入，因此在此期间，几乎所有的税收都显著增加。全国税收收入总额在 1937 年和 1945 年各增长了 2 倍多。战后，瑞典不断扩大社会福利支出，税收负担也不断加重，但经济却出现了有效、协调的增长，产生了为世界各国所学习的"瑞典模式"。1947年,议会再次通过法案,大幅提高富人支付的所得税,并开征附加遗产税。

20世纪70年代前后,瑞典国内各种强大的利益集团已经形成,且不断向政府施加医疗支出、福利支出、教育支出和行业补贴的压力,政府面对这种情况,不得不提高税收以满足扩大公共支出的需要,于是居民的税收负担一直在加重。70年代起,国内的经济陷入危机,1976—1982年的GDP增幅不及西欧国家的一半,政府也因此尝试减税,但各党派对减税、减支的对象始终难以达成一致。直到1979年,政府才向议会提交议案并且通过立法,降低劳动所得税。

1991年的税制改革被认为是瑞典20世纪最彻底的一次改革。直接结果是税收收入大幅度减少,减少额相当于GDP的6%~7%。全日制劳动者的边际税率降低到了20%~27%。此次改革的收入分配效果是使劳动所得的税收负担向消费和个人的资本收入转移。同时,为了弥补减少的劳动所得税,开征了新的资本利得税,税率为30%,对分红、利息收入以及长、短期的正常资本利得课征,且减少各种债务利息支出抵扣的项目,限制了税收减免的范围。

瑞典于1995年起加入欧洲联盟,税收制度也面临着一系列的变革,这其中个人所得税也有所变化,总体趋势是增值税占GDP比重增加,所得税的比重下降。这个阶段的税制已经将个人所得税分为劳动所得、经营所得和资本所得。在政府降低税率的同时,对税制也进行了简化——对劳动所得和经营所得的税率简化为两档:少于197600克朗的税率为31%,超过部分为51%;对资本所得仅征收30%的个人所得税。

17.4.2 瑞典个人所得税制度简介

瑞典税法遵守居住地标准,个人所得税的征税范围取决于个人的居住情况。符合以下任一条件的个人即为税法规定的瑞典居民:①在瑞典永久居住且以瑞典为自己的国籍;②在瑞典拥有习惯性住所;③与瑞典具有不可分割的实质性联系。其中第一项是最主要标准。

个人所得税的计税依据是总所得减去存款扣除、各项源泉所得发生的亏损扣除和上年度发生的亏损结转扣除以及福利扣除。瑞典居民有义务就来源于世界各地的各项收入缴纳所得税。在瑞典居住少于6个月的为非居民。瑞典税法将应税居民个人所得分为三种类型:雇佣收入、经营收入、资本收入。

从事雇佣劳动的个人从劳动中取得的所有补偿都属于雇佣收入，可分为以下几类：①现金补偿；②各类收益；③临时源泉收入和来源于业余爱好的收入；④其他收入。另外，税法还规定在瑞典临时工作的外国专家、高管和科研人员有权享有特殊待遇，在前三年内可减免 25% 的缴税额，且搬家费、子女入学费、租房费等个人支出，可税前扣除。除此之外，雇佣收入的扣除项目十分有限，只有为取得该项目收入而必须发生的费用才可抵扣，如疾病和其他保险的存款等。

经营收入指的是个人从事工商业经营活动取得的收入，它的纳税处理和公司所得税基本相同，但税率和雇佣收入相同。经营收入的确认以权责发生制为基础，并遵循基本的经济原则和会计准则。投入使用的资产允许按年折旧，为取得并维持经营收入而花费的各项成本允许扣除。

资本收入包括股息、利息、资本所得、出租私人住宅获得等。为取得资本收入而花费的成本可以作为费用列支。

目前，瑞典个人所得税税率见表 17-6。

表 17-6　　　　　　　　　　瑞典个人所得税税率表

应纳税所得额	中央所得税税率	地方所得税税率
0~18800 克朗	0	0
18800~468700 克朗	0	32
468700~675700 克朗	20	32
675700 克朗以上	25	32

17.4.3　瑞典个人所得税征管经验与借鉴

（1）完善的税源监控体系。

瑞典公民一出生就有 10 位数字的终身税务号码，此号码用于税务申报和一切经济活动，所有部门都要使用这个号码。因此税务部门可以通过税务号码掌握纳税人的一切经济活动、收入来源和财产状况。纳税人去世时，税务局还要按照该纳税人的财产、负债征收遗产与赠予税后，再核销该号码。同样，公司申请成立时，也有一个统一的税务号码。每年年底，银行会将每个个人和公司的财产、收入等情况提供给税务部门，税务部门在纳税审查时进行核对。根据纳税号码，税务部门可随时查阅纳税人的缴税情况。

为了加强税源控制，瑞典税务局还制定了许多防止偷税的措施，如为了防止打黑工，税务局核发一种类似营业执照性质的证件（F-shall），要求家庭装修公司必须到税务机关领取，如果某个家庭让没有许可证的装修公司进行装修，税务局查出来后就要要求该家庭缴纳装修公司应该缴纳的税收。

（2）严格的税收双向申报制度。

瑞典是以直接税收为主体的税制体系，尤其是个人所得税是收入的主要来源。为了保证个人所得税的正确申报，瑞典实行了严格的双向申报制度，即雇主要按照发给雇员的工资薪金代扣税款，按月向税务部门进行申报，而纳税人则要在次年3月31日前自行申报其收入和税收（瑞典所得税法允许扣除一定的交通费、业务书籍费用和家庭电脑设备费用等）。同时，瑞典税法还规定，雇主和其他人员必须向税务机关提供支付给纳税人工资、薪金和其他报酬的说明。此外，雇主在缴纳社会保险税时的依据也是雇员的收入总额。因此，税务部门就通过电脑核对雇主和雇员分别申报的收入情况，审核纳税人应纳税款，防止不实申报。

（3）规范的分类检查方法。

瑞典的税务检查分为三种：第一种是桌面检查，主要是税务人员对个人和雇主申报情况进行审核，对一些有疑义的地方通过电话、传真、邮寄等形式向纳税人询问，要求纳税人解释原因或进行改正。这种检查一般都在办公室内完成，因此也叫办公桌上的检查。第二种是税务检查，主要是通过与纳税人有业务往来的第三者得到一些资料而对纳税人纳税情况进行检查，或对连续几年盈利太低的公司进行检查。这种检查又分为三类：一是计划性检查，如对一些大公司的定期或不定期检查；二是抽查；三是对建筑、饮食、发廊等行业进行专项检查。第三种是案件稽查。瑞典税务局没有扣押、查封等强制权力，因此，对案件的稽查主要是配合公安机关一起进行。

瑞典税收征管体系比较完善，公民纳税意识较强，因此，偷逃税现象不多，税务案件较少，税务处罚也相对较轻。瑞典税法规定，涉税案件的追溯期限为6年，对6年前的税务行为，即使属于偷逃税或违法的，也不得进行补税或处罚。在瑞典，每年偷逃税款大约为90亿克朗，占总收入1100亿克朗的8.2%。税务机关对偷税的处罚为应纳税额40%的罚款，如果属于拒不申报或使用假发票等违法、犯罪行为的，除了补税、罚款外，还可移送司法部门判处6年以下的有期徒刑。

(4) 先进的税收征管手段。

瑞典普遍采用计算机进行税务管理。纳税人进行纳税申报后，税务局主要凭借计算机对申报表进行审核，进行税款征收和入库。瑞典全国有统一的纳税申报表格式，每种数据都有固定的编号，因此，计算机会自动对申报表中的数据进行核对，并自动提示一些问题。税务人员根据计算机提示的问题再做进一步的审查。这样既有效防止了申报的错漏，又大大减少了税务人员对申报表进行人工审核的工作量，使工作效率大大提高。据介绍，瑞典税务系统的计算机对纳税申报表最多可自动生成500个问题供纳税人参考。

瑞典税务系统的计算机网络十分发达，不但在税务系统内部实现联网，而且与海关、银行等许多部门实现联网。通过瑞典税务系统的电脑网络，可随时查到所需纳税人资料。税务人员随机输入一个纳税编码，就可马上查询到该纳税人的收入、财产及纳税情况；输入一个"姓"，就可查询到该姓家族所有人纳税的历史记录。同时，瑞典的计算机网络也广泛运用于税务宣传、咨询及行政管理等方面。正是由于瑞典有发达的计算机网络，因此，税收征管效率很高，其人均征税量远远高于大部分国家。

(5) 高度重视税收宣传、咨询工作。

瑞典税务部门非常重视税收宣传和咨询工作，各市税务局都有专门的宣传、咨询部门。斯德哥尔摩市税务局有60多人专门从事宣传、咨询工作，他们接受纳税人的电话咨询、上门咨询，向纳税人宣传税收知识，以增强其纳税意识。该部门进行的税务咨询、提供的税务资料、发放的一些宣传小册子都是免费的。瑞典税务局十分重视和维护纳税人的权利，他们认为纳税人有权知道自己该缴什么税、应该如何缴纳，并且让纳税人感到有一种荣誉感和自豪感。同时，税务局也想方设法简化办税程序，为纳税人提供优质的服务。如他们设计了一种简易纳税申报表，供纳税人使用，允许纳税人向任何一个部门进行纳税申报，然后在税务部门内部进行资料的移交等。